CUBAN STUDIES 49

CUBAN STUDIES 49

ALEJANDRO DE LA FUENTE, *Editor*
LILLIAN GUERRA, *Book Review Editor*
CARY GARCÍA YERO, *Managing Editor*

UNIVERSITY OF PITTSBURGH PRESS

CUBAN STUDIES

Alejandro de la Fuente, Editor
Cary García Yero, Managing Editor

Manuscripts in English and Spanish may be submitted to Alejandro de la Fuente, Editor, by email at cubanstudies@fas.harvard.edu. Maximum length is 10,000 words, including notes and illustrations. Please include an abstract of the article both in English and Spanish of no more than 200 words. Also include a short biographical paragraph of no more than 3 sentences. We prefer Chicago style (17th edition), but MLA style is also acceptable. *Cuban Studies* takes no responsibility for views or information presented in signed articles. For additional editorial inquiries, contact us at the email address above.

Review copies of books should be sent to: Lillian Guerra, University of Florida, Department of History, 025 Keene-Flint Hall, Gainesville, FL 32611-7320, USA. For additional inquiries about book reviews, send e-mail to lillian.guerra@ufl .edu.

Orders for volumes 16–48 of *Cuban Studies* and standing orders for future volumes should be sent to the University of Pittsburgh Press, Chicago Distribution Center, 11030 South Langley, Chicago, IL, 60628-3893, USA; telephone 800-621-2736; fax 800-621-8476.

Back issues of volumes 1–15 of *Cuban Studies*, when available, may be obtained from the Center for Latin American Studies, University Center for International Studies, 230 South Bouquet Street, 4200 Wesley W. Posvar Hall, Pittsburgh, PA 15260.

Published by the University of Pittsburgh Press, Pittsburgh PA 15260

Library of Congress Card Number
ISBN 13: 978-0-8229-4587-1
ISBN 10: 0-8229-4587-8
US ISSN 0361-4441
10 9 8 7 6 5 4 3 2 1

Contents

BOOK REVIEWS

Editor's Note/Nota del editor

Con este volumen celebramos los primeros cinco años de esta nueva etapa editorial de *Cuban Studies*. Los trabajos publicados desde el 2014 reflejan la riqueza de los estudios cubanos y sugieren algunos de los temas que preocupan al campo y a la sociedad cubana en su conjunto. Esos temas, que han sido objeto de diversos dossiers durante los últimos años, incluyen estudios demográficos y de envejecimiento de la población; nuevas aproximaciones a la historia de la salud pública en Cuba, en especial durante el periodo republicano; las lentas, incompletas e insuficientes reformas económicas; y las demandas de igualdad e inclusión articuladas por el movimiento afrodescendiente cubano. Hemos publicado también trabajos pioneros sobre temas difíciles, como el primer estudio serio sobre las Unidades Militares de Apoyo a la Producción (las infames UMAP); indagaciones críticas sobre las estadísticas oficiales de mortalidad infantil; análisis del trabajo de creadores no suficientemente reconocidos como Nicolás Guillén Landrián, Sara Gómez, o Lourdes Casal; estudios sobre el emergente sector privado, sobre el Ballet Nacional de Cuba, sobre cuestiones de raza y género, sobre educación, literatura, cine, política, urbanismo, cultura y mucho más. Una mirada complementaria a las autoras y autores de los textos refleja, a su vez, cuanto ha cambiado el campo. De los 73 autores publicados entre los números 43 y 47 (sin incluir a autores de reseñas), 39 son mujeres y 36 completaron su doctorado (o estaban en proceso de completarlo) después del 2010. Además, cada vez hace menos sentido hablar de autoras de aquí o de allá, dado que muchos colegas desarrollan al menos parte de su trabajo en diversas instituciones de Cuba, Europa, América Latina y, cada vez más, Estados Unidos. El campo de estudios cubanos es un campo auténticamente transnacional.

Entregamos a imprenta este número en un contexto peculiar: la llamada revolución cubana se aproxima oficialmente a la tercera edad. Enfrenta ahora el reto, experimentado por otros procesos también llamado revolucionarios, como el mexicano, de encarnar el cambio, que es consustancial al concepto mismo de revolución. Mientras, se ve obligada a procesar las dolencias, el agotamiento, y la esclerosis inevitable que producen varias décadas de continuidad, inmovilismo, control y, como han escrito numerosos autores desde estas páginas, una persistente ausencia de imaginación y de voluntad renovadora en el terreno de la gestión económica. El 2018 cierra con un crecimiento económico raquítico y con una zafra que parece sacada de un libro de historia colonial. El 2019 no se perfila mucho mejor. Mientras, algunos de los socios políticos de Cuba en América Latina, como Venezuela y Nicaragua, colapsan institucionalmente bajo el peso abrumador de la corrupción, de la represión indiscriminada y de la falta de legitimidad internacional. La reciente toma de posesión de Nicolás Maduro fue un evento solitario y triste, desgastado y condenado por casi todo el continente. Sé que es cuestión de supervivencia, pero Cuba nunca ha lucido tan sola en América Latina como en la Venezuela de Maduro.

Mientras, los cubanos se preparan a votar sobre un texto constitucional que se supone encarne el futuro, pero que de muchas formas refrenda el pasado, la nostalgia de un paciente sexagenario que se aferra al poder. Una auténtica convención constitucional, transparente y plural, hubiera refrendado un nuevo consenso hacia el futuro. Hay que solo mirar a la Constituyente de 1940 para imaginar ese escenario. Es reconfortante notar que los estudios cubanos han estado prestando atención a este tema durante varios años, anticipando la necesidad de construir un orden constitucional realmente nuevo. Hace apenas dos años, *Cuban Studies* dedicó un dossier a este tema, con la participación de colegas de Cuba y de América Latina. Los autores destacaron que Cuba había permanecido al margen de los procesos de reforma constitucional de América Latina; la pertinencia de la historia constitucional cubana, especialmente de la Constituyente del 1940, para imaginar un nuevo consenso nacional, democrático y plural; y la necesidad de someter cualquier texto constitucional a un debate nacional efectivo y real. Sospecho que estos temas regresarán a la revista en el futuro, que habrá nuevas miradas y estudios sobre esta cuestión.

El presente número continúa la tradición de abordar temas urgentes y novedosos, dedicando espacio al estudio del feminismo y a las desigualdades de género en la sociedad cubana contemporánea; a la historia del sistema educacional cubano —un tema de gran actualidad, de ahí la necesidad de historiarlo adecuadamente— y al problema perenne de las complejas estadísticas económicas cubanas.

Agradecemos a los miembros del Comité Editorial saliente por su apoyo y por habernos acompañado en estos años fundacionales de la nueva etapa de *Cuban Studies*. Damos la bienvenida a un nuevo grupo, pero lo hacemos sin decir adiós —ni siquiera hasta luego— a los del Comité anterior. Simplemente, nuestro grupo de colaboradores crece. Es un grupo diverso, que intenta reflejar la riqueza del campo y su carácter multidisciplinario y transnacional.

Cierro con una nota de felicitación para José A. Toirac, que ha merecido —muy merecido— el Premio Nacional de Artes Plásticas 2018. Toirac es, además de un gran artista, un gran amigo, alguien con quien he tenido el placer de trabajar en más de una ocasión. Felicidades, Toirac, por un premio bien ganado. Y desde este rincón de la academia y de las letras de Cuba, gracias, una vez más, por tu obra toda.

CUBAN STUDIES 49

DOSSIER: DEBATES FEMINISTAS Y SOBRE GÉNERO EN CUBA

ELIZABETH DORE

Gender and Feminism:
New Directions in Cuban Studies

The four essays in this dossier examine complimentary aspects of women's subordination in contemporary Cuba. Taken together, they allow readers to appreciate the broad landscape of women's disadvantage as well as circumstances under which gender is constructed and reconstructed. The essays also contain strong common threads. All argue that the official ideology of equality veils growing gendered inequalities, and the Raulista economic transformation has further aggravated gendered inequalities. Taking into account gender and power and gendered power, the dossier offers new readings of post-Soviet Cuban history. The dossier lays the foundation for comparative studies of gendered power and Cuban women's advantages and disadvantages in a cross-country framework.

Gender studies and research on women's oppression in Cuba have been hamstrung by the official inclination to focus almost exclusively on the achievements, the *logros*, of the Cuban Revolution, and to hide its flaws. Writers who have explored gendered inequalities tread softly. The authors of the essays in this dossier have broken out of that cage. They say what they think needs to be said, and in a forthright manner. Their theoretical frameworks are sophisticated. Their research breaks new ground in Cuban gender studies. Their analysis rests on critical thinking.

The dossier, taken together, is greater than the sum of its parts. The authors analyze very different aspects of the inequality of Cuban women vis-à-vis men. Ailynn Torres Santana examines changes in women's economic well-being. Diosnara Ortega González explores how women construct, understand, and perform gender in and through life narratives (*relatos*). Elena Fernández Torres analyzes how the justice system discriminates against women by assuming gender equality, thereby overlooking social realities. Anamary Maqueira Linares compares gendered readings of Marxist political economy in Cuba to international feminist debates. The differences in these authors' subject matter and methodology portray the broad landscape of gendered oppressions and women's inequality in contemporary Cuba. As one peer reviewer wrote, the diversity of topics enables us to triangulate, providing a greater appreciation of the causes and effects of male dominance and female disadvantage.

The four essays also contain strong common threads. All emphasize the interplay of gender, class, "race," and territorial differences, and the similarities among Cuban women today: in short, the intersectionality of women's oppression. All argue that an official ideology of equality veils growing inequalities and allows those inequalities to fester. All, bar one, argue that the Raulista economic transformation has aggravated gender inequalities. All are explicitly feminist, and all call for changes in government policy to redress the intensification of female disadvantage. Taken together, the four essays offer a new reading of post-Soviet Cuban history. A reading that takes into account gender and, as Diosnara Ortega González argues, demonstrates the gendered construction of power in Cuba.

Ailynn Torres Santana's "Regímenes de bienestar en Cuba: Mujeres y desigualdades," delves into how the Raulista economic reforms have worked to the disadvantage of women in the labor force, in state and household provision of welfare or well-being, and in women's economic situations overall. She explores the causes and effects of women's underrepresentation in the private sector, the most lucrative branch of Cuba's new economy. Her essay also describes how private-sector regulations and the draft Constitution of 2019 undermine rights and protections associated with maternity leave and family care. For women, these are ominous signs. The conclusions of her analysis are striking—and worrisome. She shows that in contemporary Cuba, women, particularly single heads of household, are overrepresented in the lower-income groups and among the poor. Cuban policy makers need to pay attention to Torres Santana's essay. It is a wakeup call.

In "Cubanas en transición: Un acercamiento a la estabilización/desestabilización del género y la política desde sus relatos temporales," Diosnara Ortega González makes valuable theoretical contributions to our understanding of gender and oral history. In the tradition of Judith Butler, she argues that gender is a struggle over power and that gender is performed. The continuities and changes (*estabilización* and *desestabilización*) in gendered norms play a role in the construction of power. Ortega González also highlights the complex layering of time in life narratives through her examination of the ways women talk about gendered powerlessness and power in the past, present, and future. She found that women's narratives partly destabilized the patriarchal ideal of women and womanhood and partly stabilized or fortified them.

Drawing on a set of life narratives, Ortega González concludes that Cuba is a country in transition where a process of change (1959–1990) transformed into a process of inversion-reversion. She argues that in Cuba the agent of change used to be the state; now agents of change are located in the family.

In "Acceso a la justicia familiar patrimonial cubana desde el género," Elena Fernández Torres analyzes gendered judicial processes, especially in relation to the division of joint property following divorce. She argues that in the absence of considerations of gendered norms, the judicial principle of equality before the law fortifies gendered inequality. In line with the other essays in this dossier, Fernández Torres emphasizes that the ideology of class, gender, and racial equality serve to hide the inequalities of everyday life.

In "Feminismo y economía política marxista en la Revolución Cubana," Anamary Maqueira Linares analyzes why the Cuban literature on "the woman question" has been so different, so removed, from international feminist scholarship. Her essay recovers the invaluable theoretical contributions of Isabel Larguía and John Dumoulin on women's unpaid work in the home, and she highlights their originality in the context of international Marxist-feminist scholarship.

The four essays in this dossier bristle with new thinking, innovative conceptual analysis, and excellent research. They are a valuable sampling of cutting-edge research on gender, women's oppression, and feminism produced by a new generation of Cubans. The dossier brings Cuban gender studies to the forefront and lays the base for cross-country studies to seriously analyze the condition of Cuban women in a comparative perspective.

A I L Y N N   T O R R E S   S A N T A N A

Regímenes de bienestar en Cuba: Mujeres y desigualdades

RESUMEN

El texto analiza el proceso de reformas en Cuba (2006–2018) desde un marco específico: los regímenes de bienestar. Con ese lente, se exploran tres ámbitos: mercados laborales, políticas sociales y ordenamientos familiares. El análisis contribuye a mostrar cómo se están configurando las relaciones entre Estado, mercado y sociedad, y cómo ello incide en los órdenes de género. Específicamente, interesa indagar si el proceso de cambios en Cuba tiene un impacto específico en las mujeres, qué tipo de impacto y cómo se produce. El texto argumenta que los cambios recientes en Cuba están generizados en su planteamiento, despliegue y resultados, y que reproducen importantes desigualdades.

ABSTRACT

The article analyzes the Cuban reform process (2006–2018) from a specific framework: welfare regimes. With this lens, three areas are explored: labor markets, social policies, and family orders. The analysis helps show how the relationships of state, market, and society are being shaped, and how this affects the Cuban gender "orders," or hierarchy. Specifically, it will be interesting to investigate whether the change process in Cuba is having a specific impact on women; if so, what kind of impact; and how it is produced. The article argues that recent changes in Cuba are gendered in their approach, deployment, and results, and it reproduces important inequalities.

Contexto

Desde 2006 y hasta la fecha, en Cuba se han producido importantes transformaciones estructurales y de dinámicas políticas. Los siguientes ejes de cambio son indicios de la magnitud del proceso.

En el plano de la economía política:

- Modificación de la estructura productiva, especialmente, ampliación del sector no estatal de la economía, con la consecuente complejización de los mercados laborales
- Abandono de la política de pleno empleo por parte del Estado, argumentada en la existencia de "sobre-empleo" en el sector estatal
- Estímulo a la inversión extranjera, la productividad y la disminución de erogaciones en divisas.

6

En el plano de la política institucional y las políticas sociales:

- Sucesión del presidente Raúl Castro por el anterior primer vicepresidente Miguel Díaz Canel (2018), lo cual constituyó la primera transición generacional del liderazgo político en sesenta años
- "Deshielo" de las relaciones entre los gobiernos de Washington y La Habana en diciembre de 2015 —gestionado por Raúl Castro y Barack Obama—, y retroceso de ese camino en 2017, a manos de Donald Trump
- Disminución de la labor distributiva del Estado y reducción del gasto social[1]
- Implementación de mecanismos de política social focalizadas en grupos vulnerables
- Aprobación de los Lineamientos de la Política Económica y Social, rectores del "proceso de actualización" aún en curso; debate en las filas del Partido Comunista de Cuba sobre la "conceptualización del socialismo"
- Reforma total de la Constitución de la República (2018–2019)

En el campo de los procesos sociales:

- Pervivencia de bajas tasas de natalidad y continuado envejecimiento poblacional que verifican una crisis demográfica
- Aumento de la pobreza y de la desigualdad social;[2] expansión de las capas medias
- Diversificación de la sociedad civil; existencia —alegal— de colectivos y proyectos ciudadanos

El conjunto de esos cambios registra transformaciones en las dinámicas económicas, político-institucionales, sociales y culturales. Como resultado, está bajo transformación la cualidad y balance de las relaciones Estado-mercado-sociedad.

Aquí sostengo la necesidad de evaluar el proceso de cambios desde un lugar específico: lo que él implica para las mujeres como grupo social. Específicamente, argumento la pertinencia de la siguiente pregunta: ¿las transformaciones en la Cuba de la última década están teniendo un impacto específico en las mujeres? Si es así, ¿cuáles y en qué sentido? Y propongo el uso del siguiente enfoque: el análisis de los regímenes de bienestar.

Este enfoque tiene virtudes. Los regímenes de bienestar latinoamericanos han sido analizados con cierta sistematicidad,[3] y hacerlo para Cuba permitirá avanzar en una agenda comparativa.[4] En segundo lugar, el estudio de los regímenes de bienestar posibilita conectar mercados laborales y política social, dos de las dimensiones en cambio más importantes en la Cuba contemporánea. Por último, esa aproximación permite integrar al análisis, como mostraré en lo adelante, el orden familiar, con lo cual se trasciende la explicación de los procesos de reproducción social que solo tiene en cuenta lo que sucede en los mercados o el Estado.

La elección también tiene carencias. La más importante es que los análisis más habituales de los regímenes de bienestar tienden a excluir a los actores y espacios comunitarios como condicionantes y gestores de la vida social. Estado, mercados y familias son los ámbitos privilegiados. Sin embargo, los procesos de producción y reproducción social implican la activación, o desactivación, de dinámicas comunales más o menos estables que intervienen definitivamente en el conjunto. Ejemplos de ello son las mujeres que cuidan no remuneradamente a menores como soporte a otras que trabajan de forma asalariada, o las redes vecinales que se tejen para obtener alimentos o para contratar informalmente a trabajadores o trabajadoras durante periodos de tiempo. Este texto reitera esa carencia que deberá solucionarse para el caso cubano en futuros exámenes integradores.

A continuación, desarrollo argumentos y presento datos que permiten analizar los regímenes de bienestar en la Cuba actual desde una perspectiva de género. Eso implica un enfoque principal: indagar en las desigualdades específicas de género y reflexionar sobre cómo ellas se producen y reproducen. Primero, hago algunos comentarios conceptuales y sobre la pertinencia de este ejercicio para Cuba. Luego, examino tres ámbitos principales de los análisis sobre regímenes de bienestar que dan cuenta del balance, o desbalance, de las relaciones Estado, mercado, familias: mercados laborales, políticas sociales y organización familiar, y observo su incidencia en los órdenes y relaciones de género. Uso fuentes primarias (estadísticas de la Oficina Nacional de Estadísticas e Información —ONEI— y cifras de instituciones oficiales en prensa) y secundarias, referenciadas oportunamente.

Pautas generales y razones de este análisis

Ante la diversidad de formas de conceptualizar el bienestar,[5] aquí se entiende como posibilidad o capacidad —individual y colectiva— para manejar los cambios y la incertidumbre.[6] Su examen supone la exploración de la medida en que distintos sujetos y grupos disponen de capacidades sociales e institucionales para satisfacer necesidades y reproducir la vida propia y del conjunto social.

Las (im)posibilidades del bienestar se han analizado a través del estudio minucioso de los regímenes de bienestar. Antes de avanzar, es conveniente aclarar que un Estado de bienestar y regímenes de bienestar no son lo mismo. El primero remite a una forma histórica de organización institucional que asume un compromiso público con la garantía de bienestar para los ciudadanos, con un alto grado de participación estatal en la distribución del ingreso (Espina 2017). Los regímenes de bienestar, por su parte, nombran las proporciones en que Estado, mercado y sociedad se relacionan en un determinado momento y lugar para asegurar bienestar colectivo e individual. El análisis de los regímenes de bienestar requiere explorar actores, contenidos, procesos y formas institucionales que operan en cada sociedad, y profundizar en sus relaciones, las cuales no son armónicas, sino tensionantes y quebradizas. Para Martínez-Franzoni (2008), las tensiones son mayores cuanto más débiles o más "fallas" presenten unas u otras prácticas de asignación de recursos, como frecuentemente ocurre en América Latina.

Los estudios sobre regímenes de bienestar tuvieron como referente más directo las investigaciones de Esping-Andersen (1998) sobre los Estados de bienestar en el capitalismo avanzado. En los años 80 se realizaron en América Latina indagaciones sobre las prácticas estatales de protección social, programas de pensiones y seguros, gasto social, mortalidad infantil, esperanza de vida, pobreza y más (Peña 2017). Así comenzaron a construirse tipologías en base a la proporción en que diferentes actores sociales aseguraban el bienestar colectivo (Filgueira 1998).

Martínez-Franzoni (2008) ha integrado las desigualdades de género y la esfera reproductiva al estudio de los regímenes de bienestar.[7] Entre sus aportes está la identificación de las unidades familiares como actores invisibilizados del bienestar, y al "familiarismo" como rasgo de los regímenes de bienestar latinoamericanos. En este enfoque, el bienestar depende —en diferentes proporciones— del Estado, del mercado y del trabajo no remunerado —principalmente femenino— disponible en las familias (Martínez-Franzoni 2008). Las formas en que operen esas relaciones entre mercados laborales, políticas sociales y dinámicas familiares da cuenta de lo siguiente: el grado de mercantilización de la fuerza de trabajo y la medida en que el trabajo asalariado permite acceder a ingresos; el grado en que el bienestar de las personas deja de estar sujeto al poder adquisitivo, es decir, se desmercantiliza y depende más de la acción estatal a través de redes públicas; y el grado en el que el bienestar deja de estar sujeto a la disponibilidad de trabajo familiar, es decir, se desfamiliariza o desfeminiza (Martínez-Franzoni 2008).

En América Latina el bienestar está desigualmente distribuido a través de grupos socioeconómicos, "raciales," territoriales y, también, entre hombres y mujeres (Martínez-Franzoni y Voorend 2009). En atención al género, funciona del siguiente modo: los vacíos de las políticas públicas y la precariedad de los espacios laborales asalariados aumentan la relevancia relativa del trabajo no remunerado en las familias —habitualmente realizado por mujeres— y aumentan la dependencia del mercado para asegurar el bienestar (Martínez-Franzoni y Voorend 2009). En situaciones de crisis, además, el trabajo no remunerado de sostenimiento de la vida, realizado en las familias y por las mujeres, aumenta. También por ello las mujeres entran, permanecen y salen de las crisis en peores condiciones (Torres 2019). Las relaciones de género son una de las dimensiones ordenadoras del bienestar, no un asunto accesorio; son centrales para entender cómo se asignan los recursos mercantiles, públicos y domésticos.[8]

Los órdenes de género no funcionan en paralelo a otros órdenes de exclusión ("raciales," de clase o territoriales, por ejemplo), sino que se cruzan y condicionan mutuamente. La siguiente cita lo ilustra:

La división del trabajo entre hombres y mujeres, ni es definida entre Pedro y María de manera totalmente ajena a su entorno, ni es igual para Pedro y María, él que trabaja en la construcción y ella en la casa, que para Juana y Alberto, ambos gerentes de una empresa. Y a la vez, a pesar de sus diferencias socioeconómicas y de que Juana y Alberto cuentan con niñera, trabajadora doméstica y jardinero, durante los fines de semana Juana y María destinan mucho más tiempo que Pedro y Alberto a gestionar la casa y la vida de sus hijos/as. A la vez, si observamos cómo es la vida de madres, padres e hijos de estas cuatro personas, veremos que, entre una generación y otra, muchas cosas cambian y muchas permanecen en la manera en que unas y otros organizan sus vidas. Y si examinamos cómo es la vida de estas personas, veremos que varía considerablemente según exista regulación laboral y protección social. (Martínez-Franzoni y Voorend 2009, 6–7)

En la cita, Martínez-Franzoni llama la atención sobre la existencia de "desigualdades persistentes" de género que son distintas de otras desigualdades y, a la vez, están interconectadas con ellas.[9] Una vez advertidas, cobra interés el análisis de los patrones sociológica y políticamente relevantes que condicionan el bienestar. Si ya sabemos que los casos de María y Juana existen, la pregunta es a cuáles patrones ellos están sujetos, cuáles son los órdenes de género que los reproducen y qué variaciones tienen en atención a los otros órdenes sociales. En clave de regímenes de bienestar, se trata de examinar en qué sentidos mercados laborales, políticas sociales y dinámicas familiares están generizadas en su planteamiento, despliegue y resultados. El análisis puede contribuir a la política pública, incidir en agendas de actores sociales preocupados por las desigualdades y aportar conocimiento sobre el funcionamiento social, económico y político.

Aunque la investigación sobre regímenes de bienestar ya es prolija en América Latina, Cuba rara vez se incluye en los análisis comparativos. Entre las razones están la escasez de datos públicos, la dificultad para realizar investigaciones de campo debido a los enjundiosos autorizos burocráticos y controles políticos, y la premisa de que Cuba es un caso excepcional. Sin embargo, incluir a Cuba en el mapa regional puede ser pertinente para evaluar los cambios recientes,[10] medirlos con los procesos globales y dialogar con las alternativas disponibles en otros contextos. En lo que sigue, emprendo ese camino con los datos escasos y fragmentados disponibles, y examino el actual proceso de reformas en lo que él implica para la arquitectura del bienestar cubana y para las mujeres en particular.

Lamentablemente, hasta el momento no es posible discernir de forma más precisa grupos sociales intragénero, más allá de asomos que comentaré oportunamente. La gran mayoría de los datos hacen solo división por sexo, y no incluyen otro tipo de indicadores —"raciales", generacionales, o de territorio de procedencia, por ejemplo. En consecuencia, se termina generalizando bajo la categoría "mujeres" realidades sociológicas diversas.[11] Eso permite explorar sólo una parte de la realidad, limitada aunque importante: aquella que revela desigualdades de género que son más o menos transversales en distintos grupos de mujeres.

Regímenes de bienestar: Indicios sobre Cuba

Mercado laboral

El proceso de "actualización de la política económica y social" ha tenido, como uno de sus ámbitos de mayor significación, la transformación de los mercados laborales. En esta sección menciono algunos contenidos de esos cambios y evidencio que los mismos están estructurando desigualdades de género.[12]

La síntesis es la siguiente: como en otros contextos del Sur global, en Cuba las mujeres entran, permanecen y salen de los mercados laborales en peores condiciones que los hombres. Aún cuando una parte de las políticas públicas intentan alterar la división sexual del trabajo y asegurar inclusión y equidad, otras reproducen el orden de desventaja en base al género. Cuando los mercados laborales se transforman, ellas afrontan mayores dificultades para integrarse a los cambios.

Primero, un marco general. Para analizar los mercados laborales es posible indagar en el acceso al empleo (rutas, mecanismos y recursos que deben activarse en un determinado contexto para la ubicación de las personas en el mercado laboral, y si ellas funcionan diferenciadamente), la seguridad en el empleo (cuán cierto puede ser el mantenimiento de las posiciones ocupacionales y si ello se produce con arreglos a diferenciación de género, "raza" y clase), y las garantías de protección laboral (conexiones entre el lugar en el mercado laboral y otros beneficios sociales, por ejemplo) (Rojas y Peña 2017, 169). Comentaré algunos asuntos al respecto.

En Cuba, las mujeres continúan teniendo menor presencia en los mercados laborales formales —y probablemente mayor en los informales— que los hombres. Según fuentes oficiales, cuando terminó el 2018 las mujeres representaban un 37 por ciento del total de personas ocupadas en el país. En 2019 el 49.48 por ciento de las mujeres cubanas en edad laboral era parte de la población económicamente activa, frente al 76.87 por ciento de los hombres. La brecha en la tasa de participación económica es notable, y comparable con la del resto de países de la región, que ronda el 30 por ciento. El ingreso de las mujeres al trabajo asalariado tuvo un ascenso rápido durante la segunda mitad del siglo XX. Un proceso similar tuvo lugar en América Latina. Pero hubo un tope, alrededor de 1990, que se ha mantenido hasta hoy. El proceso de reformas no ha producido gran cambio respecto a esa tasa, que continúa mostrando una brecha amplia entre mujeres y hombres en el acceso al trabajo asalariado formal.

Ahora, ese escenario general se complejiza al observar la participación de las mujeres en distintos mercados laborales. Al cierre del 2018, las mujeres representaban el 45.77 por ciento de quienes trabajaban en el sector estatal (ONEI 2019). No fue muy diferente en años anteriores[13]. Hay una participación por género casi paritaria en ese sector que en 2019 ocupaba a casi el 70 por ciento de las personas ocupadas. Sin embargo, era notable una brecha salarial hasta mediados de 2019.[14] Hasta ese momento, el promedio de salario de las mujeres que trabajaban en el sector estatal era 722 CUP (US$25.89) y el de los hombres 824 CUP (US$28.67). Por norma, mujeres y hombres reciben igual salario por igual trabajo, pero la presencia de las mujeres en los sectores menos remunerados era mayor.

En los sectores no estatales el panorama cambia: en la misma fecha, las mujeres representaban el 17.99 por ciento (ONEI 2019). Los números, contundentes, muestran que las mujeres podrían estar teniendo más dificultades para acceder a empleos en el sector no estatal.

Si se desagrega aún más la participación de las mujeres, se revelan otros asuntos. Ellas representan aproximadamente el 16.57 por ciento de las personas ocupada en cooperativas no agropecuarias, el 12.92 por ciento en cooperativas agropecuarias y el 33.95 por ciento en Trabajo por Cuenta Propia (TCP) (ONEI 2019). En el caso del TCP, la brecha es más clara al tener en cuenta la cualidad de su participación, aunque no hay datos actualizados. Según Echevarría y Lara (2012), el 67 por ciento de las mujeres en ese sector eran, en esa fecha, empleadas asalariadas, no dueñas de los negocios ni trabajadoras independientes[15]. Con todo, la participación de las mujeres en el sector no estatal de la economía, que es el que potencialmente podría proveer mayores ingresos, es inferior.

El TCP es el ámbito laboral que mayores innovaciones acumula en el actual proceso de cambios. Ha sido así especialmente desde el 2011, fecha en que se normó la mayor apertura para la obtención de licencias para trabajar en ese sector, las cooperativas no agropecuarias y la inversión extranjera.

Al cierre del 2018, el sector no estatal integraba cerca del 31 por ciento del empleo a escala nacional (ONEI 2019). En lo específico del TCP, el número fue de 580,800, cerca del 13 por ciento de los ocupados del país. Respecto a 2010, en 2018 había crecido aproximadamente en un 375 por ciento (*Granma* 2018). Si se explora en el discurso político, esa ha sido la alternativa para asegurar mejoría en los niveles de eficiencia de la economía y reducir el sobreempleo estatal (calculado en un millón de trabajadores) (Marqueti 2017).

El aumento del TCP ha sido a pesar de la ausencia de un verdadero programa gubernamental de promoción de los emprendimientos individuales y/o colectivos, o del fomento de pequeñas y medianas empresas. La línea estatal ha sido quebradiza e inconsistente en ese sentido.[16] Empero, el mercado laboral ha cambiado considerablemente y se han complejizado y transformado la estructura y dinámicas sociolaborales (no así los índices de productividad o eficiencia global de la economía, aún deprimidos). El Estado, por su parte, abandonó la política de pleno empleo existente hasta los 2000.[17] Los datos disponibles y mostrados antes, muestran un impacto específico de esos cambios en las mujeres, que han quedado subrepresentadas en ese mercado laboral.

Otro análisis aporta a la evaluación de las implicaciones de la brecha generizada en el acceso al empleo en el sector no estatal: si hasta los 1980 el salario proveniente del empleo estatal constituía el 80 por ciento de los ingresos familiares, en la década siguiente sólo representaba el 56 por ciento (Rodríguez 2016; Togores y García 2003). Por tanto, la relevancia para los ingresos familiares del mercado laboral estatal —para hombres y mujeres— decreció. Según Mesa-Lago (2018), el salario real en Cuba (proveniente del sector estatal) en 2016 representaba cerca del 39 por ciento de lo que era un año antes de comenzar la crisis (1989), y era insuficiente para cubrir las necesidades básicas, excluyendo salud y educación, que continúan siendo servicios universales y públicos. García y Anaya (2018) calcularon que en 2016 el gasto mensual promedio de consumo de un hogar de tres personas era de 2,245 pesos (US$78.13), y en esa misma fecha el salario medio mensual en el sector estatal era de 740 pesos (US$25.75). Según Everleny (2019), para equiparar el salario nominal con los precios actuales, el salario mínimo tendría que ser de 2,334.75 pesos, y el medio 4,725.00 pesos. El sector estatal, aunque continúa siendo el que mayores empleos provee, no asegura ingresos cercanos a los necesarios para satisfacer las necesidades básicas. Otros mercados laborales, y otras fuentes de ingresos, podrían aportar mayor peso relativo a las economías domésticas. Y son esos los que están teniendo mayor transformación y a los que las mujeres están teniendo menor acceso.

También por lo anterior, es pertinente la pregunta sobre cuáles son las rutas y recursos que deben activarse para participar del mercado laboral no estatal, y por qué están operando diferenciadamente en base al género. Una hipótesis es que las mujeres disponen de menos capital inicial o de activos para emprendimientos como dueñas de negocios, y/o son menos contratadas como empleadas por no cumplir con el perfil esperado (para las estadísticas oficiales, tanto personas empleadas como dueñas de negocios integran la misma categoría). No hay investigaciones exhaustivas, pero hay indicios. Veamos.

Las remesas son uno de los caminos que procuran capital inicial para emprendimientos de TCP. Un estudio cualitativo realizado en La Habana mostró una subrepresentación de mujeres como receptoras de remesas orientadas a la actividad productiva. Al parecer, las mujeres emplean más las remesas en la reproducción doméstica y menos en otros empeños (Delgado 2016).

Por otra parte, en los espacios rurales, las razones de subrepresentación de las mujeres podrían buscarse en el eje acceso a propiedad–estructura de poder. Datos del Ministerio de la Agricultura en su Estrategia de Género (2016) refieren que más de 50.000 mujeres perdieron su vínculo formal con el sistema agrícola estatal en Cuba entre 2010 y 2013. En 2017, por cada cien hombres empleados en zonas rurales había treinta mujeres. Los análisis sugieren que, en Cuba, menos mujeres que hombres acceden al trabajo remunerado en la agricultura; tienen control de tierras, tecnologías e insumos para la práctica productiva; y ocupan posiciones de poder (Hernández 2017).

Otro asunto relacionado tiene que ver con el desempeño, mayormente de mujeres, en actividades que permanecen en la informalidad, a pesar de tener cobertura legal para su registro como TCP. Me refiero, por ejemplo, al trabajo doméstico remunerado.

Investigaciones revelan que durante la crisis de los 1990 muchas mujeres emprendieron, para complementar ingresos, actividades mejor remuneradas en el sector informal; allí desplegaron habilidades aprendidas/entrenadas en el modelo socio-genérico en que socializaron (por ejemplo, venta de alimentos, apoyo informal a negocios familiares, o ejercicio de trabajo doméstico remunerado). Así reemergió la categoría de "domésticas" en el país. Una investigación cualitativa realizada en La Habana arrojó que el total de las setenta y ocho trabajadoras domésticas remuneradas entrevistadas, realizaban su trabajo informalmente (Romero 2014). No hay cifras globales que estimen cuántas otras lo hacen, pero es de esperar que esté en aumento.

También, la menor presencia de mujeres en el sector no estatal de la economía (especialmente el de TCP) puede tener que ver con exclusiones de otro tipo, asociadas a las condiciones laborales, más desfavorables para ellas. Dimensiones como seguridad en el empleo y garantías de protección laboral iluminan el asunto.

El Código Laboral vigente no ha equiparado los derechos y obligaciones de trabajadores del sector estatal y del sector no estatal. Los primeros cuentan con derechos laborales y prestaciones sociales amplias; los segundos, con normas mínimas. Ello se evidencia en los tipos de contrato (tiempo definido o indefinido),[18] la cantidad de días de vacaciones pagadas, las prestaciones para pagos por enfermedad (menos de seis meses) y las normas para la terminación del contrato de trabajo (Izquierdo y Morín 2017).[19]

Estando regulado por normas mínimas, quienes trabajan por cuenta propia deberían poder asegurar derechos a través de los órganos de defensa de trabajadores.[20] Sin embargo, allí el formato sindical no es potente. Según Marqueti (2017), es probable que ello se deba a que los y las TCP descreen de la efectividad de los sindicatos para reflejar sus intereses y necesidades. La hipótesis tiene sentido si tenemos en cuenta que, según la forma establecida, empleadores y empleados integran los mismos sindicatos. En consecuencia, los conflictos laborales tienden a afrontarse de forma personal, cara a cara (Izquierdo 2017), y su resultado depende más de las condiciones patrimoniales previas del empleado (el grado de dependencia vital que tenga del empleador) y de sus competencias individuales; menos de una norma que asegure derechos (Rojas y Peña 2017).

Ese panorama, que incide en hombres y mujeres, plantea desafíos al régimen de bienestar cubano que, en lo referente a los mercados laborales, está teniendo un giro inédito: por primera vez el Estado transfiere parte de sus responsabilidades de protección de derechos a la gestión individual y familiar (Rojas y Peña 2017).

Otros temas deben analizarse en el caso de las mujeres. Uno, es la relación entre trabajo asalariado y maternidad. La Constitución de la República derogada en 2019 reconocía en su artículo 44 el deber del Estado de asegurar el derecho de la "mujer trabajadora" a la licencia de maternidad. En la nueva Carta Magna, ese contenido desaparece. De ese modo, el asunto pierde suelo jurídico, aunque continúa la presencia y ejercicio de la política tal como refrenda el Código del Trabajo vigente. Además, el Decreto Ley 222 de 2017 reveló una política de interés estatal por estimular la maternidad para las trabajadoras del sector privado, asegurando descuentos en los impuestos fiscales de acuerdo al número de hijos.

Sin embargo, la realidad es otra. Los contratos definidos que caracterizan el TCP obstaculizan el cumplimiento de los derechos de la mujer trabajadora a la maternidad, pues no implican obligatoriedad de reservarles el puesto laboral después que termine su licencia de maternidad. Incluso la prensa oficial ha denunciado casos ejemplares de esa situación (*Granma* 2017).

Algo similar sucede con el derecho de vacaciones. El artículo 74 del Código de Trabajo regula el particular. Para el empleo estatal, existe una norma detallada del régimen de acumulación de las vacaciones pagadas; el derecho es de hasta treinta días luego de once meses de trabajo. Es derecho de quien trabaja y obligación de quien emplea. En el reglamento del Código que regula el sector privado, no está establecido cómo se acumulan vacaciones o se efectúa su pago. Allí las vacaciones quedan a libre negociación, desconociendo la desigualdad de condiciones para negociar entre dueños y empleados (Izquierdo y Morín 2017).

En el caso de las mujeres el asunto se complejiza. Siendo ellas las que realizan —en considerable mayor medida, como comentaré en detalle más adelante— el trabajo de cuidados de hijos e hijas, personas enfermas o dependientes, ausentarse al trabajo en situación de necesidad es más difícil si no hay procedimientos y claridad sobre las vacaciones acumuladas. En consecuencia, es más improbable su permanencia si tienen personas a cargo. El mercado laboral en el sector privado parece diseñarse con la horma patriarcal para de un trabajador con escasas responsabilidades de cuidado.

La Federación de Mujeres Cubanas (FMC) y la Central de Trabajadores de Cuba han advertido el asunto en una línea similar. Así quedó reflejado en una declaración en el periódico *Granma* (2018), donde se señaló la posibilidad de que los derechos de los trabajadores y trabajadoras fueran afectados, entre otras razones, por el incremento de horas de trabajo por encima de las ocho horas al día o de un máximo de cuarenta y cuatro horas en la semana. Ello afecta, en mayor medida, a la permanencia en ese mercado laboral de mujeres a cargo de niños o niñas con horario escolar, por ejemplo (*Granma* 2017).

Otra dimensión del asunto tiene que ver con el perfil de selección de mujeres empleadas para el TCP. Artículos en prensa oficial y análisis académicos han observado un patrón de discriminación de género y "racial." El criterio de "ser joven y atractiva" opera como filtro para la selección de empleadas en los servicios. Las investigaciones sobre representaciones sociales así lo aseguran.

Aunque es tabú aceptar, e incluso concientizar que se discrimina por sexo y color de la piel, observaciones en múltiples negocios muestran que las mujeres que se contratan son mayormente jóvenes, de hasta veinticinco años, rubias, buena figura, universitarias —o estudiantes de universidad—; el personal de apoyo de limpieza o carga es más bien de color de la piel negro y mestizo; los trabajadores de seguridad de los bares son negros y mulatos altos y fuertes; hay bares exitosos que regulan la entrada en relación con el color de la piel y el ingreso económico, y si tienen como clientes sujetos con ingresos altos y medios, dentro también existe discriminación en cuanto al servicio, la mesa y sillas que se le dan y los privilegios que se les brinda. Igualmente ocurre con la relación hacia cubanos y extranjeros, privilegiando a los últimos (Pañellas 2017).

Lo dicho evidencia una situación desventajosa para las mujeres en los mercados laborales no estatales. Además, se ha advertido sobre registros diferenciados de derechos para los y las trabajadoras en general, respecto a sus homólogos del mercado laboral estatal. A la vez, reitero que ese último, si bien es más robusto en término de derechos laborales, garantiza en menor medida los ingresos para la reproducción social.

Con todo, llamo la atención sobre la necesidad de acciones estatales que normen y aseguren, por una parte, el cumplimiento de derechos laborales, y, por otra, aumente la posibilidad de que ellas participen de todos los mercados de trabajo, en favor de su autonomía económica. Otros contextos pueden aportar experiencias de acciones positivas y políticas de acción afirmativa en ese sentido: créditos priorizados para mujeres emprendedoras que compensen su desventaja en la propiedad de activos o capital inicial para emprendimientos económicos, mayor socialización de los cuidados y aseguramiento de derechos laborales, son caminos posibles para democratizar esos espacios en clave de género. La urgencia de garantías de derechos y de políticas que afronten las desigualdades existentes, son más legítimas que el control burocrático y fragmentado al que se someten los emprendimientos privados hasta el presente.

Políticas sociales

Los análisis del proceso de reforma cubano dieron prioridad, inicialmente, al campo de las políticas económicas. Más tarde ha crecido el interés por la reflexión sobre las políticas sociales.

Según Espina (2017, 14), en Cuba sigue en pie "la discusión sobre la legitimidad de la integración social para todos (o no), la equidad como cualidad de las relaciones sociales (o no), los estándares que representan una vida digna para las mayorías y sobre las formas de alcanzarlo".

El modelo cubano de políticas sociales ha defendido que la equidad y la justicia social no deberían depender (o al menos no solamente) de la distribución de ingresos monetarios a escala individual o familiar. Para Peña (2017, 152), "la tendencia ha sido hacia el aumento de los servicios y prestaciones no subordinados ni a las capacidades de consumo por medio de ingresos ni a los aportes o contribuciones fiscales de los ciudadanos".

En efecto, la intervención estatal sobre las estructuras y dinámicas sociales ha asegurado la permanencia de "espacios de igualdad" (políticas de gratuidades y subvenciones e implementación de un mecanismo redistribuidor a partir de fondos sociales de consumo) caracterizados por su universalismo, homogeneidad de las prestaciones, facilidad de acceso y preponderancia de soluciones colectivas (Espina 2017). Para lograrlo, el recurso primordial ha sido el despliegue de una red pública de cobertura total. Entre los espacios de igualdad cubanos están: educación, salud, seguridad y asistencia social, cultura, alimentación básica y deportes. Los indicadores en cada uno de esos campos muestran éxito en la política distributiva del Estado, aunque hay evidencia de deterioro progresivo en algunos de ellos.

Según Espina (2017, 15), la discusión sobre políticas sociales sigue siendo relevante porque el actual proceso de cambios transcurre en un escenario de aumento de la pobreza y las desigualdades sociales. En ausencia de datos sistemáticos es difícil la construcción de estadísticas sobre pobreza en el país. Everleny (2019) ha calculado que alrededor del 51 por ciento de la población cubana podría estar en riesgo de pobreza de ingresos. En todo caso, expertos coinciden en que la pobreza ha crecido, y listan argumentos:

El salario medio estatal real cayó 61% y es insuficiente para cubrir las necesidades básicas; la pensión media menguó a la mitad y no satisface las necesidades alimenticias básicas; el racionamiento se ha reducido por la extracción de la libreta de bienes a precios subsidiados que se venden en el mercado a un precio dos o tres veces superior; el aumento de precio en las TRD que tienen una ganancia en torno al 200%; el incremento del precio de los servicios públicos (electricidad, agua, gas, transporte), así como de los alimentos en los mercados libres; la eliminación de comidas subsidiadas en cafeterías para trabajadores (los cuales reciben una suma insuficiente para comprar un almuerzo); y el deterioro en el acceso y la calidad de los servicios de salud. (Mesa-Lago 2018)

Frente a ese escenario, el rol de la asistencia social es vital para contener el empobrecimiento y proteger a los grupos vulnerables. Sin embargo, tal como comenté al inicio, aunque el gasto social se ha mantenido como prioridad macroeconómica, ha disminuido proporcionalmente respecto al presupuesto estatal y al producto interno bruto (PIB). El papel redistribuidor del Estado se ha limitado.

Algunos datos ilustran lo anterior: los beneficiarios de asistencia social se redujeron de 535.134 personas en 2005, a 181,355 en 2018, y los núcleos familiares beneficiados por ese sistema bajaron de 301.045 en 2005 a 114,416 en 2018. Entre 2006 y 2016 el gasto de asistencia social como porcentaje del presupuesto se contrajo a menos de un cuarto (de 2.2 por ciento a 0.5 por ciento), y el número de beneficiarios como proporción de la población decreció de 5.3 por ciento a 1.6 por ciento. Adicionalmente, la asistencia a adultos mayores y discapacitados disminuyó en 62 por ciento, a las madres con hijos discapacitados en 51 por ciento, y a los que necesitan atención a domicilio en 65 por ciento (Mesa-Lago 2018). A finales de 2018 se incrementó el monto de las prestaciones de la asistencia social en 70 pesos y las pensiones mínimas de la seguridad social por concepto de jubilación a 242 pesos el mínimo (*Granma* 2018a). A pesar el aumento, y en relación a todo lo mencionado antes, son altamente insuficientes. Las personas jubiladas que tienen esa como su única fuente de ingresos y beneficiarias de asistencia social cuentan, sin dudas, entre los grupos más empobrecidos.

Analistas coinciden en plantear que el patrón de distribución estatal de servicios sociales se vio seriamente afectado durante la crisis de los 1990 (Espina 2017). Si bien no se acudió a ningún modelo neoliberal de ajuste, la crisis generó "claros perdedores y ganadores." El perfil de quienes resultaron más desfavorecidos con la crisis integra: mujeres en general, madres solteras, personas de la tercera edad, población negra y mestiza, trabajadores estatales en ocupaciones de baja calificación, territorios empobrecidos y sus migrantes hacia zonas de mayor desarrollo (Espina 2017). Quien tuvo mayores posibilidades de aprovechar los cambios generados por la crisis fue la población masculina, blanca, de mediana edad, con calificación media y superior, con residencia en zonas económicas más dinámicas (Peña 2017).

Una parte de las políticas que habilitaron esos perfiles se produjo fácticamente. No hubo retirada formal del Estado. En la actual coyuntura, sin embargo, es posible apreciar una formalización de esas prácticas y de la consecuente desigualdad que reproducen. El perfil de "ganadores" y "perdedores" sigue siendo el mismo.

Espina (2017) ha identificado tres déficits en la política social cubana que hacen que, a pesar de sus objetivos, se produzcan desigualdades persistentes: déficit de sustentabilidad económica (gastos sociales siempre por encima del crecimiento del PIB), déficit de diversidad (identificación de la igualdad con homogeneidad de necesidades y satisfactores) y déficit de participación (diseño centralista y sectorial de la toma de decisiones). El conjunto parece reproducir desigualdades y pobreza, y estructurar un patrón selectivo de integración social. El énfasis en el alcance de mayores niveles de productividad, está elevando el papel del mercado como redistribuidor del bienestar, con sus resultados excluyentes. La conclusión, en clave de regímenes de bienestar, es que el régimen de bienestar cubano, otrora estadocéntrico, está en transformación.

Otro de los cambios en el campo de la seguridad social se aprecia a través del examen de los diferentes sectores laborales, que revela diferencias entre el sector estatal y el no estatal. Quienes participan del primero están acogidos en el sistema general de seguridad social. Mientras, los empleados del sector no estatal de la economía, pertenecen a un sistema de seguridad social especial. En consecuencia, las contribuciones a la seguridad social son distintas.

Izquierdo y Morín (2017) argumentan que las empresas estatales y mixtas, como personas jurídicas, están obligadas a pagar en total un 14 por ciento de contribuciones a la seguridad social general, de la totalidad de salarios devengados a los trabajadores contratados. El 12.5 por ciento se destina a prestaciones de seguridad social de largo plazo (jubilación) y se aporta directamente al presupuesto del Estado; el 1.5 por ciento restante se destina a las prestaciones de corto plazo y queda a disposición de las empresas, para que las destinen a sus trabajadores en caso de enfermedad a corto plazo.

Los empleados privados, por su parte, no tienen derecho a pagos de seguridad social en caso de enfermedad inferior a seis meses. Que sea así se argumentó en el diario oficial *Granma* por parte de la viceministra primera del Ministerio del Trabajo y Seguridad Social en 2017. Según la funcionaria, la decisión estaba avalada por un estudio hecho por el ministerio sobre este tema. Lamentablemente, el artículo de *Granma* no reveló argumentos concretos, aunque sugirió que se debía a las formas de financiamiento de las prestaciones: mientras que en el sector estatal son los empleadores quienes pagan la contribución a la seguridad social de sus trabajadores; en el sector no estatal lo hacen los propios trabajadores contratados.

Otro indicador importante para analizar los regímenes de bienestar, relacionado con lo anterior, es el incremento de la jefatura de hogar femenina en el país. La jefatura de hogar refiere a la persona a cargo de la familia conviviente, habitualmente sobre quien recae la mayor responsabilidad económica del núcleo familiar. En 1981 los jefes de hogar representaban el 71.8 por ciento,

para un 28.2 por ciento de mujeres. En 2012 la proporción cambió radicalmente. El 44.1 por ciento de las mujeres mayores de quince años eran jefas de
hogar (ONEI 2014).

Teniendo en cuenta eso último, un nuevo dato ilumina sobre la desventaja
relativa de ellas en ese rol. Del número de jefas de hogar en Cuba en 2012, solo
el 39.17 por ciento contabilizaban como "ocupadas"; eso es, con relación laboral formal estable. Por tanto, es posible decir que más del 60 por ciento de las
mujeres jefas de hogar estaban desocupadas o quedaban fuera de la Población
Económicamente Activa en esa fecha. En el caso de los hombres, la proporción
es inversa: el 65.4 por ciento de los jefes de hogar contaban como ocupados.
No hay datos actualizados, pero es de esperar que la brecha sea similar o más
amplia (ONEI 2014). La tesitura del tema es mayor si se tiene en cuenta que,
en 2030, se estima que el 52.5 por ciento de los hogares cubanos estarán en-
cabezados por mujeres (González 2016). El campo de la reproducción social
queda agravado. Mujeres a cargo de los hogares sin ocupación asalariada, es el
panorama que anuncia crecientes procesos de empobrecimiento.

Lo descrito confirma las tesis de otras investigadoras sobre el patrón de
vulnerabilidad social en el país. Campoalegre (2014) planteó que, sin pretender una relación definitiva, las familias monoparentales con jefatura femenina
cuentan entre los grupos más vulnerables. También las familias negras y mestizas, obreras, con baja calificación e instrucción, familias residentes en barrios
marginalizados, comunidades en tránsito y, en general, territorios con desventaja social o riesgo medioambiental, familias vinculadas al sector estatal de la
economía sin otras fuentes de ingresos, extensas y con miembros dependientes,
donde la persona a cargo del hogar está privada de libertad con hijos pequeños,
familias en situación de violencia agravada, y hogares unipersonales de adultos
mayores o personas con discapacidad.

Otros de los indicadores que habitualmente se usan para evaluar esta dimensión con perspectiva de género, son la mortalidad materna e infantil, y las
políticas públicas relacionadas con los cuidados.

Los datos sobre mortalidad infantil y materna en Cuba indican que la atención de salud de las mujeres gestantes durante el embarazo y al momento del
parto continúa siendo una prioridad del sistema de salud pública cubano. La
tasa de mortalidad infantil en 2018 fue de 4.0 por cada mil nacidos vivos, entre
las más bajas de la región y el mundo. La tasa de mortalidad materna fue de
43.8 por cada cien mil nacidos vivos (ONEI 2019a).

Por su parte, la licencia de maternidad y paternidad y los círculos infantiles para el cuidado de los hijos de "la mujer trabajadora" aportan a la comprensión de esta dimensión. Ambos asuntos estaban contenidos en la Carta Magna
de la República, pero se eliminaron en el nuevo texto.

Cuba cuenta con una extensa licencia de maternidad (de hasta un año) a
la "mujer trabajadora" con escalas de remuneración altas en comparación con

otros países de la región. En el sector estatal, la política se cumple. En el sector privado, como fue previamente explicado, no es necesariamente así, para perjuicio de las trabajadoras del área.

La licencia de paternidad se reconoció como derecho en 2003. Desde esa fecha, después de los primeros seis meses de vida del recién nacido, la familia puede decidir si será la madre o el padre quien quede a su cuidado —con reconocimiento laboral y retribución salarial— durante los otros seis meses. Esa política cuestiona los órdenes de género y la división sexual del trabajo, según la cual es siempre —y especialmente en las etapas tempranas— la madre quien cuida al menor. Sin embargo, el esfuerzo no ha tenido consecuencias importantes más allá del reconocimiento jurídico. Muy pocos padres han hecho uso de la licencia de paternidad. Según un trabajo de UNICEF, solo 125 padres hicieron uso en todo el país de la licencia de paternidad entre 2003 y 2014. En ausencia de otras políticas, las licencias parentales que permiten los cuidados compartidos no desactivan la desigualdad resultante de la división sexual del trabajo (López 2019).

De otro lado, la socialización de los cuidados fue un campo de temprana concreción en la Cuba post 1959. Círculos infantiles, seminternados e internados escolares y casas de atención a ancianos fueron algunas de las soluciones ideadas. Con los círculos infantiles se aspiraba a garantizar que la mujer pudiera "incorporarse" al trabajo asalariado y demás tareas de la Revolución, y por ese camino, "emanciparse."[21] La campaña nacional para el financiamiento y construcción de los círculos infantiles comenzó en el propio 1960, y en 1961 se inauguraron los primeros.

El número de círculos infantiles alcanzó un tope en 1990, después de su previo crecimiento acelerado. En 2019, esas instituciones aseguran el cuidado del 22.66 por ciento de los niños y niñas entre cero y cuatro años (Torres 2019a). El resto, debe recibir cuidados en los servicios que ofrece el sector privado, o en las familias, a manos principalmente de mujeres. Según cifras oficiales, alrededor del 1.91 por ciento de los prescolares del país podrían estar recibiendo cuidados en el sector privado que tiene licencia formal para esa actividad (Torres 2019a). El costo del servicio varía y puede ir desde más de la mitad de un salario mínimo hasta doce salarios mínimos, en dependencia de la zona del país y del segmento social al cual esté orientado. Sumando, cerca del 75 por ciento de los menores reciben cuidados en sus casas hasta que comienza la escuela, a los cinco años. Esa puede ser la condicionante principal de las bajas y estancadas tasas de participación económica de las mujeres.

La observación cualitativa muestra que en la última década, el mercado ha irrumpido como provisor de servicios sociales, que quedan indexados a la capacidad de ingresos y consumo.

Algo similar sucede con el cuidado de adultos mayores, en un contexto de franco y creciente envejecimiento poblacional. Al término del 2018, 2 286

948 personas tenían sesenta años y más, lo cual representa un 20.4 por ciento de la población (ONEI 2019b). Según una Encuesta Nacional de Envejecimiento, después de los sesenta y cinco años, las demencias afectan al 10 por ciento del total de adultos mayores; a los setenta y cinco años al 30 por ciento y después de los noventa años ese porcentaje supera el 50. Estas enfermedades requieren cuidados permanentes y generan dependencia de los enfermos. Los cuidados han llegado a calificarse en la prensa oficial como "un reto enorme" y un "desafío adicional para el sistema de salud pública," que hoy no tiene capacidad de respuesta. El país dispone de 287 casas de abuelos con 9.838 plazas, 3.400 plazas de día en hogares de ancianos y 150 hogares de ancianos con 11 912 camas (Fariñas 2018). Esa red pública de cuidados a adultos mayores es del todo insuficiente.

Según una encuesta poblacional realizada entre diciembre de 2010 y marzo de 2011 por la Oficina Nacional de Estadística e Información, el 9 por ciento de los encuestados adultos mayores declaró que no recibió ingresos en el último mes, con un porcentaje más elevado (14 por ciento) para las mujeres. Según ese estudio, una parte importante de las personas en su tercera edad cuenta solo con jubilación o pensión como fuente de ingreso. En el caso de las mujeres, la percepción de privación es mayor, probablemente porque una proporción más elevada de ellas no percibe ingresos y porque se encargan más de los aspectos económicos de los hogares (Acosta, Picasso y Perrotta 2018). En 2019, alrededor del 73 por ciento del total de personas de 60 años y más recibía pensión en el país (ONEI 2019).

El último informe sobre envejecimiento de la población cubana arrojó que las mujeres representaban casi el 53.49 por ciento de la población anciana en Cuba (ONEI 2019b) y, según el Censo de 2012, constituían el 56.5 por ciento entre las personas de ochenta años y más. Su esperanza de vida geriátrica (23.6 años) era mayor que la de los hombres (21 años) (ONEI 2014), pero su calidad de vida es menor. Ellas sufren con más frecuencia enfermedades degenerativas (demencia, Alzheimer, osteoporosis), y crónicas (diabetes y padecimientos isquémicos y cardiovasculares) (Fleitas 2014).

Con esas cifras, el mercado está jugando un rol cada vez más relevante en la provisión de servicios sociales, entre los cuales el de cuidados es el más visible. Antes he dicho que el régimen de bienestar cubano estadocéntrico y no mercantilista, parece estar en transformación. Ahora añado que hay indicios de que el tránsito es a uno familiarista, y con mayor espacio del mercado, aunque debido a la escasez de ingresos y los altos costos del servicio aún no es un actor relevante. La responsabilidad recae en las familias, como alertan la economía feminista, los análisis de los regímenes de bienestar y los datos disponibles. El bienestar, en definitiva, se familiariza y, especialmente, se feminiza.

Organización familiar

Los análisis feministas han argumentado que las crisis o los escenarios de inestabilidad socioeconómica afectan a las mujeres por una doble vía: precarizando su inserción en el mercado laboral y ampliando el trabajo de cuidado en sus hogares en reemplazo de los servicios públicos que antes eran provistos por el Estado (Berger 2010).[22] Sobre lo primero ya he comentado. Lo segundo es más relevante ahora para analizar, con los escasos datos disponibles, las dinámicas familiares.

Como he adelantado, la tercera dimensión de análisis del bienestar atiende a las estructuras y dinámicas de las familias y su rol como aseguradoras totales o parciales del bienestar. Al hacerlo, se ponen en tensión dos conceptos: el de trabajo y el de economía. La economía feminista ha tenido un rol central en ese esfuerzo. La "economía son todos los procesos de generación y distribución de recursos que permiten satisfacer las necesidades de las personas y generar bienestar, pasen o no por los mercados" (Pérez-Orozco y Agenjo 2018, 7). El trabajo, por su parte, "son todas las actividades humanas que sostienen la vida, no sólo aquellas que se realizan a cambio de unos ingresos" (Pérez-Orozco y Agenjo 2018, 7). Con ello, el trabajo que se realiza al interior de las familias es, en toda su extensión, trabajo, e incide en el campo de la economía y sus dinámicas.

Al incluir a las familias como ámbito de interés, los análisis del bienestar expanden la mirada: se preguntan por la división sexual del trabajo, la demanda de cuidados o uso del tiempo y la capacidad de negociación de las mujeres al interior de las familias. Realizaré algunos comentarios al respecto.

He dicho que el tema de los cuidados está siendo cada vez más central en Cuba. Aunque el trabajo no remunerado de cuidados no se reconozca como trabajo, ni se atienda como núcleo de la política pública a las mujeres que lo realizan a tiempo completo, la necesidad de cuidados en el contexto nacional está pasando a ser contenido de discurso y preocupación política. En efecto, es urgente pensar en los sistemas de cuidados con los que cuenta Cuba, o su ausencia.

Que las mujeres dedican mayor cantidad de horas a los trabajos de cuidados que los hombres es algo que puede verificarse con una mirada superficial de la sociedad cubana y a través de las cifras disponibles. Instituciones estatales y actores de sociedad civil han reconocido la importancia del tema.

En Cuba las mujeres continúan dedicando muchas más horas al trabajo en el hogar que los hombres, catorce horas semanales más, aproximadamente, según la última encuesta que midió uso del tiempo (ENIG 2018). Que los cuidados es una cuestión principalmente de las mujeres es una idea instalada en el sentido común, y en la práctica cotidiana de las familias y personas. Son principalmente las mujeres las que realizan un flujo ininterrumpido de tareas, disposiciones, y compromisos que permanecen invisibles. Sin embargo, ellas son pieza clave en la dinámica de reproducción de la vida; aseguran bienestar, socialización, cuerpos saludables o al menos sobrevivientes. En 2002 se estimó, incluso, que el aporte de los servicios domésticos y de cuidado no remunerados era el equivalente al 20 por ciento del PIB nacional, superior a la industria manufacturera.

Antes he argumentado que los cuidados infantiles recaen principalmente sobre las familias, y las mujeres, con insuficiente participación del Estado y escasa participación del mercado. Lo mismo sucede con la población adulta mayor en situación de dependencia.

Según análisis del campo de los cuidados en Cuba, sobre las mujeres recae principalmente el peso del cuidado de los ancianos/as (tanto en las instituciones públicas como en los hogares). Fleitas (2014) ha señalado que la falta de tiempo y la sobrecarga de roles que experimentan las mujeres cuidadoras en las edades de cincuenta años y más, determinan directamente sus problemas de salud. Campoalegre (2013) ha reconocido, igualmente, que el cuidado de los adultos mayores es una de las razones por las cuales mujeres en capacidad para el trabajo asalariado salen de los mercados laborales, pues son ellas quienes asumen generalmente la atención de personas ancianas.

Según una Encuesta Nacional de Envejecimiento Poblacional del año 2010, las personas adultas mayores con dos o más limitaciones en las actividades básicas de la vida diaria necesitan de la ayuda de 1.62 personas como promedio; y cada adulto mayor con dos o más limitaciones en las actividades instrumentadas necesita en promedio de 1.49 personas que le asistan.

Lo anterior tiene consecuencias. La prensa oficial dio noticia de la realización de una Encuesta Nacional de Ocupación en 2016. Según la nota de prensa, alrededor de 119 000 personas declararon que no buscaron trabajo en las últimas cuatro semanas por encontrarse al cuidado de personas mayores. Es de esperar que su inmensa mayoría sean mujeres. Otros análisis concluyen que en el país la alta exposición de las mujeres al trabajo no asalariado les dificulta participar en condiciones de igualdad en el empleo remunerado y, aún más, les eleva la vulnerabilidad para entrar o permanecer en situaciones de empobrecimiento (Fariñas 2018).

Las consecuencias de las actividades de cuidados para el mercado laboral no estatal también plantean dificultades. Quienes trabajan en el sector estatal, pueden solicitar licencias no retribuidas para realizar por un periodo determinado actividades de cuidados de familiares. El trabajador o trabajadora no pierde su puesto de trabajo, aun cuando no reciba remuneración. Sin embargo, ello no sucede en el mercado laboral no estatal, donde la licencia no retribuida no existe y la necesidad de cuidar es excluyente con la permanencia en el trabajo asalariado.

Las dinámicas de vida familiares se han visto afectadas por el actual proceso de reformas. Pañellas (2017, 263) ha señalado que las dinámicas familiares parecen estar bajo un proceso de cambio significativo: "Desde redistribución de roles, conflictos de pareja —especialmente si es la mujer quien se coloca como proveedora principal—, redistribución del tiempo y carencia del mismo para la atención a los hijos u otros familiares, para la recreación". Ese escenario no parece cambiar, sin embargo, la tradicional división sexual del trabajo según la cual las mujeres invierten ingentes horas de trabajo doméstico y de cuidados no remunerado.

Todo lo anterior pone sobre la mesa un asunto que no tiene discusión extensa en Cuba hasta el momento: la necesidad de repensar la noción misma de trabajo, en el sentido que plantea la economía feminista: trabajo no es solo trabajo asalariado. Si en el país se reconociera que el trabajo doméstico no remunerado es trabajo, ello propulsaría la necesidad de incluirlo en las cuentas nacionales, propiciaría el reconocimiento social a su desempeño y eventualmente permitiría diseñar políticas públicas de jubilación, asistencia, etc., para quienes lo realizan.

Por último, señalé antes que otro de los asuntos que se observan para pensar las dinámicas familiares tienen que ver con la capacidad de negociación de las mujeres al interior de las familias. Esping-Andersen (2008) argumentó que la generación de ingresos propios y la consecuente independencia económica que estos ingresos confieren a la mujer, fortalece su capacidad negociadora en la pareja. La contribución que las mujeres hacen al ingreso familiar es, por lo tanto, un indicador de esta capacidad negociadora. Otros análisis sobre la posesión y distribución de activos al interior de las familias también lo aseguran. Los miembros de la familia que posean activos están en mayores capacidades para negociar contenidos de distinto orden al interior del hogar y fuera de él (Deere 2011). No es una ecuación siempre cierta y depende de otros asuntos subjetivos y estructurales, pero es una variable de alta probabilidad de incidencia.

Si tenemos en cuenta que en Cuba parece que los mayores ingresos a los hogares los están aportando los hombres, que son los que tienen mayor presencia en los mercados laborales, es coherente plantear que ello podría estar incidiendo en la capacidad negociadora de ellas. Investigaciones en esa línea podrían iluminar sobre consecuencias diversas de lo dicho hasta aquí.

Algunas síntesis

Este texto se ha preguntado por la medida en que algunos rasgos de los mercados laborales, las políticas sociales y la organización de las familias cubanas da cuenta de mayores o menores grados de equidad entre hombres y mujeres. Por ese camino, he puesto sobre la mesa asuntos más generales sobre los cambios en la Cuba de las últimas décadas, siempre haciendo uso del lente de la perspectiva de género y los regímenes de bienestar.

Los datos y análisis realizados sugieren que el proceso de cambio cubano está teniendo efectos específicos en las mujeres como grupo social. Esos efectos se aprecian, muy especialmente, en las dinámicas y estructuras de los mercados laborales, que son el campo con mayores transformaciones, y tienen consecuencias para otros espacios y dinámicas sociales.

Las políticas sociales, por su parte, también están teniendo transformaciones relevantes en atención a los órdenes de género. Su examen alerta sobre la necesidad de reconocer y reevaluar el papel que están teniendo los hogares en la producción y reproducción del bienestar, y que está planteando sobrecargas muy notables para las mujeres. Es necesario, entonces, reevaluar las políticas sociales a través de un lente de género, que visibilice el efecto que tienen las transformaciones actuales.

La organización de las familias es probablemente la dimensión de menos cambio en términos estructurales. Parece ser que las dinámicas familiares continúan reproduciendo una división sexual del trabajo que responsabiliza en mayor medida a las mujeres del cuidado. Si bien la participación de las mujeres en los mercados laborales fue una de las líneas más notables de la política revolucionaria en sus primeras décadas, hoy se produce un proceso inverso y, después de la crisis, las mujeres regresan a los hogares para sostenerlos de forma no remunerada.

Finalmente, el objetivo de este texto fue evaluar si el actual proceso de cambios en Cuba, argumentado en la necesidad de que al país "le vaya bien," está haciendo que a las mujeres también "les vaya bien." Parece ser que la respuesta es negativa, al menos hasta el momento. Los análisis realizados revelan —y esto es fundamental— que los resultados diferenciados para hombres y mujeres del proceso de cambio cubano no son un "efecto imprevisto" ni un "efecto indeseado" de la línea política en curso. Hay evidencia suficiente que esos efectos diferenciados son estructurales a las formas sociales promovidas e instaladas en los mercados laborales, las políticas sociales y las dinámicas familiares. Para reducir la brecha y/o frenar su crecimiento, no hace falta que el proceso de "actualización" finalice.

NOTAS

1. Mesa-Lago (2018) ha demostrado el recorte substancial del gasto social (pensiones, salud, educación, vivienda y asistencia social). Entre 2007 y 2016 se registra un declive de 8.3 puntos porcentuales del gasto social respecto al presupuesto estatal y 8.5 respecto al PIB.

2. En 1986 el coeficiente Gini en Cuba estaba entre 0.22 y 0.25, denotando un alto grado de equidad. Everleny (2019) plantea que en 2019 ha ascendido a más de 0.40, lo cual revela una sociedad muy desigual.

3. Ver, entre otros, Blofield y Martínez-Franzoni (2014); Filgueira (2007, 2013); Martínez-Franzoni (2008); Martínez-Franzoni y Sánchez-Ancochea (2017).

4. En Cuba se han realizado trabajos importantes sobre políticas sociales; ver Espina (2008). Sobre regímenes de bienestar los análisis son considerablemente más escasos. Entre los acercamientos a este tema: Peña (2017, 2014), que tienen como antecedentes a Espina (2002) y Arés (2013).

5. Desde una mirada de políticas sociales, por ejemplo, el bienestar puede entenderse como una "condición de la existencia humana digna a partir de la posibilidad de satisfacción de las necesidades esenciales" (Espina 2017, 10).

6. Así lo define Martínez-Franzoni (2008).

7. Se refiere al trabajo y actividades que aseguran la reproducción de la vida y que habitualmente están fuera del mercado monetizado. Incluyen todas las actividades de sostenimiento: cuidados directos a indirectos, aseguramiento en el hogar, trabajo no remunerado en otros hogares, etc.

8. Martínez-Franzoni (2008) ha argumentado que, por su trayectoria histórica a lo largo del siglo XX, los regímenes de bienestar han integrado una estructura ocupacional y un modelo de familia que ha reproducido la división sexual del trabajo "tipo": varones proveedores y mujeres cuidadoras (Esping-Andersen 1990; Lewis 1993; Sainsbury 1999).

9. El concepto de "desigualdades persistentes" es de Tilly (2000)

10. Desde los 1990, las investigaciones sociales han alertado sobre la necesidad de atender el aumento de la pobreza y la desigualdad. Espina (2008) y Zabala (2014) han planteado que, en el nivel macrosocial, existe incapacidad de los mecanismos económicos para generar trabajos con retribuciones adecuadas, así como debilidad creciente de los mecanismos estructurales de inclusión social dependientes del trabajo y de la asistencia y seguridad social.

11. Las desigualdades, como sabemos, se interseccionan. Las realidades que ocupan a las mujeres no son homogéneas, sino que están condicionadas por otras pertenencias, de clase, generación, grupo racial, territorio, condición migratoria, etc.

12. En el sector estatal cubano, la fuerza de trabajo, su calificación y su utilización, es planificada. Por tanto, no configura un "mercado laboral" propiamente dicho y el uso de la categoría podría debatirse. Aquí la uso como heurístico para designar los espacios laborales tanto estatales como no estatales, su regulación y dinámicas.

13. En 2013 eran el 44.9 por ciento.

14. En julio de 2019 se implementó una política de aumento salarial en el sector presupuestado (que integra al 40 por ciento de quienes están ocupados) del Estado que puede haber movido esos datos. Es necesario hacer el nuevo cálculo cuando haya datos disponibles.

15. En la categoría TCP están incluidos dueños de negocios, trabajadores asalariados y autoempleados.

16. A mediados de 2017, por ejemplo, se suspendió temporalmente la asignación de licencias para TCP y en julio de 2018 se anunció su próxima apertura con nuevas regulaciones. Los análisis expertos realizados hasta el momento, dan cuenta de mayores controles y menor promoción.

17. Hasta esa fecha, y aún en las condiciones más difíciles para la economía, se mantuvo el principio de pleno empleo, se acudió a la reubicación laboral dentro del propio sector estatal (en condiciones de seguridad salarial), y se reconoció al estudio como una forma de empleo.

18. El artículo 72 del Código de Trabajo solamente acoge contratos de trabajo de tiempo definido para los trabajadores que tengan a una persona natural como empleador (cuentapropistas), mientras que, en el caso de los empleados estatales, el contrato indefinido tiende a ser la regla. Ello se debe al carácter experimental de la legislación para el sector del TCP. Los contratos definidos son ventajosos solo para los empleadores privados, pues asegura cierta flexibilidad en el manejo de los "recursos humanos." Para los trabajadores, ello implica inseguridad laboral.

19. La terminación del contrato de trabajo también puede hacerse unipersonalmente por el empleador antes del término del plazo legal pautado en el contrato, con un plazo de quince días

laborales (art. 51). Esta reglamentación habilita prácticas de *hire and fire* (emplea y despide) por parte de los empleadores privados.

20. En concordancia con el artículo 180, existe una vía legal para asegurar derechos de los TCP: los tribunales municipales. Sin embargo, en el reglamento de ese sector no está claros los pasos para emprender esos reclamos. Para el empleado estatal, el modo de proceder para una queja laboral está detalladamente normado (art. 165–179 del Código Laboral y art. 187–217 del Reglamento).

21. Dos años antes, Fidel Castro trazó como objetivos priorizados de la FMC: "Organizar a las mujeres, alfabetizarlas, educarlas. Incorporarlas a actividades sociales, culturales, revolucionarias, patrióticas. Poner en actividad su espíritu creador, su entusiasmo. Estudiar todos sus problemas. Crear los Círculos Infantiles, previendo el avance de la incorporación femenina al trabajo, enfatizando en la necesidad de otorgarlos lo más pronto posible a las trabajadoras con mayores problemas y sin familia que cuidara a sus hijos. Crear las escuelas para campesinas" (Ferrer 2002, 5).

22. Los análisis feministas han mostrado que esos impactos más negativos en las mujeres no son, por supuesto, homogéneos. Resultan indudablemente más afectadas las mujeres solas, con responsabilidades familiares, racializadas, migrantes, jóvenes y adultas mayores.

BIBLIOGRAFÍA

Acosta, Elaine, Florencia Picasso y Valentina Perrotta. "Cuidados en la vejez en América Latina: Los casos de Chile, Cuba y Uruguay," 2018. http://www.kas.de/wf/doc/kas_53184-1522-1-30.pdf?180720182218

Arés, Patricia. "Una mirada al modelo cubano de bienestar." *Granma*, 16 de mayo de 2013.

Berger, Silvia. "América Latina, la crisis y el feminismo: Pensando junto con Nancy Fraser." En *Crisis económica: Una perspectiva feminista desde América Latina,* coordinado por Alicia Girón. Caracas: UNAM, CLACSO, Universidad Central de Venezuela, Centro de Estudios de la Mujer, 2010.

Blofield, Merike, y Juliana Martínez-Franzoni. "Trabajo, familia y cambios en la política pública en América Latina: Equidad, maternalismo y corresponsabilidad." *Revista CEPAL* 114 (2014): 117–125.

Campoalegre, Rosa. "Familias cubanas en transición." *Caudales 2013.* La Habana: Publicaciones acuario, 2013.

Deere, Carmen Diana. *Acumulación de activos: Una apuesta por la equidad.* Quito: FLACSO, Sede Ecuador, 2011.

Delgado, Denisse. *Efectos del uso diferenciado de las remesas en la desigualdad social: Un estudio en la capital cubana.* Buenos Aires: Ed. CLACSO, 2016.

Echevarría, Dayma, y T. Lara. "Cambios recientes: ¿Oportunidad para las mujeres?" En *Miradas a la economía cubana III,* compilado por Pavel Vidal y Ómar Everleny Pérez, 123–138. La Habana: Ed. Caminos, 2012.

ENIG. *Encuesta nacional sobre igualdad de género.* La Habana: Editorial de la Mujer, 2018.

Espina, Mayra. "El bienestar como horizonte de políticas desde una teoría de las necesidades racionales." En *Debates actuales sobre política social: Cuba en el contexto de América Latina y el Caribe,* compilado por María del Carmen Zabala, 10–33. La Habana: FLACSO-Cuba/Fundación Friedrich Ebert, 2017.

———. "Bienestar: Sociología y reforma." *Revista Libros* 66 (2002): 15–18.

———. *Políticas de atención a la pobreza y la desigualdad: Examinando el rol del Estado en la experiencia socialista cubana.* Buenos Aires: CLACSO, 2008.

Esping-Andersen, Gösta. *The Three Worlds of Welfare Capitalism*. Princeton, NJ: Princeton University Press, 1990.

Everleny, Omar. "Desigualdad y población en riesgo de pobreza en Cuba". *OnCuba*, agosto de 2018. https://oncubanews.com/cuba/desigualdad-y-poblacion-en-riesgo-de-pobreza-en-cuba/.

Ferrer, Yolanda. "La mujer en la Revolución y la Revolución en la mujer: El pensamiento de Fidel, las concepciones de Vilma: Los análisis teóricos de la FMC sobre la igualdad de género." Conferencia ofrecida en el Seminario Nacional de Secretarias Generales, 27 de mayo de 2002 (versión del Centro de Documentación e Información de la FMC).

Filgueira, Fernando. "The Latin American Welfare State: Critical Junctures and Critical Choices." En *Democracy and Social Policy in the Developmental State*, editado por Yusuf Bangura, 136–163. London: Palgrave, 2007.

———. "El nuevo modelo de prestaciones sociales en América Latina, residualismo y ciudadanía estratificada." En *Ciudadanía y política social*, editado por Brian Roberts, 71–116. San José: FLACSO/SSRC, 1998.

———. "Los regímenes de bienestar en el ocaso de la modernización conservadora: Posibilidades y límites de la ciudadanía social en América Latina." *Revista uruguaya de ciencias políticas* 22, no. 2 (2013): 17–46.

Fleitas, Reina. "El discurso invisible del envejecimiento: el dilema de género." *Antropológicas* (Cátedra de Antropología "Luís Montané", Universidad de La Habana) (2014).

García, Anicia E., y Betsy Anaya Cruz. *Gastos básicos de familias cubanas urbanas dependientes de salarios y pensiones: Dinámicas recientes*. La Habana: Centro de Estudios de la Economía Cubana, 15–16 de marzo de 2018.

González, Ivet. "Mayoría de hogares cubanos tendrán al frente una mujer en 2030." *IPS*, septiembre de 2016. http://www.ipsnoticias.net/2016/09/mayoria-de-hogares-cubanos-tendran-al-frente-una-mujer-en-2030/.

Granma. "Actualizar, corregir . . . fortalecer el trabajo por cuenta propia." 9 de julio de 2018.

Granma. "Incrementarán prestaciones de la Asistencia Social y pensiones mínimas de la Seguridad Social". 30 de octubre de 2018.

Granma. "Derechos compartidos". 19 de enero de 2017.

Hernández, Victoria. "Mujeres rurales en Cuba: ¿Por qué es de la manera que es?" *Cuba posible*. https://cubaposible.com/mujeres-rurales-cuba-la-manera/.

Izquierdo, Osnaide. "El concepto de trabajo decente: Fuerzas, críticas y alternativas desde la realidad cubana." En *Trabajo decente y sociedad: Cuba bajo la óptica de los estudios sociolaborales*, compilado por Osnaide Izquierdo Quintana y Hans-Jürgen Burchardt, 107–132. La Habana: Editorial UH, 2017.

Izquierdo Quintana, Osnaide, y Hans-Jürgen Burchardt, comps. *Trabajo decente y sociedad: Cuba bajo la óptica de los estudios sociolaborales*. La Habana: Editorial UH, 2017.

Izquierdo, Osnaide, y Jenny Morín. "El modelo económico y social de desarrollo socialista y los actores laborales no estatales: La participación laboral y el sistema político en el contexto de la actualización del sistema económico y social cubano." En *Trabajo decente y sociedad: Cuba bajo la óptica de los estudios sociolaborales*, compilado por Osnaide Izquierdo Quintana y Hans-Jürgen Burchardt, 133–164. La Habana: Editorial UH, 2017.

Lewis, Jane. *Women and Social Policies in Europe: Work, Family and the State*. Aldershot: Edward Elgar, 1993.

López, Marta. "Padre desde el principio". *UNICEF*, junio de 2019. https://www.unicef.org/es/historias/padre-desde-el-principio.

Marqueti, Hiram. "La política económica en el proceso de actualización del Modelo Económico y Social de Cuba: Su impacto presente y futuro en la estructura sociolaboral cubana." En *Trabajo decente y sociedad: Cuba bajo la óptica de los estudios sociolaborales*, compilado por Osnaide Izquierdo Quintana y Hans-Jürgen Burchardt, 37–82. La Habana: Editorial UH, 2017.

Martínez-Franzoni, Juliana. *Domesticar la incertidumbre en América Latina: Mercado laboral, política social y familias.* San José: Editorial de la Universidad de Costa Rica/UNDP, 2008.

Martínez-Franzoni, Juliana, y Diego Sánchez-Ancochea. "La política social durante la década expansiva en América Latina: Tensiones entre universalización y segmentación." En *Debates actuales sobre política social: Cuba en el contexto de América Latina y el Caribe,* compilado por María del Carmen Zabala, 116–141. La Habana: FLACSO-Cuba/Fundación Friedrich Ebert, 2017.

Martínez-Franzoni, Juliana, y Koen Voorend. "Sistemas de patriarcado y regímenes de bienestar en América Latina ¿Una cosa lleva a la otra?" (Documento de trabajo no. 37). Madrid: Fundación Carolina, 2009.

Mesa-Lago, Carmelo. "Una apostilla sobre salarios, pensiones y asistencia social en Cuba." *El estado como tal,* 2018. https://elestadocomotal.com/2018/03/10/carmelo-mesa-lago-una -apostilla-sobre-salarios-pensiones-y-asistencia-social-en-cuba/

Oficina Nacional de Estadísticas e Información. *Anuario estadístico de Cuba 2013.* La Habana: ONEI, 2014.

———. *Anuario estadístico de Cuba 2019. Empleo y salarios.* La Habana: ONEI, 2019.

———. *Anuario estadístico de Cuba 2019. Salud pública y asistencia social.* La Habana: ONEI, 2019a.

———. *Censo de población y viviendas: Cuba 2012.* La Habana: ONEI, 2014.

———. *Mujeres cubanas: Estadísticas y realidades, 1958–2008.* La Habana: ONEI, 2008.

———. *El envejecimiento de la población cubana 2018.* La Habana: ONEI, 2019b.

Pañellas, Daybel. "El cuentapropismo en Cuba: Proyecciones sobre su evolución e impacto socioeconómico y cultural." En *Trabajo decente y sociedad: Cuba bajo la óptica de los estudios sociolaborales,* compilado por Osnaide Izquierdo Quintana y Hans-Jürgen Burchardt, 241–268. La Habana: Editorial UH, 2017.

Peña, Ángela. "Regímenes de bienestar en Cuba: Notas para una discusión." En *Debates actuales sobre política social: Cuba en el contexto de América Latina y el Caribe,* compilado por María del Carmen Zabala, 142–158. La Habana: FLACSO-Cuba/Fundación Friedrich Ebert, 2017.

———. "La reproducción de la pobreza familiar desde la óptica de los regímenes de bienestar en el contexto cubano actual." Tesis doctoral, Fondos de la Universidad de La Habana, 2014.

Pérez-Orozco, Amaia, y Astrid Agenjo Calderón. "Economía feminista: Viva, abierta y subversiva." *Revista Contexto,* 2018. https://ctxt.es/es/20180502/Politica/19356/eonomia-fiminista -heteropatriarcado-genero-cuidados-ecologia-capitalismo-amaia-perez-orozco.htm

Rodríguez, Jorge L. *Las transformaciones económicas recientes en Cuba.* La Habana: Editorial de Ciencias Sociales, 2016.

Rojas, Mirlena, y Ángela Peña. "Nexos mercado laboral-desigualdades: Algunas reflexiones desde el contexto cubano actual." En *Trabajo decente y sociedad: Cuba bajo la óptica de los estudios sociolaborales,* compilado por Osnaide Izquierdo Quintana y Hans-Jürgen Burchardt. La Habana: Editorial UH, 2017.

Romero, Magela. *De lo simbólicamente exacto a lo simbólicamente verdadero: Domésticas y revolución en Cuba: Entre cambios y desafíos.* Buenos Aires: CLACSO, 2014.

Sainsbury, Diane. *Gender and Welfare State Regimes.* Oxford: Oxford University Press, 1999.

Tilly, Charles. *La desigualdad persistente.* Buenos Aires: Ediciones Manantial SRL, 2000.

Togores, Viviana, y A. García. *Algunas consideraciones acerca del acceso al consumo en los noventa, factores que lo determinan.* La Habana: Ed. CEEC, 2003.

Torres, Ailynn. "Lentes para analizar las crisis: feminismos, economía y política". En Gerardo

Gutiérrez Cham, ed., *Aquí los jóvenes: frente a las crisis*. Guadalajara: Editorial Universitaria, 2019.

Torres, Ailynn. "Círculos Infantiles: un debate de cuidado en Cuba". *OnCuba*, agosto de 2019a. https://oncubanews.com/opinion/columnas/sin-filtro/circulos-infantiles-un-debate-de-cuidado-en-cuba/.

Zabala, María del Carmen. *Retos para la equidad social en el proceso de actualización del modelo económico cubano*. La Habana: Editorial Ciencias Sociales, 2014.

ANAMARY MAQUEIRA LINARES

Feminismo y economía política marxista en la Revolución Cubana: ¿Debate ausente?

RESUMEN

En este artículo pretendo situar a la Cuba revolucionaria posterior a 1959 en un debate que cobró fuerza en el ámbito internacional en las décadas del 60 y 70: la relación entre el feminismo y la economía política, en particular la economía política marxista. Analizo las influencias y contribuciones del debate en la Isla a partir; la producción académica, concentrándome en tres ejes fundamentales: las vías de "emancipación de la mujer," el lugar del trabajo doméstico y la relación acumulación-patriarcado. Sistematizo las principales contribuciones a dichos ejes distinguiendo dos periodos fundamentales, entre 1959 y 1990, y desde 1990 hasta la actualidad. Intento así provocar "el debate" sobre una temática que considero está aún ausente en el país, más allá de esfuerzos puntuales de personas e instituciones, y que es relevante para la construcción de una agenda feminista y para la elaboración de políticas públicas desde una perspectiva feminista.

ABSTRACT

This article situates the post-1959 Cuban Revolution in the debate over domestic labor of the 1960s and 1970s, particularly the relationship between feminism and Marxism, especially Marxist political economy. I analyze the influences and contributions of Cuba to the debate throughout the academic production. My focus is on three central axes: the pathways to "women's emancipation," the role of domestic labor, and the relationship between accumulation and patriarchy. I divide the analysis into two periods, 1959–1990 and 1990 to present. In this, I provoke a debate on an issue still absent in the country, beyond particular efforts of people and institutions to make it visible: critical debate on the relationship between feminism and Marxism is crucial for both the construction of a feminist agenda and the elaboration of public policies from a feminist lens.

El 17 de enero de 2014, la periodista rosarina Alicia Simeoni publica una entrevista a Mariela Castro en el periódico regional *Página 12*. Entre las preguntas se encuentra: ¿cómo definiría la relación entre feminismo y marxismo? En una apretada síntesis, Mariela responde:[1]

Hay una excelente relación entre feminismo y marxismo, con independencia de los ajustes que se haya tenido que hacer en el camino. . . . Las herramientas que nos brinda el marxismo deben ser utilizadas con el espíritu dialéctico e histórico, debe hacerse el análisis de la historia en sus situaciones concretas . . . El feminismo también aporta a la transformación social, y si lo hace desde una mirada marxista, creo que aporta aún más. . . . Feminismo y clase me parecen bien, luchar desde el feminismo con las herramientas del marxismo. Esa es la manera en que yo lo hago con los recursos que aprendí.

Sin embargo, la relación entre feminismo y marxismo, en particular su concreción en economía política marxista, no ha sido siempre armoniosa. Las décadas de los 60 (finales) y 70 del pasado siglo constituyeron un parteaguas en el mundo occidental desarrollado respecto a esta relación, la cual tuvo como centro el cuestionamiento del trabajo no remunerado dentro del hogar, conocido posteriormente como el debate sobre trabajo doméstico.

La economía política marxista comienza entonces a ser analizada y criticada por diversas corrientes feministas. Para las feministas radicales, por ejemplo, la economía política marxista prácticamente fue rechazada en su totalidad, lo cual privaría a la explicación de la opresión de género de argumentos con una base material e histórico-dialéctica. Por otra parte, feministas socialistas criticarían las ausencias, en la teoría marxista, del papel del trabajo doméstico en la reproducción de la fuerza de trabajo y el capital, sin negar las fortalezas de dicho análisis para la lucha por la liberación de las mujeres. Tanto radicales como marxistas y socialistas realizaron aportes teóricos relevantes que en menor o mayor medida se nutrieron de, y sirvieron a, la práctica política de los movimientos de mujeres de la llamada "segunda ola del feminismo."

En este artículo pretendo situar a la Cuba revolucionaria posterior a 1959 en este debate a partir de dos campos: la producción académica y el discurso político. Me concentro en tres ejes fundamentales: las vías de "emancipación de la mujer," el lugar del trabajo doméstico y la relación acumulación-patriarcado. Analizo las contribuciones a dichos ejes distinguiendo dos periodos fundamentales, entre 1959 y 1990, y desde 1990 hasta la actualidad. La intención es provocar el debate sobre una temática que está aún ausente en el país, más allá de esfuerzos puntuales de personas e instituciones, y que es relevante para la construcción de una agenda feminista y para la elaboración de políticas públicas desde una perspectiva feminista.

Una referencia aparte merecería la problematización de los conceptos de feminismo y economía política marxista, pero me limitaré solamente, como "disciplinada economista," a señalar algunos puntos de partida para mi análisis. El primero es que la economía es, siempre lo ha sido, economía política. La dominancia del paradigma neoclásico, y sus intentos de falsa neutralidad u objetividad de la economía como ciencia social ha sido muy exitosa, pero es

7

sencillamente una farsa. Hablar de economía es hablar de economía política. La corriente marxista en particular puede entenderse como el estudio de la obra de Marx, pero también como su crítica, interpretación y adaptación a los contextos actuales. Ser marxista o aplicar métodos marxistas en la investigación puede mutar en dependencia del contexto, y dentro de dicha corriente las posiciones varían desde tradicionales y ortodoxas hasta las más críticas y radicales.

Por otra parte, hablar de feminismo en singular es incorrecto, pues son los feminismos, en plural, los que despliegan su potencial teórico-político desde la diversidad "racial," étnica, generacional, de orientación sexual, de clase, etcétera. Esta diversidad también se expresa en la interdisciplinariedad que caracteriza a la teoría feminista, y por tanto a la complejidad y multidimensionalidad de la explicación a sus problemáticas (Battacharya 2017).

La teoría feminista ha ampliado y complejizado el lugar y la manera en que se miran las distintas problemáticas en las ciencias sociales. La categoría género ha permeado las diferentes disciplinas y sus perspectivas de análisis con distintos énfasis. Sin embargo, la economía es la ciencia social que menos ha permitido la entrada de los aportes de la teoría feminista a los núcleos duros de sus paradigmas o corrientes de pensamiento, de ahí que los aportes de la economía feminista transiten en paralelo a los mismos (Carrasco 2006).

La economía feminista (EF) no es un campo homogéneo ni ha transitado linealmente en su desarrollo, es un terreno en disputa y constante transformación (Carrasco 2006). Sus aportes dan cuenta de cuáles son los trabajos que sostienen la esfera remunerada (o monetizada) de la economía, visibilizando así el trabajo no remunerado, doméstico y de cuidados,[2] reivindicándolo como tal y situándolo en el centro de la reproducción social y el sostenimiento de la vida (Pérez Orozco y Agenjo Calderón 2018). La EF también redefine las esferas productivas y reproductivas, y sus interrelaciones; revela las causas de la división sexual del trabajo; y expone la no neutralidad de las políticas públicas. Considera la desigualdad de género como constitutiva del sistema socioeconómico, contribuyendo a la comprensión de la relación entre acumulación y patriarcado. Considera así, como fin último de la producción y la distribución de recursos, a la reproducción de la vida y el bienestar, y no solo a las necesidades de acumulación del sistema socioeconómico (Pérez Orozco y Agenjo Calderón 2018).

Con estas premisas intentaré reducir el análisis a los elementos principales que han sido objeto de debate entre el feminismo y la economía política marxista y ubicarlos en Cuba, lo cual lleva necesariamente a mirar la teoría. Toda teoría ha de ser analizada considerando el contexto en la cual fue desarrollada. Ninguna teoría está ajena totalmente de la práctica social, ni es neutral. Considero que una teoría puede ser excelente en sí misma, pero es su capacidad transformadora y dialéctica lo que la hace útil.

En Cuba, los estudios con perspectiva de género comienzan oficialmente en los años 90, y han carecido, de manera general, de una base teórica sólida (Álvarez Suárez 1995; Bengelsdorf 1997; Campuzano 1996; González Pagés 2004; Núñez Sarmiento 2002; Vasallo 2017). La inclusión de la teoría de género en las universidades del país, por ejemplo, ha sido escasa, tanto en la investigación como en la docencia. Recientemente se aprobó una estrategia de transversalización de los estudios de género en las diferentes carreras de ciencias sociales cuya aplicación ha sido heterogénea. Destacan aquí facultades como sociología, psicología, comunicación (ver Romero, Proveyer y Fleitas 2017), no siendo así economía, quien es rectora de la enseñanza de la economía política marxista a lo largo del país. Constituye esta temática, como diría Alfonso Gonzáles (2017, 193), una "deuda pendiente para el pensamiento social crítico" en el país.

Este artículo intenta ser una provocación al respecto, y abrir el debate a contribuciones posteriores. El mismo consta de tres partes. En la primera resumo los principales elementos que integraron el debate sobre la relación entre feminismo y economía política marxista, y que a mi juicio son más relevantes para el caso cubano. En el segundo acápite analizo las contribuciones y ausencias de esta relación feminismo-economía política marxista en Cuba, apoyándome en la producción académica y el discurso político. En el tercer acápite proveo algunas reflexiones sobre las lecciones que nos deja el análisis.

Feminismo y economía política marxista: Elementos del debate

Feministas socialistas y marxistas protagonizaron el debate sobre trabajo doméstico, que alcanzó su auge a finales de los años 60 e inicios de los 70 del pasado siglo, pero que encuentra antecedentes importantes mucho antes, en los análisis sobre la denominada "cuestión de la mujer."[3]

Las condiciones para la emancipación de la mujer dentro del capitalismo industrial del siglo XIX, así como su rol en las luchas revolucionarias socialistas, fueron de los elementos claves en dichos análisis sobre la "cuestión de la mujer." El enfoque predominante subordinó, de manera general, el género a la clase, fundamentalmente en las visiones que siguieron los aportes de Engels ([1884] 1972) y Bebel ([1904] 1971). En estos planteamientos el advenimiento de la sociedad sin clases provocaría la desaparición, casi automática, de la opresión de las mujeres, pues el capital y la propiedad privada fueron considerados los causantes de dicha opresión, así como de la división sexual del trabajo.

La incorporación de la mujer al trabajo asalariado en el capitalismo le daría las armas para luchar contra un sistema que oprime a todos, por tanto una vez vencido el sistema llegaría la emancipación, quizás de manera paulatina, puesto que todo el trabajo doméstico y de cuidados se colectivizaría. Esta visión, a la que Molyneux (1990) denominó "la solución ortodoxa al problema de la mujer (Bengelsdorf, 1997, 122) ha sido sujeta a numerosas críticas, y la propia experiencia histórica de la situación de las mujeres en las experiencias socialistas del mundo demostró que la sociedad sin clases es condición necesaria pero no suficiente para la emancipación de las mujeres y la igualdad de género. Lise Vogel y Heather Brown sugieren que dichas experiencias no logran lo anterior debido a "desafortunadas distorsiones como el Stalinismo burocrático y la persecución de teorías inadecuadas por revolucionarios seguidores de los trabajos de Engels y Bebel en lugar de los aportes más sofisticados, aunque insuficientemente desarrollados, de Marx y Lenin" (citadas en A. Ferguson 2018, 183).

Otros aportes relevantes que desde el mundo socialista atendieron la problemática de la mujer son las contribuciones de Lenin (1966) y Clara Zetkin (1929). Sus análisis en cuanto a la relación clase-género, constituyeron una referencia importante para los movimientos de izquierda y las experiencias socialistas del siglo XX. Aun limitada,[4] la visión de Zetkin reconocía la desventaja que las mujeres tenían incluso dentro de la clase proletaria. Zetkin no veía la opresión de género independiente a la clase, sino condicionada a ella, de ahí que planteaba que las demandas de las mujeres eran diferentes y dependían de la clase social a la que pertenecían. Las mujeres de la clase obrera, al estar integradas al circuito del capital, disfrutaban de igualdad e independencia económica, aunque al costo de obligaciones duales como trabajadoras tanto en la fábrica como en la casa (Vogel 2013, 114).

El énfasis de Lenin en cuanto a la subyugación de la mujer (campesina, proletaria y pequeña burguesa) al trabajo doméstico fue único dentro de la literatura marxista, según Vogel (2013, 125). Lenin coincidía en que las mujeres eran doblemente oprimidas en el capitalismo; oprimidas por el capital, y oprimidas por la falta de igualdad formal o legal y por la confinación en los hogares, a lo que denomina la esclavitud doméstica. Por tanto, la liberación femenina debería tener también dos vías para su alcance. Una, de superación del sistema capitalista, y dos de alcance de igualdad formal y socialización de las tareas del hogar a las que son confinadas. Argumenta que la revolución socialista debe fácilmente lograr la igualdad de derechos en el plano legal, pero que ello no garantizaría que las mujeres fuesen liberadas de su confinamiento doméstico, para lo cual habría que llevar a gran escala las tareas que se realizaban al interior de los hogares, mediante, por ejemplo, las cocinas comunitarias, comedores, lavanderías, enfermerías y guarderías públicas.

Por otra parte, la batalla ideológica y educativa consideraba era esencial para "desenraizar la vieja mentalidad." La liberación de las mujeres trabajadoras era una cuestión propia de ellas, planteó. Sin embargo consideró que era imprescindible la educación de los hombres al interior del partido comunista, criticando el "chovinismo machista" existente al interior de los mismos (Vogel

2013, 127). Sus críticas no fueron escuchadas dentro del partido bolchevique y nunca se llevó a cabo ninguna plataforma programática para combatir la desigualdad de género.

El legado y los aportes tanto de Lenin como de Zetkin son limitados e incompletos, pero sobre todo poco divulgados al interior de lo que sería después la experiencia de socialismo real de Europa del Este, y sus influencias en el resto de las experiencias socialistas en el mundo. La principal contribución está en no considerar la liberación de las mujeres como un proceso automático, postergado, sino a la par de las transformaciones del sistema social. Las principales limitaciones, extendidas a la tradición socialista en general, radican en la inexistencia de una teoría sistemática, omisiones e inconsistencias producto del contexto histórico que impidieron una visión más amplia de la categoría género, y un análisis más profundo sobre el papel del trabajo doméstico y la división sexual del trabajo.[5]

La segunda mitad del siglo XX abraza los inicios de esa teorización feminista de la que carecieron las contribuciones precursoras. El trabajo doméstico fue el núcleo duro del debate que inició a finales de la década del 60, el cual tuvo un fuerte componente de desarrollo teórico. Los cuestionamientos irrumpían agendas sobre la posición que realmente ocupaba el trabajo doméstico dentro del sistema económico, tanto desde el punto de vista de la opresión como de la explotación, su carácter o no productivo, y las estrategias de visibilización. Las feministas socialistas y marxistas comienzan a cuestionar, desde la teoría de Marx, las ausencias de la misma para dar respuesta a sus problemáticas, así como a analizar la pertinencia o no de utilizar las categorías marxistas para integrar el trabajo doméstico a la teoría.[6]

La teoría valor-trabajo de Marx fue un punto de partida importante en el debate sobre trabajo doméstico. Si la fuerza de trabajo, definida como la capacidad humana para trabajar, es la fuente del valor, y la apropiación privada de parte de este valor es lo que permite al capitalista obtener ganancias, y por tanto es lo que permite la reproducción del sistema, entonces un análisis sobre cómo se reproduce la fuerza de trabajo es esencial para sostener en el tiempo la reproducción del sistema. La (re)producción de la fuerza de trabajo es, según Marx, una parte integrante del proceso de acumulación capitalista, pero, en palabras de Federici (2018b, 14–15), "Marx piensa que esta reproducción queda cubierta solamente desde el proceso de producción de las mercancías, el trabajador gana un salario que cubre sus necesidades vitales a través de la compra de comida, ropa, etc." No tiene en cuenta el trabajo no remunerado que repone diaria e intergeneracionalmente a la fuerza de trabajo, y que era, y es, realizada mayoritariamente por mujeres en los hogares. Se "institucionaliza" así la división sexual del trabajo. Queda invisibilizado dicho trabajo en la teoría marxista.

Las feministas socialistas redefinieron el trabajo doméstico como un proceso, y las familias son identificadas como un sitio de producción, y no solo de consumo. Esto permitió visibilizar al trabajo doméstico y de cuidados como pilar de la reproducción de la fuerza de trabajo, y con un determinado papel en la reproducción del sistema capitalista. Para algunas feministas socialistas, como Zaretsky, Mariarosa Dallas Costa y Selma James, el trabajo doméstico era esencial para la reproducción del sistema capitalista, las mujeres en realidad trabajaban para el capital, no para los hombres (Hartmann 1979; Federici 2018a, 2018b). Para Zaretsky, la única solución era la superación del sistema capitalista; mientras que Dallas Costa y Leopoldina Fortunati en Italia, y María Mies en Alemania, protagonizaron la campaña conocida como salarios para el trabajo doméstico, argumentando que este era un trabajo productivo que producía valor, en el sentido marxista, y por tanto generaba plusvalía, por lo que debía ser remunerado (Federici 2018b).

La mayoría de las feministas socialistas que criticaron la teoría valor trabajo de Marx por no considerar el trabajo doméstico como parte de la reproducción de la fuerza de trabajo, diaria e intergeneracional, argumentaron que el trabajo doméstico posee solo valor de uso y no valor, pues no produce valores de cambio (Margaret Benstom; Lise Vogel; Paul Smith; Maxine Molyneux; Isabel Larguía y John Dumoulin). Por ejemplo, Lise Vogel plantea la redefinición del tiempo de trabajo necesario en dos componentes, social y doméstico. El componente social sería el valor producido que es equivalente al salario y que es obtenido en la esfera mercantil, y el componente doméstico sería todo el trabajo no remunerado que contribuye a la reposición de la fuerza de trabajo. Ambos componentes, plantea, no son necesariamente comparables, ni en productividad ni en valores de cambio, por ello no posee el trabajo doméstico valor, lo cual no le resta relevancia en su papel para reproducir la fuerza de trabajo.

Una vertiente del debate indagó en la relación trabajo doméstico–trabajo asalariado. Si se consideraba que incrementar el trabajo doméstico podría reducir el trabajo social, entonces el capitalista obtendría mayores ganancias, y le convendría al capital mantener a las mujeres relegadas a la esfera doméstica. Molyneux (1979) plantea que dicho argumento es funcionalista, y que en realidad el trabajo doméstico puede incrementar o disminuir el valor de la fuerza de trabajo, dependiendo de las necesidades de acumulación del sistema. Si el salario resulta por debajo de los niveles de subsistencia, la familia se verá obligada a incorporar a sus miembros, mujeres y quizás niñas y niños, a la esfera de trabajo remunerado,[7] mientras que si lo que se percibe es un salario familiar, que cubre mayoritariamente las necesidades de reproducción adquiridas mediante el ingreso, entonces es posible mantener a las mujeres fuera de la fuerza laboral como "esposas a tiempo completo."

En ambos casos, continúa la autora, no es solamente el trabajo doméstico lo que explica la posición de las mujeres en el hogar. Cuatro son las áreas a atender que van más allá del debate sobre trabajo doméstico y que explican la posición de las mujeres dentro de las familias: el salario y sus diferencias según la clase; la división sexual del trabajo (plantea que el mercado de trabajo reproducía los roles asignados a las mujeres en el hogar, y esto a su vez debilitaba su posición negociadora en el hogar y reforzaba su subordinación); alto desempleo, principalmente femenino; y la prima que la sociedad ganaba debido al rol reproductivo de las mujeres (Molyneux 1979, 23).

Este trabajo de Molyneux (1979), y el conocido artículo de Heidi Hartmann (1979), "The Unhappy Marriage," marcan "oficialmente" el fin del debate sobre el trabajo doméstico, así como el inicio explícito de la teoría de sistemas duales.[8] El debate sobre trabajo doméstico fue considerado por muchas feministas como una discusión estéril (S. Ferguson 1999). Hartmann en particular planteó que el marxismo es ciego al género, y que los intereses de clases son dominantes sobre las relaciones de género, por tanto cuestiona la existencia de un feminismo marxista, aunque aboga por la lucha contra ambos, el patriarcado y el capitalismo.

Dentro de las críticas fundamentales a este periodo de casi dos décadas se encuentran el economicismo, el alto nivel de abstracción teórica del debate (se cuestiona en qué medida fue esto útil para la lucha de los movimientos sociales), un casi nulo rol de la agencia, determinismo en cuanto al papel del trabajo doméstico en la explicación de la posición de subordinación de las mujeres, un cuestionamiento sobre la pertinencia del uso de categorías marxistas para incorporar el trabajo no remunerado a la explicación de la dinámica del sistema capitalista y un énfasis innecesario en la discusión sobre lo productivo o no del trabajo doméstico. Pese a esto, feministas como Federici (2018a, 64) consideran que el aporte del debate respecto a visibilizar la importancia del trabajo realizado en el hogar para la reproducción de la fuerza de trabajo es esencial, no solo para redefinir el trabajo doméstico sino para "redefinir la propia naturaleza del capitalismo y la lucha en su contra."

Feminismo y economía política marxista en la Cuba posterior a 1959: Aportes "desconocidos" al debate

Las discusiones subrayadas anteriormente fueron desarrolladas principalmente para, y a partir de, un contexto específico, el capitalismo desarrollado occidental. Por tanto cabría preguntarse cuan pertinentes son los debates para un contexto de subdesarrollo, en particular de subdesarrollo y socialismo que ha caracterizado a la Cuba de los últimos casi sesenta años.

En América Latina, por ejemplo, no abundan los trabajos que abordan la relación feminismo–economía política marxista, al menos de manera explícita.[9] Históricamente, la "cuestión de la mujer" en la región ha estado estrechamente vinculada con su rol en el desarrollo (Valdivieso 2010, 79). Los aportes aunque variados metodológica e ideológicamente, se separan de las teorías provenientes del mundo occidental desarrollado, abogando por la necesidad de una teorización autóctona que refleje la realidad heterogénea de la región, y son dominados principalmente por el enfoque de los sistemas duales y una interpretación particular de la teoría interseccional (Jelin 2014). En particular, la EF latinoamericana se reconoce como un "subcampo contextual-dependiente y no conceptual-dependiente" en construcción (Escobar 2017, 34); que ha desarrollado aportes en las principales líneas trazadas aquí: papel del trabajo no remunerado y de cuidados, reproducción social, emancipación y relación acumulación-patriarcado (Escobar 2017).

Lo anterior no implica negar las lecciones que las teorizaciones y experiencias de los movimientos feministas del mundo desarrollado occidental tienen para analizar otros contextos. Los mecanismos para la (re)producción de la fuerza de trabajo, diaria e intergeneracional, varían, pero son vitales para entender las dinámicas sociales, la subordinación de las mujeres y la evolución de las relaciones de género. También lo son para el caso cubano posterior a 1959.

Los primeros treinta años

La teoría y práctica de los movimientos feministas en Cuba no fueron incorporadas a la revolución social que desató el 1ro de enero de 1959. La organización de mujeres surgida con la Revolución, la Federación de Mujeres Cubanas (FMC), se declaró una organización femenina y no feminista (Morales 2017).[10] Los aportes de los feminismos socialistas no eran, al momento del triunfo, tan diversos como lo fueron posteriormente a finales de los años 60 y durante los 70 y 80. El contexto regional que desata la Revolución Cubana y el conflicto con los Estados Unidos provoca que se cierren los cercos a debates, posiciones, conceptos que provenían de la sociedad capitalista burguesa. Prima entonces, durante las primeras décadas de la Revolución Cubana, la solución ortodoxa al problema de la emancipación de la mujer (Molyneux 1990).

Ello implicó que el proceso de emancipación se entendió, primero, dentro de un proceso más general al interior de la implementación de un modelo socialista que siguió un estilo soviético- estalinista. En segundo lugar, la emancipación se concibió fundamentalmente mediante la integración de las mujeres a la "esfera pública," en particular al trabajo asalariado. En tercero, la socialización del trabajo doméstico y el cuidado es considerado la vía para liberar a las mujeres de su rol subordinado dentro del hogar. La principal limitación de esta estrategia está en la descripción de condiciones necesarias pero no suficientes para la emancipación femenina (Bengelsdorf 1997, 122).

Aunque durante los primeros quince años no se encuentran referencias académicas que analicen la relación feminismo–economía política marxista, el

discurso oficial da cuenta de una estrategia enfocada en la masiva incorporación de las mujeres al sector de la producción remunerada fuera de los hogares,
los inicios de la socialización de las tareas domésticas y de cuidados (círculos
infantiles, comedores obreros, lavanderías), y la necesidad de eliminar los re-
manentes de discriminación heredados del sistema anterior:

Aun cuando, desde el punto de vista legal y desde el punto de vista objetivo, desapa-
reciera todo vestigio de discriminación, quedan todavía una serie de circunstancias de
orden natural y de costumbres que hacen importante para la mujer estar organizada,
trabajar y luchar . . . fundamentalmente en lo que se refiere a su condición natural de
madres . . . Existen los problemas que se relacionan con una serie de tareas llamadas
"domésticas," que han esclavizado a la mujer a través de la historia; y las mujeres necesitan de instituciones que las rediman también de esas obligaciones . . . para que la
mujer se incorpore a la producción y al mismo tiempo siga desempeñando esa trascendental función de la reproducción, es necesario que la mujer cuente dentro de la
sociedad con una serie de instituciones y de recursos que le permitan ser trabajadora y,
al mismo tiempo, ser madre. (Castro Ruz 1962, 1–2)

Con la incorporación de la mujer al trabajo asalariado se enfrentan disímiles
situaciones que, como describió Molyneux, reprodujeron las tareas que las mujeres realizaban históricamente en los hogares. No hubo tanta resistencia, por
parte de la sociedad en general y los hombres en particular, a las mujeres maes-
tras, costureras o enfermeras. Sin embargo, cuando estas comenzaron a ocupar
posiciones administrativas, de dirección, o en actividades consideradas "masculinas," enfrentaron trabas que han tenido que superar paulatinamente.[11] El
discurso oficial fue paradójico en ese sentido, pues a la vez que reconocía que
en la sociedad cubana de los años 60 y 70 permanecían aún prácticas discriminatorias que había que combatir, no buscó las causas (o más bien las igualó
a prejuicios exentos de base material alguna) e insistió en que el socialismo
había hecho desaparecer la discriminación por sexo, y también por raza:

Estos prejuicios tienen miles de años y han sobrevivido a distintos sistemas sociales.
Porque si vamos a hablar del capitalismo, la mujer . . . de una clase humilde era doblemente explotada o era doblemente humillada . . . dentro de su propia clase . . . era
vista a través de un sinnúmero de prejuicios . . . La discriminación por razones de raza
o de sexo no podía desaparecer de ninguna manera dentro de una sociedad de clases . . .
los problemas de la discriminación por razones de raza y de sexo han desaparecido en
nuestro país, porque desapareció la base de esas dos discriminaciones. (Castro Ruz
1966, 3–4)

Posteriormente, Fidel afirma que la desaparición de la sociedad de clases no
implica que estén creadas las condiciones para que las mujeres ocupen un lugar
justo en la sociedad. Sin embargo, no se refiere en esta etapa al combate contra
el machismo como parte de la creación de dichas condiciones, sino al desarrollo

económico y social del país como las bases materiales necesarias para el logro de una igualdad real. Esto, que es sumamente importante, y de hecho es reclamo constante de los movimientos feministas en los países desarrollados, constituía un reto para un país subdesarrollado como Cuba, y por tanto no podía ser condición única para la batalla por la igualdad. Queda subordinada así al desarrollo económico la "cuestión de la emancipación real de las mujeres."

A partir de la década del 70, sobre todo en la segunda mitad, se pueden constatar transformaciones en la visión anteriormente expuesta. El papel de la FMC contribuyó sin dudas a ello, librando una campaña de educación y concientización de la necesidad de compartir las tareas domésticas y de cuidados en los hogares que culmina con la aprobación del nuevo Código de Familia en 1975, el cual estableció un reconocimiento legal a la distribución compartida de las tareas del hogar entre sus miembros independientemente de la inclusión o no de estos en el sector de trabajo remunerado, aun cuando no existieron mecanismos que lo hiciesen cumplir.

Es en esta etapa donde se publica la obra de Isabel Larguía y John Dumoulin,[12] prácticamente la única contribución académica feminista-marxista del periodo previo a los años 90, escasamente conocida.

La primera versión de uno de sus trabajos más conocidos "Hacia una concepción científica de la emancipación de la mujer" es publicada en 1971. Luego, en 1975 es publicado un segundo ensayo que recoge la repercusión del debate del primero, y explora más profundamente la teoría, titulado "Aspectos de la condición laboral de la mujer." En 1988 se publica el libro *La mujer nueva: Teoría y práctica de su emancipación*, que incluye estos y otros ensayos, entre ellos un trabajo sobre las experiencias de la Revolución Cubana titulado "La mujer en el desarrollo: Experiencias de la Revolución Cubana."

Los análisis que realizan estos ensayos se insertan dentro de un feminismo socialista que comparte elementos tanto de la visión más ortodoxa como de sus críticas. En el primer ensayo "Hacia una concepción científica de la emancipación de la mujer" los autores analizan, en consonancia con los aportes de Marx y Engels, la división sexual del trabajo en las familias y la propiedad privada en la subordinación de las mujeres en el capitalismo.

Acuñaron los términos de trabajo visible y trabajo invisible (nótese que en 1971 muchos de los textos del debate sobre el trabajo doméstico no habían sido publicados aun). Plantean que el "producto invisible del ama de casa es la fuerza de trabajo, las fuerzas físicas y espirituales que se consumen en la actividad laboral de los miembros de su familia, en la esfera pública y en el hogar" (Larguía y Dumoulin 1988, 15).

Defienden la idea de que no es por naturaleza que las mujeres realizan las tareas domésticas, y que el trabajo invisible (trabajo no remunerado en el hogar) permite disminuir el valor de la fuerza de trabajo. Por tanto, al capital le era conveniente mantener a las mujeres relegadas al hogar, asegurando la reproducción de la fuerza de trabajo. A la vez, analizando el capitalismo industrial, plantean que la incorporación paulatina de las mujeres al sector de trabajo remunerado respondió a los intereses específicos del capital, y reprodujo las actividades y tareas de la esfera privada. Dan cuenta acerca de la segunda jornada de trabajo del sector femenino al incorporarse al sector de trabajo remunerado (encuestas de uso del tiempo de la época daban cuenta de ello), y subrayan como principal causa la división sexual del trabajo que no se transforma cabalmente, de ahí que expresan:

La emancipación de la mujer exige que las fuerzas revolucionarias dediquen los máximos esfuerzos para la reeducación de la mujer (y el hombre). La abolición de la propiedad privada sobre los medios de producción, la incorporación de la mujer al trabajo social y la creación de servicios, constituyen condiciones imprescindibles para su emancipación, pero no la determinan mecánicamente; la suerte de la mujer está intrínsecamente ligada a la lucha ideológica que libra la vanguardia política para arrasar definitivamente con los vicios y la cultura de la propiedad privada. (Larguía y Dumoulin 1988, 36)

En consonancia con el discurso político, plantearon que la emancipación no es un proceso automático, sin embargo, aseguraron que además de los retos del desarrollo económico y social (sin dudas cruciales) era necesario considerar una batalla educativa e ideológica por la igualdad. Este elemento lo consideran decisivo por dos razones.

Primero, en una crítica a Engels, plantean que "la historia no confirma que la socialización constituye una sola explosión que borra de una vez con las formas privadas, tanto en la propiedad de los medios de producción como en la reproducción de la fuerza de trabajo. El cambio en las familias es más lento" (Larguía y Dumoulin 1988, 58). De ahí que veían en las mayores potencialidades para la emancipación en la reestructuración radical de la familia, lo que significaba una socialización a gran escala de lo que esta reproducía de manera privada, aunque no plantearon la necesidad de abolirla totalmente. En segundo lugar, subrayaron los desafíos que tendría un país subdesarrollado como Cuba para garantizar la base material que el proceso de socialización requería (grandes inversiones en infraestructura tanto productiva como de cuidados, por ejemplo).

Larguía y Dumoulin (1988) plantearon que la complejidad de un proceso de transformación social de tal magnitud como el socialismo cubano necesariamente entrañaba gradualidad y secuencia, de ahí que poseían una visión etapista del proceso de emancipación femenina. Parte de su obra da cuenta de los avances obtenidos en esas primeras décadas en cuanto a la participación femenina en diversas esferas de la sociedad (el trabajo remunerado, la educación, la defensa del país) y de los conflictos que esto genera al interior de muchas familias, principalmente en las zonas rurales.

Destacan además, que la condición de subdesarrollo del país impide que la socialización de las tareas domésticas y de reproducción de la fuerza de trabajo eliminen la doble jornada de las mujeres, la cual creaba un círculo vicioso dado que estas preferían trabajos "más livianos y de menor responsabilidad" que los hombres para poder invertir el tiempo necesario en las más de doce horas diarias de labor entre la esfera remunerada y la no remunerada (Larguía y Dumoulin 1988, 93).

En torno a la discusión del Código de Familia se amplía la visión de la década precedente respecto a las condiciones para la igualdad real. En adición al reconocimiento a la doble jornada, se detectan problemáticas y desafíos relacionados con la feminización del trabajo en algunas áreas, la escasa promoción de mujeres a puestos de responsabilidad y dirección, y la prevalencia de prácticas discriminatorias:

Hay administradores que . . . siempre que puedan darle empleo a un hombre no le dan el empleo a la mujer . . . porque empiezan a pensar en los problemas de la plantilla, en los problemas de la maternidad, en las dificultades que pueda tener una mujer para la asistencia al trabajo . . . el hecho que se discrimina a la mujer en las oportunidades de empleo . . . Y la naturaleza hizo a la mujer más débil físicamente, pero no la hizo inferior al hombre moral e intelectualmente. (Larguía y Dumoulin 1988, 94)

El nivel de desarrollo teórico de los aportes de Larguía y Dumoulin encuentra poco respaldo en los espacios intelectuales de Cuba, debido, entre otros factores, a la concepción que prima en el discurso y práctica política respecto a la solución al tema de la igualdad real de las mujeres. Es posible considerar dichos aportes como pioneros dentro de la región latinoamericana, pese a su escasa visibilidad, como bien han apuntado los resultados de la investigación de la dupla Bellucci y Theumer (2018). No es posible obviar el hecho de que estos ensayos fueron publicados en los mismos años (e incluso antes) que las principales publicaciones del debate sobre trabajo doméstico y emancipación femenina del mundo desarrollado occidental. Aun con sus limitaciones, resulta contribución indispensable para entender los desafíos de la práctica emancipadora femenina y las contribuciones de la teoría a dicha causa.

Hacia finales de los años 80, la destacada antropóloga estadounidense Helen Safa condujo, con el apoyo de la FMC y de investigadores de la Universidad de La Habana,[13] una investigación sobre el impacto del trabajo asalariado en un grupo de mujeres cubanas de la industria textil. Entre sus antecedentes se encuentran trabajos de Larguía y Dumoulin (1986). La autora analiza cómo la incorporación al trabajo remunerado trasforma la vida de las mujeres en sus hogares, en el lugar de trabajo y en la participación en las organizaciones de masas, concluyendo que pese a los avances en la igualdad y el relativo empoderamiento que la independencia económica otorgaba a las mujeres incorporadas al sector de trabajo asalariado, no se alteró substancialmente la división sexual del trabajo dentro de los hogares, ni tampoco en los lugares de trabajo asalariado, pues se continuaban considerando a las mujeres como trabajadores secundarios (Safa 1989). La denominada "solución ortodoxa" referida anteriormente coartó las posibilidades para un mayor avance de la equidad de género en la Isla en los primeros treinta años de la Revolución.

Los segundos treinta años

Con los años 90 irrumpe en la Isla la mayor crisis económica de la historia del periodo revolucionario, lo cual impulsa la entrada a universidades y centros de investigación de los estudios con perspectiva de género. El periodo marca el inicio de un *boom* de trabajos académicos sobre el tema, realizados en un inicio con apoyo de investigadoras internacionales interesadas en estudiar los efectos de la crisis económica en las mujeres cubanas, que dejarían después una impronta importante en académicas cubanas reconocidas hoy en el campo de los estudios de género (Vasallo 2017).

Vasallo (2017) plantea que los estudios de género entran tardíamente en Cuba debido a que cuando estos irrumpen en el mundo, las mujeres cubanas gozaban ya de una situación más favorable desde el punto de vista jurídico y político que el resto de las mujeres de la región. Derechos reclamados por los movimientos feministas de la época, como el derecho al aborto, igualdad jurídica, acceso a servicios sociales y de cuidados, habían sido implementados en Cuba con relativo éxito, lo que hace que no se despierte el interés por los estudios de género, ya que "otras formas de discriminación no habían alcanzado la conciencia de serlo" (Vasallo 2017, 164).[14] Por tanto, continúa la autora, los estudios académicos emergen en el país como resultado del intercambio con otras realidades.

Sin embargo podría plantearse una explicación alternativa: el rechazo al feminismo como corriente teórica y política, así como la prevalencia de un modelo y pensamiento socialista ortodoxo al estilo soviético, que penalizó la crítica, yendo en contra de la propia esencia dialéctica que caracteriza al pensamiento marxista. Al igual que en otras experiencias del "socialismo real" y movimientos comunistas alrededor del mundo, se consideró al feminismo teoría burguesa y divisorio de la clase obrera y al feminismo socialista como revisionista.

Gradualmente, distintas instituciones, incluida la FMC, se sumaron a proyectos de investigación sobre el empleo, la familia, la división sexual del trabajo, violencia, y el papel de las mujeres en la economía, la política y la sociedad cubana de manera general. También de manera progresiva, aunque heterogénea según la disciplina (Romero, Proveyer y Fleitas 2017), se introdujeron en las diferentes carreras de la Universidad de La Habana, y otras universidades del país, como Santiago de Cuba, temáticas, trabajos de investigación y asignaturas relacionadas con los temas de género. La palabra *feminismo*, y lo que su contenido entraña, comienza a aparecer esporádicamente en algunos espacios, y no es hasta muy recientemente que gana fuerza en espacios públicos, artículos académicos e instituciones oficiales.[15] Sin embargo, la limitación por excelencia, que es consenso y ha caracterizado a la mayoría de la producción académica sobre el tema en este periodo, es el escaso o nulo respaldo teórico de las mismas.[16]

En una investigación realizada en 2002, Marta Núñez Sarmiento evalúa el estado de los estudios sobre género en Cuba hasta la fecha. Desde diferentes disciplinas, entrevista a un número de investigadores que habían estado aplicando "la perspectiva de género" en sus estudios. Al preguntar sobre la conceptualización general o vertiente teórica utilizada en las investigaciones, los entrevistados de manera general responden que no dedican grandes espacios a la conceptualización teórica-metodológica para evitar una "verborrea innecesaria." Por otro lado, todos declararon usar el método marxista en su análisis. Sin embargo, existe una casi nula discusión sobre la relación feminismo-economía política marxista desde la teoría, tanto para el conocimiento en sí mismo, como para su aplicación a estudios específicos dentro de Cuba.

En 2017, la editorial Félix Varela publica el libro *Género y sociedad: Encrucijadas teóricas y alternativas para el cambio*, donde aparece un trabajo de Georgina Alfonso titulado "Feminismo y marxismo: La deuda pendiente del pensamiento social crítico." La entrega es parte de los esfuerzos por contribuir a la divulgación de ese vacío teórico. El artículo, en clave de antología, se enfoca en un conjunto de contribuciones del feminismo marxista y reconoce la confluencia de múltiples referentes teóricos y posicionamientos ideológicos e incluye fragmentos de obras de diferentes autores,[17] incluidos Isabel Larguía y John Dumoulin.

A la vez, la autora problematiza algunos de los principales puntos de desencuentros entre el feminismo y el marxismo, dígase el debate sobre la lucha por la igualdad al interior de los partidos de izquierda y comunistas, la no inclusión del trabajo remunerado en el análisis del funcionamiento de la economía, el hecho de que solo el trabajo no remunerado genera plusvalía, su visión androcéntrica, y la idea de que la emancipación de las mujeres se logra por "añadidura a la emancipación integral de la sociedad" (Alfonso Gonzáles 2017, 195). Subraya además, uno de los aportes más significativos de los movimientos y teoría feminista socialistas, que es principalmente resultado, sin excluir a las predecesoras, de los debates de la década del 60 y 70: la necesidad de "transformar la visión de una economía para la reproducción de mercancías, por una economía que produzca y reproduzca la vida del ser humano" (Alfonso Gonzáles 2017, 195).

Consideraciones finales

Primero lo que no he dicho. No he dicho que el feminismo socialista y marxista sea uno solo a su interior, ni sea la única vía, teórica y práctica a estudiar para la igualdad de género. Creo que todas las corrientes tienen ideas interesantes y relevantes que aportar para cualquier contexto, ya sea para identificar aciertos, logros y desafíos como para comprender, y no repetir, desaciertos, fracasos y limitaciones. No he dicho que dentro de la economía política, la economía política marxista es la única que interesa estudiar en relación a los feminismos. La traducción de dicha economía política marxista en experiencias concretas a partir de interpretaciones puntuales, casi siempre dogmáticas, ha propiciado tanto rechazos como falsas adoraciones.

En un país como Cuba, donde la economía política marxista es central en la enseñanza universitaria, donde la mayoría de sus académicas y académicos dentro de Cuban declaran ser marxistas, donde los estudios con perspectiva de género, y los feminismos, han ido ganando terreno desde la década del 90 y es la ausencia de una base teórica sólida la principal limitante de dichos estudios, resulta imprescindible la divulgación del conocimiento teórico e histórico de la relación feminismo–economía política marxista.

El breve análisis realizado da cuenta de la ausencia de este debate en Cuba en todo el periodo de la Revolución Cubana. Aunque un análisis histórico develaría las causas de dicha ausencia de manera más rigurosa, las publicaciones académicas, escasas, y fragmentos del discurso político resultan útiles para describir las dos grandes etapas en las que he dividido el análisis.

Dentro de los primeros treinta años se identifican dos tendencias principales. Una ubica a Cuba dentro de la denominada "solución ortodoxa al problema de la emancipación de las mujeres": incorporación masiva a la sociedad, en particular al trabajo asalariado, igualdad legal y formal, y socialización de todas las tareas domésticas y de cuidado. Dicha solución ortodoxa identificó tales condiciones como necesarias pero no suficientes para la emancipación femenina, cuyas consecuencias prácticas se pondrían de manifiesto fundamentalmente en la etapa posterior. En dicha etapa, una segunda tendencia, que comienza en la segunda mitad del periodo 1959–1990, evidencia un reconocimiento implícito del paradigma anterior al patriarcado. En esta tendencia se otorga un papel central a la familia, se plantea la distribución de las labores domésticas y de cuidados al interior de los hogares de manera más equitativa, y se encuentra la primera contribución académica del periodo revolucionario al debate teórico.

En el segundo periodo, 1990 hasta la actualidad, los esfuerzos de la academia se concentraron primeramente en investigar el impacto de la crisis económica y social en la desigualdad de género posterior a la crisis de los años 90. Pese al surgimiento de los estudios de género en el país, continúa el divorcio teórico entre el feminismo y la economía política marxista.

La economía política marxista necesita ser adaptada a los tiempos actuales, para lo cual la inclusión de su crítica no puede ser considerada como revisionista, iría esto en contra de la propia esencia del método marxista. Es necesario comprender entonces los aportes de las teorías feministas al análisis de las sociedades actuales, capitalistas o no. La teoría feminista necesita acabar de hacer su entrada en la Isla, y necesita encontrarse con la economía política para pensar cómo se construye una agenda feminista que tribute a las transformaciones del sistema económico, político y social de Cuba de manera justa, y a tiempo.

NOTAS

1. La entrevista completa, por Alicia Simeoni, puede ser consultada en "Que entren todxs," *Pagina12*, 17 de enero de 2014, https://www.pagina12.com.ar/diario/suplementos/las12/13-8588 -2014-01-17.html.

2. El trabajo doméstico puede entenderse como también como trabajo de cuidados indirecto (Folbre 2006). En el artículo usaré la distinción debido a que fue la categoría que se utilizó durante las primeras décadas del debate.

3. La línea divisoria entre feministas socialistas y marxistas es borrosa. Autores como Lise Vogel argumentan que actualmente no es posible distinguir entre ambas corrientes, y en la práctica ambos términos se usan indistintamente, con tendencia a incluir al feminismo marxista dentro del feminismo socialista.

4. Vogel (2013) plantea que, al igual que otras activistas de su época, Zetkin confunde argumentos teóricos con descripción empírica, subestima la división sexual del trabajo en el hogar y por tanto pierde oportunidad para su argumento sobre la subordinación femenina al interior de las diferentes clases sociales. Para una mayor profundización del pensamiento de Zetkin, consultar Vogel (2013).

5. A. Ferguson (2018) incluye también una crítica a las limitaciones, principalmente moralistas, del pensamiento precursor en cuanto a las libertades sexuales, orientación e identidad sexual.

6. En los inicios el trabajo doméstico se refiere al trabajo no remunerado dentro del hogar, que incluye el cuidado de niñas y niños. Actualmente es necesario hacer la distinción entre trabajo doméstico remunerado y no remunerado, pues el primero aporta "valores visibles" a la economía, mientras el segundo continua hoy siendo invisible para el paradigma dominante de la economía.

7. Esto no implica necesariamente que dichos miembros dejan de realizar trabajo no remunerado, sino que realizan ambos trabajos.

8. En apretada síntesis, la perspectiva de los sistemas duales considera que la opresión de las mujeres deriva de un sistema autónomo de división sexual del trabajo y supremacía masculina. El patriarcado es un sistema individual que opera a través del sexo, y que posee más bien una base ideológica y cultural, trasversal a todo modo de producción. Por otro lado, el capitalismo opera a través de la clase, y es un sistema caracterizado por la explotación, que es "ciego al género."

9. Los mismos comienzan a finales de la década del 60 (Safiotti 1969, en Jelin 2014; Larguía y Dumoulin 1976; Vitale 1983).

10. Esto no implica una negación del papel de la FMC en cuanto a los beneficios que las mujeres obtienen con la Revolución, lo cual ha sido ampliamente documentado. El papel de la FMC no ha sido invariante, y su carácter feminista es aún un tema pendiente donde no hay consenso (ver Molyneux 1996).

11. Por ejemplo, empleos que requerían mayor esfuerzo físico, considerados históricamente masculinos fueron negados a las mujeres en nombre del proteccionismo laboral y de las funciones reproductivas de las mujeres. La FMC combatió dichas prácticas extensivamente de modo que en 1985 no existía dicha prohibición desde el punto de vista legal. Durante esos años también logra que, por ejemplo, los padres puedan quedarse en los hospitales con los hijos, o solicitaran un permiso por enfermedad para cuidar de ellos (en 1990), función que solo estaba permitida a las madres (Larguía y Dumoulin 1988; Smith y Padula 1996).

12. Matrimonio argentino-estadounidense que vivió y trabajó en Cuba por casi treinta años desde el Triunfo de la Revolución. Sus aportes son poco conocidos dentro de Cuba y la región latinoamericana. La feminista argentina Mabel Belluci junto a su colega Emmanuel Theumer han investigado en los últimos años la vida y obra de Larguía y Dumoulin, produciendo un excelente texto que acaba de ser publicado por CLACSO y disponible en http://biblioteca.clacso.edu.ar/clacso/gt/20180803110052/Desde_Cuba_revolucionaria.pdf.

13. Entre ellos se encontraban Marta Núñez, Rosa María Cartaya, Margarita Flores, Rita María Pereira y Raúl Ramos.

14. Los discursos de los 70 de Fidel Castro y el propio Código de Familia de 1975 no parecen apuntar en esa dirección.

15. Historia del grupo Magín en los 90, Espacio feminista Berta Cáceres del Instituto de Filosofía, blogs *Asamblea feminista, Feminismo en Cuba y Negra cubana tenía que ser*, entre muchos otros; columna "Sin filtro" de la intelectual feminista Ailynn Torres en la revista digital *OnCuba*, entre otros trabajos y espacios donde tanto investigadoras jóvenes de todo el país, y de otras generaciones, se identifican con el término.

16. Ver González Pagés (2004). En adición a los factores mencionados, podemos añadir las restricciones que impone la academia cubana para el intercambio académico, el escaso acceso a internet y las condiciones materiales en general que dificultan la labor investigativa y el pleno despliegue del potencial humano.

17. Flora Tristan, Augusto Bebel, Engels, Alejandra Kollantai, Simone de Beauvoir y Clara Zetkin.

BIBLIOGRAFÍA

Alfonso Gonzáles, Georgina. 2017. "Feminismo y marxismo: La deuda pendiente del pensamiento social crítico." En *Género y sociedad: Encrucijadas teóricas y alternativas para el cambio*, coordinado por Clotilde Proveyer Cervantes and Magela Romero Almodóvar, 193–218. La Habana: Editorial Félix Varela.

Álvarez Suárez, Mayda. 1995. "Mujer cubana: Problemas de estudio." *Temas* 1 (enero–marzo): 77–84.

Battacharya, Tithi. 2017. "How Not to Skip Class: Social Reproduction of Labor and the Global Working Class." En *Social Reproduction Theory: Remapping Class, Recentering Oppression*, editado por Tithi Battacharya, 68–93. Londres: Pluto Press.

Bebel, August. (1904) 1971. *Woman under Socialism*. Traducido por Daniel De León. Nueva York: Schocken Books.

Bellucci, Mabel, y Emmanuel Theumer. 2018. *Desde la Cuba revolucionaria: Feminismo y marxismo en la obra de Isabel Larguía y John Dumoulin*. Buenos Aires: CLACSO.

Bengelsdorf, Carollee. 1997. "Terreno en debate: La mujer en Cuba. Un ensayo bibliográfico." *Temas* 9: 121–131.

Brown, Heather. 2012. *Marx on Gender and the Family: A Critical Study.* Boston: IDC y Martinus Nijhoff.

Campuzano, Luisa. 1996. "Ser cubanas y no morir en el intento." *Temas* 5 (enero–marzo): 6–12.

Castro Ruz, Fidel. 1966. *Discurso pronunciado en la clausura de la V Plenaria Nacional de la FMC en el teatro Sandino de Santa Clara, Las Villas.* La Habana: Departamento de Versiones Taquigráficas del Gobierno Revolucionario.

Castro Ruz, Fidel. 1962. *Discurso pronunciado en la Clausura del I Congreso de la Federación de Mujeres Cubanas.* La Habana: Departamento de Versiones Taquigráficas del Gobierno Revolucionario.

Castro Ruz, Fidel. 1974. *Discurso pronunciado en la clausura del II Congreso de la Federación de Mujeres Cubanas.* La Habana: Departamento de Versiones Taquigráficas del Gobierno Revolucionario.

Economistas sin Fronteras. 2018. "Economía feminista: Viva, abierta y subversiva." En *Economía feminista: Visibilizar lo invisible,* editado por Amaia Pérez Orozco y Astrid Agenjo Calderón, 6–11. Madrid: Economistas sin Fronteras.

Engels, Federico. (1884) 1972. *The Origin of the Family, Private Property and the State.* Nueva York: International Publishers.

Escobar, Natalia. 2017. "Avances fundamentales de la economía feminista en América Latina." *CEC* 7: 17–41.

Federici, Silvia. 2018a. "El capital y el género." En *El patriarcado del salario: Críticas feministas al marxismo,* por Silvia Federici, 47–63. Madrid: Traficantes de Sueños.

Federici, Silvia. 2018b. "A modo de introducción: Marxismo y feminismo: historia y conceptos." En *El patriarcado del salario: Críticas feministas al marxismo,* por Silvia Federici, 11–24. Madrid: Traficantes de Sueños.

Ferguson, Ann. 2018. "Socialist-Feminist Transitions and Visions." *Radical Philosophy Review* 21 (1): 177–200.

Ferguson, Sue. 1999. "Building on the Strengths of the Socialist Feminist Tradition." *Critical Sociology* 25: 1–15.

Folbre, Nancy. 2006. "Measuring Care: Gender, Empowerment and the Care Economy." *Journal of Human Development:* 183–199.

González Pagés, Julio César. 2004. "Feminismo y masculinidad: ¿mujeres contra hombres?" *Temas* 37–38 (abril–septiembre): 4–14.

Hartmann, Heidi. 1979. "The Unhappy Marriage between Marxism and Feminism: Toward a More Progressive Union." *Class & Society:* 1–33.

Jelin, Elizabeth. 2014. "Desigualdades de clase, género y etnicidad/raza: Realidades históricas, aproximaciones analíticas (Serie de documentos de trabajo 73). Berlín: Research Network on Interdependent Inequalities in Latin America.

Larguía, Isabel, y John Dumoulin. 1971. "Hacia una concepción científica de la liberación de la mujer." *Casa de las Américas* 11 (65–66): 37–57.

Larguía, Isabel, y John Dumoulin. 1986. "Woman's Equality and the Cuban Revolution." En *Women and Change in Latin America,* editado por June Nash y Helen Safa. South Hadley, MA: Bergin and Garvey Publishers.

Larguía, Isabel, y John Dumoulin. 1988. "Aspectos de la condición laboral de la mujer." In *La mujer nueva: Teórica y práctica de su emancipación,* por Isabel Larguía and John Dumoulin, 40–60. Buenos Aires: Bibliotecas Universitarias y Centro Editor de América Latina.

Larguía, Isabel, y John Dumoulin. 1988. "Hacia una concepción científica de la emancipación de la mujer." In *La mujer nueva: Teórica y práctica de su emancipación,* por Isabel Larguía and John Dumoulin, 11–29. Buenos Aires: Bibliotecas Universitarias y Centro Editor de América Latina.

Larguía, Isabel, y John Dumoulin. 1988. *La mujer nueva: Teoría y práctica de su emancipación.* Buenos Aires: Bibliotecas Universitarias, Centro Editor de América Latina.

Lenin, V. 1966. *The Emancipation of Women.* Nueva York: International Publishers.

Molyneux, Maxine. 1979. "Beyond the Domestic Labor Debate." *New Left Review* 116: 3–27.

Molyneux, Maxine. 1990. "The 'Women Question' in the Age of Perestroika." *New Left Review* 183: 23–46.

Molyneux, Maxine. 1996. *State, Gender and Institutional Change in Cuba's Special Period: The Federación de Mujeres Cubanas.* Londres: Institute of Latin American Studies, University of London.

Morales, Liudmila. 2017. "Socialismo y feminismo en Cuba." *Sin Permiso* 2: 17.

Núñez Sarmiento, Marta. 2000. "Enfoque de género: Proposiciones metodológicas." *Temas* 20–21: 147–153.

Núñez Sarmiento, Marta. 2002. "Los estudios de género en Cuba y sus aproximaciones metodológicas, multidisciplinarias y trasculturales (1974–2001)" (Documento de trabajo). La Habana: Centro de Estudios de Migraciones Internacionales. http://bibliotecavirtual.clacso.org.ar/ar/libros/cuba/cemi/genero.pdf.

Romero, Magela, Clotilde Proveyer y Reina Fleitas. 2017. "Algunas reflexiones sobre la transversalización del enfoque de género en la educación superior: La experiencia de la carrera de sociología en la Universidad de La Habana." In *Género y sociedad: Encrucijadas teóricas y alternativas para el cambio,* coordinado por Clotilde Proveyer and Magela Romero, 221–234. La Habana: Editorial Universitaria Félix Varela.

Safa, Helen. 1989. "Women, Industrialization and State Policy in Cuba" (Documento de trabajo 133). Notre Dame, IN: Kellogg Institute. https://kellogg.nd.edu/sites/default/files/old_files/documents/133_0.pdf.

Smith, Lois, y Alfred Padula. 1996. *Sex and Revolution: Women in Socialist Cuba.* Nueva York: Oxford University Press.

Valdivieso, Magdalena. 2010. "Mujer, desarrollo y crisis." En *Crisis económica: Una perspectiva feminista desde América Latina,* coordinado por Alicia Girón, 75–94. Caracas: Colección Grupos de Trabajo y CLACSO Coediciones.

Vasallo, Norma. 2017. "Género e investigación: Obstáculos avances, y desafíos en Cuba." En *Feminismos, pensamiento crítico y propuestas alternativas en América Latina,* por Montserrat Sagot Rodríguez, 159–172. Buenos Aires: CLACSO.

Vitale, Luis. 1983. "El marxismo latinoamericano ante dos desafíos: Feminismo y crisis ecológica." *Nueva Sociedad:* 90–98.

Vogel, Lise. 2013. *Marxism and the Oppression of Women: Toward a Unitary Theory.* Leiden: IDC y Martinus Nijhoff.

Zetkin, Clara. 1929. "Surrender of the Second International in the Emancipation of Women." *Communist International* 6: 371–382.

DIOSNARA ORTEGA GONZÁLEZ

Cubanas en transición: Un acercamiento a la estabilización-desestabilización del género y la política desde sus relatos temporales

RESUMEN

El género se performa mediante dinámicas de estabilización-desestabilización de un ordenamiento normativo. En este sentido la performatividad del género, que implica una concepción del género en el cual este *se hace*, tiene como su campo de acción la política misma. El artículo presenta un análisis sobre los modos en que se estabiliza-desestabiliza el género en las historias de vida de un grupo de mujeres cubanas diferentes en cuanto a territorio, clase, "raza," reconstruidas entre 2014 y 2017. Los relatos temporales de ellas permiten mostrar una regresión en el plano de las relaciones de género y de la política cubana en tanto muestran una ampliación de las desigualdades, el retraimiento al ámbito familiar-doméstico, la incertidumbre creciente sobre el futuro, el constreñimiento de los dispositivos de movilidad social centrados en la educación y el matrimonio según sus experiencias, y en la emigración según la de sus hijos e hijas, la presencia de miedos generizados y la dualidad entre trabajo de cuidados —no remunerado— y trabajo remunerado.

ABSTRACT

Gender is performed through dynamics of stabilization and destabilization within a normative order. In this sense, the performativity of gender, which implies that gender is constructed, has politics as its field of action. This article presents an analysis of the ways in which gender is stabilized or destabilized in the life histories of a group of Cuban women of diverse origin, class, and "race," reconstructed between 2014 and 2017. Their timely accounts show the regression of gender relations and Cuban politics in revealing an increase in inequality; a retreat to the family and domestic environment; growing uncertainty about the future; constraints on social mobility based, in their experiences, in education and marriage; and emigration of their sons and daughters, the presence of gendered fears, and the duality between unpaid care work and paid work.

La función de los relatos tiene un peso central en la construcción de la historia (no hegemónica) y la Historia (hegemónica). Ellos nos muestran las pugnas que constituyen la realidad de los sujetos envueltos en ella. Los relatos discursan a sus propios enunciantes y las temporalidades que los constituyen. Todo relato es temporal en tanto se produce en una temporalidad específica, un "aquí y ahora" pero también en la medida que se estructure sobre el abordaje de una temporalidad específica. Es esta segunda cualidad la que define en nuestro criterio lo que entendemos como relato temporal, aquel en el cual el objeto mismo de su organización es el pasado, el presente o el futuro (Tironi 2009). Los relatos temporales, entendidos como relatos de pasado, de presente y de futuro, constituyen sintetizadores de la historia individual y colectiva. En este sentido las condiciones de posibilidad de los sujetos y de una época o proceso histórico pueden y suelen ser rastreados mediante el estudio de sus relatos temporales (Todorov 2007), de allí su potencial metodológico.

El presente artículo se acerca al estudio de los relatos temporales de un grupo de mujeres cubanas con un fin: analizar cómo se estabiliza-desestabiliza el género en ellos, es decir, cómo se performa el mismo, y cómo dicha performatividad remite a un ordenamiento político-normativo desde donde estas mujeres "han sido" y "no han sido." Dicha ruta permite acercarnos a los modos —algunos— en que se estabiliza o desestabiliza el género dentro de la Revolución Cubana y con ello a los cursos del tránsito mismo de un proyecto político de país.

Partimos de una concepción sobre el género entendido como campo político en *transición* y *performativo* (Butler 1999). Esto significa que, primero, en el género se disputa el poder (Butler 1999), se distribuye el poder (Fraser 1995), y se produce poder instituyendo sujetos de poder y siendo el género mismo un dispositivo de poder (Foucault 1999). Segundo, no se trata de cualquier campo de producción del poder, sino de uno que es normativo a la vez que contribuye a estabilizar-desestabilizar dicha normatividad, en donde las rupturas y continuidades respecto de las normas, representaciones, valores y prácticas hacen al género. Este carácter itinerante, mediante el cual el género no se "adquiere" en tanto atributo, sino que se hace por medio de actos reiterados en el tiempo le otorga un carácter performativo.

En tanto campo de poder performativo, el género se estabiliza-desestabiliza en este "hacer" constante y a la vez el género estabiliza-desestabiliza al poder mismo, la dimensión normativa y estructurante de la política en todo su sentido. De allí el carácter rupturista que también posee el género y desde donde lo entendemos, como contenedor de un orden social a la vez que como su cuestionador. En este sentido el género y específicamente cómo un grupo de mujeres cubanas "hacen" el género (Butler 1999) nos permite producir lecturas "otras" sobre el proceso político que ha sido la Revolución cubana en sus últimas seis décadas.

Acercarnos a la dimensión estabilizadora-desestabilizadora del género requiere el estudio del mismo a través del tiempo, por ello la pertinencia de optar por los relatos temporales como estrategia metodológica mediante la cual descubrir aquellos elementos reiterativos y rupturistas que han ido performando el género y con ello a un determinado orden político. Analizar cómo y desde dónde transitan las mujeres dentro de sus propios relatos sobre el pasado, el presente y el futuro, nos permite entonces dar cuenta no solo de la performatividad del género sino de la misma política cubana.

En términos de interrogantes, nos interpelan las siguientes preguntas: ¿Cuáles son las principales experiencias y expectativas que aparecen en los relatos de pasado, presente y futuro de estas mujeres, desde dónde y cómo se ordenan los mismos? ¿Qué comparten los relatos y cómo los diferentes capitales sociales, económicos y culturales se expresan en ellos? ¿Cuáles son las construcciones de género que los relatos revelan u ocultan? ¿Cómo dialogan o se tensionan esas construcciones de género y las Cubas experimentadas y proyectadas? Con ellas proponemos acercarnos a aquellos estudios sobre la historia política reciente de Cuba,[1] en donde el género tiene mucho que decir porque ha sido mucho lo que ha tenido que acallar.

En términos de estructura presentamos un primer apartado donde fundamentamos los supuestos teóricos-metodológicos que acompañan al análisis. En un segundo momento especificamos las rutas metodológicas del estudio que sustentan los resultados expuestos en los acápites tercero al quinto. Es en estos tres epígrafes que se analizan los núcleos centrales alrededor de los cuales estas mujeres construyen sus relatos de pasado, presente y futuro y cómo ellos dan cuentas de dispositivos y dinámicas estabilizadoras/desestabilizadoras desde donde el género y la política es y se hace.

La performatividad del género y su atributo estabilizador-desestabilizador

Judith Butler —quien desarrolla la teoría sobre la performatividad del género y aporta a las corrientes construccionistas, distanciándose de ellas, el carácter transformador y "activo" del género— entiende a este como un "acto." El género se performa en tanto es una forma de hacer que no presupone una reproducción automática o mecánica, sino más bien "una práctica de improvisación en un escenario constrictivo." El género además, afirma Butler, no se "hace" en soledad. Siempre se está "haciendo" con o para otro, aunque sea un otro imaginario (Butler 2006, 13).

Este carácter performativo del género lleva implícito su potencial estabilizador-desestabilizador de los órdenes normativos en que el género "se hace," y no solo "es." Por ello hablar de género es hablar de poder y de política, es decir, de las condiciones de posibilidad-constreñimiento y su administración (distribución).

La aproximación e interpretación de los relatos de mujeres que acá presentamos tienen como centro la concepción del género como una categoría en transición, no estable (Butler 1999). El género, como bien han sostenido diversas feministas desde Simone de Beauvoir (2005) hasta la propia Butler, se construye, es decir, se produce por medio de la socialización de prácticas e imaginarios aprendidos culturalmente. Pero para Butler a diferencia de las construccionistas, el género no es aprehendido como mero atributo, sino que se hace dinámicamente y es allí donde radica su condición desestabilizadora y no solo estabilizadora-reproductora de un orden dado. Este es precisamente uno de los ejes desde dónde pensamos el género y los relatos temporales donde este también se instituye.

En la enjundiosa teoría de Butler sobre la performatividad del género, la misma lleva su análisis a la relación entre sexo y género, y la desestabilización remite precisamente a la sexualidad como un campo dinámico desde donde el género debe ser repensado más allá de cualquier binarismo.

Nuestra apropiación del atributo desestabilizador del género, si bien comparte la justificación de la autora, no toma ese camino, el de la sexualidad, sino que más bien lo redirige a otro campo: el género como temporalidad social construida (Butler 1999, 274). Es desde allí entonces que podemos también mostrar cómo se estabilizan-desestabilizan a través del tiempo, de las distintas experiencias sobre el pasado, el presente y el futuro, aquellos atributos estabilizadores del género: los modos de ser y hacer que instituyen nuestras diversas identidades de género regidas aún por el binario masculino-femenino.

Entender al género como temporalidad social nos lleva a comprender que este se estabiliza-desestabiliza —entre otras formas— por medio del tiempo, de las experiencias temporales y los relatos temporales. A la vez todo relato temporal está atravesado por nuestras experiencias de género. En síntesis, partimos de los siguientes supuestos:

1. El género se performa mediante actos de estabilización-desestabilización de un orden normativo.
2. Los relatos de pasado, presente y futuro son relatos *generizados* mediante los cuales se expresa y produce la estabilización-desestabilización del género y con ello de la política.
3. El tipo de vínculo que las mujeres tenemos con el pasado, el presente y el futuro es en sí un vínculo mediado por nuestra condición de género, una condición en tránsito, que *se hace*, también mediante el discurso.

Si bien Butler (1999, 2) postula las diferentes dimensiones en las que se performa el género (psíquica, corporal, social y temporal), nos interesa profundizar, como hemos venido exponiendo, en una de ellas: la dimensión temporal. Para la autora, el género como "temporalidad social construida" se produce mediante "actos que son internamente discontinuos." El género es mediante su actuación, y esta es siempre temporal, de allí su atributo performativo (Butler 1999, 274).

La condición temporal del género radica entonces no bien en que este se instale en un contexto temporal específico —tal cosa tampoco existe para Butler—, sino en las experiencias y significados que se legitiman o transgreden mediante la *actuación reiterada* que el género es. El género no puede considerarse una identidad ni una categoría estable como tampoco lo es la temporalidad (lo temporal), aún cuando su función principal, la del género y la de la temporalidad, sea producir precisamente un ordenamiento estabilizador.

Los estudios sobre memoria y género constituyen un campo específico que se ha acercado a esta relación entre temporalidad y género (Jelin 2001; Troncoso y Piper 2015; Montecino, Castro y de la Parra 2004; Arfuch 2007),[2] aunque en ellos no necesariamente prima la tesis de la performatividad del género, sino más bien una concepción construccionista-reproductora del mismo. En estos trabajos el género es una dimensión significativa del relato temporal, aquello que narramos está no solo condicionado por nuestra identidad de género sino que nos instituye en una identidad de género, nos hace y performa, podríamos agregar. Desde allí se producen categorías como la de memoria generizada. Como afirman Troncoso y Piper (2015, 68), "Los modos generizados desde los que hacemos memoria implican que construimos un pasado generizado que se recuerda, así como a los sujetos generizados que recuerdan."

Los trabajos de Elizabeth Jelin son también un referente en lo que refiere a la construcción de relatos generizados. Jelin (2001, 111) ahonda en la constitución de una memoria donde la socialización de género impacta: "Las voces de las mujeres cuentan historias diferentes a las de los hombres, y de esta manera se introduce una pluralidad de puntos de vista. Esta perspectiva también implica el reconocimiento y legitimación de 'otras' experiencias además de las dominantes (en primer lugar masculinas y desde lugares de poder)." Si bien en estas autoras hay un centro que es la memoria, y esta implica la narración de un tipo de relato específico, el de pasado, podemos sostener que los modos y aquello que recordamos-olvidamos de nuestra experiencia así como lo que aspiramos-tememos dentro de los relatos de futuro está mediado por nuestra socialización de género y a la vez hace al género.

La Revolución como experiencia política se inscribe y performa ella misma en las prácticas cotidianas y narraciones de los sujetos que la viven. Como bien sostiene Carmen Leccardi (2014), no es posible analizar el tiempo biográfico sin tomar en cuenta el tiempo de las instituciones o estudiar el tiempo cotidiano sin ocuparse de los modos en que se estructuran ritmos y significados sociales. En ese sentido los relatos temporales nos dan cuenta no solo de cómo se estabiliza-desestabiliza el género en ellos, sino además de cómo los procesos sociales, colectivos, y los sujetos individuales envueltos en ellos instituyen dichas experiencias como experiencias generizadas y en tanto tal políticas.[3]

Esta última dimensión nos lleva directamente al problema de la identidad, y esta no puede ser pensada meramente desde lo político-nacional, o el género, o las relaciones de producción y de propiedad, o la racialización, por separadas, por mencionar cuatro dimensiones donde la identidad suele enquistarse. Cada una de ellas debe reconocer que es y se performa a través y junto a las otras. Según Leccardi (2014), no puede existir biografía sin proyecto, y agregamos que los proyectos se instituyen, se *hacen* por medio de las biografías. La función de los relatos temporales, biográficos, son centrales en tal institución.

Quiénes y desde dónde narran-performan

Los relatos analizados en este artículo forman parte de un grupo de ocho historias de vida de mujeres cubanas, diversas en cuanto a "raza," profesión, generación, territorio, ideologías, capitales.[4] Ellas nos narran no solo sus experiencias individuales, sino que expanden sus relatos diversos sobre un país compartido, un proyecto político que las ha posibilitado y constreñido a la vez.

Estos relatos no deben ser leídos como icónicos ni representativos de ningún tipo ideal. Tampoco como fragmentos de una identidad única: "la mujer cubana." Tales intentos irían directamente en contra de la lógica analítica que acá argumentamos. Cada una de ellas narran un ser colectivo y generizado vivenciado desde coordenadas particulares y compartidas a la vez: sus historias se encuentran e identifican entre sí a pesar de sus distancias "raciales" o de "clase." Esas distancias y paralelismos son los que consideramos nos permiten llegar a algunas ideas que sirvan para pensar y acercarnos a una historia conflictiva y en transición del género en revolución. Para ello presentamos un análisis de los relatos temporales y los núcleos más potentes compartidos dentro de estos relatos. En este sentido el artículo estructura los ejes centrales con que estas mujeres organizaron sus relatos sobre el pasado, el presente y el futuro. Revelar dichos núcleos compartidos ha sido así mismo un resultado importante con el cual poder rastrear dinámicas y experiencias compartidas estabilizadoras-desestabilizadoras de identidades de género específicas: el ser mujer y el ser mujer en revolución.

Los relatos de pasado

Mujeres, familia y movilidad social.

Cuando nos adentramos en las experiencias y expectativas reconstruidas por estas mujeres sobre su pasado, resaltan un conjunto de ejes ordenadores de dichos relatos, en primer lugar la familia como un núcleo desde el cual se construye tanto el relato como la experiencia misma. Aparecen así en dos momentos o etapas, la familia de origen (los vínculos filiales) y la familia constituida (vínculos conyugales y maternos). Desde las relaciones y roles paterno o maternos-filiales y conyugales se narran sucesos que entran y salen del espacio privado, tal cual lo evidencian los estudios realizados por Romero (2017), Vasallo (2015) y Núñez (2013).

En los relatos la familia de origen es "usada" como fuente justificadora del presente, el de dónde vengo que marca la identidad de estas mujeres, pero curiosamente no como continuidad sino como ruptura. Lo que ellas son (narran ser) en tiempo presente es lo que sus madres, abuelas, no pudieron ser, lo que sus generaciones antecesoras aspiraron, pero no alcanzaron, o simplemente lo que ni siquiera aspiraron, pero ellas sí. Se teje de este modo una interesante relación entre experiencias y expectativas que, desde lo intergeneracional, termina formando también los propios cursos de estas mujeres:

Y siempre me dijo una cosa que yo no entendí hasta ser vieja, me decía: "la libertad de la mujer está en todos los títulos que pueda colgar en la pared." Yo no entendía que quería decir eso, pero la vida me tenía reservada una gran sorpresa. (Alicia, 67 años, blanca, musicóloga, profesora titular, vive en Santa Fe, La Habana)

Esta relación entre experiencias y expectativas intergeneracionales va mostrando una potencialidad desestabilizadora del género en su dimensión temporal: las mujeres de generaciones mayores "cuidan" de que las generaciones que le siguen no reproduzcan el mismo lugar de opresión que les tocó experimentar. Esto cristaliza en el "que mis hijas sean lo que yo no fui" y también en el "que mis hijas no vivan lo que yo viví." Ambas frases constituyen teoremas socializadores que resaltan por un lado la ruptura a nivel de los procesos de movilidad social que vive la estructura socioclasista cubana con la Revolución en sus diferentes etapas de des-estratificación y re-estratificación (Espina 2008) y por otro la performatividad misma del género.

Género y clase no pueden pensarse separadamente, incluso o sobre todo cuando hablamos de un proceso de transición que tiene como objetivo la producción de igualdad social. Este principio rector del proyecto político de la Revolución condujo, como sabemos, a una política de des-estratificación social que buscaba la eliminación de las clases sociales, como expresión perpetuadora de la desigualdad, al menos desde aquella concepción del marxismo dogmático. Si bien "la clase" desaparece tanto del lenguaje de las ciencias sociales como de los imaginarios colectivos durante varias décadas anteriores a los noventa, los estudios al respecto de los procesos de estratificación social y desigualdades en Cuba han dado cuenta de que ambas sufren importantes alteraciones, pero no desaparecen precisamente, a pesar del marcado carácter igualitario de la política social cubana. Como bien los programas en política social centrados en el paradigma de la igualdad social no logran erradicar desigualdades de clase, sino que más bien las solapan, dichas desigualdades se reproducen también a nivel del género, de las relaciones entre lo masculino y lo femenino, y también allí se ocultan para reproducirse.

Los relatos de pasado de estas mujeres dan cuenta de cómo ellas tuvieron un rol activo, por ejemplo, dentro de programas sociales de la Revolución como la Campaña de Alfabetización, pero "acompañadas" por sus madres o con costos significativos en las relaciones parentales. Es decir, se producen rupturas que intentan buscar la igualdad entre hombres y mujeres, y la alcanzan desde ciertos modos, pero a la vez esta desestabilización del rol doméstico y privado de las mujeres se produce estabilizando otros roles de lo femenino: la maternidad y el cuidado. Son las madres las principales responsables de los cursos de las hijas y quienes "responden" frente a los juicios sociales patriarcales por la "actitud" femenina de otras mujeres. Con ello la desestabilización cobra su costo: la estabilización de un orden normativo que impone y distribuye asimétricamente el cuidado y la maternidad a cargo de las mujeres.

Uno de los dispositivos por medio de los cuales se produce este doble atributo estabilizador-desestabilizador del género en la experiencia de ellas es precisamente la educación. Sus relatos de pasado dan cuenta de un lugar compartido: el estudio como una de las dos vías principales y exclusivas de movilidad social para las mujeres. La segunda es el matrimonio. A diferencia de los hombres que encontraban en el deporte, la política, el trabajo, vías de movilidad social, las mujeres solo estaban "destinadas" a cambiar su status mediante el estudio y el matrimonio. Y no uno u otro, sino uno y otro como analizaremos más adelante:

Como te digo, tuve que organizar mi tiempo muy bien, organizar mi tiempo y tener unas orejeras que me recordaran que mi meta era terminar de estudiar. Fuera de mis hijas, no importaba la ropa, no importaba la diversión, no importaba otra cosa; bueno, claro, la salud de mis padres, atenderlos a ellos, pero esa era mi meta. Y así lo hice, y eso me cambió la vida, los estudios me cambiaron la vida, tanto en el sentido de ser mejor escritora y mejor persona como para darme la oportunidad de tener trabajos que pagaban mejor y que eran más afines a mis inquietudes y a mis capacidades. (Uva de Aragón, 72 años, blanca, reconocida escritora e intelectual cubana radicada en Estados Unidos).

La educación es entendida en sus narraciones como acceso y liberación de estructuras de dependencia respecto de un ordenamiento patriarcal. Sin embargo, en esta constitución de la educación como dispositivo liberador de género, el género mismo se cosifica y restringe el campo de posibilidades femenino.

Los conflictos y desigualdades que la educación misma entraña/oculta revela otro conjunto de relaciones de dominación que sobre el género pesan y performan. Experiencias como la de Magalys, una mujer campesina, del Oriente de Cuba, confirman cómo las desigualdades de género también están atravesadas por otras, como las de territorio. Y si bien, como hemos sostenido, la educación se instituye como una vía de acceso y liberación para las mujeres, más allá del espacio privado-doméstico, antes y después de la Revolución, esta no es una opción dada ni exenta de otras desigualdades de poder que operan sobre ellas-nosotras:

Bueno, cursé mis estudios en la escuela Ramón López Peña de ahí de Los Hoyos, hasta sexto grado. Me casé jovencita, a los 14 años. Cuando estaba en sexto grado me llegó una carrera de corte y costura Ana Betancourt en La Habana, pero mi papá no me dejó ir, ya usted sabe, guajiro macho de estos que no entendían esas cosas. La Habana estaba muy lejos para que su hija estuviera por allá. ¡Por cuánto en la vida él iba a dejar una hija irse para allá tan lejos, ni por nada! Me puse brava porque yo estaba loca por ir, lloré cantidad, pero él no estuvo de acuerdo. "¿Pa' La Habana una hija mía? ¡ni por nada del mundo!" Mi mamá hacía lo que mi papá dijera, ¡cuidado con eso! No, ni por nada. (Magalys, 56 años, blanca, campesina, vive en Las Tunas, en el oriente del país, chofer de camión de tiro de caña, Vanguardia Nacional, diputada de la Asamblea Nacional de Poder Popular del 2008–2012)

Tanto en el acceso al estudio como su imposibilidad, la familia refuerza su rol como socializadora de género: las madres que performan su experiencia de género, especialmente mediante la ruptura de la continuidad a nivel de la experiencia (que las hijas sean lo que ellas no) (desestabilizan un orden de género), y las madres que por otro lado también performan la experiencia de género plegándose a patrones legitimadores de una relación de poder avasalladora de lo masculino sobre lo femenino (estabilizan un orden de género). La presencia de lo masculino, dado ya sea mediante el rol de los padres o las madres, o en ambos como el caso de Magalys, revela cómo esta "alternativa feminizada" de la educación es a su vez campo de disputa de poder entre lo masculino y lo femenino.

Otras desigualdades también performan al género y sus posibilidades. La "raza" es una de ellas. Yolanda, una de nuestras narradoras, mujer negra de 42 años, "dentro" de la Revolución muestra una de esas experiencias de desigualdad.

Los estudios sobre los cambios producidos en la identidad de género de las mujeres cubanas desde antes del triunfo de la Revolución hasta la actualidad (Vasallo 2015; Núñez 2013) han enfatizado sobre todo en cómo la condición de clase performa la identidad de género. Sin embargo, el patrón de "matrifocalidad" del que nos hablan por ejemplo los estudios de María del Carmen Zabala (2009) que define a las mujeres cubanas en el contexto de los noventa, no puede ser pensado por fuera ni de la condición de clase ni la de "raza." El relato de Yolanda lo confirma:

Yo estoy en la calle desde los 14 años. Me iba pa' la calle, dormía por ahí donde quiera, es que no podía soportar estar al lado de ella [la madre]. Yo siempre he sido inteligente. Yo digo que si hubiese tenido otros padres hoy fuese una persona grande porque a mí me gustan los estudios. Pero bueno, la vida le da a cada cual lo que le toca. (Yolanda, mujer negra, vive en el barrio Colón en la Habana Vieja, estuvo varias veces presa por prostitución, robo y drogas; ha vivido un proceso de revisión crítica a partir de programas feministas y la educación popular; trabaja actualmente como secretaria en un centro de investigaciones)

La frase de Yolanda —"si hubiese tenido otros padres hoy fuese una persona grande porque a mí me gustan los estudios. Pero bueno, la vida le da a cada cual lo que le toca"— condensa las ideas problematizadas hasta acá: Primero, la familia se presenta como el marco referente más directo de posibilidades de estas mujeres dentro de sus narraciones. Es decir, es la familia para ellas en primer lugar —y no el Estado u otras instituciones— quienes explican sus condiciones de posibilidad. Segundo, las mujeres reproducen un rol estabilizador-desestabilizador del género en tanto madres-cuidadoras "a cargo" de la socialización de género dentro de una concepción patriarcal de la familia. Tercero, el estudio resulta ser el principal dispositivo de "reconocimiento social" y "liberación" para las mujeres (desestabilización) a la vez que se perpetúa como "el camino," un camino tan "exclusivo," que frente a otras desigualdades como las de "raza" o territorio la educación no es una opción para las mujeres, todo lo contrario, les recuerda quienes son y a dónde están "destinadas" a permanecer dentro de un orden patriarcal (estabilización). Cuarto, la naturalización de las desigualdades múltiples hace se legitimen y justifiquen imaginarios y posibilidades desde donde el género se *hace*. Esto quiere decir que el género se performa desde la clase y la "raza" y no independiente o paralelamente a ellas (Browne y Misra 2005).

Junto con la educación aparece, en estos relatos de pasado, el matrimonio como el segundo dispositivo de movilidad social principal reconocido en los relatos. En este caso el matrimonio representa básicamente la liberación de las relaciones de sujeción paterno-filiales, y con ellas la liberación de un esquema patriarcal que se considera específico, restringido a las relaciones de dominación de los padres o madres sobre los hijos/as. Sin embargo, sus experiencias dan cuenta de cómo lo que opera como un dispositivo nuevamente desestabilizador del género tiene dicha posibilidad solo sobre la base de una nueva estabilización de los patrones de dominación y control del mundo masculino sobre el femenino.

En la mayoría de las experiencias de estas mujeres el matrimonio marca la separación del primer hogar, de las estructuras de dominación parentales. Tal es así que en varias de ellas el matrimonio designa un status de libertad que antes no tenían. Esta "libertad adquirida" se confirma sobre todo con su pérdida, cuando frente a las experiencias de divorcio tienen que "regresar" al núcleo familiar parental. Es allí cuando experimentan el enfrentamiento nuevamente de un status *en tránsito*, ya no son "hijas solteras" ni "mujeres casadas."

El matrimonio y los estudios no aparecen siempre en los relatos de estas mujeres como alternativas paralelas, a veces mantienen un vínculo de yuxtaposición y otras adversativo. En ocasiones se potencian, complementándose, en otras uno niega al otro. Lo interesante es que ambos dan cuenta de un espacio de posibilidades de desestabilización del género a la vez que el costo de dicha desestabilización remite a una estabilización muy acotada y patriarcal del ser mujer y su campo de posibilidades.

El pasado o los pasados de estas mujeres comparten el hilo común de organizarse en torno a su rol dentro de la familia, ellas como hijas, esposas-madres, y cuidadoras. El resto de sus experiencias incluyendo la dimensión pública de estas, se piensa y ordena desde ese núcleo central. Este ejercicio en la narración femenina no es azaroso, como bien ha sostenido Jelin (2001), las mujeres recuerdan a partir de un tiempo subjetivo organizado en función de hechos reproductivos y vínculos afectivos. Los cuidados y la familia constituyen centros ordenadores de las memorias narrativas femeninas, tanto de su significación sobre el tiempo vivido y por vivir, como su propia identidad: mujeres al cuidado de otros/as. Esta función que performa al género en las experiencias de nuestras narradoras no es dinamitada por los dispositivos de liberación y movilidad que ellas reconocen: educación y matrimonio, sino que al contrario estos refuerzan una construcción del género femenino desde una lógica patriarcal.

Dualidad entre trabajo remunerado y trabajo de cuidados

Otro centro desde donde se desestabiliza-estabiliza el género dentro de los relatos de pasado de estas mujeres es la dualidad entre el trabajo remunerado y el trabajo de cuidados. Las narraciones del pasado de todas ellas otorgan un lugar importante a la maternidad como una transición en sus vidas. Los cuidados no se reducen a esta experiencia, pero en sus narraciones se registra como un momento de tensión y agenciamiento muy especial en tanto mujeres, trabajadoras, madres, esposas, hijas:

A los 17 años tuve a mi hija, mi única hija, que es mi tesoro. Con la niña pequeña yo atendía puercos, chivos, vacas. Era una ama de casa, pero de campo. Atendía toda mi casa, era una casita pequeña, pero con todo, teníamos un cuarto, la sala, comedor y cocina. Pero yo lo hacía todo, todito, todito, y con la niña. Así transcurrió todo ese tiempo, yo de ama de casa, que nunca en la vida me imaginé que iba a ser chofer, ni nada. (. . .) Cuando mi hija sale en estado, yo le dije: "ese es mío. Ese va a ser el varón." Efectivamente salió un varoncito; se llama Daniel. A la edad de tres meses lo montaba ahí en el carro y me lo llevaba a tirar caña . . . en ese momento empecé a llevármelo para el campo. La gente me quería matar porque la gente lo cargaba con espinas de caña . . . como fuera andaba cargado. Lo cargaba todo el mundo. Le llevaba leche en un biberón, aunque la mamá le daba el pecho, y él se la tomaba. (Magalys)

Estas tensiones se extienden en una pluralidad de desempeños, desde los más rupturistas respecto de las construcciones de feminidad, como es el caso de Magalys como chofer de un camión de tiro de caña, una profesión extremadamente masculinizada, hasta los más cosificadores de la feminidad, la prostitución:

Después la segunda niña se la di a cuidar a una señora para salir a ganarme la vida, yo le pagaba, cuando vivía de la prostitución. Cuando yo viraba la recogía, y muchas veces cuando venía muy tarde yo la dejaba en casa de la señora y la recogía por la mañana. Tenía que darle 10 dólares.

Había veces me iba bien, otras veces me iba mal. A veces me encontraba un extranjero que quería estar conmigo una semana o el tiempo que iba a estar aquí, y entonces tenía que llegar, pagarle a la señora por ese tiempo, y después irme. Yo solita para la ropa, los zapatos de mi hija, su comida, todo yo sola. La niña me preguntaba ¿a dónde tú vas? Pero yo siempre me iba ya cuando ella estaba dormida. Y ya cuando empecé en las drogas sí la tuve que dejar con la abuela. (Yolanda)

En ambas historias, distantes casi radicalmente en cuanto a sus experiencias y trayectorias laborales, "raza," territorio, tanto Magalys como Yolanda viven y comparten el mismo conflicto, la dualidad entre trabajo remunerado y el trabajo de cuidados, especialmente en lo que refiere a la experiencia de la maternidad. En ambas hay desestabilización de los órdenes patriarcales sobre el "trabajo femenino" y ambas estabilizan su rol de madre trabajadora mediante "estrategias de compatibilización" donde no se transforma la distribución desigual de los cuidados sino que se "asumen" según las condiciones de posibilidad que cada una tiene. Tal vez un mejor indicador para dar cuenta de esta condición desestabilizadora-estabilizadora expresada mediante la dualidad entre trabajo de cuidados y trabajo remunerado sea, además de las estrategias de compatibilización entre uno y otro, el conflicto con que ellas experimentaron la maternidad, especialmente en lo referido al cuidado de los hijos y su participación dentro del mundo laboral:

Los niños los tenía conmigo y mi mamá. Los puse en círculo infantil una semana y a la semana los saqué. Cuando aquello como te conté no había condiciones, en los círculos no habían educadoras, era una para no sé cuántos muchachos y a la semana me mandaron a buscar que el niño estaba llorando y llorando. (. . .) Cuidar a los niños era un trabajo más en el periodo especial, todo el mundo estaba tenso, y las educadoras de los círculos se la pasaban peleando unas con otras. Entonces mi mamá me dijo que se los dejara y también la mujer de la esquina de mi casa. Mi mamá cuidaba a uno y ella me cuidaba al otro, era una persona de confianza. (Eugenia, 52 años, blanca, licenciada en bioquímica, pastora de una Iglesia evangélica; ha vivido siempre en un pueblo de campo al sur de la Ciudad de la Habana; se declara disidente del Gobierno y la Revolución)

Estos relatos narran experiencias de tensión entre ambas formas de trabajo, no siendo reconocido como tal el de cuidados, ni siquiera por ellas mismas, sino que pasa a una dimensión ética superior, el deber *de* ser madre y el deber *ser* madre, ambas. En todas ellas hay conflicto y la resolución del mismo no da cuenta de una ruptura de los roles de cuidados adjudicados a las mujeres (desestabilización), sino por el contrario los ratifican (estabilización). Las labores de cuidado transitan de unas mujeres a otras. Incluso cuando son ellas protagonistas de este tránsito para poder mantener sus roles en espacios públicos, no cesan como "cuidadoras" y en tanto tal el "trabajo remunerado" no las libera, no produce relaciones más equilibradas entre los géneros, sino que desestabiliza al género para mantenerlo estabilizado.

Las experiencias de miedo

El temor, como el deseo, forman parte de la construcción del género. Butler enfatiza sobre todo en la tríada sexo-deseo-género. Sin entrar en una extensa conversación con este esquema, creemos que el temor (y no solo la represión) también performa nuestra identidad y relaciones de género.

Las referencias al miedo, desde su negación, son una constante en estas historias de vida. Todas en algún momento de su relato refieren a que no tienen o no han sentido miedo, o lo sintieron y lo superaron. Las referencias al miedo en sus relatos confirman la presencia de condiciones específicas atemorizante para ellas en tanto mujeres, pudiéramos decir que confirman la existencia de un miedo generizado. Junto con las experiencias de este miedo generizado, esto es, por su condición de mujer, resaltan en ellas su agenciamiento para sobreponerse a tales condiciones, como única posibilidad de afirmación de su propia identidad. Pareciera desde sus relatos que ser mujer significa vivir bajo un conjunto de condiciones productoras de miedos y a la vez lleva implícito la imperiosa necesidad de superarlos. En esa lucha frente a los miedos, o en algunos casos, la legitimación misma del miedo, se performa *dramáticamente* el género:

Estuve presa un año, ya despúes salí. Ahí ya tenía a mi hija mayor de 8 meses. (. . .) Las presas no están todas juntas, pero eso es peor porque las menores son peores que las grandes. (. . .) Pero yo nunca he tenido miedo. (. . .) En la prisión ningún miedo, hay más gente. En la prisión no soy yo sola. Hay cantidad de mujeres ahí. (Yolanda)

Yo soy una persona que no le tiene miedo a la vida, que enfrento retos siempre. Pero no tengo miedo a nada, Dios está conmigo. (Eugenia)

Yo no le tengo miedo a nada, yo no le tengo miedo a nada, la vida hay que saberla enfrentar. (Magalys)

La negación del miedo expresada en estos fragmentos confirma la experiencia misma del miedo. Esta constituye su principal estrategia de enfrentamiento: su negación. Como si el ser mujer requiriera precisamente la capacidad de superar el miedo, en tanto atributo femenino. El ejercicio de negación del miedo en ellas constituye sin dudas un mecanismo performativo del género, en donde ellas se afirman como "mujeres que pueden." El miedo expresa una zona de no-poder, superarlo implica para ellas un ejercicio de poder.

También aparece el reconocimiento del miedo en determinadas experiencias. Miedos diversos, desde los miedos radicados en las experiencias migrantes hasta el miedo instituido en las relaciones de pareja. En todos ellos el miedo es resultado de expresiones de violencia que tienen como eje la misma la perpetuación de una relación desigual entre los géneros:

Él era una persona muy abusadora, me maltrataba. En una etapa le cogí miedo, pero él para la comida por ejemplo era estelar, si conseguía tres pomos de jugo, los traía, lo que fuera, él trabajaba en el almacén de víveres y se desenvolvía bien. (Aurora, 57 años, jubilada, técnica asistente de círculo infantil, mulata; ha vivido toda su vida en un pueblo de campo al sur de la Ciudad de La Habana)

Fui a la psiquiatra y me dijo "ah estás en la etapa del miedo, eso es normal" y me fue dando certificados. No sé, no sé ese miedo que me ha entrado. (Aurora)

El reconocimiento y a la vez legitimación del miedo en el relato de Aurora da cuenta centralmente de experiencias de violencia de género no solo dentro del espacio intrafamiliar, de la pareja masculina sobre ella, sino en un espectro más amplio. La legitimación del miedo lleva implícito la legitimación de sus causas, en este caso, la violencia. Cuando esa legitimación se produce desde "saberes expertos" como los médicos se contribuye a una normalización de la desigualdad y la violencia con las cuales se performa el género.

El miedo producido desde la experiencia migrante por su parte da cuenta de otras condiciones de sujeción. Ellas narran un tipo específico, el miedo a no encontrarse, a no poder reconstruir su identidad en términos de vínculos afectivos ya sea con la nación o con la familia. Ese "no ser y no pertenecer ya a ninguna parte":

Desde el primer viaje a Cuba, y los que vinieron después, cambió mucho mi mirada sobre Cuba. Primero, me confirmó algo que yo tenía mucho miedo en saber. Antes de ese primer viaje, yo me decía, bueno, a todas partes que voy me he sentido extranjera, pero si yo me siento extranjera en Cuba no voy a tener ningún lugar en el mundo. En ese viaje confirmé que ese es mi país, y sentí que ese era mi país, confirmé que ese era mi país, y eso me dio mucha paz espiritual. Segundo, y quizás más importante, yo siempre había pensado en nosotros sin Cuba, pero nunca había pensado en Cuba sin nosotros y me di cuenta que todo el que se fue dejó un vacío. (Uva)

El miedo de Uva no es un miedo específico asociado al ser mujer, pero sin dudas las experiencias migrantes de mujeres y hombres son diferentes y ellas median también los modos en que unos y otras nos relacionamos con la nación y por lo tanto los miedos y expectativas producidas respecto de ella (Mora 2008).

¿Son estos miedos generizados o no? Creemos que sí, no por el hecho de que sean miedos exclusivos de las mujeres, sino porque el modo y desde donde se viven esos miedos, así como las estrategias de superación están marcados por nuestra construcción de género, el cómo nos hacemos a nosotras mismas dentro de un campo de posibilidades generizado. En el caso de Aurora, el modo de vivir más allá de sus miedos, se centra en una justificación del mismo: ya sea por medio de otros saberes (psiquiatra), como en la reafirmación del símbolo hombre-proveedor, ambas figuras legitimadoras de un tipo de construcción del ser mujer en tanto sujeto dependiente y emocionalmente débil.

Para Uva, el miedo, incluso cuando se ubica en un espacio colectivo, como es la relación con la nación, es experimentado y enfrentado desde la dimensión afectiva individual y la necesidad de pertenencia, de reconocimiento en ese ser colectivo. Desde allí también se vivencia la experiencia migratoria y a la vez su propia identidad como cubana-migrante.

Estos diferentes tipos de miedos confirman que desde experiencias diversas, estas mujeres han vivenciado el miedo no como resultado de, sino más bien como condición que las constriñe (aquello que las ha amenazado), pero a la vez han agenciado sus mecanismos de superación o enfrentamiento. En este doble proceso, de reconocimiento de sus miedos y en las estrategias diversas para no anclarse a ellos, la construcción del ser mujer cubana se hace en este reto permanente de transgredir, de ser más, de demostrar más, dentro de una cultura política y de la vida cotidiana de la Revolución que le exige a sus individuos vencer o morir. Lo que también puede resumirse en aquella otra denuncia de "ser cubanas y no morir en el intento" (Campuzano 1996).

Los relatos de presente

Los relatos de pasado solo pueden ser leídos en conjunto con los relatos de presente y futuro. Unos significan a los otros y es en su sinergia que podemos comprender las trasgresiones y acomodamientos del género. El presente de estas mujeres desde sus diferentes pertenencias interpela un proceso que las afecta transversalmente: la emigración. Por un lado, están las experiencias de las que viven en Cuba y enfrentan la separación de los hijos como un hecho del presente o el futuro, y por otro quienes ya emigraron y vivencian la emigración directamente desde ese vínculo afectivo que atraviesa la construcción de sus identidades como mujeres-cubanas-migrantes. En el primer caso la realidad de la emigración cubana afecta a estas mujeres que ven o verán partir a sus hijos/as, y con ello se desestabiliza nuevamente su rol como madres, cubanas y ciudadanas. La emigración es leída en ellas como salida o escapada a un contexto en donde esas nuevas generaciones no encuentran opciones de desarrollo y se sienten parte responsable de ello en tanto ellas se reconocen dentro de un proyecto que también construyeron. Sus hijos emigran, ellas se quedan. La emigración de los hijos es vivida también como frustración y fracaso del proyecto de sociedad por el que han trabajado doblemente en su intento de "vivir" y no "morir":

Al final de la vida piensas mucho, te haces muchas preguntas. Creo que la palabra que caracteriza nuestra época es *incertidumbre*. Si se nos van los hijos, ¿qué nos queda? (. . .) Lo más importante que he perdido ha sido mi hijo, mi hijo que se me fue, ese me lo quitó la Historia. (Alicia)

La ruptura que implica la emigración en el presente de estas mujeres solo es posible leerla en complemento con el diagnóstico y evaluación de dicho presente que ellas producen:

Yo ni fui militante de nada ni quiero. A mí la política no me interesa. Ni me importa quién esté en el gobierno. Hoy están los Castro, mañana puede estar quién esté, jamás me ha importado quién esté ahí. Si yo no voy a resolver nada. Yo estoy muy debajo de poder hacer algo para poner y quitar a un presidente. Ni de delegada porque yo no puedo resolverle problemas a la comunidad. La delegada es quien defiende a sus electores y si yo no puedo ayudarlos con las cosas que ellos me piden, entonces ¿para qué yo quiero ser delegada? Si a mí no me dan herramientas ni soluciones para resolverle problemas a mis electores, no quiero ser parte de esa mentira. Yo puedo ayudar a la gente sin ser delegada. Si yo lo hago, lo hago hace muchos años sin ser delegada. Yo sí no necesito ese cargo para ayudar a mi pueblo. (Yolanda)

La experiencia, podría pensarse que extrema de Yolanda, muestra más de una realidad: constituye un ejercicio de evaluación temporal y también de proyección que revelan un país compartido y desigual. Un país donde la institucionalidad política no funciona y donde pareciera esto justifica una cierta apatía respecto de la política, pero en realidad esta apatía se traduce en rechazo hacia un tipo de ejercicio de la política enquistado en la falsa representación y en el vaciamiento de poder real de participación y transformación desde abajo. Un país donde se reconoce, como lo hace Yolanda, la presencia de una élite política que gobierna. Todos estos rasgos de evaluación política sobre el presente de Cuba, denotan un contexto de fracaso que es leído como tal desde diferentes miradas y enfoques en la experiencia de ellas como mujeres cubanas.

El presente se constituye dentro de estos relatos como un marco evaluador del pasado, a la vez que ese pasado predefine los centros del presente. Ambas temporalidades así como las relaciones que entre ellas se tejen, dan cuenta de un ejercicio en donde el género se hace desde su dimensión transicional y temporal:

He ganado, el construirme a mí misma. Ese es un consejo que le doy a todas las mujeres, constrúyete a ti misma. Yo me construí con mucho esfuerzo, eso igual se lo debo a mi mamá que me decía, te vas a quedar sola y tienes que ser capaz de vivir por ti misma. Me construí como una persona útil para el mundo que vivo. En definitiva yo amo mi país y yo quiero ser útil a mi país. Yo quiero ser útil acá, no me veo en ningún otro país. (Alicia)

Todo lo que me he ganado ha sido por mi trabajo, y no por ser mujer. (Magalys)

Hoy en día, hace 4 años que dejé de trabajar pa cuidar a mi mamá. Yo no tengo edad de retiro, tengo 56 años nada más, y 26 de trabajo. Que cuando culminó la zafra, las 26 zafras esas, ya yo no pude seguir trabajando porque mi mamá se me caía cada dos pasos, no tenía estabilidad para caminar, ella camina de ahí, pero yo sujetándola. (. . .) Yo le debo todo mi éxito de mi trabajo a mi mamá, eso se lo debo a mi mamá porque mi mamá se hizo cargo de todo, de todo de todo, yo me iba a trabajar despreocupada porque mi mamá en ese entonces, fuerte, me llevaba a la niña a la escuela, me asistía a reuniones, me tenía al día de todo lo de mi hija, ¿ve? (. . .) Y siempre he tenido en cuenta lo que Vilma nos decía: "La familia está primero que todo," y me dedico ahora a ella. (Magalys)

A través de estos relatos de presente y su vínculo constante con el pasado como referente evaluador, el género se performa y aún más, produce rupturas, se desestabiliza para luego estabilizarse. Estas narraciones dan cuenta de rupturas y transgresiones a nivel de estratificación y movilidad social, entre trabajo de cuidados y remunerado, entre espacio privado-doméstico y público, y sin embargo esas disociaciones a la vez que amplían espacios y roles de participación de las mujeres, las ratifican en una construcción del género que da continuidad a las desigualdades y sujeciones del mundo masculino sobre lo femenino.

Relatos de futuro

El futuro por su parte nos dice mucho más respecto de la indefinición, e incertidumbre en que se proyectan la vida de estas mujeres, sujetas a un contexto de la política en sus diversas áreas que las afecta de un modo particular: su condición de género. Sabemos que las políticas económicas, las políticas sociales, las propias políticas migratorias no impactan de igual modo en hombres y mujeres. La posición de dependencias económicas, afectivas, por solo mencionar dos, define los modos en que las mujeres nos relacionamos con el futuro. La historia de sus sujeciones es también en cierto modo una proyección de su futuro. En ningún caso pueden ser leídos estos como resultantes de condiciones particulares, sino como expresión de la intersección potente de categorías que reproducen desigualdad en toda su extensión:

Mi futuro me lo imagino aquí en la casa, rodeada de mi familia, con mi pelo arregladito, aunque sea una viejita así como mi mamá de 90 años pero que me mantengan pintadita. Y si me pongo chocha que me compren un camioncito de juguete y que me lo den (risas) para pasar mi vejez. Ese camión ha sido muchas cosas. Ese camión . . . es parte de mi vida por no decir la vida entera, porque es la que me hizo ver, me hizo ver, lo que es capaz una mujer de hacer. (Magalys)

Me imagino trabajando, yo no voy a parar de trabajar. Me gusta. Lo que pienso ya no ser recepcionista. Quiero seguir superándome. Es que el horcón de esta casa soy yo, y todo soy yo, y hay veces que no tengo fuerzas mija. Hay veces que no me dan ganas ni de levantarme de la cama. Lo que pasa es que yo soy una mujer fuerte y me repongo y me levanto, me baño, no sé qué. Pero hay días que no tengo ganas ni de levantarme de la cama.
    Lo único que quiero es que dejen de censurar, marginar y reprimir a las mujeres que hayan pasado por estas cosas. Porque es obvio que mujeres que no saben lo que es eso, que nacieron en cuna de oro, que no sé qué, que sí tuvieron una guía, nos vean a nosotros como un bicho raro. Pero tal vez muchas mujeres como nosotras que hemos pasado por todo eso tenemos muchísimos más valores que ellas sentimentalmente, moralmente, aunque hayamos tenido que hacer cosas inmorales para sobrevivir. Eso es lo único que me gustaría lograr, que por eso sí no voy a parar de luchar, porque de eso sí está lleno Cuba, bueno es que el mundo entero, pero yo te hablo de donde yo vivo. (Yolanda)

Yolanda como Magalys, imagina un futuro en donde sencillamente ellas sean "incluidas," donde sean reconocidas por el valor de su trabajo, su capacidad de hacer. Tal vez sea en el campo de las posibilidades y por tanto en los relatos de futuro, en donde más se expresan los compromisos de estas mujeres con la dimensión pública de sus trayectorias y la Revolución misma a la vez que sus ausencias y espacios de insatisfacción. Los relatos de futuro hablan en ese sentido no solo de lo que el género aún no es, sino de lo que es y ha sido:

Hay que atreverse a más, la mujer tiene que involucrarse en la vida pública cubana, en la política, tiene que preocuparse por el país, por la nación, es lo que le va a dejar a sus hijos . . . Cuba ha sido una sociedad machista, muy machista, y eso, no me refiero solo al trato de las mujeres. Y creo que las mujeres tienen que ayudar en eso, tienen que ayudar a abrir espacios, y yo creo que las mujeres están bien colocadas en eso porque dentro de Cuba tienen posiciones en lugares culturales, en universidades, en escuelas, en la educación, y están bien, en buenas posiciones para enseñarles a los niños la historia. (. . .) Quizás la manera más fácil, por donde se empieza es por la cultura, por la literatura, por la pintura. (. . .) En fin, las mujeres cubanas tienen que seguir siendo lo que han hecho siempre que son buenas madres, buenas hijas, buenas trabajadoras, y buenas cubanas en un momento en que el país en realidad lo necesita y necesita pasar por el lado femenino de la nación, la patria tiene que ser matria también. (Uva)

Cada uno de estos relatos nos acercan a modos diversos en donde el género, y específicamente el ser mujer, se instituye dentro de un espacio que afecta sus propias expresiones: como madres, abuelas, trabajadoras, cubanas. Junto con las experiencias desestabilizadoras de estándares de género, perviven en todas ellas una estabilización nuevamente de sus roles como "buenas hijas," "buenas trabajadoras," "buenas madres," "buenas revolucionarias," "buenas cubanas." Sus proyecciones del futuro nos entregan una vuelta a un núcleo sexuado en donde la feminidad reproduce cánones patriarcales, incluso cuando sus experiencias dan cuenta de un corrimiento de esos límites, pero solo eso, un corrimiento.

Conclusiones

Los relatos de pasado, presente y futuro articulados en las historias de vida de estas mujeres hablan de los modos en que ellas se han hecho y se hacen en tanto mujeres. Sus experiencias y expectativas revelan las dinámicas en que se desestabiliza una construcción ideal del ser mujer para luego volver a estabilizarse dentro de una comprensión patriarcal sobre lo femenino.

Las narraciones del pasado, presente y futuro confirman los modos en que se hace el género temporalmente, en donde la dimensión afectiva y el trabajo reproductivo se constituyen en centros ordenadores de sus experiencias y expectativas. Todo ello nos dice mucho sobre el género y no solo sobre el género, nos habla de un correlato social y político en donde estas mujeres han sido, del cual son parte, con sus posibilidades y constreñimientos generizados.

Las dinámicas desestabilizadoras/estabilizadoras del género y de la política cubana en sentido más amplio que ellas revelan, dan cuenta de un curso común: un país en transición, donde todo cambia para permanecer más o menos igual. Donde se avanza en políticas de igualdad para las cuales la inclusión se enquista en zonas que "superan" ciertas desigualdades a la vez que reproducen otras. La educación representa uno de estos casos en donde se activa un dispositivo "liberador" y de movilidad social para las mujeres a la vez que las constriñe a ese casi exclusivo camino: los estudios. O cuando el matrimonio constituye también un dispositivo liberador paralelo a la educación, paradójicamente. Esta última provee de libertad intelectual y relativamente económica a las mujeres, el primero de libertad sexual y valórica o ideológica.

Las distancias expresadas entre los relatos de estas mujeres no nos hablan de distancias respecto de una construcción del género, más bien esto es lo que las unifica. Sus distancias expresan sobre todo el impacto de desigualdades de clase-raza-territorio, con las cuales el género se hace, performándose.

Todas comparten un entramado social, desde sus experiencias particulares en donde se observa un repliegue de la agencia hacia lo individual-familiar. La familia se erige como punto de partida y llegada de sus trayectorias. Pensar que este hecho responde solo a una condición del género, es posible, pero pensar esa construcción en un transcurrir de medio siglo de Revolución socialista implica otras alarmas. A la vez ese repliegue a la esfera privada no es un "repliegue feliz," lo que se expresa claramente en los relatos de futuro. Cada una de ellas lucha o aspira, en sus modos, por un proyecto colectivo que va mucho más allá de lo individual-familiar y mira con temor ese espacio porvenir.

En estos relatos vemos un reflejo de la tensión misma que vive la Revolución cubana, el tránsito y por lo tanto luchas entre formas individualizadas y formas socialistas de construir nuestras relaciones con otros/as y sus múltiples identidades, también en tránsito y tensión. Estas mujeres se narran esencialmente en sus roles de madres, abuelas, trabajadoras, hijas, esposas, y en todas ellas como cubanas. No son roles que se apoyan o potencian unos a otros, más bien se expresa una lucha entre ellos, donde unos niegan o constriñen a otros (por ejemplo, mujer trabajadora versus mujer cuidadora, mujer esposa versus mujer ciudadana, mujer esposa versus mujer trabajadora).

Los propios cursos del país, desde una política social insuficiente en términos de cuidados, hasta el desbalance entre capital cultural y económico, las afecta directamente en la construcción de su *ser* y *hacer* mujer. Por medio de sus relatos se observa el imperativo de un otro generalizado construido bajo el esquema de "la buena hija-esposa-madre-trabajadora-revolucionaria," a la vez que sus condiciones de posibilidad les han impedido y les impiden en el presente y futuro, el despliegue de dicha identidad de modo coherente.

La emigración creciente de sus hijos, la restricción de su agencia a espacios privados o de bajo impacto social, la pérdida del derecho sobre la nación y su reducción a un vínculo afectivo, los falsos mecanismos de movilidad social ascendentes para las mujeres y su expresión en la reafirmación de lógicas de dominación patriarcales, dan cuenta del enquistamiento de una cultura patriarcal. Este patriarcado emerge una y otra vez mediante dinámicas estabilizadoras del género y de la política en términos de desigualdades y dominación. El género y la política performadas en los relatos y experiencias temporales de estas mujeres revelan además de las lógicas de funcionamiento entre estabilización-desestabilización, una trayectoria común a la política y las relaciones de género en Cuba: la gran regresión.

NOTAS

1. Dentro de estos estudios resaltan las investigaciones realizadas por Dore (2012), Sklodowska (2017), Meyer (2007), Vera (2012), Núñez (2013), Romero (2017) y Vasallo (2015), entre otras. Es importante resaltar además dentro de estos estudios sobre género, aquellos que se han centrado en el trabajo de memorias e historias oral, del cual son exponentes Dore, Meyer, Vera y Rubiera (1997, 2016), entre otros.

2. Los estudios sobre memoria trabajan esencialmente con un tipo particular de relato temporal, los relatos de pasado.

3. Preferimos usar el verbo *envueltos* para dar cuenta de la dimensión agencial y al a vez estructurada de la acción social. En este sentido e inscribiéndonos en una perspectiva giddensiana respecto de la estructura consideramos que los sujetos son desplegados y replegados en *su hacer* las estructuras sociales.

4. Esta investigación fue realizada entre 2014 y 2017 en conjunto con Ailynn Torres Santana. Resultado de la misma es un libro que compendia las historias de estas ocho mujeres, en proceso de publicación. Las historias de vida fueron realizadas con consentimientos informados y resguardando la identidad bajo anonimato de aquellas que así lo solicitaron. Es por esta razón que se incluyen en este artículo voces de mujeres "conocidas" públicamente y otras cuyos nombres han sido preciso resguardar bajo seudónimos.

BIBLIOGRAFÍA

Arfuch, Leonor. 2007. *El espacio biográfico: Dilemas de la subjetividad contemporánea.* Buenos Aires: Fondo de Cultura Económica.

Browne, Irene, y Joya Misra. 2005. "Labor-Market Inequality: Intersections of Gender, Race, and Class." En *The Blackwell Companion to Social Inequalities,* editado por Eric Margolis y Mary Romero, 165–189. London: Blackwell Publishing.

Butler, Judith. 2006. *Deshacer el género.* Barcelona: Paidós.

———. 1999. *El género en disputa: El feminismo y la subversión de la identidad.* Barcelona: Paidós.

Campuzano, Luisa. 1996. "Ser cubanas y no morir en el intento." *Temas* 5: 6–12.

Dore, Elizabeth. 2012. "Historia oral y vida cotidiana en Cuba." *Nueva sociedad* 242 (noviembre-diciembre): 36–55.

Espina, Mayra. 2008. *Políticas de atención a la pobreza y la desigualdad.* Buenos Aires: CLACSO.

Foucault, Michel. 1999. *Estrategias de poder, vol. II.* Barcelona: Paidós.

Fraser, Nancy. 1995. "From Redistribution to Recognition? Dilemmas of Justice in a Post-Socialist Age." *New Left Review* 1: 68–93.

Jelin, Elizabeth. 2001. *Los trabajos de la memoria.* Madrid: Siglo XXI.

Meyer, Eugenia. 2007. *El futuro era nuestro: Ocho cubanas narran sus historias de vida.* México, DF: FCE.

Montecino, Sonia. 2004. "Hacia una antropología del género en Chile." En *Mujeres: Espejos y fragmentos: Antropología del género y salud en el Chile del siglo XXI,* coordinado por Sonia Montecino, René Castro y Marco Antonio de la Parra. Santiago: Catalonia.

Mora, Claudia. 2008. "Globalización, género y migraciones." *Polis* 7 (20): 285–297.

Núñez, Marta. 2013. *Yo sola me represento: De cómo el empleo femenino transformó las relaciones de género en Cuba.* La Habana: Ruth Casa Editorial.

Romero, Magela. 2017. "De lo simbólicamente exacto a lo simbólicamente verdadero: Domésticas y Revolución en Cuba: Entre cambios y desafíos." En *Cuba y América Latina: Desafíos del legado revolucionario,* por varios autores, 185–236. Buenos Aires: CLACSO.

Rubiera, Daisy. 1997. *Reyita, sencillamente: Testimonio de una negra cubana nonageneraria.* La Habana: Editorial Verde Olivo.

Rubiera, Daisy, y Oilda Hevia. 2016. *Emergiendo del silencio: Mujeres negras en la historia de Cuba.* La Habana: Editorial Ciencias Sociales.

Sklodowska, Elzbieta. 2016. *Invento, luego resisto: El Período Especial en Cuba como experiencia y metáfora (1990–2015).* Santiago de Chile: Cuarto Propio.

Tironi, Eugenio. 2009. "Identidad y relatos nacionales." En *El Chile que viene,* por varios autores, 79–94. Santiago: Ediciones UDP.

Todorov, Tzvetan. 2007. *La conquista de América: El problema del otro*. México, DF: Siglo XXI.

Troncoso, Leyla Elena, y Isabel Piper. 2015. "Género y memoria: Articulaciones críticas y feministas." *Athenea Digital* 15 (1): 65–90.

Vasallo, Norma. 2015. "Subjetividad femenina y cambio social en Cuba." En *Antología del pensamiento crítico cubano contemporáneo*, 295–312. Buenos Aires: CLACSO.

Vera, Ana. 2012. *Guajiros del siglo XXI*. La Habana: Instituto Cubano de Investigación Cultural Juan Marinello.

Zabala, María del Carmen. 2009. *Jefatura femenina de hogar, pobreza urbana y exclusión social*. Buenos Aires: CLACSO.

ELENA FERNÁNDEZ TORRES

Acceso a la justicia familiar patrimonial cubana desde el género

RESUMEN

El presente ensayo se basa en una investigación transdiciplinaria sobre aspectos legales, políticos, axiológicos y sociales cubanos. Específicamente, me pregunto por cómo operan mecanismos de diferenciación y discriminación de género —combinados por otros factores sociales como la clase y la raza— en el acceso de las mujeres cubanas a la justicia familiar, en lo ateniente, sobre todo, a los procesos patrimoniales de liquidación de comunidades matrimoniales de bienes. Esos análisis permiten dar cuenta de contradicciones del sistema jurídico, el cual, por una parte, está cimentado sobre principios de equidad e igualdad social, y en especial el derecho de familia —sobre todo en su faceta patrimonial—, y por otra revela desigualdades de género en su práctica que configuran situaciones de violencia patrimonial familiar e institucional.

ABSTRACT

This article is based in a transdisciplinary research on legal, political, axiological, and social aspects of Cuba. Specifically, I ask how the differentiation and gender discrimination mechanisms work—together with several social factors, such as class and race—in Cuban women's access to family-related justice, above all, to the patrimonial procedure known as liquidation of marital property. The analysis explains contradictions in the legal system, which, on the one hand, is grounded in principles such as equity and social equality —especially family law and inheritance, and on the other hand, reveals gender inequality in the ways it configures situations of family and institutional violence.

Este ensayo aborda aspectos de diferenciación y desigualdad social que emergen y se entrecruzan durante varios momentos: antes, durante y después de acudir a la jurisdicción familiar —específicamente procesos incidentales de liquidación de comunidad matrimonial de bienes—. Con ese objetivo, revela la interdependencia de fenómenos de desigualdad social a través de un análisis interdisciplinario que integra varias dimensiones del derecho. Con el uso de herramientas de la teoría jurídica, la sociología jurídica y la teoría de género del derecho, argumento un análisis que va más allá del formalismo legal, para ahondar en la dimensión social, política, axiológica y práctica del derecho (Fernández Bulté 2004).

74

Para situar el análisis en contexto, primero describo el escenario socio-político cubano desde la Revolución de 1959, en lo ateniente al campo del derecho.[1]

El derecho revolucionario en Cuba emerge como una herramienta puesta en función de regular y legitimar los cambios estructurales radicales generados en el orden político, económico y social en el país, que conllevaron a la instauración del sistema socialista. En esta dirección, fueron alteradas las bases económicas en las que se basaba la estructura social anterior por medio de un proceso de expropiación forzosa y la subsiguiente nacionalización de las empresas privadas a favor del Estado.[2] Desde la dimensión social del derecho, adquirió especial relevancia la necesidad de cimentar un ordenamiento jurídico igualitario (Cuba Asamblea Nacional del Poder Popular 2003, art. 25), enarbolando un ideal de justicia social y de equidad —todos regulados con rango constitucional (CU 2003)—.[3] En consecuencia, erigido sobre la base del desarrollo y respeto por los derechos sociales, pero también subjetivos personales y de familia (Valdés Díaz 2006), que a su vez adquirieron el rango de derechos fundamentales en la carta magna (Álvarez Tabío 2004), por consiguiente, con efectos *erga omnes*.[4]

Se trata de un ordenamiento jurídico diseñado de forma inclusiva, que tuvo en consideración a la mujer como un sujeto de derechos en igualdad formal al hombre. A ello contribuyó la necesidad política y económica de integración de la mujer al proceso revolucionario, las luchas feministas pre y post revolucionarias, y la tradición socialista de preocupación por "la cuestión de la mujer." El conjunto de esos factores sostuvo los contenidos específicos de los lugares de la mujer en la Cuba después de la Revolución: mujer trabajadora —dentro o fuera del espacio doméstico—, dirigente, funcionaria, madre, esposa y sostén de la familia.[5]

Los cambios estructurales ocurridos después de 1959, a nivel institucional, alcanzaron también al poder judicial. Estas transformaciones no solo correspondieron al campo del derecho civil en su orden patrimonial, sino también administrativo y criminal. El sistema judicial fue drásticamente modificado a partir de la creación de los Tribunales Populares de Justicia, la Fiscalía General de la República y los Bufetes Colectivos. Estos últimos fueron creados para representar a los ciudadanos ante litigios administrativos y contenciosos, pero con cierto compromiso social y con tarifas ajustadas a la capacidad patrimonial de los ciudadanos, determinada por el Ministerio de Trabajo y Seguridad Social (CU 1984).

En relación al derecho de familia, este surge como una rama independiente en el ordenamiento jurídico cubano, aunque tardíamente. No obstante, fue el 3er Código de Familia de Latinoamérica.[6] Se crearon Secciones de Familia en los Tribunales Municipales Populares especializados en esta materia, con mayor autonomía desde el punto de vista procesal en la última década a partir de la labor metodológica del Consejo de Gobierno del Tribunal Supremo Popular (Ferrer y González 2013) —fundamentalmente para los procesos de filiación, guarda y cuidado, escucha del menor o la aplicación de medidas cautelares (CU Consejo de Gobierno del Tribunal Supremo Popular de Cuba 2012a; CU Consejo de Gobierno del Tribunal Supremo Popular de Cuba 2012b)—.

Ahora, una vez descrito brevemente el derecho desde una arista más formal, es conveniente analizar el acceso a esta jurisdicción especial —necesariamente desde otras dimensiones del derecho—. En eso me detendré en las próximas páginas en lo relativo, sobre todo, a procesos patrimoniales como la liquidación de comunidad matrimonial de bienes. Para ello es recomendable explorar la interpretación y aplicación de la norma familiar sustantiva y adjetiva, así como los factores intersubjetivos que intervienen en los actores que participan de esos procedimientos judiciales. Ese análisis permitirá explorar si el principio igualitario trasciende el formalismo legal y, por ende, si es posible asegurar que existe un acceso justo y equitativo a la justicia por parte de las mujeres en Cuba. Al mismo tiempo, indagar en relación a si la falta de comprensión del fenómeno legal desde una perspectiva de género crea, mantiene o refuerza situaciones de desigualdades a lo interno y externo del derecho.

Los anteriores son temas que han sido analizados por algunos profesores de la Carrera de Derecho en toda la isla, la Unión de Juristas de Cuba y el propio Tribunal Supremo Popular.[7] En relación a esta última temática, sin embargo, el enfoque se ha centrado más en la ética de los jueces que en la dimensión social del derecho, al menos en lo relativo a los procesos patrimoniales de familia —si bien existen estudios más interdisciplinarios en materia de victimología, criminología y derecho penal—. Por otra parte, existe una importante labor de concientización de una perspectiva de género desde el derecho, llevado a cabo por la Facultad de Derecho de la Universidad de La Habana. Empero, temas como la violencia patrimonial, aún son escasamente estudiados (Fernández Torres 2016). Por tanto, este análisis aporta novedad en los estudios de género desde el derecho en Cuba, así como desde la sociología jurídica cubana.

El presente artículo ha sido fundamentado en base a una investigación realizada con el uso de metodología cualitativa. Se trabajó con método etnográfico para acceder a las historias de vidas de quince mujeres cubanas, en diferentes etapas de los procesos incidentales de liquidación de comunidad matrimonial de bienes —ya sea conociendo la cuestión incidental en la Sección de Familia del Tribunal Municipal Popular que resolvió el divorcio por justa causa; con posterioridad en recurso de apelación; o con sentencia firme—. Asimismo, se buscó una representación variada de territorios dentro de la capital del país; la selección de los territorios se basó en su composición socioeconómica y racial. Se exploraron los efectos subjetivos del proceso legal en las mujeres, su percepción de discriminación a razón de su género, "raza," clase, o su condición de migrante interna, y su creencia y confianza en la justicia y en el principio de igualdad (Fernández Torres 2016). Se utilizó el método propuesto por Alda Facio Montejo (1992) para analizar la norma jurídica, en particular la civil y familiar. Se analizaron los documentos judiciales relevantes así como la norma jurídica cubana. Por último, se realizaron grupos focales con especialistas de género, entrevistas semi-estructuradas —igualmente a especialistas y profesores—, y entrevistas a profundidad a esta muestra de quince mujeres (Fernández Torres 2016).

Derecho y perspectiva de género

Los análisis feministas del derecho —y desde su punto de consenso— han defendido que no solo la letra de la norma jurídica puede generar discriminación o efectos discriminativos, sino su aplicación o interpretación (Facio Montejo 2000, 16), pues el derecho "ha sido construido en clave masculina y androcéntrica" (Facio Montejo 2000, 15). Este análisis nos permite entender el género desde el derecho, desde su esencia patriarcal y desde el sometimiento y la opresión consecuente que genera.

En este sentido, el feminismo liberal clásico y el social ponderan la igualdad de oportunidades desde un acceso formal y otro material, pero en ambos casos no ahondan en el significado de la igualdad real. El feminismo socialista, parte de considerar como causa de la desigualdad de género la subordinación de las mujeres a los hombres en los sistemas capitalistas, y la división sexual del trabajo, pero que solo es posible alcanzarlo con el tránsito del capitalismo al comunismo. Como alternativa surge el feminismo de la diferencia que reclama por su reconocimiento —la diferencia se convierte en una lucha política e ideológica—, sin embargo, no advierten que tales diferencias se originan en patrones patriarcales puestos en función de oprimir a las mujeres. El feminismo radical, por su parte, comprende la estructura fundamental de la sociedad a partir de las luchas de poder entre sexos, por lo que, en pos de eliminar estos sesgos patriarcales, busca una transformación de la conciencia social patriarcal.

Asimismo, están los feminismos esencialistas. Estos consideran que la opresión del sexo femenino está matizado por otros factores que convergen y se articulan con otras categorías como la "raza," la orientación sexual, la clase, la etnia, o la religión, generando nuevas situaciones de desigualdad (Jaramillo 2009).[8] De esta forma emerge la perspectiva interseccional, interrogándose sobre la relación entre el sistema racista y patriarcal, legitimado por el Estado y sus políticas. Se trata de un intento por describir procesos de dominación y opresión en las mujeres y representarlos como interdependientes unos de otros (Vigoya 2010).

Si bien la interseccionalidad no es posible considerarla como una corriente teórica feminista en sí misma, sino más bien como una perspectiva, a los efectos de nuestra investigación, el análisis de las diferentes categorías sociales de desigualdad en articulación unas con otras nos dotó de un abanico más amplio de posibilidades al momento de estudiar el acceso a la justicia de las mujeres cubanas. Esta perspectiva nos ofrece innegables ventajas metodológicas en pos de develar procesos históricos, culturales, sociales, políticos y económicos entrecruzados unos con otros que generan situaciones de desigualdad sobre un mismo sujeto en detrimento de otro —en este caso nuestro caso de estudio: las mujeres que acceden a la justicia patrimonial familiar—. Por otra parte, hace posible abarcar historias de vidas de mujeres que se definen como discriminadas y objetos de tratos desiguales frente a sus ex cónyuges no sólo por el hecho de ser mujer, sino de ser madres, negras, mestizas, pobres, migrantes internas, amas de casa, con educación básica o con alta educación, y estigmas sociales y culturales creados como barreras psicológicas importantes en su desarrollo social, u otras tantas situaciones que pudimos apreciar en nuestro trabajo de campo. En cualquier caso, se trata de una herramienta teórica efectiva desde la cual gradar y matizar fenómenos de desigualdad. Por último, es relevante al momento de intentar visibilizar a estos sujetos muchas veces silenciados, que destacan por la configuración sobre sí mismos de complejas intersecciones de categorías de diferenciación social —cuyo resultado se expresa en un análisis más articulado, integrador, contextual y real de las desigualdades sociales—.

En este punto, considero útil retomar las reflexiones de Alda Facio Montejo para analizar el fenómeno legal desde una perspectiva de género. La autora la ancla el estudio en la dimensión social del derecho, con efectos sobre las restantes dimensiones. La estructura de análisis de esta metodología consta de seis pasos fundamentales. Estos pasos consisten, primero, en concientizar sobre la subordinación del sexo femenino, según la autora, desde una posición no neutral, sino, en todo caso, "personal." En segundo lugar, identificar todas las formas posibles de sexismo en la norma jurídica, así como de expresiones androcéntricas, de insensibilidad de género y familistas. Como tercero y cuarto paso, identificar el paradigma de la mujer en el texto jurídico y su visibilidad o invisibilidad en el mismo. En quinto lugar, este análisis debe trascender a otros elementos del fenómeno legal que van más allá de la dimensión normativa del derecho. Y por último, la crítica al fenómeno legal debe tener como propósito concientizar sobre el sexismo y colectivizar dicha perspectiva (Facio Montejo 1992, 13).

De este modo, es necesario entender el carácter patriarcal del derecho, como sistemas estructurados que han operado a partir de la sujeción y la jerarquización de las relaciones de género, clase, "raza"/etnicidad como un eje articulador de toda la sociedad. Los modelos patriarcales se constituyen en torno a la familia, y por consiguiente, se generan relaciones estructurales y jerárquicas a lo interno de las mismas, bajo el control y poder del *páter familia*. Pero la opresión y el control se encuentran también institucionalizado a partir del *páter Estado* (Facio Montejo 1992, 30–34).

Para analizar la categoría de clase en el análisis de los patriarcados, Barragán (1997, 423) estudia desde una perspectiva sociohistórica lo que llama la "legitimidad vertical y horizontal" en el uso de la violencia contra las mujeres. Desde aquí se generan jerarquías y exclusiones sociales, todas supeditadas a las categorías y a la identidad (424). Asimismo, como refiere Barragán, "la no sujeción era equiparada con el libertinaje" (430). En cualquier caso, tanto la "legitimidad horizontal como vertical," nos hablan de un reordenamiento social y de las modificaciones que sufre el rol de la mujer en estas sociedades. Asimismo, cómo estas relaciones se articulan entre miembros de distintos grupos sociales y étnicos, haciendo que las desigualdades de clase y género se atraviesen las unas a las otras (430). En determinados contextos también la "raza" juega un papel articulador, que se ve reflejado en la norma jurídica. Muchos de los países latinoamericanos han sido colonizados, y con una marcada presencia de los negros esclavos, en palabras de Zuleica Romay (2012, 22): "la presencia del negro, víctima de lacerantes procesos de desarraigos y despersonalización, condicionó reconstrucciones culturales con afinidades y semejanzas fácilmente reconocibles en nuestros días (. . .) este sistema esclavista impuesto justificó la exclusión social." Por tanto, se toma la esclavitud y sus consecuencias en el subconsciente de las poblaciones, como elementos que no han desaparecido, sino que han estado muy presentes en la conformación de los Estados-nación.

Desde aquí se puede encontrar la "naturaleza psicosocial y sociocultural del racismo" (Romay 2012, 25), que Fanon (1963) considera la fuente de legitimación de los sistemas de dominación y opresión. Se trata de relaciones de dominación, que se imponen y que se han naturalizado al punto de trascender a etiquetas sociales que determinan cualidades o comportamientos (Bourdieu 2000). En cualquier caso, sus consecuencias se encuentran presentes no sólo en los ordenamientos jurídicos sino en la cultura, en la educación, en los prejuicios y las tradiciones (Romay 2012, 54). Y todo ello, afecta más si cabe a la mujer negra, quién además, tendrá que enfrentar situaciones de desigualdad por ser mujer, y en razón también de la clase a la que pertenezca (Fernández Torres 2016).

A los efectos de nuestra investigación, nos interesó ahondar en la institución jurídica del matrimonio como un mecanismo de control y sometimiento sobre la mujer, y a partir de este, el dispositivo de la patria potestad —categoría fundamental para comprender cómo el derecho se construye desde lo privado a partir de una perspectiva patriarcal—.

Desde la teoría jurídica, la patria potestad se entiende como una institución que emerge con el fin de completar la capacidad jurídica de las personas naturales, para ejercitar por sí mismos determinados actos relevantes en el tráfico jurídico —dependiendo de la capacidad del representado para comprender y expresar inequívocamente su voluntad—. Estas limitaciones presentan gradaciones para ejercitar los derechos: incapacidad, capacidad restringida y capacidad especial.[9] Desde la teoría de género, la pregunta sería ¿cómo la patria potestad restringe la capacidad de obrar de las mujeres, de ejercitar libremente sus derechos, sobre todo en el ámbito patrimonial (Barragán 1997)? La respuesta está justamente desde la esencia masculina del derecho, como un mecanismo puesto a disposición del *páter Estado* para masculinizar la ley y legitimar desigualdades de género. Estas normas han sido reguladas a través de las disposiciones jurídicas del matrimonio para regular la herencia, la administración de los bienes durante el matrimonio, o el divorcio (Prieto 2015, 18–31). Pero por otra parte, estas mismas normas jurídicas que someten y restringen, dan la posibilidad en sí mismas, de generar procesos emancipatorias y reivindicatorios de mujeres sometidas no solo psicológica o en forma física, sino también patrimonialmente (Clark 2001; Prieto 2015).

Según Marta Cabezas (2015), a partir de la propia concepción de la ciudadanía se puede ver esta institución de la patria potestad como un mecanismo institucional que distribuye y organiza la desigualdad. Por tanto, implica procesos de subjetivación y sujeción, resistencias y formas de agencias de los sujetos sometidos contra los sistemas de dominación que actúan por mediación del *páter Estado* y el *páter familia* (2015).

El caso cubano: Especial referencia a la jurisdicción familiar

En el caso del ordenamiento jurídico cubano, nuestro interés se centró en el derecho de familia, y su esfera privada, en tanto fuese posible encontrar formas de violencia patrimonial y psicológica contra las mujeres que se dan en esta esfera del derecho (Pateman 2009), pero también, partiendo de la ya mencionada metodología propuesta por Alda Facio Montejo (1992), en especial de los contenidos sexistas, patriarcales y desigualitarios (en torno a las categorías de "raza" y clase) instalados en norma jurídica civil y familiar cubana.

El derecho de familia, hoy autónomo, estuvo sujeto durante mucho tiempo a la normativa del derecho civil, en su aspecto material. En su aspecto adjetivo, a partir de la labor metodológica del Consejo de Gobierno del Tribunal Supremo. El derecho privado, en términos muy generales, apunta a reconocer o restablecer derechos personales y patrimoniales que invocan las partes, cuyo derecho asistirá al que mejor pruebe. El derecho de familia, en cambio, protege intereses de familia y sujetos especiales que son sometidos a esta jurisdicción como menores, ancianos y mujeres. Por ello, el interés del Estado es tuitivo, más intervencionista y protector. El derecho asiste no solo al que mejor pruebe, sino en razón de necesidad y utilidad social.

En Cuba hoy existe un procedimiento propio de familia, abocado a regular aspectos propios de los procesos de familia, sobre todo en temas de guarda y cuidado de los menores, escucha del menor, régimen de comunicación, intervención de terceros en el proceso, se potencia las facultades probatorias del tribunal, la introducción de equipos multidisciplinarios, mayor oralidad en los procesos, la introducción de importantes medidas cautelares, entre otros.[10] Sin embargo, en su aspecto patrimonial, siguen fungiendo como supletorias las normas privadas. Por ejemplo, el procedimiento de liquidación de comunidad matrimonial de bienes se regula de forma supletoria por las normas privadas que regulan las relaciones sucesorias. Este procedimiento, establece como un principio general la igualdad, lo que nos obliga a volver a él.

El artículo 44 de la Constitución define el principio de igualdad como "igualdad de derechos de la mujer y el hombre" (CU 2003), en cuanto al acceso a derechos, es decir, establece la igualdad formal. A su vez, ello se materializa en la regulación del Código de Familia, que apunta además a regular las relaciones de familia, estableciendo las reglas sustantivas del matrimonio, su régimen económico y del divorcio (CU 1975, 5–8). En este sentido, establece el derecho de ambos cónyuges a gozar del 50 por ciento del patrimonio contenido en la comunidad matrimonial de bienes al momento de su extinción y consecuente liquidación (CU 1975, 8). De la lectura de la norma se deduce que la *ratio legis* del legislador fue proteger los posibles derechos patrimoniales de las mujeres. Hay que considerar que al inicio de la Revolución las mujeres ejercían en su mayoría el trabajo doméstico —de esta forma se le daba valor económico a su actividad doméstica como un aporte al matrimonio en igual medida que el salario del esposo—.

Sin embargo, a partir del desarrollo del trabajo de campo, de la lectura de documentos históricos como las Memorias de los Congresos de la Federación de Mujeres Cubanas (FMC), del análisis documental de los documentos aportados como elementos probatorios por las mujeres litigantes en los expedientes judiciales, así como de la aplicación de entrevistas semi-estructuradas a especialistas de género, profesores especializados en derecho de familia, jueces y abogados en ejercicio, se pudo concluir que dichos procesos no apuntan a generar resultados igualitarios, sino todo lo contrario (Fernández Torres 2016).

En esta dirección, nos toca explicar que el Código de Familia establece definiciones sobre qué constituyen los *bienes comunes* (los que integran la comunidad matrimonial de bienes, establecidos en números clausus (CU 1975, art. 30) y los *bienes propios* (los que no integran dicha comunidad (CU 1975, art. 31). Dichas disposiciones, si bien se encuentran de forma clara en la norma jurídica familiar, al momento de su interpretación y aplicación no corre la misma suerte, generando ambigüedad sobre todo por los actuales contextos donde los jueces deben valorar nuevas situaciones jurídicas derivadas de contratos laborales de cooperación internacional y las consecuentes cuentas bancarias, o los bienes comprados con estos ingresos.

Por otra parte, también fue comprobado que existen diferencias en la interpretación de la norma familiar cuando se trata de mujeres con hijos o sin hijos. Las mujeres que no son madres y las que son madres pero de hijos mayores de edad tienen mayores dificultades para probar y sostener criterios de necesidad y utilidad sobre los bienes que solicitan en los procesos judiciales. En este caso, esta regla compasiva que rige los procesos de familia no se aplica sobre la mujer por el hecho de serlo, y ella y el hombre son tratados en condiciones de igualdad, de modo que le asiste el derecho al que mejor pruebe. Y en este sentido es dónde interviene la complejidad del fenómeno pues probará mejor el que acceda a un mejor representante legal. En ese sentido, en la mayoría de los casos estudiados las mujeres desde antes del inicio del proceso ya habían entrado en situaciones de desventaja, por lo que, dicha igualdad formal no protege a las mujeres, sino que genera más desigualdad. Esta interpretación en sí misma encierra una visión patriarcal del fenómeno, y en definitiva, hace invisible el sometimiento de género que aquí se da, y las desigualdades sociales que de este se derivan (Fernández Torres 2016).

En relación a los bienes domésticos que deben ser adjudicados al cónyuge que ostente la guarda y cuidado de los menores, observamos a partir de la investigación, que también su aplicación puede suscitar complejos análisis y generar situaciones de desigualdad entre las partes (CU 1975, art. 41).

Otro ejemplo en el que consideramos que se quiebra el principio de igualdad lo encontramos al momento de asignar la pensión a favor del ex cónyuge que carece de medios propios de subsistencia (CU 1975, art. 56). La dificultad recae sobre las mujeres que han ejercido el trabajo doméstico durante muchos años y no han adquirido cualificaciones especiales. En estos casos el término de 6 meses es muy corto para que estas mujeres logren insertarse en el mercado laboral, generando en la práctica nuevas situaciones de desigualdades sociales.

Observamos también dificultades al momento de aplicar medidas cautelares para asegurar los patrimonios a liquidar y para ejecutar sentencias. Todos estos casos redundan en un mismo resultado, un quiebre del principio de igualdad real.

Luego de considerar la norma jurídica constitucional, civil y familiar cubana en su conjunto, se puede concluir que la Ley Familiar cubana deja ver claros sesgos sexistas, desde la forma del lenguaje hasta el propio tratamiento androcéntrico, o la clara tendencia familista que considera *mujer* y *familia* como sinónimos. Esta construcción es cultural y es masculina: le asigna un rol a la mujer de cuidados y uno al hombre de autonomía. Sobre estos se asienta precisamente la discriminación positiva en Cuba a favor de las mujeres en los procesos de guarda y cuidado y régimen de comunicación en detrimento de los padres. Por otra parte, vemos como la concepción de mujer que sirve al texto jurídico es la mujer-familia o mujer-madre. Los efectos de este estereotipo son reales sobre las mismas mujeres, pues se desatiende a las mujeres solteras y a las mujeres sin hijos, que son tratadas en condiciones desiguales frente a los hombres, tanto desde la norma que no especifica como desde la práctica judicial. Por tanto, en estos procesos la perspectiva de género es esencial para poder interpretar y aplicar la norma jurídica desde la igualdad y desde el ideal de justicia. De ahí que sea imprescindible analizar estos procesos desde una perspectiva interseccional en la que sea considerada la influencia de otros factores de desigualdad que se atraviesan unos a otros como es la "raza," la edad, la clase, el nivel de formación, etcétera (Fernández Torres 2016).

Acceso a la justicia familiar

Hasta aquí hemos abordado la dimensión legal y social del derecho, sin embargo, la dimensión donde el derecho se realiza será profundizada a partir del acceso a la justicia de las mujeres cubanas a estos procesos de liquidación de comunidad matrimonial de bienes. Para poder entender teóricamente el acceso a la justicia, hemos hecho nuestros ciertos postulados teóricos desde la sociología jurídica que han estudiado el fenómeno en los Estados Unidos. Podríamos agrupar estas teoría en el grupo de la tradición crítica del derecho, a la que pertenecen los *critical legal studies* (estudios críticos del derecho), el movimiento *law and society* (derecho y sociedad) y los *legal consciousness studies* (estudios de conciencia jurídica) (Galanter 2001).

A los efectos de nuestra investigación nos interesa centrarnos en el movimiento de derecho y sociedad, creado en 1964, se caracterizó por su tendencia post y antirealista. Una primera tendencia fue el movimiento derecho, ciencia y políticas públicas, que mantuvo un enfoque realista, apoyando su viabilidad. Una segunda tendencia fue el llamado movimiento de jurisprudencia procesal, el cual se adentró en la actividad judicial y en cómo la sociedad condiciona los fallos judiciales. Ambas tendencias mantuvieron como objetivos de estudio la sociedad y la política, pero vistos desde su integración y sus relaciones, como elementos interconectados, en unión. Sus postulados se basaron en considerar los efectos del derecho sobre la realidad social, en la investigación empírica como conocimiento de la realidad social, y en la democracia y el reformismo para sostener y fortalecer un sistema democrático y liberal no de igualdad, sino más bien de equidad social (Galanter 2001, 5). Dentro de la justicia, estudiaron el acceso a ésta, sus verdaderos beneficiarios y mostraron particular interés por el estudio de *los excluidos*. En relación a la profesión legal, estudiaron el fenómeno del litigio, las relaciones entre abogados y clientes, y cómo las mismas responden a procesos clasistas y de estratificación (Galanter 2001). Dentro de los temas investigados por esta corriente tuvo especial centralidad el estudio de la categoría de "justicia," particularmente del "acceso a la justicia," y más específicamente del acceso de los excluidos en razón de clase. Así mismo trabajaron una dimensión antropológica de los conflictos y el carácter jerárquico del "litigio" (Galanter 2001).

Marc Galanter (2001) establece que existen condiciones sociales que determinan a las partes que acceden a la maquinaria judicial, a las relaciones que se crean entre abogados y representados, sus mecanismos éticos y operativos para consolidar la relación abogado-cliente, que configuran el resto del proceso dónde habrán procesos de subjetivación de los jueces al momento de interpretar la norma.

Dentro de esta corriente y del acceso a la justicia algunos teóricos se volcaron hacia los estudios de la profesión legal. Su interés se centró en los estudios de las relaciones entre abogados y clientes y el llamado "mercado del litigio," alcanzando a develar su carácter eminentemente clasista (Galanter 2001). Estos estudios desarrollaron explicaciones teóricas de cómo estas relaciones se configuran en base a intereses no neutrales, atendiendo a condiciones de clases de los clientes, pero también de los abogados. Desde la elección del abogado por el cliente, y viceversa, y su consecuente consumación, se generan o refuerzan desigualdades de clases, atravesadas por otras categorías como pueden ser el género y la raza. A partir del cumplimiento de estas expectativas y satisfacciones inmediatas, la representación voluntaria de las personas naturales en procesos judiciales podrá ser más o menos efectiva, y de ahí, en buena medida, el éxito del proceso. Por tanto, las desigualdades previas con las que se ingresa a un proceso judicial se ven constantemente reproducidas y afianzadas al momento incluso en el que se produce de la elección de la representación letrada (Galanter 2001).

El interés por entender el acceso a la justicia desde una perspectiva de género, ha preocupado al movimiento feminista, a partir del abordaje de la temática de justicia jurisdiccional, desde la Conferencia Mundial de Viena de 1993. Este enfoque parte de la teoría feminista que estudia los derechos humanos. Es decir, que el poder acceder a los tribunales de justicia en los casos en que se requiera su intervención judicial o ante violaciones de los derechos subjetivos de las personas naturales se constituye en un derecho universal y fundamental (Facio Montejo 2012).

El asunto va más allá y salta a la dimensión de la igualdad sustancial, de la igualdad real, pues el Estado tiene que promover políticas diferenciadas que atiendan a todos los posibles obstáculos y dificultades al interior de la dimensión social del derecho y que impiden que las mujeres puedan acceder a la justicia. Así lo confirma el artículo 2 de la Convención contra la Eliminación de la Discriminación contra la Mujer (ONU Asamblea General 1979), cuando se refiere a la necesidad de adoptar todas las medidas que sean necesarias, desde el punto de vista tanto coercitivo como dispositivo, para evitar que se realicen prácticas discriminatorias, en este caso, medidas encaminadas a eliminar todo lo que obstaculice el acceso de las mujeres, ya sea de orden físico, económico, cultural o lingüístico (Facio Montejo 2012). Así mismo se entiende el acceso a la justicia de las mujeres, no sólo como partes en los procesos judiciales en los que ostentan algún interés legítimo, sino como un acceso a cargos en la judicatura, como posibilidad de ejercer el poder desde el órgano judicial a partir de administrar justicia (Facio Montejo 2012).

En este sentido, se deben considerar todos los aspectos que pudieran determinar en un acceso eficaz a la justicia, atendiendo al cruce de disímiles categorías sociales (por ejemplo, personas pobres, negras, divorciadas) así como dimensiones como la económica, geográfica o simbólica (Facio Montejo 2012). Se trata de un análisis crítico desde un enfoque interseccional que tenga en cuenta la complejidad de la realidad social y las distintas variables que pueden funcionar en la reproducción de desigualdades.

Este análisis teórico desde la sociología jurídica, nos muestra el carácter mercantil y clasista de la relación abogado-cliente, así como las estratificaciones y relaciones de poder que se generan entre las partes. Por consiguiente, entendemos que el acceso a la justicia es mucho más que tener la posibilidad de reclamar un derecho subjetivo vulnerado judicialmente, es también la posibilidad de alcanzar una representación letrada efectiva, donde la relación que se perfeccione cumpla las expectativas y logre un resultado positivo en ambas partes. Ello dependerá mucho del tipo de cliente, las relaciones que tenga con el abogado y las características personales de cada uno, así como del componente ético moral de ambos (Fernández Torres 2016).

El caso de las mujeres cubanas litigantes de procesos patrimoniales de familia

En relación a la concepción teórica que se maneja en Cuba sobre el acceso a la justicia no abandona los límites positivistas de la dimensión normativa del derecho para llegar a la dimensión social. Además, obvian importantes pasos previos para acceder a la justicia que no se encuentran necesariamente relacionados con el correcto funcionamiento de la maquinaria judicial. Por otra parte, la falta de reconocimiento de las dificultades que hoy se presentan en el acceso a la justicia en Cuba en las etapas previas incluso al contratarse un abogado, no permite que se implementen políticas que atiendan a las diferencias. En consecuencia, tampoco apuntan a la eliminación de desigualdades estructurales existentes claramente en la sociedad cubana y que sin embargo aparecen invisibilizadas desde el mismo discurso político (Fernández Torres 2016).

Como resultado de nuestra investigación, conocimos que estas mujeres tuvieron dificultades objetivas para acceder a la justicia, en relación a serle prácticamente imposible contratar la representación letrada, cuyo reflejo redundó en el resultado de sus procesos judiciales de liquidación de comunidad matrimonial de bienes. Algunas obtuvieron fallos desfavorables, las restantes aún se encuentra dentro del proceso esperando sea notificada la sentencia judicial.

Las causas comunes que generaron un difícil acceso se pueden describir en la falta de contactos para poder acceder a un abogado minoritario de alta calidad profesional. Por otra parte, en todos los casos los recursos económicos y patrimoniales eran escasos, habiendo sido desposeídas del patrimonio comunitario acumulado durante el matrimonio de forma violenta. De estas mujeres, sólo ostentaba una posición de clase más alta una mujer que aún no concluía su proceso judicial al momento de realizarse la investigación, el resto procedía de clases bajas (Fernández Torres 2016).

En la mayoría de los casos entrevistados, las mujeres que han activado la maquinaria judicial o han sido demandadas no poseían acceso al patrimonio común, fueron despojadas violentamente de este. Se configuran no sólo situaciones de violencia patrimonial sino violencia física y psicológica, que ha llevado a estas mujeres a abandonar sus hogares y sus patrimonios. Por consiguiente, si bien un hombre también podría estar en una situación similar, lo cierto es que la dominación patriarcal a lo interno de estas familias, y la falta de administración de los bienes comunes por las mujeres, da al traste con la pérdida de la posesión y la disposición sobre los mismos, y queden en desventaja frente a sus ex cónyuges en este caso, por razones de género. Obviamente se trata de un análisis que se complejiza aún más si esta mujer procede de otra provincia y se trata de una migrante interna que vivía en la casa de su cónyuge, por consiguiente no era propietaria de la vivienda, ni adquirió más derechos de dominio que la simple convivencia, o si se trata de mujeres de bajo nivel de estudios. Factores como este se entrecruzan y profundizan situaciones de desigualdad social que hace más difícil a las mujeres acceder a la justicia (Fernández Torres 2016).

Según los especialistas consultados, si bien no fue previsto así en su momento, debido a la configuración de las normas éticas que componen la labor de un abogado, el acceso a la justicia responde hoy a estratificaciones y relaciones de poder y de clase, tanto por parte de los abogados como por parte de los clientes. En relación a los procesos judiciales, una de las quejas más frecuentes desde el punto de vista procesal, es que las mujeres demandantes no fueron escuchadas durante el proceso, aun estando estipulado en la Ley Procesal como una obligación del juez y una garantía para los ciudadanos (Fernández Torres 2016).

Así mismo, de las entrevistas realizadas se pudo conocer de otro problema recurrente en los procesos, y que atentan contra la igualdad entre las partes en esta dimensión práctica del derecho. En este caso nos referimos a la aplicación de medidas cautelares, que se solicitan al inicio del proceso, como son la obligación de exhibir, depositar y abstenerse de enajenar bienes que componen la comunidad matrimonial de bienes y que se encuentran en liquidación, hasta tanto no se obtenga una sentencia firme (Gutiérrez Rodríguez 2012, 258–60). En estos casos en particular, las medidas cautelares carecieron de eficacia debido al procedimiento por el cual fueron aplicadas (CU Consejo de Gobierno del Tribunal Supremo Popular de Cuba 2012b).

Otro de los asuntos complejos que fueron detectados en relación al proceso fueron los relacionados con la ejecución de las sentencias —mencionado con anterioridad—. En este particular se obtuvo información tanto por las mujeres entrevistadas como de los especialistas. El primer obstáculo en este sentido es precisamente la falta de un proceso propio de familia, tanto para los procesos ordinarios, sumarios e incidentales, como para las ejecuciones (Gutiérrez Rodríguez 2012, 252). En esta dirección, se advierte la carencia de un juez de ejecución para el derecho de familia, como sí lo hay para el derecho penal, aún y cuando gracias a la labor instructiva del Tribunal Supremo se han buscado soluciones alternativas, sobre todo en la guarda y cuidado, en el régimen de comunicación y en la fijación de la pensión alimenticia (Gutiérrez Rodríguez 2012, 255). Este hecho trae consecuencias muy negativas para las partes, quiénes aun a pesar de obtener un fallo favorable no les es posible hacerlo efectivo en la mayoría de los casos. Es decir, en varios de los casos de estudio que tuvieron resolución positiva para las mujeres nunca pudieron recuperar sus bienes, lo que cuestiona en definitiva no sólo el ideal de justicia, sino la efectividad de los fallos judiciales, de la norma jurídica, y la eficacia del derecho en general (Fernández Torres 2016).

En todos los casos, además, existieron dificultades con la representación letrada, por carecer de eficiencia o no existir la comunicación adecuada. Luego de entrevistar a varios especialistas y abogados litigantes se conoció que se tratan de procesos muy extenuantes cuya remuneración no se corresponde con el esfuerzo y la temporalidad tan extendida de los mismos. Los casos estudiados han sido etiquetados por sus representantes legales como "muy complejos." Las mujeres entrevistadas en su mayoría afirmaron haber acudido a los procesos judiciales una vez agotadas todas las posibilidades pacíficas para arribar a acuerdos con sus ex cónyuges, y fundamentalmente, en busca de cierta reivindicación y recuperación social de su identidad como mujer y de su dignidad (Fernández Torres 2016).

Efectos subjetivos de la aplicación de procesos patrimoniales
de familia sobre las mujeres litigantes

Los efectos subjetivos sobre las mujeres afectadas van desde falta de confianza en ellas mismas, desprecio a la institución del matrimonio y desconfianza en las leyes, hasta el sentimiento de mancillación y humillación pública al ser objeto en la mayoría de los casos de una triple forma de discriminación que parte del ámbito privado al ser víctimas de violencia patrimonial; luego al tener dificultades para acceder a la justicia; y por último, al ser tratadas en forma desigual a los hombres en los procesos judiciales. En forma de ilustrar este desconcierto en la eficacia del derecho y sobre todo en la aplicación del principio de igualdad, a continuación mencionamos un fragmento de una entrevista a profundidad realizada a una de estas mujeres litigantes:

MUJER ENTREVISTADA (ME): Permiso, y ¿partes primero de lo que dice el Código de Familia?

ENTREVISTADORA (E): Sí.

ME: De todo lo que dice el Código, y ¿desde el Código no hay ya violación?

E: Esa es otra parte que estoy investigando.

ME: Porque yo lo veo así. Yo tuve primero que buscar todos los artículos que tenían que ver con eso, los leí, me documenté un poquito, para poder ver. Yo no sé nada de derecho pero déjame ir a la lógica mía.

E: Sí, de hecho también estoy entrevistando a expertos sobre la materia para ver también el tema del Código de Familia.

ME: En algún momento tendría que revisarse. (Mujer entrevistada "L" 2016, entrevista personal realizada en La Habana)

La mayoría de estas mujeres no reconocen que han sido discriminadas y que ha sido en razón de su género. Muchas de ellas no entienden que se someten a sistemas patriarcales que afectan la capacidad de obrar sobre sus derechos. El siguiente fragmento ilustra precisamente desde el propio relato de una mujer entrevistada esta idea errónea sobre la vivienda en Cuba, es decir, el imaginario popular de que el hombre es el propietario de la vivienda y la mujer copropietaria, como si realmente tuviese más derechos que la mujer a la vivienda:

ENTREVISTADORA (E): ¿En la casa ustedes son copropietarios?

MUJER ENTREVISTADA (ME): Él es propietario y yo copropietaria, los dos estamos en la propiedad y demás. (Mujer entrevistada "M" 2016, entrevista personal realizada en La Habana)

Existen casos en que estas mujeres han sido además víctimas de violencia patrimonial. Todo ello se conoció a partir de la aplicación de entrevistas a profundidad dónde ellas compartieron historias de vidas y cómo se sintieron desprotegidas y en condiciones desiguales desde el punto de vista patrimonial:

MUJER ENTREVISTADA (ME): Bueno, entonces, yo hace, ¿Cómo cuántos años hace que nos separamos? ¿Cómo tres o cuatro nada más no?

ENTREVISTADORA (E): Sí, su abogado me dijo que había sido en el año 2013 que ustedes se habían separado.

ME: Sí, a mí me parece que sí, pero qué felicidad que él no está aquí, porque robó 18 000 pesos.

E: ¿Cómo 40 años estuvieron juntos entonces?

ME: Sí. Exacto, exactamente, pero él lo único que hizo fue robarle. Mi mamá tenía 18 000 pesos, ahora no recuerdo si eran 16 000 o 18 000 pesos.

E: ¿En moneda nacional?
ME: En moneda nacional, sí. Se lo llevó todo. Me dejó con una mano adelante y otra detrás. Cuando se fue, se fue con todo el dinero. (Mujer entrevistada "D" 2016, entrevista personal realizada en La Habana)

Existen muchos casos que no alcanzamos a narrar, con afectaciones en el derecho de dominio sobre las viviendas o de convivencia que no llegamos a conocer su resultado final pues se encontraban en trámites al momento de realizarse nuestra investigación. No ha sido posible tampoco hablar de las mujeres que además fueron violentadas físicamente en estos procesos. Y tampoco de las mujeres que no les fue posible ejecutar las sentencias judiciales. En todos los casos, se trata de mujeres con dificultades para acceder a la justicia y activar la maquinaria judicial es una forma de resistir los sistemas patriarcales y la opresión de género, es una forma de hacerse escuchar, de recuperar su identidad, de hacerse valer como sujetos con dignidad. Lo cierto es que estas mujeres enfrentan costos muy altos al involucrarse en estos procesos que generan traumas severos en ellas y que las dejan marcadas para el resto de sus vidas (Fernández Torres 2016).

Conclusiones generales

Como resultado de la investigación realizada, en particular del análisis histórico documental del material al que se tuvo acceso, se pudo comprobar que si bien existen abundantes investigaciones de género desde la sociología, la teoría social, la filología o el arte en Cuba, no es así desde el derecho, al menos no desde abordado en nuestra investigación, atendiendo no sólo a la norma, sino a sus efectos, antes, durante y después del proceso. Asimismo, tampoco existen estudios que apunten a indagar sobre los efectos psicosociales en los actores discriminados —en este caso las mujeres litigantes—, atendiendo no sólo a cómo les cambian sus condiciones de vida, sino los cambios en su integridad moral y su dignidad como mujeres. Empero, durante la realización de nuestra investigación se pudo apreciar los esfuerzos realizados por la Academia del Derecho en Cuba, la Unión de Juristas de Cuba, en coordinación con el Ministerio de Justicia, la Organización Nacional de Bufetes Colectivos y los Tribunales de Justicia por divulgar y concientizar a la comunidad jurista en general de una perspectiva de género. Lo cierto es que estos esfuerzos aún no son suficientes, y la producción académica en los aspectos menos formales del derecho desde el género se abre como un campo crítico e inexplorado de investigación (Fernández Torres 2016).

En relación a la construcción jurídica de la norma cubana, podemos concluir que si bien fue cimentada sobre los principios de igualdad y equidad, conceptos estrechamente ligados a la justicia social, desde una perspectiva de género esta norma es ineficaz. Se considera que deben establecerse mecanismos oportunos y viables para ejercer control de constitucionalidad y velar por el cumplimiento de esta dimensión social del derecho. Asimismo, se devela un ordenamiento jurídico civil y familiar eminentemente sexista, patriarcal y androcéntrico, conclusión a la que se arribó luego de aplicar la metodología propuesta por Alda Facio Montejo.

En términos de interpretación y aplicación de la norma jurídica familiar para procesos patrimoniales, que los efectos son por lo general desiguales, reforzándose en los casos de mujeres sin hijos. Todo ello se agrava al momento con ineficaces procedimientos ejecutivos de sentencias.

Existe una falta de reconocimiento institucional de las desigualdades sociales como antesala del proceso judicial, que en definitiva determinan los mismos. Ello se genera por un exceso de formalismo jurídico y poca atención a las desigualdades de género reales y materiales, y la inobservancia de otros factores de desigualdad social, u observación de forma muy superficial, en relación con la raza y la clase —sobre todo en relación a este último aspecto que determina en muchos casos la consumación de relaciones entre abogados y clientes, la entrada a los procesos y sus consecuentes resultados—. Tampoco se atienden a la categoría de ser migrante interna como un factor de desigualdad. En este sentido, estas categorías no se articulan, y no se atienden de forma interrelacionadas entre sí.

El estudio obviamente muestra resultados inconclusos, sujetos a cambios teniendo en consideración las transformaciones políticas, democráticas y en lo estructural del gobierno cubano, esperando pueda ser aprobado el nuevo Código de Familia e implementado procedimientos especiales para estos casos, que guarden separación y autonomía de los procesos patrimoniales civiles. Se espera una norma jurídica más igualitaria en términos formales, pero que atienda a las diferencias, desde antes de que se acudan a los procesos judiciales, como podrían ser abogados de oficios para estos asuntos de familia tan delicados, y acompañamiento psicológico a estas mujeres que han sido silenciadas, discriminadas y maltratadas en sus procesos (Fernández Torres 2016).

En general, consideramos que si bien el panorama legal cubano desde una perspectiva de género no parece tan esperanzador, y se muestra con crudeza y espíritu crítico, ello es un punto de partida inestimable para comprender sus problemáticas, los efectos discriminatorios y las consecuencias severas en las mujeres que se someten a estos procesos. Es decir, es una oportunidad para dar un giro de 180 grados a esta situación a través de políticas públicas que excedan el formalismo jurídico (Fernández Torres 2016). No obstante, es necesario atender y analizar a la sociedad cubana actual a las diferencias que atraviesan esta sociedad y que se manifiesta abiertamente en la existencia de desigualdades palpables de clase, en la existencia de racismo, de sexismo y de homofobia o en discriminaciones por origen geográfico, como es el caso de los migrantes que proceden de la zona Oriental de la Isla. El trabajo de campo nos ha permitido mostrar como en la realidad cubana actual la categoría de clase social aunque invisibilizada es central en las relaciones sociales y en torno a ella giran otras categorías como el género. Las expresiones racistas y la violencia de género son más sutiles, aunque sus manifestaciones siguen siendo evidentes tanto en el pensamiento colectivo, como en las prácticas o el lenguaje verbal, y todo ello define la estructura de oportunidades que caracteriza a la sociedad cubana actual y que se refleja igualmente en su sistema de derecho. Por consiguiente, se impone el compromiso por parte de los juristas de develar los problemas y las dificultades y trabajar con esas desigualdades evidentes pero invisibilizadas. Esperamos que esta investigación, finalmente, contribuya a tales fines, y que pueda servir de inspiración a futuras y futuros investigadores socio jurídicos (Fernández Torres 2016).

NOTAS

1. El ordenamiento jurídico en Cuba es fruto de la tradición romano-francesa y española, pero también de las luchas de la revolución cubana (Fernández Bulté 2005). En esta historia se encuentra la *ratio legis* del legislador cubano, que dejó su impronta tanto en el derecho público como el privado.

2. Entre las principales leyes adoptadas por la Revolución se encuentran: la Ley de Reforma Agraria, la Ley de Reforma Urbana o las Leyes de Nacionalización (Fernández Bulté 2005).

3. Las dimensiones del derecho se expresan a través de diferentes facetas como la normativa, la social, la axiológica (Mirelles 1992), la política (Fernández Bulté 2005), hasta la defendida por procesalistas y filósofos del derecho con diferentes nomenclaturas: *práctica* (Zambrano 2009), *real* (Alexy 1989) o *institucional* (Atienza: 2001), pero que en definitiva, aluden a ese espacio donde el derecho se realiza —tanto en su aspecto pacífico como adversarial o contencioso—. Desde este punto de vista el derecho es considerado más que una norma jurídica y se expresa en todos los ámbitos en los que surte efectos (Fernández Torres 2016).

4. En este sentido, la autora se refiere a la obligación de terceros de respetar estos derechos fundamentales, con una doble protección —tanto desde el orden público como el privado—, desplegándose su contenido regulatorio sobre el resto de la normativa jurídica cubana (Álvarez Tabío 2004).

5. Estas reflexiones, si bien se trata de opiniones y valoraciones subjetivas, han sido obtenidas a partir de la realización de entrevistas semi-estructuradas a profesores y especialistas sobre temas de género de la academia del Derecho en Cuba, así como, del análisis documental a partir de las memorias de los Congresos de la Federación de Mujeres Cubanas desde 1960 hasta la actualidad. Se trata de puntos de vista no institucionales que consideran el rol de la mujer no sólo en la construcción del proyecto revolucionario, de la familia revolucionaria y del hombre socialista. Por cuestiones de temporalidad de nuestra investigación no nos fue posible abordar la cuestión de género desde las masculinidades, sin embargo, existe una amplia literatura con enfoques políticos y sociales (Álvarez y Alfonso 2008), económicos y culturales y artísticos (Pérez 2011) sobre el rol masculino en la construcción de una sociedad más igualitaria, diferentes tipos de violencias, las contradicciones en la construcción social de las masculinidades (Rivero 2010). Dentro de los autores más relevantes no es posible dejar de mencionar a Julio César González Pagés, con una amplia producción académica sobre estudios de masculinidades en Cuba. Asimismo, existen estudios desde las relaciones paterno-filiales, específicamente paternidad (López 2010), o sobre el

trabajo en las familias y las nuevas masculinidades (Olavarría 2008) (por solo citar algunos de los estudios más importantes). Empero, del tema en cuestión —el rol masculino en el acceso a la justicia familiar patrimonial— no fueron encontrados estudios académicos, si bien si fue advertido en las entrevistas semi-estructuradas aplicadas a especialistas de género la discriminación positiva en favor de las mujeres en casos de guarda y cuidado y régimen de comunicación de los menores, temas que sí han sido ampliamente debatidos en la academia familista y procesalista del derecho en Cuba, desde enfoques positivistas y socio jurídicos.

6. Con anterioridad a la promulgación del Código de Familia cubano, se creó el Código de Familia Boliviano (1972) y el de Costa Rica (1973).

7. En este sentido, ha existido una labor metodológica y académica liderada por jueces del Tribunal Supremo Popular en cumplimiento de su labor metodológica, del Presidente de la Sala de lo Civil y lo Administrativo del Tribunal Supremo Carlos M. Díaz Tenreiro; Óscar Manuel Silvera Martínez, Vicepresidente del Tribunal Supremo Popular de Cuba; y Rubén Remigio Ferro, Presidente de esta institución judicial (al momento de realizarse la investigación, en el año 2016).

8. Dentro de estas autoras es posible citar a Patricia Hill Collins (2009), Angela Davis (2004), Audre Lorde (1992), Erin O'Connor (s.f.), Carole Pateman (2009), Silvia Rivera (2004), Mara Vivero Vigoya (2010) y Kate Young (1993), entre otras.

9. Véase estudios de derecho civil sobre la capacidad jurídica, como el de Caridad del Carmen Díaz Valdés (2007).

10. Véanse las instrucciones 216 y 217 del 2012 del Consejo de Gobierno del Tribunal Supremo Popular de Cuba (CU Consejo de Gobierno del Tribunal Supremo Popular 2017a, 2017b), que retoman los contenidos regulados en la 187/07 y la 191/09.

BIBLIOGRAFÍA

Alexy, Robert. 1989. *Teoría de la argumentación jurídica.* Vol. 222. Madrid: Centro de Estudios Constitucionales.

Álvarez, Mayda, y Juan Carlos Alfonso. 2008. "Desafíos para las políticas públicas en Cuba: Una sociedad que envejece." *Futuro de las familias y desafíos para las políticas públicas-LC/L,* 2888-P-2008, editado por Irma Arriagada, 119–126. Santiago de Chile: CEPAL, UNFPA y UNIFEM.

Álvarez Tabío, Ana María. 2004. "Los derechos inherentes a la personalidad." *Boletín ONBC* 16 (julio-diciembre): 66–79.

Atienza Rodríguez, Manuel. 2001. *La dimensión institucional del derecho y la justificación jurídica.* Alicante: Universidad de Alicante, Centro de Estudios Políticos y Constitucionales.

Barragán, Rossana. 1997. "Una mirada indiscreta a la patria potestad: Articulación social y conflictos de género en la ciudad de La Paz, siglos XVII–XIX." En *Más allá del silencio: Las fronteras de género en Los Andes,* editado por Denise Y. Arnold, 407–474. La Paz: ILCA.

Bourdieu, Pierre. 2000. *La dominación masculina.* Madrid: Anagrama.

Cabezas, Marta. 2015. "Ciudadanía y Estado: El servicio militar obligatorio en la Bolivia contemporánea." *ICONOS* 52 (mayo): 87–124. http://revistas.flacsoandes.edu.ec/iconos.

Clark, Kim. 2001. "Género, raza y nación: La protección a la infancia en el Ecuador (1910–1945)." En *Estudios de género, serie Antología Ciencias Sociales,* editado por Gioconda Herrera, 183–210. Quito: FLACSO.

Collins, Patricia Hill. 2009. "Foreword: Emerging Intersections Building Knowledge and Transforming Institutions." En *Emerging Intersections,* editado por Bonnie Thornton Dill y Ruth Enid Zambrana, vii–xiii. New Brunswick, NJ: Rutgers University Press.

Cuba. Asamblea Nacional del Poder Popular. 2003. *Constitución de la República de Cuba.* Gaceta Oficial de la República de Cuba, edición extraordinaria 3, 31 de enero.

————. 1975. *Ley 289 Código de Familia.* Gaceta Oficial de la República, 14 de febrero de 1975.

————. Consejo de Estado. 1984. *Decreto Ley 81, Del ejercicio de la abogacía y la Organización Nacional de Bufetes Colectivos.* Gaceta Oficial de la República 12, 8 de junio.

————. Consejo de Gobierno del Tribunal Supremo Popular de Cuba. 2012a. *Instrucción 217.* Gaceta Oficial de la República de Cuba 032, edición ordinaria, 6 de agosto.

————. 2016b. *Instrucción 216.* Gaceta Oficial de la República de Cuba 021, edición ordinaria, 22 de junio.

Davis, Angela. 2004. "El legado de la esclavitud: Modelos para una nueva feminidad y racismo, control de la natalidad y derechos reproductivos." En *Mujeres, raza y clase,* editado por Angela Davis, 11–37. Madrid: Akal.

Eichler, Margrit. 2009. "Cambios familiares: Del modelo patriarcal al modelo de responsabilidad individual en la familia." En *El género en el derecho: Ensayos críticos,* editado por Lola Valladares, Ramiro Ávila Santamaría y Judith Salgado, 465–515. Quito: Ministerio de Justicia y Derechos Humanos.

Facio Montejo, Alda. 1992. *Cuando el género suena cambios trae: Una metodología para el análisis de género del fenómeno legal.* San José, Costa Rica: ILANUD.

————. 2000. "Hacia otra crítica del derecho." En *Las fisuras del patriarcado: Reflexiones sobre feminismo y derecho,* editado por Gioconda Herrera, 15–42. Quito: FLACSO.

————. S.f. *Nota en el marco del proyecto: Superando obstáculos para la transversalidad de género en América Latina y el Caribe: Políticas que transforman.* Centro Regional: PNUD.

Fanon, Frantz. 1963. "Guerra colonial y trastornos mentales." En *Los condenados de la tierra,* traducido por Julieta Campos, 51–60. México, DF: Fondo de la Cultura Económica.

Fernández Bulté, Julio. 2004. *Teoría del Estado y del derecho: Teoría del derecho.* 2ª parte. La Habana: Félix Varela.

————. 2005. *Historia del Estado y del derecho en Cuba.* La Habana: Félix Varela.

Fernández Torres, Elena. 2016. "El acceso a la justicia familiar en Cuba: Un análisis desde el enfoque de género y desde una perspectiva interseccional." Tesis de maestría en sociología, Facultad Latinoamericana de Ciencias Sociales, Ecuador. http://hdl.handle.net/10469/11790.

Ferrer, Olga, y Yamila González. 2013. "La jurisdicción especial para los asuntos del derecho de familia: La experiencia de las Salas de Justicia Familiar en Cuba." En *Los tribunales en Cuba: Pasado y actualidad,* editado por Yumil Rodríguez Fernández, 490–510. La Habana: Oficina del Historiador de La Habana y Unión Nacional de Juristas de Cuba.

Galanter, Marc. 2001. "Por qué los 'poseedores' salen adelante: Especulaciones sobre los límites del cambio jurídico." En *Sociología jurídica: Teoría y sociología del derecho en Estados Unidos,* compilado por Mauricio García Villegas, 69–103. Bogotá: UNIBIBLOS.

Gutiérrez Rodríguez, Guillermo. 2012. "La ejecución de resoluciones en materia familiar." En *Abogacía y derecho: Gestión de conflictos jurídicos,* coordinado por Ariel Mantecón Ramos y Carlos Trujillo Hernández, 250–265. La Habana: Organización Nacional de Bufetes Colectivos.

Jaramillo, Isabel Cristina. 2009. "Crítica feminista del derecho." En *Género en el derecho: Ensayos críticos,* editado por Lola Valladares, Ramiro Ávila Santamaría y Judith Salgado, 103–135. Quito: Ministerio de Justicia y Derechos Humanos.

López Arcia, Yunier. 2000. "Imaginario social en padres jóvenes" Trabajo de diploma para optar por el título de licenciado en psicología, Universidad de Oriente, Santiago de Cuba.

Lorde, Audre. 1992. "Age, Race, Class and Sex: Women Redefining Difference." En *Race, Class and Gender: An Anthology,* editado por Margaret L. Andersen y Patricia Hill Collins, 495–502. Belmont, CA: Wadsworth.

Mendoza Díaz, Juan. 2012. *Panorama del derecho procesal hispanocubano.* Valencia: Tirant lo Blanch.

94 : Elena Fernández Torres

Mirelles, Angela Aparisi. 1992. "Introducción al concepto de derecho." En *Introducción a la teoría del derecho*, editado por Francisco Javier de Lucas Martin, 25–40. Valencia: Tirant lo Blanch.

O'Connor, Erin. 2007. *Gender, Indian, Nation: The Contradictions of Making Ecuador: 1830–1925*. Tucson: University of Arizona Press.

Olavarría Arangurén, José. 2008. "Distribución del trabajo en las familias y (nuevas) masculinidades." *Futuro de las familias y desafíos para las políticas-LC/L*, 2888-P-2008, editado por Irma Arriagada, 77–84. Santiago de Chile: CEPAL, UNFPA y UNIFEM.

ONU Asamblea General. 1979. *Convención para la eliminación de todas las formas de discriminación contra la mujer (CEDAW)*. 18 de diciembre.

Pateman, Carole. 2009. "Crítica feminista a la dicotomía pública y privada." En *El género en el derecho: Ensayos críticos*, editado por Lola Valladares, Ramiro Ávila Santamaría y Judith Salgado, 37–68. Quito: Ministerio de Justicia y Derechos Humanos.

Pérez, Gledymis Fernández. 2011. "Las masculinidades en el cine: Un acercamiento a Casa Vieja." *Contribuciones a las ciencias sociales*: 2007–2011.

Prieto, Mercedes. 2015. *Estado y colonialidad: Mujeres y familias quichuas de la sierra del Ecuador.* Quito: Flacso.

Rivera, Silvia. 2004. "La noción del derecho o las paradojas de la modernidad colonial: Indígenas y mujeres en Bolivia." *Revista Aportes andinos* 11 (octubre): 1–15. http://222.uasb.edu.ec/padh.

Rivero Pino, Ramón. 2010. "Las masculinidades en Cuba: Estudio con enfoque de diversidad e integración social." file:///C:/users/elena.fernandez/Downloads/403-1220-1-PB.pdf.

Romay Guerra, Zuleica. 2012. *Elogio de la altea o las paradojas de la racialidad.* La Habana: Fondo Editorial Casa de las Américas.

Torres Sáenz, Macarena. 2006. "Breve análisis de las tendencias feministas contemporáneas y su relación con el derecho." En *Derechos humanos, relaciones internacionales y globalización*, editado por Joaquín González Ibáñez, 619–652. Bogotá: Ibáñez.

Valdés Díaz, Caridad. 2006. *Derecho civil: Parte general.* Quito: Félix Varela.

Vigoya, Mara Vivero. 2010. "La interseccionalidad: Perspectivas sociológicas y políticas." Ponencia presentada en Seminario Internacional Direitos Sexuais, Feminismos e Lesbianidades-Olhares Diversos, Brasília.

Young, Kate. 1933. *Planning Development with Women: Making a World of Difference.* Londres: Macmillan.

Zambrano, Pilar. 2009. "La perspectiva de la persona como garantía de objetividad y razonabilidad en la interpretación." *Díkaion.* Universidad de La Sabana. http://dikaion.unisabana.edu.co/index.php/dikaion/article/view/1545/2115.

DOSSIER: ECONOMÍA

PAVEL VIDAL ALEJANDRO

Where the Cuban Economy Stands in Latin America: A New Measurement of Gross Domestic Product

ABSTRACT

This article presents new measures of total and per capita gross domestic product (GDP) and productivity of the Cuban economy, comparing them with ten economies of similar size in Latin America and the Caribbean (i.e., LAC-10). The calculations show that the Cuban economy has been losing relative weight in the region. In 1970, total Cuban GDP was 5.3 times higher than the average of the LAC-10 economies; in 2011, it was only 1.5 times higher. In 2011, Cuban GDP per capita was estimated at US$5,973. Those of Uruguay and Panama were more than twice as high of Cuba, that of Costa Rica was 69 percent higher, and that of the Dominican Republic was 46 percent higher. The decapitalization of the economy accounts for most of the decline in Cuban income. Productivity has been growing as a result of the market reforms implemented since the 1990s, but these have been insufficient to reach the best-performing economies in the region. The estimations show that the gains that the Cuban Revolution has produced in terms of social progress have gone hand in hand with great loss of economic efficiency.

RESUMEN

Este artículo realiza nuevas mediciones del producto interno bruto (PIB) total y per cápita, así como de la productividad de la economía cubana, y se compara el PIB con diez economías de similar tamaño en América Latina y el Caribe (i.e., ALC-10). Los cálculos muestran que la economía cubana ha venido perdiendo peso relativo en la región. En 1970, el PIB total era 5,3 veces mayor que el promedio de las economías de ALC; en 2011, era solo 1,5 veces mayor. En 2011, el PIB per cápita se estimaba con la nueva medición en dólares internacionales de US$5.973; Uruguay y Panamá más que lo duplicaban, Costa Rica lo superaba en 69 por ciento y República Dominicana en 46 por ciento. La descapitalización de la economía explica la mayor parte de la caída del ingreso cubano. La productividad ha ido creciendo como consecuencia de las reformas de mercado puestas en marcha desde los años noventa, pero éstas han sido insuficientes para alcanzar a las economías de mejor desempeño en la región. Las estimaciones ponen de relieve que las ganancias que ha producido la Revolución Cubana en términos de progreso social han marchado en paralelo a una gran pérdida de eficiencia económica.

97

There is no adequate measurement of gross domestic product (GDP) in dollars to weigh the size of the Cuban economy and the income of its citizens compared to other countries in the region. The data offered by the Cuban government and those presented by international institutions are biased by problems of multiple exchange rates or failures to consider international relative prices.[1] Available data regarding long-term economic growth trends offer a first clue that the Cuban economy has been losing relative weight against ten countries of similar size in Latin America and the Caribbean (LAC-10: Bolivia, Costa Rica, Ecuador, Guatemala, Honduras, Jamaica, Panama, Paraguay, Dominican Republic, Uruguay). Cuban GDP grew at an average annual rate of 3.2 percent in the period 1950–2014, whereas the average growth of the LAC-10 was 4.0 percent. Cuban growth has been below that of Panama (5.7 percent), Dominican Republic (5.3 percent), Costa Rica (5.1 percent), and Ecuador (4.6 percent). During the reforms implemented by President Raúl Castro (2008–2014), Cuban GDP also failed to grow faster than the regional average: 2.6 percent versus 4.0 percent for the LAC-10 (table 1).

However, Cuba continues to stand out in the region for its favorable social indicators and its investments in education. The restoration of diplomatic relations with the United States has opened new doors for Cuba's greater integration into global markets, even though the embargo is still in force and the relationship has entered a more complicated phase with the arrival of the Trump administration. Cuba's leaders today, who in 2018 replaced the historical generation of the Cuban Revolution, could inject a different dynamic into the structural economic reforms. At this juncture, Cuba's economy has an opportunity to turn around the trend of its economic growth, begin to recover its

TABLE 1. Cuba and LAC-10: GDP growth rates in national currencies
(average annual percentage at constant prices)

	Cuba	LAC-10	Bolivia	Costa Rica	Ecuador	Guatemala	Honduras	Jamaica	Panama	Paraguay	Dominican R.	Uruguay
1950–2014	3.18	3.99	2.64	5.13	4.55	3.86	3.58	2.26	5.65	4.31	5.30	2.35
1950–1969	2.34	4.46	1.68	6.78	4.70	4.59	3.22	5.43	6.36	3.27	5.32	1.74
1970–1989	5.82	3.83	1.71	4.21	5.61	3.37	3.99	1.21	4.56	6.07	5.87	1.88
1990–2014	1.74	3.83	4.13	4.63	3.59	3.71	3.52	1.10	6.00	3.67	4.85	3.18
1990–1999	-2.29	3.64	3.98	5.38	2.28	4.06	2.72	1.91	5.60	2.23	4.93	3.42
2008–2014	2.55	3.97	5.17	3.31	4.58	3.10	2.74	-0.63	7.06	5.12	4.25	5.17

Source: Based on data from the Penn World Table 9.0 and ONEI.

lost economic preponderance in the region, and finally channel the per capita income of its citizens onto a path of progressive and sustainable development.

In this study, I first quantify the effect of Cuba's lower growth rates on its relative position in the region according to its GDP and per capita income in the period 1970–2014. To do this, I built a series of Cuban GDP and other macroeconomic aggregates adjusted by purchasing power parity rate (PPP), for which the methodology of Penn World Table (PWT) 8.1 (described in Feenstra, Inklaar, and Timmer 2015) was taken as a starting point. In addition, I used an average exchange rate to avoid a distortion in the calculations with the official exchange rate of parity between the Cuban peso and the US dollar. The calculations also considered the World Bank's estimates for Cuban international relative prices in 2011 as part of the International Comparison Program (ICP) initiative.

Second, to examine the causes of Cuba's low growth and the fall in its per capita income, I computed the accumulation of the production factors (physical capital and labor force). This involved a great effort to construct statistics for the Cuban economy that would allow for international comparability. At the PPP rate, I calculated level of physical capital and different measures of productivity in the period 1970–2014, including total factor productivity (TFP), following the methodology of Daude and Fernández-Arias (2010).

The original study (Vidal 2017) has an appendix with the estimated statistics. Thus, together with the results and conclusions, a contribution of this study is that it makes available to analysts and researchers historical macroeconomic time-series data of the Cuban economy measured in dollars, thus allowing for international comparability.[2]

Total and Per Capita GDP Measured at PPP rate: Sharp and Unprecedented Depression

Some Essential Concepts

The Penn World Table and all international measurements that use the PPP rate assume that it is not fair to make international comparisons simply by dividing macroeconomic indicators expressed in national currency by the nominal market exchange rate to convert them to dollars or to another currency, given the different behavior of the relative international prices of tradable and nontradable sectors.

The solution is to use a PPP exchange rate based on relative prices for each country. To calculate PPP rates, the most recognized primary source is the ICP, a World Bank initiative that collects prices in more than one hundred economies. The ICP collected prices allow for calculation of the PPP exchange rate by considering domestic prices in national currency and the prices of the same basket of goods and services in US dollars. The World Bank calculates PPP rates for different expenditure categories that are aggregated in order to obtain the PPP exchange rate of total expenditure, which almost never coincides with the economies' nominal market exchange rate.[3] The calculation's methodology is quite technical; for more information, see Vidal (2017).

A Proposal for an Average Exchange Rate

The measurement of Cuban GDP in dollars is extremely complex because of the presence of multiple exchange rates. The Cuban exchange system comprises, on the one hand, an official fixed rate of one national peso (CUP), which is equal to one convertible peso (CUC), which is in turn equal to one US dollar (USD); this rate operates in the state economy (e.g., state business system and mixed capital, public institutions, fiscal budget, rationed consumption markets, public services to the population, banks). Accounting, prices, and salaries in all sectors and markets in the state economy use this official exchange rate of "parity" with the dollar.

On the other hand, there is the exchange rate that is "parallel" to the official one (though recognized by the government and institutionalized), which works for consumer markets in which prices are governed by supply and demand—that is, agricultural markets and the markets of goods and services produced by the self-employed, micro and small private enterprises, and certain cooperatives. Balance sheets, prices, and salaries to operate these nonstate enterprises mostly use the parallel exchange rate. Since 2005, the parallel exchange rate has a fixed purchase price of 24CUP = 1USD and a selling price of 25CUP = 1USD.[4] At this rate, natural persons can buy and sell CUP in currency exchange houses and in banks. There are also foreign exchange operations on the black market that usually use a rate close to 24CUP = 1USD.

When the Cuban government estimates GDP in dollars, it uses the official exchange rate of parity with the dollar, as do international organizations that directly use data from the Cuban government. In this case, the Cuban GDP in dollars would be overvalued, as it is ignoring that a proportion of the monetary values in the economy use the 24CUP = 1USD rate. It can be tempting to divide the Cuban GDP value in CUP by the rate of 24CUP = 1USD. However, this would be in error, as it would use a rate that responds to and is consistent with the monetary values of certain markets so that the GDP in dollars would be undervalued.

In this article, I propose an "average nominal exchange rate" that considers the proportion in which each of the two rates responds to the monetary values of each economic area in which it operates (table 2). This calculation is simply a weighted average of the shares that the state and nonstate sectors had within the national accounts in the period 1994–2014: 94 percent for

TABLE 2. Calculation of average nominal exchange rate

	Official exchange rate (ε_t^o)	Parallel exchange rate (ε_t^p)	Average exchange rate (ε_t^*)
1994	1.0	40.0	3.34
1995	1.0	31.7	2.84
1996	1.0	21.0	2.20
1997	1.0	22.0	2.26
1998	1.0	20.7	2.18
1999	1.0	20.9	2.19
2000	1.0	20.8	2.19
2001	1.0	22.7	2.30
2002	1.0	26.1	2.51
2003	1.0	26.1	2.51
2004	1.0	26.0	2.50
2005	1.0	24.0	2.38
2006	1.0	24.0	2.38
2007	1.0	24.0	2.38
2008	1.0	24.0	2.38
2009	1.0	24.0	2.38
2010	1.0	24.0	2.38
2011	1.0	24.0	2.38
2012	1.0	24.0	2.38
2013	1.0	24.0	2.38
2014	1.0	24.0	2.38

Note: ε_t^p = average annual purchase parallel exchange rate; ε_t^* is calculated according to equation 4 and weights of 94 percent for the official rate and 6 percent for the parallel exchange rate.
Source: Own elaboration based on data from ONEI and ECLAC (2010).

the official exchange rate in the state sector and 6 percent for the parallel exchange rate in the nonstate sector (table 2; for details of the calculations, see Vidal 2017).

The calculation of the average nominal exchange rate begins in 1994, when the Cuban economy officially opened to agricultural markets and to self-employment, and the values of these markets began to be recorded in GDP accounting. In informal markets for previous years, an exchange rate parallel to the official rate existed. However, it was not until 1994 that these markets were legalized, and their monetary values began to be registered in the GDP. In any case, GDP clearly does not fully capture the value of private consumption markets that remain informal.

Therefore, the calculation I propose does not consider the average effective exchange rate of the economy, because informal economy values not recorded

in GDP are not being considered where the parallel exchange rate also operates. This calculation is much less an estimate of the equilibrium exchange rate
of the economy. The nominal exchange rate I propose represents the average
rate only according to transactions recorded in the GDP accounting. However,
since the objective is to convert the monetary values that are accounted in the
GDP into dollars, the average exchange rate that I am calculating seems the
most appropriate.

Based on my estimated average nominal exchange rate of 2.38CUP =
1USD in 2014, the GDP of 80,656 million pesos using the official exchange
would be reduced to US$33,889 million, and the official GDP per capita of
US$7,177 would be US$3,016.

As already mentioned, it is improper to make international GDP comparisons for economies using only the nominal exchange rates of each country; use
of the PPP rate is necessary.

Estimation of PPP Rates

To estimate the Cuban GDP at the PPP rate on both the expenditure side and
the supply side, it is necessary to have the PPP rate for internal absorption (domestic consumption, investment, and government expenditure), exports, and
imports. To approximate PPP rates for Cuba, I used the World Bank estimates
of Cuban international relative prices for 2011 (table 3) and the evolution of
the real exchange rates of the ten economies of the region that currently have
a population of between 2 million and 16 million inhabitants (LAC-10). These
economies are part of the database of the Penn World Tables 8.1 and were considered by Fernández-Arias (2014): Bolivia, Costa Rica, Ecuador, Guatemala,
Honduras, Jamaica, Panama, Paraguay, Dominican Republic, and Uruguay.
The criterion of population size was used because of uncertainty regarding the
size of per capita GDP in Cuba.

The PPP rates of the LAC-10 economies differ considerably because they
are related to each country's nominal exchange rates, which are very unequal.
However, real exchange rates (relative prices) have a lower dispersion range
and additionally show clear common trends and significant correlations in their
variation rates. These common trends were generally sustained in the period
1955–2011 for all selected economies, regardless of whether they differ in productive structure. They are net exporters of oil in some cases and net importers
in others; they have undergone changes in their rates of external opening and
in monetary and exchange systems. Such evidence would support the argument
that the real exchange rates of the Cuban economy should not be completely
isolated from these common trends in the region (figures 1–3). The empirical
strategy in calculating PPP rates for the Cuban economy is explained in greater
detail in Vidal (2017).

TABLE 3. Cuba: Relative price level (PPP/PL) according to the International Comparison Program 2011 (US$ = 1)

Gross domestic product	Domestic absorption	Food and nonalcoholic beverages	Alcoholic beverages, tobacco, and narcotics	Clothing and footwear	Housing, water, electricity, gas and other fuels	Furnishings, household equipment and maintenance	Health	Transport
0.322	0.319	0.474	0.507	0.395	0.105	0.594	0.204	0.503

Communication	Recreation and culture	Education	Restaurants and hotels	Miscellaneous goods and services	Individual consumption expenditure by households	Gross fixed capital formation	Machinery and equipment	Construction
0.562	0.286	0.176	0.343	0.354	0.292	0.543	1.110	0.315

Source: World Bank (2011).

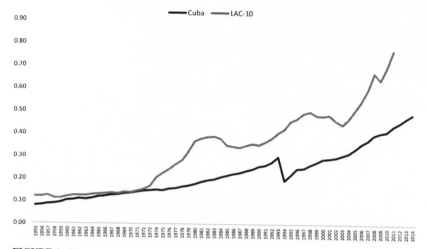

FIGURE 1. Cuba and LAC-10: Index of relative prices (PL) of domestic absorption (US$ = 1), 1955–2014

Source: Based on data from the Penn World Table 8.1 and ONEI.

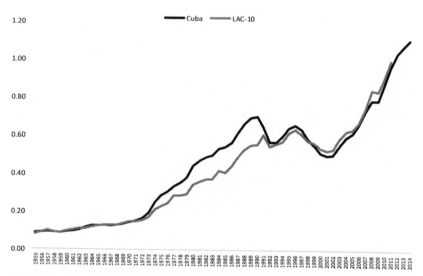

FIGURE 2. Cuba and LAC-10: Index of relative prices (PL) of exports (US$ = 1), 1955–2014
Source: Based on data from the Penn World Table 8.1 and ONEI.

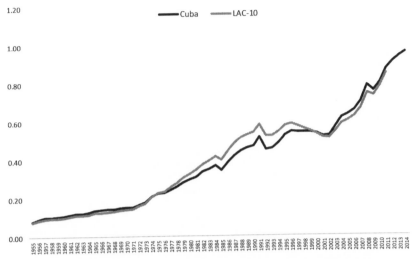

FIGURE 3. Cuba and LAC-10: Index of relative prices (PL) of imports (US$ = 1), 1955–2014
Source: Based on data from the Penn World Table 8.1 and ONEI.

What Has Happened to Cuba's Relative Position in the Region?

Table 4 shows the results of calculations for the Cuban macroeconomic aggregates measured in PPP dollars in the period 1985–2014. Figures 4 and 5 show the evolution of total GDP measured by the supply side (productive capacity) and GDP per capita measured by the expenditure side at the PPP rate for Cuba and the LAC-10. The measurements are presented as percentages in relation to the regional average in three different years (1970, 1989, and 2011). Of the measurements, I highlight the two below.

Cuba's Economy Has Not Yet Exceeded Pre-Crisis Productive Capacity and Per Capita Income, Measured in Current PPP dollars

In the period 1989–1994, Cuban GDP measured in current PPP dollars (on the expenditure side and the supply side) suffered a drop of just over 50 percent. This decline is greater than the 35 percent given by official statistics in Cuban pesos because the PPP exchange rate depreciated from 0.24 to more than 0.64.[5] In this same period, the value in current PPP dollars of exports, imports, and domestic absorption fell 51 percent, 69 percent, and 66 percent, respectively.

What is called the Special Period in Cuba is actually an acute economic depression that is without precedent among the Latin American economies analyzed. In the period 1970–2011, no other LAC-10 economy had such a drastic fall in income when measured in current PPP dollars.

TABLE 4. Cuba: PPP exchange rates and macroeconomic aggregates, 1985-2014

	PPP^x	PPP^m	PPP^o	PPP^o_j	Export	Import	Domestic absorption	GDP^e	GDP^o	Per capita GDP^e
			US $ = 1				Millions current US$PPP			Current US$PPP
1985	0.545	0.344	0.215	0.222	11847.5	25051.6	106529.2	96481.1	93325.2	9516.2
1986	0.567	0.385	0.221	0.222	10299.9	20949.3	100355.5	90299.1	89706.1	8828.3
1987	0.619	0.421	0.227	0.228	9613.0	18879.2	94877.2	86108.3	85610.9	8331.7
1988	0.665	0.446	0.235	0.236	9134.9	18348.4	96289.8	87342.3	87076.2	8363.1
1989	0.697	0.459	0.244	0.242	8596.6	18738.5	96096.6	85364.7	85954.7	8092.7
1990	0.705	0.469	0.254	0.256	8420.8	17080.6	91742.0	83576.8	83082.2	7838.6
1991	0.649	0.516	0.259	0.257	5486.8	9108.4	72129.8	67743.3	68508.3	6297.7
1992	0.569	0.451	0.274	0.278	4432.6	6066.7	59656.4	58870.0	58022.4	5436.2
1993	0.570	0.456	0.299	0.301	3496.2	5205.6	55907.1	54630.8	54197.6	5013.8
1994	0.601	0.486	0.641	0.665	4227.1	5744.9	32764.6	32376.6	31246.8	2966.8
1995	0.642	0.526	0.618	0.638	4537.0	6574.7	38919.3	38038.4	36881.6	3474.7
1996	0.659	0.546	0.538	0.552	5811.7	7936.5	47432.3	46503.0	45307.5	4234.0
1997	0.637	0.542	0.562	0.576	5938.2	8340.4	46449.4	45138.2	44047.2	4090.8
1998	0.586	0.541	0.573	0.581	6254.3	8678.1	46742.1	44944.6	44318.3	4057.5
1999	0.555	0.543	0.602	0.606	7426.4	9053.0	48427.5	47111.2	46800.9	4239.2
2000	0.513	0.534	0.629	0.628	8413.5	9691.8	49957.3	48589.1	48679.1	4359.3
2001	0.498	0.521	0.670	0.670	8424.6	9798.6	48628.9	47262.6	47254.9	4231.8
2002	0.502	0.524	0.739	0.739	7719.9	8461.7	46208.0	45446.7	45466.2	4057.6
2003	0.550	0.572	0.765	0.762	8456.7	8555.2	47234.8	46914.2	47136.2	4183.0
2004	0.595	0.617	0.788	0.781	10295.1	9471.8	48106.1	48460.9	48929.4	4320.1
2005	0.616	0.632	0.795	0.785	14543.7	12375.6	52187.2	53621.4	54355.3	4779.7
2006	0.663	0.656	0.846	0.848	14896.5	14851.9	62179.8	62328.7	62224.4	5563.8
2007	0.731	0.698	0.886	0.890	16294.3	14801.0	64380.4	66170.5	65873.7	5914.4
2008	0.790	0.785	0.938	0.947	15825.1	18860.1	67260.1	64809.1	64225.2	5800.0
2009	0.792	0.755	0.962	0.967	13684.1	12712.5	63219.7	64514.1	64191.3	5773.1
2010	0.874	0.800	0.976	0.989	16616.4	14242.2	62697.1	65891.3	65071.3	5900.0
2011	0.971	0.871	1.033	1.060	17833.3	17318.8	64587.2	66754.4	65101.7	5973.3
2012	1.041	0.908	1.070	1.102	17923.2	16389.9	64810.7	68334.3	66343.9	6115.9
2013	1.079	0.936	1.116	1.151	17236.3	16665.3	66454.9	69135.3	67025.9	6167.3
2014	1.112	0.956	1.157	1.189	16016.4	14501.0	66320.5	69733.0	67835.9	6204.9

Source: Based on data from ONEI and ECLAC (2010).

It is important to note that not all of the GDP decline was due to shock that the economy suffered as a result of the Soviet Union's dissolution. Table 4 shows that, since 1985, a downward trend began in measurements in current PPP dollars of total and per capita GDP, domestic absorption, and exports and imports.

The total GDP value measured on the expenditure side is estimated at US$PPP 69,733 in 2014, 18 percent lower than in 1989 and 28 percent lower than in 1985. On the supply side, 2014 GDP is estimated at US$PPP 67,836, 21 percent lower than in 1989 and 27 percent lower than in 1985. The values of imports and domestic absorption do not exceed those of 1989 measured in current PPP dollars. Exports, however, leapt in the period 2004–2007, when Cuba strengthened its relations with Venezuela, which allowed it to surpass 1989 export levels in current PPP dollars in 2014.

Per capita GDP was estimated at US$PPP 8,093 in 1989 and then fell to US$PPP 2,967 in 1994, the worst year of the crisis. At that point it touched bottom and has been growing irregularly; however, in 2014, GDP per capita was US$PPP 6,205, still 23 percent below 1989 and 35 percent below the 1985 level. Thus, Cuban GDP per capita has been unable to recover to levels seen pre-crisis.

Compared to LAC-10, Cuba's Economy Is No Longer the Largest or Highest in Per Capita Income

Figure 4 shows how the Cuban economy has been losing relative weight in productive capacity as compared to the LAC-10. In 1970, the Cuban GDP in current PPP dollars was 5.3 times higher than the average of the region's ten economies. In 1989, it was four times higher, and in 2011, only 1.5 times higher. In 1970, Cuba and Uruguay were the economies of greatest relative weight according to their productive capacity measured in current PPP dollars. However, both lagged, and in 2011, the top two positions were occupied by Ecuador and Dominican Republic, with productive capacities 2.5 and 2.1 times the average, respectively. The convergence of Cuba's total GDP and LAC-10 has gone hand in hand with advances in the relative weight of Panama, Paraguay, Guatemala, Costa Rica, and Bolivia.

In 2011, the size of the Cuban economy was 71 percent of that of the Dominican economy according to productive capacity and 61 percent of that of the Ecuadorian economy. It was 9 percent larger than that of Guatemala and 33 percent larger than that of Panama.

Changes in the relative weights of total GDP have been reflected in the trajectory of GDP per capita (Figure 5). Cuba and Uruguay exhibited the highest GDP per capita in the 1970s and 1980s. However, as a result of the slow growth of Cuban GDP in relation to the LAC-10 and acute economic depression, the Cuban GDP fell from first to sixth place in 2011.

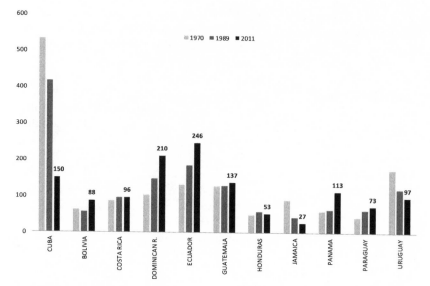

FIGURE 4. Cuba and LAC-10: Total GDP in current dollars at the PPP rate, on the supply side (percentage in relation to the average)
Source: Based on data from the Penn World Table 8.1 and ONEI.

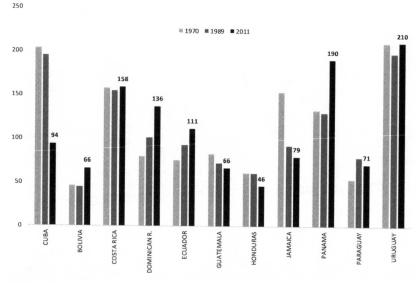

FIGURE 5. Cuba and LAC-10: GDP per capita in current dollars at the PPP rate (percentage in relation to the average)
Source: Based on data from the Penn World Table 8.1 and ONEI.

In 2011, Cuban GDP per capita was 6 percent below the regional average. The GDP per capita of Uruguay and Panama more than doubled that of Cuba, whereas that of Costa Rica exceeded it by 69 percent, Dominican Republic by 46 percent, and Ecuador by 18 percent.

The Accumulation of Production Factors and the Role of Productivity: Explaining the Fall

Measurements and Essential Concepts

Capital Series at the PPP Rate

To analyze the accumulation of production factors and productivity in comparison with the LAC-10, it is necessary to calculate the physical capital (machinery, buildings, and infrastructure) of the Cuban economy and measure it at the PPP rate (for details, see Vidal 2017). The physical capital has fallen steadily since the 1990s (Figure 6): it decreased by an annual average of 2.5 percent in the period 1990–2005; then, from 2006 to 2014, the annual decrease was reduced to 0.7 percent. The very low investment rates in the economy are not able to replenish depreciation. Combined with depreciation of the PPP rate, this would explain a process of decapitalization of the Cuban economy, which in 2014 resulted in a value in current dollars of physical capital that was 37 percent lower than in 1989.

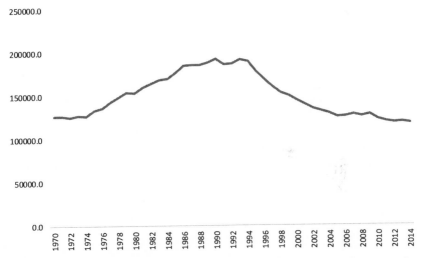

FIGURE 6. Cuba: Evolution of the level of physical capital, 1970–2014 (in current dollars at the PPP rate)
Source: Based on data from ONEI.

Measurement of Productivity and Trends

For measurements and comparisons of productivity, I followed the methodology of Daude and Fernández-Arias (2010) and the most recent updates of Fernández-Arias (2014). There are three measures of productivity:

1. Total factor productivity (TFP) indicates the efficiency with which the economy is capable of transforming the accumulation of capital and labor, as well as improvements in education, into higher production.
2. PKL (productivity of capital and labor) combines productivity of capital and labor but excluding the role of education.
3. PL (labor productivity) accounts only for the productivity of the labor factor.

Daude and Fernández-Arias (2010) analyzed eighteen economies in Latin America and found that average productivity decreased from 1975 to 2005. Additionally, the authors calculated growth and development accounting for these economies and found that the lowest income growth in the region has been mainly due to low productivity growth. Finally, they discovered that the productivity gap between Latina America and better-performing international economies had increased.

Level and Evolution of Cuban Productivity as Compared to the LAC-10

As expected, the three measures of productivity present different trajectories. However, all show a decrease in Cuban productivity since the second half of the 1980s but an increase in 1995–2010 (Figure 7).[6]

The combined productivity of labor and capital (PKL) is the most optimistic of the three measurements, due to both its higher value throughout the period and its higher growth. Clearly, the measurement of productivity improves when including physical capital, as despite the decapitalization process in the Cuban economy, the country has managed to maintain positive growth in the production of goods and services—especially the latter, from exports of professional services.

The TFP, which is the most complete measurement, as it also includes education, decreased since 1975 and had a lower value than the PKL throughout the period under analysis. In 2011, it stood at 64 percent of its level in 1970.

Figure 8 shows that Cuban TFP and the average of LAC-10 both decreased in the period 1970–2011. However, Cuban TFP has had greater variance due to the depression of the 1990s and the partial recovery from it.

In the years when Cuba strengthened its ties with socialist countries and had commercial and financial agreements with the Soviet Union, its TFP was above the LAC-10 average; however, by 1990, it declined. Once relations with the socialist bloc dissolved, the fall in Cuba's efficient use of its production

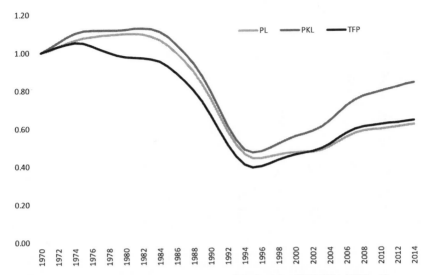

FIGURE 7. Cuba: Evolution of different measures of productivity, 1970–2014 (1970 = 1)
Source: Based on data from ONEI and the National Institute of Economic Investigations of Cuba.

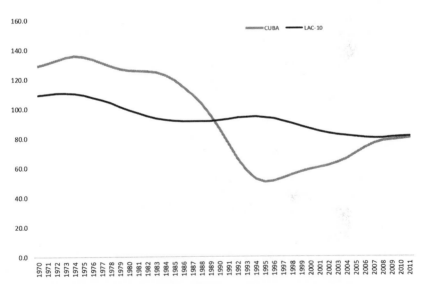

FIGURE 8. Cuba and LAC-10: Evolution of TFP in current dollars at the PPP rate
Source: Based on data from Fernández-Arias (2014) and ONEI.

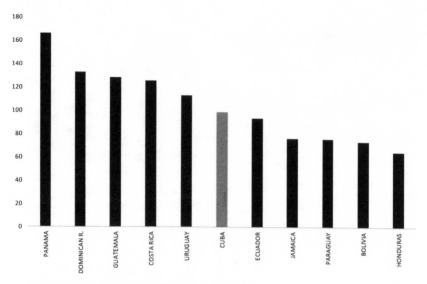

FIGURE 9. Cuba and LAC-10: Level of TFP in 2011 (percentage in relation to the average)
Source: Based on data from Fernández-Arias (2014) and ONEI.

factors accelerated and TFP dropped below the LAC-10 average—although since 1996 there has been a positive trend of it converging to the regional average.

A preliminary conclusion drawn from the most recent Cuban TFP data is that the market reforms implemented by the Cuban government since the 1990s have led to a gain in productivity, although not one sufficient enough to push the TFP over the LAC-10 average.

Figure 9 shows, for the year 2011, the TFP level of each of the LAC-10 economies and Cuba (as a percentage of the average). Cuba stays at the midpoint; five economies have higher productivity than Cuba, and the remaining five have lower productivity. The economies that most outperform Cuba in TFP are Panama, at 68 percent higher, and Dominican Republic, at 35 percent higher (Guatemala, Costa Rica, and Uruguay also outperform Cuba in TFP).

Figure 10 shows the significant positive relationship between TFP and GDP per capita among these economies, with Guatemala as the only outlier. Four of the five economies that have higher TFP than the average also have higher GDP per capita.

At this point, the data suggest that TFP is one of the factors that would explain the lower GDP per capita of Cuba within the region. To complete this analysis, we must also examine the accumulation of production factors.

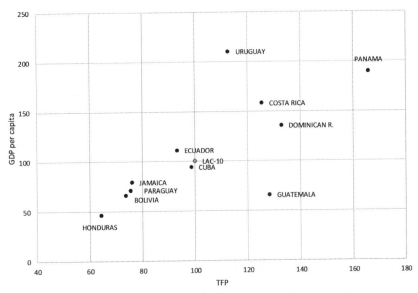

FIGURE 10. Cuba and LAC-10: TFP and GDP per capita in 2011 (percentage in relation to the average)
Source: Based on data from the Penn World Table 8.1, Fernández-Arias (2014), and ONEI.

Main Causes of the Lower GDP

First, I seek to identify the proportion by which factors of production and productivity (TFP) explain the higher GDP growth of LAC-10 compared to Cuba. I found that all factors except education acted against the growth of Cuban GDP when compared with the LAC-10 average in the period 1970–2011 (figure 11).

The lower accumulation of capital was the main cause of the lower Cuban GDP growth; in the period 1970–2011, it accounted for 64 percent of the gap between Cuba's economic growth and the LAC-10 average. The second determinant was a lower rate of increase in the labor force, responsible for 21 percent of the gap. The third determinant was the differential between the TFP, which explained 15 percent of the gap.

When two periods, 1970–1989 and 1990–2011, are examined separately, two facts become clear. First, improvement in education acted in favor of Cuban growth in the period 1970–1989, contributing to a 9 percent reduction in the GDP growth gap with the LAC-10. However, Cuban advantage disappeared in the period 1990–2011. Second, the labor force expansion went from determining 6 percent of the differential with LAC-10 in 1970–1989 to explaining 25 percent of lower Cuban growth in 1990–2011. This finding points to the

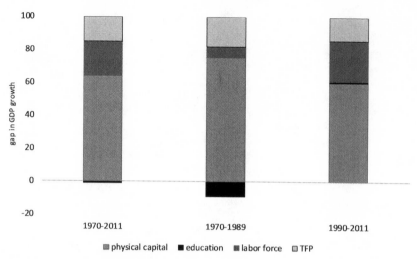

FIGURE 11. Cuba and LAC-10: Contribution of production factors and TFP to the gap in GDP growth (as a percentage of the gap)
Source: Based on data from the Penn World Table 8.1, Fernández-Arias (2014), and ONEI.

most recent Cuban demographic dynamics as a significant relative disadvantage with respect to the region.

As we have already seen, Cuba's lower GDP growth has influenced the position that Cuba within the region concerning GDP per capita. Cuba has been surpassed primarily by four economies with a considerable advantage in GDP per capita: Uruguay, Panama, Costa Rica, and Dominican Republic (LAC-4). Within the region, these four economies are a model to be emulated by the Cuban economic policy in order to recover lost ground. In addition, it seems reasonable to propose goals that have already been reached by countries of similar size in the region.

For this purpose, I calculated the determinants of the lower level of Cuban GDP per capita in relation to the average of the LAC-4 and to each of those economies separately for 2011. I sought to identify the percentage by which each of the production factors and the TFP explain the higher GDP per capita of LAC-4 compared to Cuba.

The lowest level of physical capital per worker and TFP were the factors that dragged Cuba's GDP per capita in relation to the LAC-4 in 2011. On average, education level and the labor force in relation to total population helped reduce the gap (figure 12).

The level of physical capital per worker accounts for 55 percent of the gap

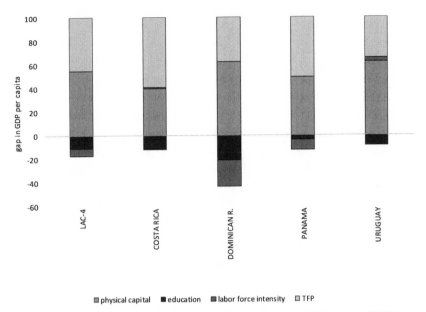

physical capital   education   labor force intensity   TFP

FIGURE 12. Cuba and LAC-4: Contribution of production factors and TFP to the gap in GDP per capita (as a percentage of the gap)
Source: Based on data from the Penn World Table 8.1, Fernández-Arias (2014), and ONEI.

in GDP per capita in relation to the LAC-4 average, whereas TFP accounts for 45 percent. The gap with Costa Rica and Panama is explained more by productivity (60 percent and 51 percent, respectively), and the gap with Uruguay and Dominican Republic more by physical capital (62 percent). Education and the labor force above all help reduce the gap with Dominican Republic.

Conclusions

In this article, I took Cuban indicators of total and per capita GDP, level of physical capital, and TFP at current PPP dollars and compared them with ten economies of similar size in the region (LAC-10) in the period 1970–2014.

The main conclusion is that the Cuban economy is no longer the largest or has the highest per capita income in the LAC-10. The Cuban economy has lagged behind the region's average, which can be explained first by lower accumulation of physical capital and second by lower productivity and lower growth of the labor force. All Cuban indicators are affected by the depression of the 1990s, but in general, they do not even surpass precrisis levels of the late 1980s.

Some of the measurements that support these conclusions are the following:

- In 1970, total Cuban GDP in current PPP dollars was 5.3 times higher than the LAC-10 average; in 2011, it was only 1.5 times higher. In 2011, the Cuban economy had a total GDP equivalent to US$PPP 65,102 million, tantamount to 71 percent of the Dominican economy and 61 percent of the Ecuadorian economy.
- In the 1970s, Cuba, together with Uruguay, exhibited the highest GDP per capita. Cuba's GDP per capita in 2011 was estimated at US$PPP 5,973, which placed it 6 percent below the LAC-10 average and relegated it to sixth place. Uruguay and Panama more than doubled Cuba's GDP per capita, while Costa Rica exceeded it by 69 percent, Dominican Republic by 46 percent, and Ecuador by 18 percent.
- In 2014, Cuban total and per capita GDP measured in current dollars PPP was approximately 30 percent below its 1985 level.
- • In the period 1970–2011, lower accumulation of physical capital and subsequent decapitalization explained 64 percent of the gap between the lower Cuban GDP growth and the LAC-10 average.
- When comparing the Cuban economy to the LAC-4 with the highest GDP per capita in 2011, 55 percent of Cuba's gap was explained by lower physical capital and 45 percent by lower productivity.

In the second half of the twentieth century, the Cuban Revolution expanded that nation's political influence in the region and its role in international geopolitics. On the other hand, the Cuban economy became smaller relative to income in the region.

The regulatory framework and institutions of the prevailing economic model have not been able to efficiently combine education with the remaining factors of production. Cuban advances in education have not been sufficient to sustain significant positive growth in income. There is a marked disproportion in the legacy of social policy and the economic results of the Cuban Revolution. The benefits produced in terms of equity and social progress have gone hand in hand with a great loss of economic efficiency.

Since the second half of the 1990s, productivity in the Cuban economy has been growing gradually as a result of the reforms implemented, although it is still far from the productivity levels of the best-performing economies in the LAC-10. The market reforms and international openings have been well oriented, but they have fallen short of the impetus needed for productivity, and they have not managed to stop the decapitalization of the economy.

NOTES

1. This article is a summary of the study commissioned by the Inter-American Development Bank (Vidal 2017). I would like to thank Professor Carmelo Mesa-Lago for the important changes recommended for the elaboration of this summary, and for the idea to present in *Cuban Studies*, in order to reach a wider audience, by focusing on the study's main results and eliminating technical elements from the original document.

2. The literature on Cuba's economy and its measurement is broad. See, among others, Alonso and Vidal (2013); Brundenius and Torres (2013); Mesa-Lago (2012); Mesa-Lago and Pérez-López (2013); Rodríguez (2011); Vidal (2015); and Pérez-López in this dossier.

3 See the World Bank website, at http://siteresources.worldbank.org/ICPEXT/.Resources/ICP_2011.html.

4 The Cuban government has experimentally introduced additional exchange rates for some specific operations, such as 10CUP = 1USD for the payment of salaries of foreign companies located in the Mariel Development Zone and for the selling of private agricultural goods to tourist facilities. These new rates are not yet widespread and are at a much smaller scale than the 24CUP = 1USD rate.

5. Real-wage calculations in the 1990s show a decline of more than 80 percent. The lower fall in per capita income could be explained by the state's maintenance of partly subsidized consumption and the arrival of other sources of income, such as remittances, private businesses, and family income from the tourism sector.

6. These results generally coincide with those of Doimeadiós (2007), Palacios (2010), and Hernández-Catá (2012), who also measure TFP for Cuba and find a decrease from the second half of the 1980s until the first half of the 1990s, followed by a partial recovery.

REFERENCES

Alonso, Juan Antonio, and Pavel Vidal, eds. 2013. *¿Quo vadis, Cuba? La incierta senda de las reformas*. Madrid: Catarata.

Brundenius, Claus, and Ricardo Torres, eds. 2013. *No More Free Lunch: Reflections on the Cuban Economic Reform Process and Challenges for Transformation*. New York: Springer.

Daude, Christian, and Eduardo Fernández-Arias. 2010. "On the Role of Productivity and Factor Accumulation in Economic Development in Latin America and the Caribbean" (Working Paper No. IDB-WP-155). Washington, DC: Inter-American Development Bank.

Doimeadiós, Yaima. 2007. *El crecimiento económico cubano: Un análisis desde la productividad total de los factores*. La Habana: Universidad de La Habana, Editorial Universitaria.

Economic Commission for Latin America and the Caribbean (ECLAC). 2000. *La economía cubana: Reformas estructurales y desempeño en los noventa*. Mexico City: Fondo de Cultura Económica.

Feenstra, Robert, Robert Inklaar, and Marcel Timmer. 2015. "The Next Generation of the Penn World Table." *American Economic Review* 10: 3150–3182.

Fernández-Arias, Eduardo. 2014. "Productivity and Factor Accumulation in Latin America and the Caribbean: A Database" (Data Set IDB-DBA-015). Washington, DC: Inter-American Development Bank.

Hernández-Catá, Ernesto. 2012. "The Growth of the Cuban Economy in the First Decade of the XXI Century: Is It Sustainable?" In *Cuba in Transition*, 88–101. Miami: Association for the Study of the Cuban Economy.

Mesa-Lago, Carmelo. 2012. *Social Protection Systems in Latin America and the Caribbean: Cuba*. Santiago de Chile: Comisión Económica para América Latina y el Caribe, Documentos de Proyectos, Estudios e Investigaciones.

Mesa-Lago, Carmelo, and Jorge Pérez-López. 2013. *Cuba under Raúl Castro: Assessing the Reforms.* Boulder, CO: Lynne Rienner.

Oficina Nacional de Estadísticas e Información de Cuba (ONEI). Various years. *Anuario estadístico de Cuba.* La Habana: ONEI.

Palacios, Juan Carlos. 2013. "Crecimiento del sector productivo cubano: Análisis de sus determinantes estructurales." PhD diss., Universidad de Barcelona.

Rodríguez, José Luis. 2011. *Notas sobre economía cubana.* La Habana: Instituto Cubano de Investigación Cultural Juan Marinello.

Vidal, Pavel. 2015. "Cuba's Reform and Economic Growth: A Comparative Perspective with Vietnam." *Journal of Economic Policy Reform* 19 (2): 1–18.

Vidal, Pavel. 2017. "¿Qué lugar ocupa la economía cubana en la región? Una medición a la tasa PPA de las brechas de ingreso y productividad" (Working Paper No. IDB-PB-269). Washington, DC: Inter-American Development Bank, Department of Research and Chief Economist.

World Bank. 2008. *Global Purchasing Power Parities and Real Expenditures: 2005 International Comparison Program.* Washington, DC: World Bank.

CARMELO MESA-LAGO

Vidal's Results and Cuba's Ranking in the Human Development Index

ABSTRACT

This article deals with the ranking of Cuba in the UN Human Development Index, from the 1992 edition (with data for 1989) to the 2016 edition (with data for 2015)—the latest available. It shows the drastic oscillations in said ranking and concentrates on estimates of gross domestic product (GDP) per capita, documenting their significant flaws. Until recently, there was not a serious conversion of official data on Cuban GDP per capita in pesos into GDP per capita in international dollars at purchasing parity power, and hence reliable comparisons with other countries were not feasible. Pavel Vidal's study has advanced in that task and compared Cuba's deterioration of GDP relative to nine Latin American countries of similar size. The substantial and growing economic crisis in Venezuela has had adverse repercussions for Cuba's economy and social welfare. All these facts should be taken in account by the United Nations Development Program.

RESUMEN

Este artículo trata el ordenamiento de Cuba en el Índice de Desarrollo Humano de la ONU entre la edición de 1992 (con cifras de 1989) hasta la edición de 2016 (con cifras de 2015) —la más reciente disponible—. Se muestran las oscilaciones notables en dicho ordenamiento y se pone énfasis en los estimados del producto interno bruto (PIB) por habitante, documentando sus fallas considerables. Hasta recientemente no había una seria conversión de las estadísticas oficiales cubanas del PIB en pesos hacia PIB en dólares internacionales con el poder paritario adquisitivo y, por tanto, no era posible hacer comparaciones confiables con otros países. El estudio de Pavel Vidal ha avanzado en esa tarea y comparado el PIB de Cuba con el de otros nueve países latinoamericanos de tamaño similar. La severa y creciente crisis económica de Venezuela ha tenido adversas repercusiones para la economía y el bienestar social de Cuba. Todos estos hechos deberían ser tenidos en cuenta por el PNUD.

The Human Development Index (HDI), annually published since 1990 by the United Nations Development Program (UNDP), is the most widely used tool in the world to rank about 188 countries in terms of socioeconomic development.[1] The HDI is based on three indicators related to health, education, and economic standards: life expectancy at birth, a combination of expected and mean years of schooling, and gross domestic product (GDP) per capita adjusted to inflation and converted to US dollars based on the purchasing parity power exchange rate (GDP p/c PPP US$).[2] An index is estimated for each of the three indicators, and the three indexes are merged into the HDI at equal weight. Cuba's HDI ranking has been significantly helped by high marks in its two social indicators despite its very poor performance on the economic indicator. This article focuses on the latter updating previous studies by the author and incorporating Vidal's paper (Mesa-Lago 2002, 2005; Mesa-Lago and Pérez-López 2005).

The HDI Ranking of Cuba: Flaws and Vidal's Contributions

In 1989, at Cuba's development peak before the collapse of the socialist camp, Cuba ranked 61 on HDI in the world and 9 in Latin America, but it sank to 89 and 12, respectively, in the midst of the crisis in 1994 (table 1). Starting in 1997, Cuba began to rise again, reaching spots 56 and 6 in 1998. The HDI excluded Cuba in the 2001 edition (1999 data), due to "lack of reliable data," but reinserted it in the 2002 edition (2000 data), where it ranked 55 and 6. In the period 2000–2004, Cuba improved its world ranking from 55 to 51, and its regional raking from 6 to 4. The UNDP did not publish Cuban GDP data for the years 2000–2010 but, despite the absence of this key indicator, ranked Cuba in the HDI. Around this time, the author published his work noting the flaws in Cuba's ranking and, in 2010, the UNDP dropped Cuba from the HDI for the second time. The publication of GDP estimates resumed in 2011, at exactly the same positions as in 2004. Surprisingly, in the 2013 edition (2012 data), Cuba suddenly improved from 59 to 44 in world rankings, from 4 to 2 regionally. The reason was an increase of 3.5 times the GDP estimate despite the fact that Cuba's official data and other estimates showed stagnation or little growth that year (see below). Thereafter, Cuba's raking deteriorated to 68 and 5, respectively, in 2015,[3] and it should have worsened in 2016 when the Cuban economy entered recession.

There is relative consensus among economists working on Cuba on the significant difficulties faced in estimating its GDP p/c PPP US$. First, GDP statistics are unreliable; thus, in 2003–2004, the government deviated from the conventional international methodology of the System of National Accounts by adding to GDP the value of free social services and subsidies on rationed consumer goods, resulting in an addition of 2 percentage points to standard GDP. Second, the official adjustment of GDP to inflation is a daunting task because data have never been published on the basket of goods and services needed to calculate cost of living. Furthermore, starting in 2001, the base year used to estimate GDP in constant pesos was shifted from 1981 to 1997, which led to an artificial annual average increase of 56 percent in the

TABLE 1. HDI Rank of Cuba in the World and Latin America, 1989–2015

Human Development Index (Years)		Number of countries in the world	Ranking	
Publication	Data		World	Latin America
1992	1989	160	61	9
1993	1990	173	75	10
1994	1991	173	89	12
1995	1992	174	72	11
1996	1993	174	79	11
1997	1994	175	86	11
1998	1995	174	85	11
1999	1997	174	58	9
2000	1998	174	56	6
2001	1999	174	Cuba dropped	
2002	2000	173	55	6
2003	2001	175	52	5
2004	2002	177	52	5
2005	2003	177	52	5
2006	2004	177	50	5
2009	2008	182	51	4
2010	2010	169	Cuba dropped	
2011	2011	187	51	4
2012	2012	186	59	4
2014	2013	185	44	2
2015	2014	188	67	5
2016	2015	188	68	5

Note: Years refer to HDI data. The rankings of the years 1989–1995 and 1997–1999 are not technically comparable due to a change in methodology in the 1999 report. The lower the ranking, the better is the country's performance.
Source: UNDP, 1992 to 2016.

value of GDP in the period 1989–2000. Third, Cuba has a dual monetary system: the "convertible" peso (CUC) and the national peso (CUP). In the state sector the exchange rate is one to one, but for the population and nonstate sector, 1 CUC equals 25 CUP; furthermore, conversion to US dollars is unilaterally set by the Cuban government (the CUC is not traded in the world market). In 2018, the CUC is exchanged for US 0.85 cents, whereas the theoretical rate for CUP would be US 0.35 cents (Mesa-Lago and Pérez-López 2005; Vidal 2017; Pérez-López 2018).[4]

Vidal (2017) deals with several of these problems. First, he uses available World Bank estimates for relative international prices of the Cuban economy in 2011 and extrapolates such prices for remaining years on the basis of statistical temporal series that intend to capture common trends in relative international prices in ten regional economies of similar size. Second, he estimates an average nominal exchange rate by weighting the proportions of the state and nonstate sectors (94 percent and 6 percent, respectively) and applying them to the different exchange rate used in each. Third, he calculates GDP at PPP both from the expenditure size and the supply side. Fourth, he generates GDP series in US dollars using the methodology of the Penn World Table. Fifth, he compares GDP and GDP per capita (PPP US$) between Cuba and the ten regional economies in 1970, 1981, and 2011. The methodology employed, equations, calculations, and results for the period 1985–2014 are rigorously shown in his work. This is a significant advance, although Vidal dutifully identifies the remaining problems: data are based on current prices and constant prices need to be calculated; estimates of GDP do not capture all value generated in private informal markets; and PPPs in the ten economies differ significantly because they are related to unequal nominal exchange rates, but real exchange rates show a smaller range of dispersion, common trends, and significant correlations in their variation rates. Despite these persistent issues, Vidal's work is the most robust available today and considerably enhances HDI estimates for Cuba GDP.

Ten major shortcomings in the HDI estimates of Cuban GDP p/c PPP US$ are summarized as follows:

1. The source given in the 1995 edition was the Penn World Tables but Cuba was not included those tables.
2. In the 1996–1997 editions the source was shifted to the World Bank Atlas, which did not include Cuba either, but had a footnote that gave a range (the higher figure was four times the lower figure). The HDI selected the higher figure and augmented it by 8 percent.
3. In the 1998–1999 editions, the HDI took responsibility for the estimate without explaining how it was done.
4. The 2001 edition excluded Cuba altogether because of lack of reliable data.
5. In the 2002 edition the HDI reinserted Cuba but acknowledged that it did not have a figure available; hence, it used a regional weighted average from the Caribbean (neither the countries included nor the weight used to calculate Cuba's estimate were specified).
6. The 2005 edition of the HDI excluded Cuba's GDP figure from the master table but a footnote gave a "preliminary estimate" (without explaining how it was done): "In the case of Cuba a technical team of national and international experts has been organized to explore different methodologies for obtaining a better PPP estimate. The results of this effort will be reflected in future reports" (UNDP 2005, 216).[5]
7. GDP estimates were not published in the 2002–2007/8 editions, which did not preclude HDI estimates for Cuba.
8. In the 2010 edition, Cuba was excluded from the HDI without any explanation.

TABLE 2. Estimates of GDP/GNI per capita in the HDI and in Cuba, 1989–2015

Data Year	HDI Constant[a]	Cuba Official[b]		Vidal Current[d]
		Current	Constant[c]	
1989	2,500	1,827	1,861	8,092
1990	2,200	1,847	1,787	7,836
1991	2,000	1,512	1,580	6,298
1992	3,412	1,376	1,386	5,436
1993	3,000	1,384	1,172	2,967
1994	3,000	1,753	1,175	3,474
1995	3,100	1,980	1,201	4,234
1997	3,100	2,118	2,118	4,090
1998	3,967	2,139	2,112	4,058
1999	4,224	2,343	2,236	4,392
2011	5,146	6,172	4,339	5,974
2012	5,539	6,541	4,500	6,116
2013	19,844	6,893	4,614	6,167
2014	7,301	7,186	4,649	6,204
2015	7,455	7,753	4,849	

[a]GDP p/c PPP US$, since 2011 GNI p/c PPP US$; the base year changes, not specified if series is continuous. [b]GDP p/c in pesos converted to dollars at the official exchange rate in the state sector of one to one (not PPP). [c]1989–1995 at 1981 prices; 1997–2015 at 1997 prices. [d]GDP p/c PPP in current US$.
Source: HDI from UNDP 1992–2016; Cuba official from CCE (1991), ONE (1998–2017); Vidal (2017).

9. In the 2011–2016 editions, the HDI resumed its estimates of Cuba's GDP with a footnote saying that PPP was calculated "based on a cross-country regression and the projected growth rate from ECLAC" [also UN Department of Economic and Social Affairs in some years], but neither the countries selected nor the methodology used was provided.
10. In the 2014 edition, the estimated Cuban GDP per capita for 2013 rose 3.5 times, leading to an improved HDI ranking despite the fact that Cuban official data showed low growth in that year.[6]

Table 2 summarizes GDP estimates by HDI, Cuba, and Vidal in the period 1989–2015; they are not technically comparable because HDI estimates are based on PPP US$ at constant prices; Cuban estimates, at current and constant prices, are not on PPP and conversion to dollars is based on the parity rate and so should be undervalued; and Vidal's are on PPP US$, as in the HDI, but at current prices. Despite these differences, the comparisons are useful for detecting significant differences in GDP at strategic points in the period. In 1993, the worst year of the crisis, according to the HDI, GDP was above 20 percent the level of 1989 (one of the best years in Cuba's economy and pre-crisis), which contradicts all available evidence, as demonstrated by decreases in the period of 24 percent and 37 percent in Cuban figures at current and constant prices, respectively, and a decline of 63 percent in Vidal's estimates at current prices. In 2014, both HDI and Cuban GDP estimates are well above the 1989 level (from 149 percent to 193 percent), but Vidal shows a 23 percent decrease.[7] Finally, GDP in 2013 increased by 258 percent according to the HDI, but 5 percent and 2.7 percent according to Cuban data, and 0.8 percent based on Vidal's calculations. According to the UNDP, Cuba's GDP per capita that year was the highest in Latin America, save Chile, while in any other year during the period 1989–2014 it ranked between 14 and 16 among the twenty countries in the region.

Table 3 compares GDP p/c PPP US$ in Cuba and the other nineteen countries in Latin America in 2014. Although Cuba ranked no. 5 in the region by HDI (due to its high marks on social indicators), it drops to 15 relative to GDP. Argentina, Chile, Uruguay, Panama, Venezuela, Mexico, and Brazil had GDP twice or thrice superior to Cuba's; Costa Rica, Colombia, Dominican Republic, Peru, Ecuador, and Paraguay from 5 percent to 84 percent greater. Even El Salvador was slightly higher. Only the five less developed countries in the region had a lower GDP: Guatemala, Bolivia, Nicaragua, Honduras, and Haiti.[8]

Vidal does not provide GDP for 2014 but he does for 2011 and then in current prices. Cuba's GDP of $5,970 was 6 percent below the nine-country average of $6,373. GDP in Uruguay and Panama more than doubled Cuba's, whereas Costa Rica's was 69 percent greater, Dominican Republic's 46 percent, and Ecuador's 18 percent. Only Bolivia, Guatemala, Honduras, and Paraguay had lower GDP than Cuba.

A Footnote on the Two Social Indicators

Previously it was noted that Cuba's high HDI ranking was due to its good scores on two social indicators: life expectancy and schooling. Indeed, in 1989 Cuba led Latin America and many socialist Eastern European countries in most social indicators. But the severe crisis of the 1990s had a dire impact on those indicators (Mesa-Lago 2000). In the 2000s, Venezuela's substantial trade with, buying of professional services from, direct investment in, and oil supply at preferential prices to Cuba helped in its recovery, but the far-reaching Venezuelan economic crisis led to sweeping cuts in all aspects of the relationship and that, in turn, adversely affected the Cuban economy, which entered recession in 2016.[9]

Since 2007, it was obvious to the Cuban leadership that the cost of social services was financially unsustainable in the long run. As part of the "structural reforms," social expenditures were cut by 8 percentage points in the period 2007–2015, leading to a deterioration in social welfare, aggravated by the rapid aging of the population (the oldest in the region).

TABLE 3. GDP Comparison in Latin America, HDI and Vidal's estimates, 2014 and 2011

Index		HDI 2014			Vidal 2011	
Dev't Level	Ranking[a]	Countries	GDP (PPP US$ constant)	GDP Cuba/others (%)	GDP (PPP US$ current)	GDP Cuba/others (%)
Very High	1	Argentina	22,050	202		
	2	Chile	21,290	191	13,388	124
	3	Uruguay	19,283	164	12,127	103
	4	Panama	18,283	150		
	7	Venezuela	16,159	121		
	8	Mexico	16,056	120		
	9	Brazil	15,175	107		
High	6	Costa Rica	13,413	84	10,094	69
	12	Colombia	12,040	65		
	13	Dominican R.	11,883	63	8,694	46
	10	Peru	11,015	51		
	11	Ecuador	10,605	45	7,069	18
	14	Paraguay	7,643	5	4,496	-25
	15	El Salvador	7,349	0.6		
	5	Cuba[b]	7,301	0	5,973	0
Medium	18	Guatemala	6,929	-5	4,219	-29
	16	Bolivia	5,092	-30	4,209	-30
	17	Nicaragua	4,457	-39		
	19	Honduras	3,938	-47	2,908	-51
Low	20	Haiti	1,669	-77		

[a]Ranking in the overall HDI, which includes two social indicators. [b]Cuba belongs to the high development level in the HDI.
Source: UNDP (2014); Vidal (2017); additional Excel table provided to the author on July 23, 2008.

The labor force (total and employed) dwindled by 8 percent from 2011 to 2016, and the trend will continue increasing the burden on the productive cohort of the population.

Unemployment (visible plus hidden) was equivalent to 28 percent of the labor force in 2015; about a million redundant state employees remained on the state payroll in 2016.

The median wage in the state sector adjusted for inflation in 2016 was 61 percent below 1989, which does not satisfy basic needs.

Income inequality has expanded with structural reforms; average income of the self-employed in 2016 was six times the median state wage, and the gap is greater with occupations such as renting dwellings to tourists and restaurants.

Despite the tax reform of 2012, taxes had become more regressive by 2016.

The median pension adjusted for inflation decreased by half in the period 1989–2016 and covers only a fraction of basic food needs.

A universal and free health-care system continues, as do advances in certain health indicators,[10] but access, facilities, personnel, and quality of health services have diminished while an aging population demands more and costlier services.

Equally maintained is the system of universal and free education, but partly due to aging, overall enrollment has fallen by 34 percent and staff has dropped by 13 percent, affecting particularly rural and worker or peasant education.

Enrollment in higher education sank 71 percent in the period 2007–2016. Humanities and social sciences endured the largest cuts; enrollment in careers essential for development have grown, especially technical sciences, but in absolute terms, in 2016–2017 they were still below 2007–2008 levels.

About 85 percent of the population owns its home, the reforms have reauthorized the sale and purchase of dwellings (banned since 1960), and 58 percent of houses are constructed by individuals, but the total number of houses constructed plunged 80 percent in the period 2006–2016.

Although there are no statistics on it, poverty has increased in the past decade, making it necessary to expand social welfare, but in 2006–2015, social welfare expenditures contracted to one-sixth relative to GDP and one-third of the number of beneficiaries (Mesa-Lago 2018, all data based on ONEI statistics).

Conclusion

This article documents the significant shortcomings of UNDP's rankings of Cuba on the HDI, particularly concerning estimates of GDP per capita, hence have not overcome the significant barriers that have impeded the conversion of Cuba's GDP p/c in pesos into GDP p/c PPP US$. Vidal's study makes progress by resolving some of the noted obstacles, with a robust methodology and full disclosure of his calculations and results. Some problems persist: elaboration of GDP p/c PPP US$ in constant prices, assessment and incorporation of GDP generated by the informal economy, and development of proper comparisons of Cuba with other Latin American countries, particularly after 2011. This article also provided data on the deterioration of social welfare in Cuba, particularly indicators on infant mortality and life expectancy, as well as schooling.

The UNDP should conduct further research to solve the remaining problems to develop proper estimations of Cuba's GDP in constant prices, review its social indicators, and undertake reliable comparisons within Latin America and the world. Other international and regional organizations could provide the needed resources to support such important task.

NOTES

1. This article was originally presented at the 28th Congress of the Association for the Study of the Cuban Economy, Miami, July 27, 2018.
2. Around 2011, HDI shifted from GDP to gross national income per capita.
3. In the 2000s, the countries that usually ranked above Cuba were Argentina, Chile, Uruguay, and Costa Rica—Panama also in some years. In 2014, only Chile ranked higher.
4. When the Cuban government uses the exchange parity it overvalues GDP in dollars because it excludes the value generated by the nonstate sector, where the exchange rate is 24 CUP per 1 CUC. If Cuban GDP is divided by the latter exchange rate, it is undervalued because it excludes the state sector, where the parity exchange rate is used (Vidal 2017, 10).
5. Actually, the HDI 2002 edition informed those "ongoing efforts," which were unsuccessful for four years and were not mentioned after 2005.
6. Cuba's HDI score trends differ significantly across the editions of 2011, 2014, and 2016.
7. Vidal (2017, 15) also shows a worse decrease of 35 percent in 2014 relative to 1985.
8. A similar exercise based on the 2011 GDP resulted in somewhat lower gaps with Cuba in sixteen of the twenty countries (UNDP 2011).
9. In 2015, the UNDP ranked Venezuela on HDI as no. 7 in the region, despite the well-documented economic and social decline in that country: –30% of GDP in 2013–2017, hyperinflation, a 46% poverty incidence, and deteriorating health care, education, and nutrition (ECLAC 2017, 2018; ENCOVI 2017).
10. Official statistics on infant mortality show steady declines, but three recent academic papers questioned the validity of those data and data on life expectancy (González 2015; Gonzalez and Gilleskie 2017; Berdine, Geloso, and Powell 2018). Conversely, maternal mortality has been rising.

REFERENCES

Berdine, Gilbert, Vincent Geloso, and Benjamin Powell. 2018. "Cuban Infant Mortality and Longevity: Health Care of Repression?" *Health Policy Planning* 33 (6): 755–757.
Economic Commission for Latin America and the Caribbean (ECLAC). 2017. *Preliminary Overview of the Economies of Latin America and the Caribbean 2017.* Santiago de Chile: ECLAC.

―――. 2018. *Social Panorama of Latin America 2017*. Santiago de Chile: ECLAC.

Encuesta Nacional de Condiciones de Vida 2016—ENCOVI. 2017. Caracas: Universidad Andrés Bello.

Gonzalez, Robert M. 2015. "Infant Mortality in Cuba: Myth and Reality." *Cuban Studies* 43: 19–39.

Gonzalez, Robert M., and Donna Gilleskie. 2017. "Infant Mortality Rate as a Measure of a Country's Health: A Robust Method to Improve Reliability and Comparability." *Demography* 54 (2): 701–720.

Mesa-Lago, Carmelo. 2000. *Market, Socialist and Mixed Economies: Comparative Policies and Performance—Chile, Cuba and Costa Rica*. Baltimore: John Hopkins University Press.

―――. 2002. "Cuba in the Human Development Index in the 1990s: Decline, Rebound and Exclusion." *Cuba in Transition* (Washington, DC: ASCE) 12: 450–463.

―――. 2005. "Cuba's Ranking in the Human Development Index of 2005." *Focal Point*, October.

―――.2018. "Social Welfare and Structural Reforms in Cuba, 2007–2017. *Cuba in Transition* (Washington DC, ASCE), 27.

Mesa-Lago, Carmelo, and Jorge Pérez-López. 2005. *Cuba's Aborted Reform: Socioeconomic Effects, International Comparisons and Transition Policies*. Gainesville: University Press of Florida.

―――.2013. *Cuba under Raúl Castro: Assessing the Reforms*. Boulder, CO: Lynne Rienner.

Oficina Nacional de Estadísticas e Información (ONEI). 1998–2017. *Anuario estadístico de Cuba 1996–2016*. La Habana: ONEI.

Pérez-López, Jorge. 2018. "Reflections on Cuba's National Income Statistics." Paper presented at the 28th ASCE Congress, Miami, July 27.

UN Development Program (UNDP). 1992–2016. *Human Development Report 1992 to 2016*. New York: Oxford University Press.

Vidal, Pavel. 2017. "¿Qué lugar ocupa la economía cubana en la región? Una medición a la tasa PPA de las brechas de ingreso y productividad" (Working Paper No. IDB-PB-269). Washington, DC: Inter-American Development Bank, Department of Research and Chief Economist.

ERNESTO HERNÁNDEZ-CATÁ

The Behavior of Total Factor Productivity in Cuba: A Comment on Pavel Vidal's Article

ABSTRACT

Total factor productivity (TFP) is the set of factors (technological, policy related, organizational, and demographic) that affect the performance of aggregate production for given levels of capital and labor. It is usually constructed as a residual, that is, as output minus a weighted average of capital and labor. This method is correct except that it does not tell us what specific factors affect TFP, and it breaks down if capital and labor are measured incorrectly. In the case of Cuba, official statistics seriously overestimate the effective level of employment—the one that affects total output and TFP. The reason for this mismeasurement is the tendency of Cuban authorities to subsidize employment in the public sector in order to conceal open unemployment. The consequence is that the estimated contributions of labor and capital to output are seriously distorted. This article uses an alternative estimate of employment, one that excludes idle workers in the public sector, and this yields an improved estimate of TFP

RESUMEN

La productividad total de los factores (PTF) es el conjunto de variables (tecnológicas, política económica, organización y demografía) que afectan el comportamiento de la producción agregada (producto interno bruto, o PIB) dados los niveles de empleo y capital. Usualmente la PTF se calcula como un residuo —es decir, la producción menos un promedio ponderado del trabajo y el capital. Este método es correcto, pero no nos dice cuáles son las variables que afecten la PTF y solo es válido si los insumos (el empleo y el capital) están correctamente calculados. En el caso de Cuba las estadísticas oficiales sobreestiman el verdadero nivel de empleo, el que se debe usar para explicar el comportamiento del PIB. Esto se debe a la tendencia de las autoridades cubanas de subsidiar el empleo público para ocultar el desempleo abierto. Esto causa altos (y altamente variables) niveles de desempleo disfrazado. Por lo tanto, las contribuciones del trabajo, del capital y de la PTF calculadas en base a estadísticas oficiales, están altamente distorsionadas. Este artículo propone un método para estimar el empleo y la PTF excluyendo el desempleo disfrazado.

The article by Pavel Vidal (2017) covers a great deal of territory, including the complicated task of converting Cuba's gross domestic product (GDP) into US dollars and of comparing Cuba to a number of Latin American countries. All this he does superbly. In this article, I concentrate on another topic of analytical and policy relevance: the construction and interpretation of total factor productivity (TFP).

Total factor productivity (sometimes called multifactor productivity) is usually defined as the set of factors that contribute jointly to the productivity of capital and labor. These factors include technological, policy-related, organizational, and demographic variables that improve or diminish the performance of output (typically real GDP) for given levels of labor and capital inputs. Because statistics on TFP do not exist, this variable is usually constructed as a residual, that is, as output minus a weighted average of capital and labor.[1] Pavel Vidal does it that way, and so do I. That's fine as far it goes, but there are two important caveats.

First, defining TFP as a residual does not tell us which specific variables affect its movements, and it is therefore of limited policy relevance. For this reason, a number of cross-country studies include a set of demographic and policy-related variables on the right-hand side of the estimated production function (i.e., the statistical relation between output and its determinants).[2] In a recent article (Hernández-Catá 2019) I included several policy variables as part of TFP in a series of regressions: the share of Cuba's private sector, a proxy for price liberalization, and communications' technology variables.

Second, defining TFP as GDP minus a weighted average of capital and labor is all right provided that these inputs are correctly defined and measured. In the Cuban case this raises serious problems because employment data published by Cuba's statistical agency (Oficina Nacional de Estadísticas, ONEI) are not defined appropriately to explain output. The reason for this is that, at various times, a large and highly variable share of Cuban employees has been effectively idle because the Cuban authorities have subsidized public employment, sometimes heavily, in order to conceal open unemployment.

As table 1 shows , subsidies for enterprise losses have displayed considerable variability over time. They surged from 1990 to 1993 to almost 60 percent of the public-sector wage rate, as demand for labor plunged following the elimination of Soviet-Russian assistance. They were slashed in 1994 in the context of an aggressive fiscal consolidation plan and continued to fall during the late 1990s. By 2001 subsidies had declined to the equivalent of only 3.5 percent of the public-sector wage rate. Subsidies rose in 2011, the last year for which complete data are available.[3]

There is another type of government transfer to state enterprises that involves subsidies to cover the cost of petroleum imports from Venezuela.[4] These subsidies started in 2001 following the accord between Cuba and Venezuela.

TABLE 1. Cuba: Government Subsidies to Enterprises

	Peak			Trough		
	1900	1993	1994	2001	2011	2016
Subsidies for enterprise losses [1]	**2975**	**5434**	**3447**	**3939**	**1520**	**—**
Subsidy per state sector employee [2]	704	1321	873	104	375	—
In percent of state wage rate	31.3	60.5	39.3	3.4	6.9	—
Subsidies for the use of imported oil [1,3]	**0**	**0**	**0**	**329**	**6018**	**649**
Subsidy per state sector employee [2]	**0**	**0**	**0**	84	1474	188
In percentage of state wage rate	**0**	**0**	**0**	2.8	27.0	2.1
Estimated hidden unemployment [4]	**30.3**	**49.6**	**35.3**	**7.5**	**21.8**	**15.5**

[1] Millions of pesos (CUP). [2] Pesos (CUP). [3] Millions of pesos. Figure for 2016 represents imports of oil from Venezuela (directly or indirectly through the Netherlands Antilles). [4] In percentage of the potential labor force.
Sources: Oficina Nacional de Estadística e Información, and author's estimates.

They increased rapidly during the 2000s and peaked in 2001–2012 at just over $6 billion a year, but then they plunged because of the collapse in oil prices and Venezuela's cuts in deliveries of petroleum to Cuba.

Estimating Hidden Unemployment

Taking both subsidies (for enterprise losses and for oil imports) into account, I have estimated that hidden unemployment reached almost half of the potential labor force in 1993, before falling to 22 percent in 2011, the last year for which these calculations can be performed, and to roughly 15 percent in 2016 (figure 1; see also table 1; Hernández-Catá 2018). The potential labor force is calculated as the conventionally defined labor force (the sum of employment and open unemployment) plus the estimated number of discouraged workers.

The methodology underlying the estimates of disguised (or hidden) unemployment is explained in Hernández-Catá (2015; 2018 annex 3). It assumes that state enterprises determine their level of output according to the familiar equality between the marginal product of labor and the after-tax real wage. The model then distinguishes between two types of enterprises: those that receive state subsidies and those that do not. (1) The ratio of active employment to output for unsubsidized enterprises is the inverse of the real after-tax wage rate. (2) The same formula applies to the enterprises that do receive a subsidy, except that the real *effective* wage rate they have to pay is the after-tax wage rate minus the subsidy rate. Active employment is then obtained by multiplying this ratio by official employment. The disguised unemployment rate is the

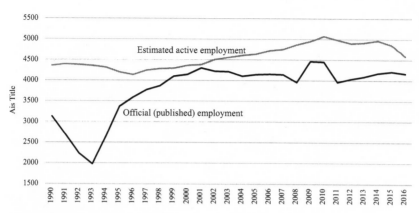

FIGURE 1. Official and Effective Levels of Employment (in Thousands of Employees)
Source: ONEI and author's estimates.

difference between the effective and actual levels of employment divided by the labor force.

What are the implications for employment of the shortcomings of official statistics? Using total employment as published by ONEI to construct TFP (and therefore explain real GDP) involves a massive distortion because *active employment* is the variable that truly belongs in the production function[5]) is so different from officially reported employment. The level of employment is grossly overestimated when official data are used, and so the level of TFP is grossly underestimated (figures 1 and 2).

Unused Capital

A similar problem (not specific to Cuba) arises with regard to the capital stock, which is usually estimated using the perpetual inventory method. In my article "Growth and Policy Induced Distortions" (Hernández-Catá 2018, annex 3) I show how to construct data for the capital utilization rate (i.e., the ratio of effectively utilized capital to the outstanding capital stock).[6] The utilized capital stock is then calculated by multiplying the capital utilization rate by the outstanding capital stock, which is obtained through the perpetual inventory method.

The behavior of the utilized capital stock over time is broadly similar to that of There is a sharp fall in the early 1990s, reflecting the abrupt fall in aggregate demand and the sudden obsolescence of Soviet technology, coupled with the impossibility of Cuban enterprises being able to replace and repair machinery and equipment they had purchased from the Soviet Union and Eastern Europe. The effectively used capital stock rose gradually thereafter, reflecting the recovery of aggregate demand.

Implications for the Measurement of TFP

When the published (i.e., fully employed) levels of capital and labor are used, the resulting estimate of TFP displays a highly cyclical pattern (see Fig. 2). This is because the mismeasurement of effective capital and labor is pushed into the residual, and therefore into the estimate of TFP. In other words, what masquerades as a part of TFP reflects the inadequate measurement of the factors of production. By contrast, when the effectively utilized levels of capital and labor are used, the cyclical element disappears from TFP. This is as it should be, because there is no reason to believe that technological, demographic, organizational, and policy-related variables that define TFP should have a cyclical component.

The figure 8 in Pavel Vidal's 2017 article compares his estimate of TFP in Cuba with those of other Latin American nations in his sample. (Strictly speaking, this cannot be compared with figure 2 in this article because Vidal uses purchasing power parity prices, whereas I use official prices). But it is noteworthy that in Vidal's figure 8, Cuba's TFP displays considerable cyclicality while the TFP estimates of other Latin American countries do not. This is because, unlike Cuba, the other countries have not experienced large-scale

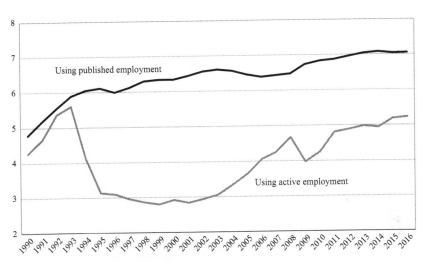

FIGURE 2. Two Versions of Total Factor Productivity
Source: ONEI and author's estimates.

hidden unemployment generated by government subsidies—a typical consequence of the traditional communist fear of open unemployment.

Policy Implications

Ignoring the distinction between actual and utilized factors of production is not
just a technical curiosity. It has profound analytical and policy implications.

First, Cuba's real GDP was able to grow at a fairly rapid rate (just over
4 percent per annum) during the post-1994 recovery, mostly because the economy absorbed much of the labor and capital that had become unemployed during the post-Soviet depression; factor accumulation during that period was very
small. Thus, using unadjusted data for labor and capital leads to the erroneous
conclusion that the rapid increase in these factors (stemming from investment
and labor force growth, respectively) fueled economic growth. But in fact there
was no such increase: investment remained weak, and labor force growth was
slow. It was the higher degree of utilization of labor and capital inputs that explained GDP growth.

Second, from now on the Cuban authorities cannot continue to play the
game of growing by using idle resources, because the economy is near full employment.[7] Over the medium term, increasing utilization of resources cannot
fuel growth. And since population and the labor force are expected to stagnate
or even to decline, GDP growth without policy changes is bound to be very
low. The only way to achieve higher growth, as the authorities say they wish,
will be to increase investment from currently miserable levels, and to elimi-
nate the distortions that have plagued the Cuban economy for decades—and
thereby raise cyclically adjusted TFP.

NOTES

1. In the case of the Cobb-Douglass production function the weights are the elasticities of
output with respect to capital and labor, respectively.
2. See, e.g., Barro and Sala-I-Martin (1995).
3. In 2011 ONEI discontinued, without explanation, the publication of the structure of government subsidies
4. These appear in ONEI's fiscal tables under the name of "other subsidies." But a simple
scattered diagram shows that they are closely correlated with oil imports from Venezuela.
5. The production function is the statistical relation between output and its determinants,
capital, labor and TFP.
6. In the particular case of the Cobb-Douglas production function, the capital utilization ratio
is a linear function of the labor utilization rate and the gap between actual and potential GDP.
7. The sharp slowdown in real GDP stemming from the cutback in Venezuelan oil deliveries
has introduced a degree of slack in the Cuban economy. However, the impact of this development was cushioned by strong growth in tourism and highly expansionary fiscal and monetary
policies.

REFERENCES

Barro, Robert J., and Xavier Sala-I-Martin. 1995. *Economic Growth*. New York: McGraw-Hill.

Hernández-Catá, Ernesto. 2015. "Estimating Disguised Unemployment in Cuba." *Cuba in Transition,* vol. 25. Miami: Association for the Study of the Cuban Economy.

Hernández-Catá, Ernesto. 2018. "Growth and Policy-Induced Distortions in the Cuban Economy: An Econometric Approach." *Cuba in Transition,* vol. 28. Miami: Association for the Study of the Cuban Economy.

Vidal, Pavel. 2017. "¿Qué lugar ocupa la economía cubana en la región? Una medición a la tasa PPA de las brechas de ingreso y productividad" (Working Paper No. IDB-PB-269). Washington, DC: Inter-American Development Bank, Department of Research and Chief Economist.

JORGE F. PÉREZ-LÓPEZ

Reflections on Cuba's National Income Statistics

ABSTRACT

This article sets out some reflections on Cuba's national income statistics, prompted by Pavel Vidal's work comparing Cuban economic performance with that of ten Latin American countries over the period 1970–2014. In addition to providing a brief history of Cuba's national income statistics, the article highlights two important challenges in using official Cuban national income statistics for economic analysis. First, the lack of connectedness of national income statistics from the 1940s to the present because of the use of different national income accounting methodologies; and second, changes to the calculation method without properly adjusting historical data. The article concludes that users of Cuban national income statistics need to be aware of their limitations and approach them with their eyes wide open to avoid being drawn into erroneous conclusions.

RESUMEN

Este artículo presenta unas reflexiones sobre el sistema de estadísticas de ingreso nacional de Cuba motivado por el trabajo de Pavel Vidal que compara el desempeño económico de Cuba con el de diez países de Latinoamérica en el período 1970–2014. Además de una breve historia de las estadísticas de ingreso nacional cubano, el artículo se concentra en dos desafíos en el uso de las estadísticas cubanas de ingreso nacional para el análisis económico. Primero, la falta de continuidad de las series estadísticas de los 1940s al presente causado por el uso de diferentes metodologías, y segundo, cambios en el método de cómputo sin el pertinente ajuste a las estadísticas históricas. El artículo cierra con la advertencia general que los usuarios de las estadísticas de ingreso nacional cubanas deben ser cautelosos y enfocarlas con los ojos muy bien abiertos para evitar conclusiones erróneas.

Pavel Vidal is to be commended for his very thorough study comparing Cuba's economic performance with that of a set of ten Latin American and Caribbean countries over the period 1970–2014.[1] Vidal did this by painstakingly calculating the value and growth rate of Cuba's gross domestic product (GDP), converted to US dollars using purchasing power parity (PPP) exchange rates, to make regional comparisons and also calculates total factor productivity in Cuba and those countries.

136

The severe difficulties that Vidal had to overcome to measure the size of the Cuban economy and its performance, and the numerous assumptions and adjustments that he had to make to official data in order to be able to compare Cuba with its neighbors, are evidence of the challenges that researchers face in trying to conduct quantitative studies of the Cuban economy.

The purpose of this article is to set out some reflections on Cuba's national income statistics prompted by Vidal's work. The first section provides a brief history of Cuba's national income statistics. The second section discusses the lack of connectedness of national income statistics from the 1940s to the present and the challenges for economic analysis over time. The third section provides examples of how changes to the calculation method without proper adjustment to historical data give rise to discontinuities in time series and creates challenges for interpreting and analyzing Cuban national income accounts statistics.

Brief History of Cuba's National Income Statistics

Cuba's earliest official GDP statistics were produced in the late 1940s by the Research Department of the Banco Nacional de Cuba (BNC). Upon the establishment of the BNC in 1948, BNC President Felipe Pazos designated the economist Julián Alienes Urosa as head of the Research Department, where he joined several other Cuban colleagues in carrying out a comprehensive economic research program that included the design and production of national accounts statistics.[2]

The first annual report of the BNC, *Memoria 1949–50*, provided estimates of national monetary income in absolute and per capita terms for the period 1937–1949 and of net national product at market prices for 1945–1949 based on the System of National Accounts (SNA) methodology.[3] In subsequent issues of the annual report, the BNC refined and updated the national income and national product accounts; the last of BNC reports prior to the institutional changes brought by the Cuban Revolution was for 1958–1959.

The resignation of Felipe Pazos as president of the BNC in November 1959, coupled with the departure soon thereafter of many of his technical collaborators, essentially brought to an end the work of the BNC with respect to macroeconomic statistics. His replacement as president of the BNC, Comandante Ernesto Guevara, clearly signaled a major turn in the nation's economic policies and priorities and augured structural changes to come. Under Guevara's direction, the BNC did not produce macroeconomic statistics for 1959 and, in fact, ceased in its role as the nation's compiler of national income statistics.[4]

In March 1960, a new institution, the Central Planning Board (Junta Central de Planificación, or JUCEPLAN) was created to manage an economy that, in a matter of a few years, had changed drastically so that the state then controlled the lion's share of economic resources and held a monopoly over economic decision making. JUCEPLAN's Department of Statistics took over the statistical functions of many state agencies, including the BNC, thereby consolidating its role as the country's principal statistical agency.

There was essentially a blackout on statistical information until 1968, when JUCEPLAN published the *Boletín Estadístico 1966*. Economic statistics published in the volume looked back to 1962 but did not provide data for 1959–1961, a vacuum in official national income statistics that has not been filled to this day.

As Cuban diplomatic relations with the United States became more strained and commercial relations essentially came to an end—with the United States initially suspending sugar imports from the island in July 1960, followed by an embargo on exports to Cuba in October 1960 and a broader embargo on essentially all trade in January 1962—Cuba's economy became increasingly integrated with that of the Soviet Union and the socialist community of countries. Accordingly, Cuba adopted many of the institutions, processes, and procedures of the Soviet bloc, including the establishment of a central planning agency, the development of multiyear and annual economic plans, state monopoly over foreign trade, the negotiation of bilateral trade and payments agreements heavily based on commodity bartering, the use of a fictitious currency (the transferable ruble) for conducting trade and financial relations with the socialist community, and so on. In keeping with these institutional transformations, Cuba adopted the Material Product System (MPS), the accounting system used by the Socialist economies, to compute its national accounts.[5]

The decision of the Cuban government to adopt the MPS had significant and long-term implications for Cuban national income statistics, as from 1962 forward, Cuban aggregate economic performance and growth statistics under the MPS were not comparable with those for either Cuba prior to 1962 or other countries in Latin America or in the rest of the world, except for the dozen or so socialist countries that used the MPS.

The MPS remained the framework for Cuba's national income accounting system until around the early 1990s. From 1976 forward, responsibility for statistical matters became the responsibility of the Comité Estatal de Estadísticas (CEE).

At the onset of the 1990s, Cuba went through a deep economic crisis known as the Special Period in Time of Peace, brought about most immediately by the breakup of commercial and financial relations with the former Soviet Union and the socialist countries. As Cuba emerged from that crisis, the structure of the external sector of the economy changed drastically, with commercial ties to the socialist bloc essentially vanishing, replaced with trade and financial relations with Western nations and institutions that relied on conventional trade relations based on market prices denominated in US dollars or some other convertible currency. Thus, the logic of continuing to use the MPS—its compatibility with practices in the socialist bloc—ceased to exist, more so once the former Soviet Union and the socialist countries of Eastern Europe in 1990 formally agreed to terminate their use of the MPS and to henceforth use the SNA.[6]

In the early days of the Special Period, the turmoil in the Cuban economy and institutions—lengthy electricity blackouts, breakdown of public transportation, shortages of essential inputs that brought about an estimated 35 percent decline in national product—disrupted the operation of many workplaces and the production of many basic products and services. Preparation and publication of national statistics was no exception. The *Anuario estadístico de Cuba 1989*, published in 1991, was the last issue of a national statistical compendium released by the CEE until well after the worst of the Special Period had been overcome.

After a hiatus of nearly a decade, a trimmer statistical volume, also called *Anuario estadístico de Cuba,* was issued in 1998, covering statistics from 1996 forward, now under the aegis of the Oficina Nacional de Estadísticas (ONE).[7] The national accounts statistics in this and subsequent *anuarios* reportedly followed the SNA methodology, as Cuba ceased to produce statistics based on the MPS. Several reports by the BNC,[8] as well as statistics published by the UN Economic Commission for Latin America and the Caribbean (ECLAC),[9] presumably based on official data, helped to fill the 1990–1995 gap, providing estimates of GDP and other components of national income purportedly based on the SNA.

Lack of Connectedness of Time Series

The previous section briefly addressed how the Cuban national income accounting methodology changed over the period 1948–present. Three time periods are fairly well defined:

- 1940s to 1959–1960: Early implementation of the SNA by the Research Department of the BNC
- 1962–early 1990s: Application of the MPS, initially under the aegis of the Department of Statistics of JUCEPLAN, and beginning in 1976 by the CEE.
- Early 1990s to present: SNA, initially implemented by CEE and since 2011 by the Oficina Nacional de Estadísticas (ONE/ONEI).

As has also been noted, there are certain gaps in official statistics (e.g., 1959–1961, 1990–1996), for which some estimates of unknown reliability have been made by other Cuban government or international agencies.

The lack of connectedness in macroeconomic statistics between the first and second time periods (i.e., switch from SNA to MPS) can be illustrated with

TABLE 1. Selected Cuban National Accounts Statistics, in million pesos at current prices

	SNA		MPS	
	1957	1958	1962	1963
National income	2294	2210	2890	3594
Gross domestic product (GDP)	2844	2688	2854	3461
Gross national product (GNP)	2778	2640	3079	3788

Source: Mesa-Lago, "Availability and Reliability," 52.

the data in table 1, taken from Mesa-Lago.[10] The table shows selected Cuban national account statistics under the SNA (1957–1958) and MPS (1962–1963), all in terms of million pesos at current prices. The figures for 1957–1958, based on the SNA, reflect the value of goods and services produced by the Cuban economy valued at current prices; during this period, the Cuban economy was essentially a private-sector-driven economy, and prices reflected economic decisions made in the marketplace. The figures for 1962–1963, in contrast, are based on the MPS, and correspond to material production; that is, they exclude the value of the production of services. Moreover, by 1962, Cuba was to a large extent a centrally planned economy, and prices and exchange rates were set administratively and did not reflect demand and supply relations.[11]

Over the period 1962–early 1990s, Cuba published data on several macroeconomic indicators under the MPS: the global social product (GSP), the gross material product (GMP), and the net material product (NMP), with the GSP being the indicator available for the longest period, although it was not calculated using a consistent methodology.[12] Numerous unanswered questions about the computation of Cuba's national income statistics under the MPS remain: First, it is uncertain the extent to which GSP estimates were affected by double counting and how this might have changed over time.[13] Second, the output valuation method shifted between *a salida de empresa* (value at enterprise exit, meaning output valued at the producer's price at the time the product leaves the enterprise) and *circulación completa* (complete circulation, meaning valuation at the purchaser's price, which consists of the producer price plus the value of "circulation," that is, storage, transportation, and trade). Third, several GSP subseries were published over time. Some of them were calculated at current prices and others based at constant prices of a base year. Because retail and wholesale prices were fixed since 1962, and therefore inflation should have been close to nil,[14] it is not obvious how differences between current and constant prices would have affected the time series.

During the Cold War, government agencies, think tanks, and academics in Europe and the United States worked intensively on approaches to convert national income statistics of centrally planned economies (CPEs) under the MPS to the SNA, and vice versa. This was not purely an academic exercise, as the competition between the two superpowers, the United States and the Soviet Union, went beyond the military realm and extended to performance in the economic and social arenas, with each camp arguing superiority over the other. Moreover, an integral component of the so-called arms race pertained to defense expenditures and the economic capacity of each economy to afford expansion of military expenditures to compete and eventually win the race. Adding to the interest in bridging the differences between the SNA and the MPS was the interest of CPEs in joining the international financial institutions, particularly the International Monetary Fund (IMF).[15] Admission to the IMF was a gateway to admission to the World Bank and regional development banks, which CPEs saw as a source of financing for infrastructure projects and development in general.

In the early 1990s, the World Bank convened a group of international experts to identify and evaluate alternative methods for computing levels and growth rates of GDP in US dollars for a set of centrally planned economies (CPEs), including Cuba. The final report of the project identified and evaluated four alternative approaches, the first three of which yield estimates in domestic currency and the fourth GDP estimates in a convertible currency (the US dollar).[16] The four approaches are as follows: (1) building a more or less complete set of national accounts from disaggregated data, computing GDP as the sum of value added generated by all sectors of the economy valued at some sort of market-determined factor cost; (2) "scaling up" from the NMP of each CPE, by adding to NMP the net value added in nonmaterial services sectors plus depreciation and other adjustments to approximate GDP; (3) deriving GDP for CPEs as the sum of the various end uses of goods and services (i.e., of consumption, investment, government expenditures, and net exports); and (4) estimating GDP in dollars for CPEs directly though regression analysis using physical indicators. The team concluded that for six CPEs (i.e., Czechoslovakia, German Democratic Republic, Hungary, Poland, Romania, Soviet Union), the most practical method for estimating GDP was scaling up, whereas for Bulgaria, the preferred method was summing up the end uses of goods and services produced. None of the four approaches could be used for Cuba, however, because of the lack of the necessary intermediate data inputs.[17]

Regionally, ECLAC and CEE began to collaborate on the conversion of Cuba's GDP statistics from MPS to SNA in the 1980s. In May 1982, CEE hosted an international conference of specialists on such conversion; ECLAC's interest as a regional organization was to develop macroeconomic statistics for Cuba comparable to those of other countries in the region. The Cuban contribution to that event was a paper that roughly estimated Cuban GDP under the SNA for 1974 using the scaling-up approach.[18] The exercise yielded that Cuba's GDP for 1974 would have been about 27 percent higher than NMP in that year.[19]

Cooperation between ECLAC and Cuban statistical authorities continued in the second half of the 1980s and intensified in the 1990s as Cuba—and the other CPEs—abandoned the use of the MPS and began the road to conversion to the SNA. Critical to Cuba's efforts in this regard was financial assistance from the Swedish International Development Agency (SIDA), which made it possible to engage technical assistance from several expert consultants, prepare working papers, and hold a number of missions and conferences.

Discontinuities in Time Series

Another challenge in interpreting and analyzing Cuban national account statistics is discontinuities within time series (calculated based on either the MPS or the SNA methodology) arising from changes in calculation methods. These changes could be related to change in the base period (i.e., the weighting scheme, based on the structure of the economy, the time series seeks to reflect), price basis (i.e., current prices, or constant prices adjusted to account for inflation), or a significant change in the structure of production (e.g., a new significant line of economic activity). These discontinuities can affect year-to-year comparisons as well as secular trends. When these changes occur in other national settings, statistical offices typically produce historical statistics adjusted for the changes so as to produce long-term series calculated on the same basis. Typically, Cuban statistical agencies have not been consistent in producing historical data adjusted for computation changes, and thereby time series are not internally consistent.

Two examples of changes in computation methods that have affected short- and long-term analysis of Cuban economic performance, one during the time of application of the MPS and the other during the application of the SNA, are given here:

1. As has been discussed, Cuba enacted a general price freeze in November 1961 that affected prices at the retail and wholesale levels for essentially all goods and services transacted in the nation. In the second half of the 1970s, as part of the so-called institutionalization of the Cuban Revolution, Cuba set aside the ad hoc economic policy making that characterized the 1960s and early 1970s and began to apply the Soviet-inspired Sistema de Dirección y Planificación de la Economía (SDPE). Part of the effort to implement a more rigorous approach to planning was to adopt a more rational price structure. In 1976, Cuba began preparations for a comprehensive price reform, seeking to update prices and make them more meaningful for economic decision making.[20] The reform of wholesale prices was implemented in January 1981, followed by a reform of consumer prices implemented in December 1981.

    Corresponding to the price reform, Cuban statistical authorities decided to rebase national income statistics to use 1981 as the base year. This is a fairly straightforward process for statistical offices to carry out, but not in Cuba. The resulting statistics showed a 25.9 percent increase in GSP for 1981 at current prices and 16 percent at constant prices (of 1981), increases in output that were inconsistent with other available statistics that are not affected by price fluctuations. The very high GSP growth rates for 1981 distort the long-term GSP time series, overstating the performance of the economy in the short and long term.[21]

2. More recently, in the 2000s, Cuba "adapted" the SNA methodology, presumably to better reflect the nature of its economy.[22] Cuba's argument was that the traditional SNA methodology, with its emphasis on measurement of products and services exchanged through market transactions, significantly undervalued Cuba's GDP, which included a large component of state-provided services offered to the population for free. Thus, Cuba authorities felt that they needed to alter the standard SNA methodology to value such services at "shadow" prices that more closely reflected their value in other countries.

What in most countries would be treated as a technical issue among statisticians became a high-level political issue because of the then-ongoing "Battle of Ideas" that Fidel Castro and the Cuban Communist Party was waging to defend Cuba's communist system and extol its accomplishments. Not only did the head of the Economic Affairs Commission of the National Assembly of People's Power and the Minister of the Economy and Planning make public statements about the rightfulness of the SNA adjustment, but President Fidel Castro spoke at least twice in public about the flaws of the SNA with respect to the valuation of Cuban free services. In 2003, he stated, "In our country, we have more medical doctors per capita than in the United States, more teachers per capita than in the United States, and of course their contribution does not appear in the Gross Domestic Product because they are not commercial services, their services are totally free."[23]

Setting aside the overt political motivation of the change in national income calculation methodology, Cuba could have chosen to make the adjustment and to have either provided historical data—on the same basis—for a sufficiently long enough period of time to be able to account for the valuation change,[24] or (2) developed a measure with the valuation change and produced it as an alternative to the traditional SNA measure.[25] Cuba chose to do neither and instead the Minister of Economy and Planning reported a growth rate of GDP at constant prices of 11.8 percent in 2005, which he later revised to 12.5 percent—figures that lack credibility based on the national economic environment and compromise the use of official Cuban national income statistics for economic analysis.

Concluding Remarks

To say that serious analysis of Cuban national income statistics is challenging is an understatement. As this article has discussed, economists face numerous

144 : Jorge F. Pérez-López

hurdles in using official Cuban national accounts data for analytical purposes. Having said that, Pavel Vidal deserves a great deal of credit for his efforts to work with Cuban statistics—the only statistics that are available—to compare Cuba's economic performance with that of a set of Latin American and Caribbean countries. His work makes a significant contribution to comparative studies of Cuban economic performance. The moral of the story is that users of Cuban national income statistics need to be aware of their limitations and approach them with their eyes wide open to avoid being drawn into erroneous conclusions.

NOTES

This article was originally presented at the 28th Annual Conference of the Association for the Study of the Cuban Economy, Miami, July 26–28, 2018.

1. Pavel Vidal, "¿Qué lugar ocupa la economía cubana en la región? Una medición a la tasa PPA de las brechas de ingreso y productividad" (Working Paper No. IDB-PB-269) (Washington, DC: Inter-American Development Bank, Department of Research and Chief Economist, 2017).

2. Felipe Pazos, "Primer año de operaciones del Banco Nacional de Cuba," in *Medio siglo de economía latinoamericana* (Caracas: Academia Nacional de Ciencias Económicas, 1992), 3:1112. Earlier, Alienes had made estimates of Cuban national income based on the methodology developed by the international financial institutions. See Manuel Martín Rodríguez, "Julián Alienes Urosa, un economista keynesiano español del exilio de 1939," in *La actual economía cubana a debate: Homenaje a Julián Alienes Urosa*, ed. Manuel Martín, Manuel García, and Francisco Javier Sáez (Granada: Universidad de Granada, 2001), 16–18. Alienes's classic volume, *Características fundamentales de la economía cubana* (Havana: Banco Nacional de Cuba, 1950), touches on many of the building blocks of a system of national accounts.

3. Banco Nacional de Cuba, *Memoria 1949–50,* 155–156.

4. Guevara's helm at the BNC was short, about fifteen months; in February 1961, the BNC underwent a major restructuring to take into account the sweeping changes in the economy instituted by the Cuban government. Guevara left the BNC to take the post of Minister of Industries.

5. This is not the place for detailed discussion of the differences between the SNA and the MPS. Although the two systems have the same objective of collecting and analyzing economic data, the MPS divides the economy into two major spheres: (1) material production (MP) sectors, composed of industry, agriculture, construction, freight transportation, communications, and wholesale and retail trade that generate goods and services that compose the gross material product (GMP); and (2) the nonmaterial part of the economy (NMS), which consists primarily of private and government services such as education, culture, public health, housing, government administration, and so on. For a comparison of the two national accounts systems and their application in Cuba, see Carmelo Mesa-Lago and Jorge Pérez-López, "A Study of Cuba's Material Product System, Its Conversion to the System of National Accounts, and Estimation of Gross Domestic Product per Capita and Growth Rates" (World Bank Staff Working Paper No. 770) (Washington, DC: World Bank, 1985).

6. In a paper presented at the 22nd General Conference of the International Association for Research of Income and Wealth in the fall of 1992, Hungarian statistician János Árvay wrote that, already in the late 1980s, some socialist member countries of the World Bank and International Monetary Fund supplied data on their economic performance to those organizations according to SNA requirements, although they continued to publish macrostatistical data based on the MPS

in their own publications. In 1988 and 1989 a breakthrough occurred in practically all Central and Eastern European countries, with most of the statistical offices of these countries starting to publish data on the value of the GDP and its major components as defined in the SNA; the Soviet Union followed suit. At a conference of statistical offices of all Central and Eastern European countries held in September 1990, the chief statisticians of these countries declared their intention to introduce the SNA within a short period of time (two to three years). Árvay stated that these developments "empower the author of the present paper to declare 1990 as the year when the MPS ceased to function as an international guideline." János Árvay, *The Material Product System (MPS): A Retrospective* (Budapest: Hungarian Central Statistical Office, 1992), https://trove.nla .gov.au/work/23853881.

7. The central statistical agency was renamed Oficina Nacional de Estadísticas e Información (ONEI) in 2011. Other than the name change, it does not appear that the renaming had any effect on the reliability of economic data. The new *anuarios* contain significantly less information on foreign trade than their predecessors.

8. E.g., Banco Nacional de Cuba, *Reporte económico 1994* (Havana, 1995); *Reporte económico 1995* (Havana, 1996).

9. Comisión Económica para América Latina y el Caribe, *La economía cubana: Reformas estructurales y desempeño en los noventa* (Mexico City: Fondo de Cultura Económica, 1997).

10. Carmelo Mesa-Lago, "Availability and Reliability of Statistics in Revolutionary Cuba," pt. 2, *Latin American Research Review* 4, no. 2 (1969): 52.

11. In preparation for the implementation of the first national economic plan (for 1962), JUCEPLAN was granted authority to control retail and wholesale prices. On November 15, 1961, JUCEPLAN issued regulations freezing retail and wholesale prices at then-prevailing levels; Law 1000, enacted in February 1962, reaffirmed the price freezes promulgated in November 1961 and launched a process of compiling detailed price lists of all transactions and enterprises. Faced with serious shortages of consumer products, in March 1962, the Cuban government instituted a "temporary" national rationing system for consumer goods; although there have been changes to such system since its inception (e.g., some items have been added or removed, the number of units offered has changed, and prices of some items such as electricity and water have changed), the basic rationing system still holds after fifty-four years, despite statements by Raúl Castro and other leaders who have indicated a high priority to eliminating it in an "orderly fashion."

12. Carmelo Mesa-Lago documents the changes in GSP methodology in his *Market, Socialist and Mixed Economies: Comparative Policy and Performance—Chile, Cuba and Costa Rica* (Baltimore: Johns Hopkins University Press, 2000), 568–569.

13. JUCEPLAN Department of Statistics officials told Mesa-Lago at a meeting in 1979 that GSP statistics included considerable double counting. This would typically occur when the value of output for an activity is allocated directly to GSP without first deducting (netting out) the value of material inputs that were part of the production process. See Mesa-Lago and Pérez-López, "Study of Cuba's Material Product System," 4–6.

14. Of course, there was inflation in black markets, which were ubiquitous and served the purpose of fulfilling the needs of households for basic goods beyond the meager rationing quotas. Inflation in black markets did not affect national income statistics, however, as the universe for the official statistics was formal (regulated) relations. It should be noted that, in order to fill the needs of households and discourage black markets, the government in 1973 created so-called parallel markets, a system of government stores in which agricultural and other household goods could be sold outside of quota limits at higher prices. See Jorge F. Pérez-López, *Cuba's Second Economy: From Behind the Scenes to Center Stage* (New Brunswick, NJ: Transaction Publishers, 1995), 47.

15. Through the early 1990s, the IMF had admitted to membership the following CPEs: Romania (1972), Hungary (1982), Poland (1986), Bulgaria and Czechoslovakia (1990), and Mongolia (1991). For requirements for Cuba to join the IMF, see Joaquín P. Pujol, "Membership

Requirements in the IMF: Possible Implications for Cuba," in *Cuba in Transition—Volume 1* (Washington, DC: Association for the Study of the Cuban Economy, 1991).

16. Paul Marer, *Dollar GNPs of the USSR and Eastern Europe* (Baltimore: Johns Hopkins University Press for the World Bank), 1985.

17. The basic research for Cuba, including the possibility of applying the alternative approaches identified by the research team, was carried out by Mesa-Lago and Pérez-López and published by the World Bank in 1985 as a working paper: "Study of Cuba's Material Product System." A more recent review of the literature regarding estimates of Cuba's GDP is Pérez-López, "Revolutionary Cuba's GDP: A Survey of Methods and Estimates," *Cuba in Transition—Volume 20* (Washington: Association for the Study of the Cuban Economy, 2010). For an exercise using the adjusted factor cost methodology to estimate Cuban economic growth over the period 1965–1982, see Pérez-López, *Measuring Cuban Economic Performance* (Austin: University of Texas Press, 1987).

18. Comité Estatal de Estadísticas, *Cuba: Conversión de los principales indicadores macroeconómicos del Sistema de Balances de la Economía Nacional (SBEN) al Sistema de Cuentas Nacionales (SCN) 1974* (Havana: Comité Estatal de Estadísticas, 1982).

19. Mesa-Lago and Pérez-López, "Study of Cuba's Material Product System," 24. The range of underestimates is a function of whether output was valued at enterprise exit or under the complete circulation methodology.

20. To give an idea of the magnitude of the undertaking, it has been reported that State Price Committee staff compiled a comprehensive list of prevailing prices in 1976 that exceeded one million individual product prices and services rates. See Pérez-López, *Measuring Cuban Economic Performance*, 84.

21. For discussion of this distortion of Cuban statistics and comparison with other assessments of performance, see Pérez-López, "Bringing the Cuban Economy into Focus: Conceptual and Empirical Challenges," *Latin American Research Review* 26, no. 3 (1991): 15–18.

22. This section is based on Pérez-López and Mesa-Lago, "Cuban GDP Statistics under the Special Period: Discontinuities, Obfuscation, and Puzzles," *Cuba in Transition—Volume 19* (Washington, DC: Association for the Study of the Cuban Economy, 2009), 153–167.

23. Fidel Castro, "Discurso con motivo del cumpleaños de Elián González y el cuarto año del inicio de la Batalla de Ideas," December 5, 2003, http://www.cuba.cu/gobierno/discursos/2003/esp/f150202.html.

24. A positive development is the publication by ONE of *Serie de cuentas nacionales de Cuba, 1996–2007* (Havana, 2008), which presumably uses the same calculation methodology for over a decade.

25. Statistical agencies often produce alternative measures of an economic variable based on different assumptions or for different purposes. For example, the US Bureau of Labor Statistics produces six different monthly measures of unemployment (labor force underutilization) of the US economy, entitled U-1 through U-6, each reflecting different labor market situations faced by workers (e.g., length of unemployment, whether they lost their last job involuntarily or voluntarily, degree of attachment to the labor force). . See "The Unemployment Rate and Beyond: Alternative Measures of Labor Underutilization," *Issues in Labor Statistics* (Summary 08-06, June 2018); and John E. Bregger and Steven E. Haugen, "BLS Introduces New Range of Alternative Unemployment Measures," *Monthly Labor Review* (October 1995), 19–26.

DOSSIER: HISTORY OF EDUCATION

LOUIS A. PÉREZ JR.

Foreword

Few deficiencies of the colonial regime rankled creole sensibilities more than the deplorable state of education. Simply in terms of numbers—the number of teachers and number of schools for the number of students—the colonial education system was unable to meet even the minimum needs of the school-age population. Schools were poorly funded and ill equipped; teachers were often inadequately trained and always poorly paid. "We have been left without schools, without books, without teachers, and without students," complained Manuel Valdés Rodríguez in 1891. Education was in wretched condition, suffering equally from neglect and negligence, from mismanagement and malfeasance, as well as inadequate instruction and insufficient funding. And of course, as Bonnie Lucero writes with understated emphasis, for Cubans of color the prospects of "limited access to formal education" served to make everything worse. Acts of omission were exacerbated by deeds of commission, for pedagogy was not without a point of view, or, perhaps more correctly, not without a politics. Raquel Otheguy is correct to call attention to the use of "education as a forum to express anxieties [of whites] about the racial situation in Cuba, and they used segregation in educational policy as a tool to limit Afro-descendants' access to education and thus their participation in society."

These were only some of the most egregious deficiencies of colonial education, and only part of the problem. In fact, and more to the point, colonial education had ceased to meet Cuban needs. The specialization of the economy had reached the point whereby social diversity was derived from production and distribution, access to which was increasingly possible only by mastery of new forms of knowledge and new types of skills. The colonial university and *colegio* curricula, with their traditional emphasis on law, philosophy, and letters, under the direction of Catholic religious orders, did not admit change easily, if at all. Captain General José G. de la Concha did not fail to appreciate the deepening contradictions within an education system failing to meet the needs of a changing economy, noting in 1853 that while the island had five educational institutions offering a full curriculum in law studies, it lacked even one school to train sugar masters, mechanics, chemists, and engineers—"all so necessary for the principal industry of the country."

Cuban needs had changed, but the colonial curricula had not. New fields of learning, new bodies of knowledge, and especially technical training, science programs, business law, and commerce—all of which had to do with precisely

149

the forces transforming the physiognomy of daily life in Cuba—were not readily available on the island, which meant, too, that the skills and knowledge Cubans required to make the transition and guarantee a place for themselves in a rapidly changing global market environment could be obtained only abroad.

The War of Independence (1895–1898) made everything worse. Nearly four years of war laid waste to the existing colonial educational capacities, such as they were. Funding came to a near halt. Schools were caught between the cross fire of contending armies. The reconcentration policy relocated tens of thousands of boys and girls in overcrowded urban centers in which the importance of schooling was eclipsed by the imperatives of survival. The population scattered from the countryside into the cities and, for many, from the cities to exile. A disproportionate number of teachers were among the many thousands of Cubans who abandoned the island in search of refuge abroad. Conditions were frightful. It had been a close and intimate war. Many tens of thousands of men, women, and children, as shattered families and broken households, as widows and orphans, the aged, the ill, and the infirm, the maimed and the marred, crowded into towns and cities across the island, there to expand into a swelling itinerant population of supplicants and mendicants, to confront an uncertain future, not quite certain how, or where, or with what, to begin anew. These years were never made up. The losses were never recovered.

***

Education was a matter of priority during the US military occupation (1899–1902). What was especially remarkable about North American imperial administration in Cuba was its capacity for improvisation, an inventive pragmatism that mixed with innovative practicality. This is not to suggest that the Americans were without fixed objectives and larger purpose, of course. On the contrary, they were lucid about the need to protect the national interest and promote strategic priorities. Rather, it is to appreciate the improvised ingenuity with which the Americans proceeded to create an infrastructure of hegemony in Cuba, often as a matter of ad hoc measures, sometimes as trial-and-error practice, but never losing sight of the larger national purpose: the construction of an institutional framework, as Secretary of State Elihu Root noted, to render "Cuba to become a part of our political and military system, and to form part of our lines of exterior defense." In sum, if not outright annexation, then sufficient integration into the North American national system to function in discharge of US national interests.

This was the stuff of nation building, of course, and the purpose to which the US military occupation was given: to transform almost all facets of Cuban political, social, and economic institutions into an extension of North American interests. Church and state were separated. New electoral codes were adopted and new electoral practices were enacted. A new army, a new police, a new constitution—and a new school system.

But *new* did not always mean "different." *New* also often implied new ways to maintain old oppressions, to perpetuate the status quo through new means, and nowhere more than in the racial divides that survived the transition from colony to republic intact. As Lucero so well documents in her article on the development of the education system in Cienfuegos, North Americans "enacted policies that perpetuated racial exclusion," and the larger consequences: the "ongoing racial barriers to formal education in Cienfuegos reflected a broader rift between black Cubans' growing educational attainment and their continuing marginalization from public and professional employment."

Education in particular preoccupied the Americans. They understood intuitively the promise of public education as a means to disseminate values and promote sentiments compatible with US national interests. The project implied the intent to transform the classroom into a site of cultural transmission and ideological formation, to promote familiarity with and encourage appreciation of value systems and moral logics conducive to the "Americanization" of Cuba.

No doubt about the American intent. "The Cubans must necessarily acquire new ideas and new methods," Elihu Root insisted in 1900 (Elihu Root to Charles W. Eliot, May 4, 1900, Elihu Root Papers, Manuscript Division, Library of Congress, Washington, DC). Military Governor Leonard Wood understood that to "bring the Cubans around" to the value system and moral order the Americans sought to introduce could "be achieved only slowly and may best be attained through a system of education" (Leonard Wood to William McKinley, April 12, 1900, Leonard Wood Papers, Manuscript Division, Library of Congress, Washington, DC).

Parallel to policy but always in function of policy was the arrival of large numbers of North American educators, principally in the form of Protestant missionaries, to travel to Cuba to teach and train, to instruct and to enlighten. In sum, as Yoana Hernández Suárez notes, in discharge of a civilizing mission: as modernizers, offering the promise of inclusiveness and propounding a vision of modernity—and all inscribed in the context of a moral order and a value systems derived from the North. The Protestant purpose, proclaimed one missionary in 1910, consisted of "great deal of uplifting, of change, of improvement. The moral standards must be raised, and new ideals must be introduced. The Cuban people have . . . new habits to form, new customs to adopt, before they can reach the condition of civilization which they ought to have" (Howard B. Grose, *Advance in the Antilles* [New York, 1910], 130). All indeed, per Hernández Suárez's observation, in discharge of "Protestant civic-moral concepts" central to the education mission in Cuba.

***

The commitment to education promised in the 1940 Constitution—"in organic form"—notwithstanding, education efforts in the republic stalled. "Cuba seems to have made relatively little progress in basic education during the last two decades," pronounced the International Bank for Reconstruction and Development at midcentury, and concluding, "In important respects, [Cuba] has even slipped backwards." Nor was this all due to the failure of funding. The Ministry of Education during the 1940s had developed into a site of staggering corruption and malfeasance, what the bank tactfully described as the "maladministration of funds." The matter of education was very much on the mind of the young Fidel Castro, as he appealed to history for absolution, something of an echo of Captain General José G. de la Concha one hundred years earlier. "In any small European country," Fidel decried in *History Will Absolve Me* (London: 1967, 48), "there are more than 200 technological and vocational schools; in Cuba only six such schools exist," thereupon vowing that the future "revolutionary government would undertake the integral reform of the educational system."

The triumph of the revolution set in relief the renewed commitment to education. Rainer Schultz discerns the "liberal moment"—before the radical turn—vis-à-vis education, which "sought to revive democratic traditions and deliver on unkept promises from the 1940 Constitution, including literacy and basic education for all." Once again, education was summoned on behalf of the project of legitimacy and nation building.

The essays contained in this dossier on the history of education make an important and original contribution to the expanding body of scholarship on the interior facets of daily life in Cuba in the late colonial period and through the mid-twentieth century. Offering new information and original insight into a society seeming always to be in a state of far-reaching transformation, the essays also provide something of a signpost, for an understanding of both the consequences of the history that followed and the course of historical research yet to come.

BONNIE A. LUCERO

The Great Equalizer? Education, Racial Exclusion, and the Transition from Colony to Republic in Cienfuegos, Cuba

ABSTRACT

Over the final decades of the nineteenth century, black activists across Cuba demanded compliance with integrationist laws, including the desegregation of public schools. Although some scholars have argued that education gradually expanded over the late nineteenth and early twentieth centuries, this article calls attention to the ongoing racial segregation that permeated public education in the central Cuban city of Cienfuegos. Structured chronologically, the article traces two distinct historical moments in which black children faced exclusion from public education in Cienfuegos—the final third of the nineteenth century, when Cuba tenuously remained a Spanish colony, and the first four years of independence from Spain, when the US military occupied the island. In each of these moments, local authorities used different coded languages to limit black children's access to education, without referencing race, but they ultimately perpetuated similar outcomes of racial exclusion. I argue that the historic exclusion of people of African descent from formal education perpetuated the colonial racial hierarchy well after Spanish legislation declared outright racial segregation illegal, laying the foundation for new forms of racial discrimination under US rule.

RESUMEN

Durante las últimas décadas del siglo XIX, las comunidades afrodescendientes recla-maban contra la segregación racial en Cuba, incluyendo la que reinaba en las escuelas públicas. Mientras algunos historiadores han propuesto que el acceso a la educación expandió en finales del siglo XIX y principios del siglo XX, esta investigación revela que la segregación racial en las escuelas públicas persistía en la ciudad centrocubana de Cienfuegos. Organizado cronológicamente, este artículo abarca dos momentos históri-cos distintos en que los niños de color se enfrentaron con obstáculos a su acceso a las escuelas públicas en Cienfuegos —primero en las últimas tres décadas del siglo XIX, cuando Cuba seguía siendo colonia de España, y luego durante los primeros años des-pués de lograr su independencia, cuando el ejército estadounidense ocupaba la isla—. En ambos períodos, autoridades locales usaron distintas excusas para denegar el acceso a la educación a los niños de color. Aunque no mencionaron la raza explícitamente, lograron el mismo resultado de exclusión racial en cada caso. El argumento principal de este artículo es que la exclusión racial en el acceso a la educación formal perpetuaba la jerarquía racial colonial aun después de Cuba alcanzó su independencia de España, y sirvió como base para el surgimiento de nuevas formas de discriminación durante el período de ocupación norteamericana.

In early 1899, Martín Reinoso appeared before the Cienfuegos City Council, applying for the position of meat inspector. Reinoso's experience and credentials should have amply qualified him for the job. Hailing from the city's community of black professionals and tradesmen, he had served as the veterinarian for the Cuban Army's Brigade of Cienfuegos during the War of Independence (1895–1898) and obtained recommendations from high-ranking local military officers. Nevertheless, councilmen preferred to leave the position vacant than allowing Reinoso to serve.[1] No one mentioned his race as a reason for his disqualification from the relatively low-level government position, but the subtext was clear.

The rejection of Reinoso's petition might not have come as much of a surprise a few short months earlier, when Spain still ruled Cuba. Positions in local government had for most of the colonial period been the exclusive domain of whites or individuals who purchased legal whiteness through *gracias al sacar*.[2] However, by 1899, when Reinoso applied for this modest position in local government, the period of Spanish colonial rule had unceremoniously ended. During the preceding thirty years, Cuban insurgents waged three wars to liberate themselves from Spain. During their protracted struggle, Cuban men not only fought to secure political liberty and national self-determination typical of anticolonial struggles; a subset of insurgents also abolished slavery, confronted racial injustice, and redefined gendered relations of power.

Through the anticolonial struggle, a war of words paralleled the physical violence of Mausers and machetes on the battlefield. Cuban patriots progressively weaponized their self-proclaimed racelessness as a tool against Spanish colonial rule. Cuban patriots challenged the myth of benign race relations, casting Spain as the perpetrator of racism and slavery. Starting in October 1868, when Carlos Manuel de Céspedes proclaimed the Grito de Yara, which inaugurated the first of Cuba's three anticolonial wars and (conditionally) freed slaves, Cuba's emergent revolutionary movement forged the link between Cuban independence and antiracism. As a result, men of African descent, free and enslaved, quickly flocked to the Cuban Army, thousands enlisting and a small number ascending through the ranks. Even when the Ten Years' War drew to a close in 1878, the mulatto general Antonio Maceo led a protest against the flawed Peace of Zanjón, a treaty that neither recognized Cuban independence nor completely dismantled the institution of slavery, launching the short-lived Guerra Chiquita (1879–1880). In the fragile peace that reigned between 1880 and 1895, Cuban nationalist leaders seized on that legacy to consolidate a raceless national image encapsulated in the white nationalist José Martí's famous declaration that race had no place in Cuban identity.

This early commitment to antislavery and racial integration laid an important foundation for the last war and for the republic it helped create. By the time the War of Independence erupted in February 1898, racelessness had eclipsed the colonial obsession with racial labels, at least among the men of the Liberating Army. As Martí and mulatto general Antonio Maceo alike proclaimed that Cubans had no race, Cuba's anticolonial movement seemed to embody cross-racial cooperation, as a handful of prominent black officers led some the army's most effective military operations, some with racially integrated forces. In lieu of race, insurgents employed a gendered metalanguage that I have called revolutionary masculinity. A man's contribution to Cuban independence became a prime determinate of his worth, his status, and his fitness for postwar political power.[3] With Spain vanquished by the end of summer 1898 after a period of US intervention, Cuban patriots advanced their revolutionary discourse touting fraternal bonds across racial lines as a national ethos. They set out to enter the twentieth century as a true watershed moment in their history, albeit under the watchful eye of the US military.

As outwardly raceless as revolutionary masculinity seemed, this emphasis on manly merit hardly served Reinoso. Instead, councilmen—all of whom were white, and most of whom had contributed little to Cuba's independence—searched for reasons to disqualify him from the job. The reason they found most compelling was Reinoso's lack of formal credentials. In this case, education outweighed other measures of manhood, including hands-on experience, and even military service, in determining Reinoso's fitness for government employment. The rejection of Reinoso's candidacy calls attention to an important continuity between Spanish colonial rule and the period of US military occupation, both of which set the stage for the republic that would emerge in 1902.

If meat inspection truly required advanced training, then few applicants of any color would qualify. However, formal education requirements disproportionately affected men of African descent. For one, black Cubans in Cienfuegos faced persistent challenges in their quest to access education. Local public schools catered mainly to white children. Even poor white children could attend public schools for free, while children from better-off families paid tuition. At least some of these schools explicitly excluded children of African descent from attendance. Private Catholic schools catered to wealthy whites, and private missionary schools founded by different Protestant denominations also practiced some form of segregation, if not outright exclusion, based on race. By the final third of the nineteenth century, in the face of significant pressure from black activists across the island, the Spanish government rolled out integrationist legislation that specifically required local governments in Cuba to provide education to children regardless of race.

As black activists across the island demanded compliance with integrationist laws, local officials in Cienfuegos failed to implement the necessary reforms to extend access to education. However, under the new legal regime of integration, neither schoolmasters nor local authorities could legally deny admission to black children on the basis of race. Instead, they relied on covert strategies to uphold racial boundaries in urban space and to preserve the racial exclusivity of local power. I argue that local white authorities used the historic exclusion of people of African descent from formal education as a pretext to perpetuate the racial hierarchy well after Spanish legislation declared outright racial segregation illegal. The local history of unequal access to formal education continued to have an impact on literacy rates and career prospects in local black communities for decades; but equally important, white authorities applied educational qualifications unevenly across racial lines, demanding formal titles from black candidates while often overlooking white candidates' lack of formal credentials.

This article traces two distinct historical moments in which local authorities employed covert strategies to limit black children's access to public education in Cienfuegos—the final third of the nineteenth century, when Cuba tenuously remained a Spanish colony, and the first four years of independence from Spain, when the US military occupied the island. In each of these moments, local authorities used different coded languages to deny black children education. Under Spanish rule, local authorities claimed budgetary constraints as the principal reason for their noncompliance with integrationist legislation. While people of African descent in Cienfuegos had largely relied on clubs and recreational and instructional societies to provide education during most of the colonial period, the end of Spanish rule in 1898 seemed to bring new hope for public education. Shortly after the inauguration of US rule in January 1899, the Department of Santa Clara's Supervisor of Public Instruction, Sam W. Small, announced an ambitious plan to transform central Cuba's school system, triumphantly calling education the "great equalizer," in a nod to the renowned US education reformer Horace Mann. However, even as Small set out to transform a piece of Cuban society by making primary school compulsory, this and other reforms implemented during the first months of US military rule failed to address the historic racial inequities in access to educational opportunity. Moreover, racial disparities and in some instances outright exclusion persisted under US rule, even growing under US policies. At least one teacher justified racial exclusion by citing developmental differences between black and white male students, and thereby implicitly alluding to racial assumptions about masculinity. Black activists petitioned US military officials to enforce integrationist legislation, establishing separate schools for blacks and pursuing training abroad at black institutions like the Tuskegee and Hampton institutes. Still, these strategies fell short in bridging the educational gap, at least some white teachers still blatantly denied black children admission into the public schools, and black institutions did not offer the same credentials or command the same legitimacy in mainstream white society as did white schools.

Although the justification for racial exclusion changed during the transition from colony to neocolony, the consequences for communities of color remained as destructive as ever. When local authorities such as the mayor, city council, and school board sustained exclusionary policies and teachers and school administrators denied black children admission to public schools, they significantly limited these families' opportunities for economic mobility. Fewer opportunities for formal education not only contributed to abysmal literacy rates among black residents of Cienfuegos; the ongoing marginalization from formal education also restricted black men's career prospects and stunted their earning potential. By compounding the relationship between race and class status, racial exclusion in public education reinforced existing racial boundaries through differential economic access to housing and leisure, as well as perceived deviance from prevailing bourgeois gender norms such as formal patriarchal marriage.

Racial Segregation *a lo cubano:* The Case of Cienfuegos

Cuba has been long praised as one of the most emblematic examples of Latin America's supposed racial harmony.[4] However, the lived realities of Cubans of African descent since the rise of chattel slavery reveal critical contradictions between the discursive inclusion implied in raceless nationalism and the practical racial exclusions that shrouded nearly every aspect of life on the island. Despite certain legal protections, enslaved people in Cuba faced almost insurmountable obstacles when they attempted to lay claim to those rights, all the while suffering under the backbreaking regime of plantation slavery.[5] Later, in the Cuban Army, where meritocracy supposedly prevailed over race, black soldiers and officers navigated the treacherous racial politics of military authority and faced unending humiliations, often framed as attacks on their manhood.[6] After the end of Spanish rule, and especially after the dawn of the Cuban republic in 1902, black Cubans continued to face marginalization in the political sphere.[7]

An even more striking aberration of Cuba's raceless mythology lay in the island's unacknowledged history of racial segregation.[8] Whereas the conventional wisdom on race typically associates the flagrant, often-violent discrimination and legalized segregation with former British colonies, particularly the United States and South Africa, the conceptual and physical separation of people of African descent from white Spaniards and Creoles permeated nearly every aspect of Cuban life.[9] People of African descent faced exclusion from public education, certain leisure establishments, and centric urban spaces.

Patterns of residence, land ownership, and even certain occupations also generally followed racial lines. Although interracial sex was common, people of African descent faced barriers to interracial marriage until the late nineteenth century. Official state and ecclesiastical documents marked people of color with explicit racial labels and recorded their documents in separate registers for nonwhite people. Importantly, several recent studies of urbanization and social inequality in Cuba have shown how social boundaries, including racial lines, became entrenched in urban landscapes.[10]

Racial segregation was nowhere more overt than in the central Cuban city of Cienfuegos. In 1819, a group of French and Spanish settlers established Fernandina de Jagua, a white colony that eventually became the city of Cienfuegos. Jagua formed part of the broader project of white colonization, a set of initiatives incentivizing the immigration of white families from Europe and the Americas to Cuba, for example by offering paid passage to the island, land, temporary subsidies, and tax exemptions. Many of these white settlers populated white colonies, fledgling urban settlements, like Jagua, established during the first third of the nineteenth century to counteract the so-called Africanization of Cuba. Indeed, the idea of white colonization emerged precisely as Cuba's white population lost its numerical majority in the 1790s. Jagua came into existence as Cuban planters struggled against impending restrictions on the slave trade to the island, and Jagua became Cienfuegos exactly as the island's enslaved population surpassed its white population because of clandestine slave trafficking.[11]

Given the racially exclusive charter of Cienfuegos and the inauguration of integrationist legislation, the city became the site of de facto racial segregation. Over the first several decades of its existence, Cienfuegos was defined by a two-tiered segregation. Urban enslaved people, though separated from whites by way of their legal condition of servitude, mostly lived within the households of their owners. Free people of color settled in the largely undesirable peripheries at the edges or just beyond the twenty-five original blocks of the historic city center. As the urban frontiers expanded, however, formerly peripheral areas became more desirable, and local authorities imposed policies throughout the century to adjust the city's social geography. Geographically specific building codes and other regulations dislodged African-descended residents from longstanding black and multiracial neighborhoods that had become engulfed by the urban center over the course of the city's nineteenth-century urban expansion. Cheaper tenancy options helped concentrate new black settlement at the urban peripheries. During the wars of independence, local authorities' general refusal to address poverty among nonwhite communities exacerbated existing patterns of peripheralization.

By the late nineteenth century, the racial landscape of Cienfuegos had shifted discernibly toward the urban peripheries. Most nonwhite urban dwellers, especially those belonging to the poor and working-class and more recent migrants, resided in peripheral neighborhoods incorporated around midcentury. New property ownership concentrated on the outer limits of those zones. Men and women of African descent, especially those with recent histories of slavery, were on the front lines of urbanization and quite literally built the peripheral neighborhoods from the ground up.

Even as nonwhite settlement was concentrated on the urban peripheries, a few of the city's oldest free black families still retained their properties in two formerly peripheral areas adjoining the historic city center. In the northeastern corner of the historic city center, a middle-class black community composed of professionals and tradesmen inhabited the neighborhood of Mercado. In the southwestern corner, working-class people of African descent lived alongside Chinese and other immigrant communities in the neighborhood of Paradero. Beyond the historic city center, more recent migrants as well as displaced urbanites inhabited decidedly humbler working-class neighborhoods at the urban peripheries.

This near-century-long process of urban racial stratification, rooted in slavery, proved foundational to the unequal access to education that came to characterize the city over the second half of the nineteenth century, as schooling gradually became institutionalized. In the absence of laws or ordinances explicitly mandating racial exclusion, unequal access to education served as a historic mechanism of racial segregation in Cienfuegos.

The Struggle for Access to Education in Late-Colonial Cienfuegos

Under Spanish rule, people of African descent had limited access to formal education. Children of color faced de facto exclusion from public schools in Cienfuegos for much of the nineteenth century. In response, black residents in Cienfuegos relied on the efforts of private citizens and community organizations to educate their youth. Of the fifteen schools operating in Cienfuegos in 1862, only one purported to serve children of color. This was a girls' school with an enrollment of five white girls and nine girls of African descent, all of whom paid tuition.[12] There was no official record of any school serving boys of color. Other institutions likely existed; however, they evaded the existing archival record. Access to basic education was limited to people of color who could pay for private school or hire a private tutor, contributing to the abysmal literacy rates at midcentury. Only five hundred people of African descent could either read or write in 1861. More than half of these were men, suggesting the presence of informal education for boys of African descent not accounted for in the official record.[13]

Public education was officially integrated by law in Cuba as early as 1878, part of the extension of rights to people of African descent in the aftermath of the first anticolonial war (1868–1878).[14] In November 1878, the provincial governor of Las Villas ordered the establishment of public schools for children of African descent. This mandate set off a decades-long struggle over the relationship between the local state and black urbanites in Cienfuegos. To be sure, the Cienfuegos city council largely ignored the mandate. However, local authorities failed to comply with the mandate by February 1879, citing a lack of local resources to fund such a project. They had proposed converting two white schools into black schools but failed to implement the plan allegedly because of budget shortfalls. That month, a group of black residents mobilized, petitioning the city council to comply with the provincial governor's order.

Calling the city councilmen's bluff on budgetary constraints, the petitioners offered a cheaper solution: the city council could avoid any additional expense by allowing children of color to attend any of the existing city schools. In response to the petition for access to public schools, municipal authorities evasively answered that they would investigate and make recommendations.[15] The following year, the city council determined that allowing children of color to attend white schools would be "inconvenient." They also noted that Cienfuegos had the most schools of any city in the province, an excuse they used to reject additional schools for black children.[16]

By the early 1880s, municipal officials still had not established any public schools for children of color, despite the passage of an islandwide mandate. The 1881 Public Education Law required every town to establish one or more public schools to provide children of color "elementary instruction" with special emphasis on the "moral and religious aspects."[17] Like they had before, black urbanites cited this new legislation as grounds for the city council to fund public education for children of color. This time, however, they tempered their demands. Rather than request public schools for black children or racially integrated schools, the petitioners asked for public funding to help offset the costs of operating the private schools they had already created. In 1883, leaders of the black associations La Igualdad and La Amistad petitioned the city council to help pay their schoolteachers. The city council agreed to contribute a small amount "while municipal resources permitted."[18]

Aside from the city council's dubious commitment of resources, the brunt of the financial burden for educating children of color still fell squarely on the shoulders of black residents. Whereas in Havana, the expansion of educational opportunities mitigated the need for separate black schools, the continuing noncompliance of the local and provincial government with integrationist law made the creation of new educational initiatives for black children all the more urgent.[19] Over the next several decades, private black citizens, particularly those involved in black civic organizations, expanded educational opportunities for children of color. A closer look at the association of instruction and recreation called El Progreso illustrates the how black residents of Mercado envisioned education as a key pillar of middle-class respectability. The association established one of the first formal private schools for black boys in the neighborhood of Mercado in 1880.[20] Within two years, thirty boys studied therein under the direction of Félix Madrigal. Like most other black societies of instruction and recreation, El Progreso implemented its educational project in gender-specific ways, a tendency that aligned with prevailing curricular models of the time.[21] The club's decision to focus on educating boys advanced a broader patriarchal project of educating black boys to become future breadwinners and heads of household, in compliance with white middle-class gender ideals.

In particular, the contributions of the middle-class black community, geographically centered in the northeastern neighborhood of Mercado, were crucial for sustaining private educational services for children of color. For instance the directorate of El Progreso raised money by securing donations, charging membership fees, and organizing fund-raisers such as dances. The club also owned living quarters that it rented out to its members. Many of the members had accumulated the wealth to contribute to these activities. Most members of El Progreso's directorate owned substantial urban estates in Mercado and other neighborhoods in the city. Victoriano Machado, a labor leader who served on the board of directors, owned several estates in Mercado, some of which he sold off to white property owners in the 1890s for prices well beyond the reach of most people of African descent.[22] El Progreso's treasurer in 1889 was Nicolás Enrique Roche, a barber who owned urban land in central neighborhoods including Paradero and a creditor to other property owners of African descent. The vice president Gregorio González's wife, the *parda* Celestina Abramina Hernández y Hernández de González, owned property in Old Paradero as well.[23] Another association leader, the *pardo* Manuel Reyes owned property in Marsillán.[24] These middle-class and upwardly mobile individuals of African descent formed part of a crucial network of support for El Progreso's educational agenda.

El Progreso's social agenda points to a broader community goal of pursuing education as a vehicle for upward social mobility. In fact, these are among the founding principles of this society, which worked "to foment culture, strengthen the ties of friendship among members, providing them by all possible means education as well as licit forms of entertainment."[25] In addition to running a school for children of color, the society's *reglamento* also laid out plans to establish night classes for adults, provide access to music and literature, and maintain a library.

By 1882, four other societies of color and religious organizations opened schools for children of color in other areas of the city. Sixty boys attended the San Fernando school on the southern waterfront under the direction of Isaac García. La Igualdad likewise operated a school with fifty boys under the instruction of Pedro Zerquera. Another school was San Pedro, where forty boys studied with Pedro Tellería. Only one school, called Nuestra Señora de Lourdes, served girls of color, under the direction of a female teacher, Eulogía Pérez. However, the number of African-descended students had expanded from just nine in the 1860s to eighty in the 1880s.[26] Some associations even expanded their educational programs to adults. In addition to running a day school for black children in its meeting hall in the northwestern corner of the city, the middle-class black association called La Amistad offered night classes for "all men who desire to taste the bread of enlightenment."[27] Likewise, the society of black women Las Hijas del Progreso inaugurated day classes for girls and night classes for adults at its center in the neighborhood of Recreo, on Bouyón between Santa Elena and Santa Cruz streets.[28]

While establishing and sustaining private schools may have been feasible for the mainly middle-class residents of Mercado, poor and working-class black residents struggled to sponsor similar projects to provide education to their children. In the western neighborhood of Paradero, the preponderance of recently freed people meant that few residents had accumulated the material resources or earned sufficient disposable income to pay tuition. Most members of that community did not possess the kind of capital required to establish and sustain private schools, even if they successfully petitioned for the same miserly contributions the city council promised to black schools in Mercado. The mainly ethnic African associations operating in the neighborhood, such as the Cabildo Congo, generally lacked the budget to sponsor private schools.[29] Moreover, the recent histories of enslavement had deprived most Paradero residents of access to basic education, contributing to high rates of illiteracy. Thus, finding teachers from within the community would be significantly more difficult in Paradero than it had been in Mercado. All this meant that accessing public funding and resources was absolutely essential for securing access to education for children of color in Paradero.

For the communities of color living on the urban peripheries, accessing public education also proved difficult. In the expansive eastern neighborhood of Marsillán, the northeastern frontier known as Pueblo Nuevo, as well as the recently incorporated westernmost peninsula called Reina, public schools did not exist until several decades after urbanization. The largely poor and working-class, racially heterogeneous school-age population in these marginal neighborhoods had to travel into the city center to attend schools. For instance, the closest school to the neighborhood of Reina was a school for girls on Casales Street between Santa Clara and Dorticós, an area adjoining the historical red-light district. The closest school to Pueblo Nuevo was a school for girls on Castillo between Vives and Gacel.[30]

The exclusion of nonwhite children from public schools disproportionately affected poor and working-class communities of color, like the one in Paradero. Without access to education, literacy rates remained low, circumscribing black men and women's ability to navigate the lettered city. The possibility of more prestigious and high-paying employment also remained mainly out of reach for many black Paradero residents. As the cost of living within the city limits steadily rose, the limited employment options and high illiteracy produced by educational exclusion threatened to dislodge poor and working-class communities from their urban homes.

Continuity under a New Empire

"The colored class in Cuba, for reasons we know and for which it is not culpable, is the poorest and most ignorant in the country," declared Rafael Serra, a prominent black politician and activist in January 1899. In the article "Education and Money," Serra draws an important connection between formal education and employment opportunities: "Finding itself in this lamentable condition, it is dedicated thereafter to the least remunerative jobs," he wrote, reflecting accurately the state in which many black Cubans found themselves in 1899.[31] Serra's article reflected a widespread belief that the end of the war would mark a watershed in Cuban history, an opportunity to right the historical wrongs of racial exclusion that plagued the colonial period.

With the end of Spanish rule, many black Cubans hoped that the racism of the colonial period would subside and that they might have access to greater opportunities.[32] However, under the US military occupation of Cuba, the exclusion of children of African descent from formal public education in Cienfuegos continued to limit the prospects of black families, despite the powerful discourse of racial brotherhood that dominated the postwar period. Most tangibly, racial discrimination in public education restricted the political representation of the population of color and limited the prospects for social mobility in the war-torn economy of the early twentieth century.[33]

The retention of certain teachers from the colonial period shows a tolerance for prejudicial policies, despite racially inclusive legislation. One of the teachers of Cienfuegos retained under military rule was Antonio Luis Ramos. He had been head teacher at the San Luis Gonzaga school, located in the west of the city center, bordering zones of black settlement in the southwest and extreme west since November 1871—precisely the period during which black residents continually demanded the implementation of integrationist laws to gain access to schools like his.[34] Indeed, a number of associations of color were still housed in this vicinity, including the Sociedad Minerva, a famous cultural association,[35] and the Cabildo Congo, an ethnic organization of natives and descendants of the Congo nation of Africa.[36] Moreover, this was the only public school in the neighborhood.[37]

In February 1899, black activists exposed Ramos's discriminatory practices, publishing in the newspaper *La Libertad* an anonymous article detailing his refusal to admit black students into his school. The article began with a reference to a series of previous complaints lodged against Ramos for racial discrimination, and another a response written by Ramos and published in the newspaper *Cuba Libre*. Apparently, Ramos had become agitated by the earlier accusations and written a heated response denying any misconduct. In February the anonymous critic alluded to his defensive remarks, calling his critics vain, ill-informed, and biased.[38] Despite Ramos's insults, the anonymous writer declared that the original accusations were impossible to deny, pointing to court testimony affirming that Ramos indeed denied admittance to black children: "After having published, on expressing the complain[t]s of Mr. Gregorio (de la Cruz) the names and the facts denounced, of which for more than three times the plaintiff affirmed that Mr. Ramos had told him in person that he would not admit colored children, etc."[39] Confronted publicly with this testimony, Ramos created a new excuse for refusing to admit black children. He claimed that it had nothing to do with their race but rather with their age. They were too small to keep up with his existing students, he alleged, and he could not to be responsible for "what could happen to the [black] boy among the rest." He concluded that "the smaller would have to suffer," given the circumstances.[40]

The anonymous critic, however, pointed out the duplicity of Ramos's new excuse: "And my dear Sir: What are you here for," the critic inquired rhetorically. "What small child are you speaking of when boys above mentioned are 9, 10 + 11 respectively. Of what age must a child be in order to be admitted to this incomplete school?"[41] Whereas Ramos claimed that he denied the black children admission because they were too young, he reported in the very same month as the complaint was submitted that 97 of the 167 matriculated students were older than the age of eight. In fact, seventy of his students were younger than the children of color whom he denied admission, between six and eight years old. In April that same year, Ramos reported that six of his students were older than fourteen and had thus finished their studies.[42] US authorities mandated in April that year that children between the ages of six and fourteen would be eligible for public education.[43]

Citing the long tradition of racial exclusion under Spanish colonial rule, of which Ramos formed a part for the previous three decades, the anonymous writer put forth a powerful reprimand for the racist policies. He couched this complaint in a language of patriotism: "You shall behave yourself, exalt a little love for Cuba, and do not miss the colonial arbitrariness, because in the hereafter: no person will be a teacher who does not foreshow his love for Cuba and the consolidation of her liberties. We must make a Country and the way you go is not the proper one. Behave yourself or Resign."[44] The continued employment, and even promotion, of Ramos suggests that combating racial discrimination in the public schools was not a principal concern for US military officials, who seemed to condone it through hiring practices. By December,

Ramos was still employed, and in March, John C. Bates, commander of Santa Clara province, appointed him principal of the same school, then renamed District School No. 4 for Boys.[45]

When US authorities implemented their plan to reorganize the schools in Cienfuegos in April 1899, they made no explicit reference to policies to prevent racial discrimination. Instead, they enacted policies that perpetuated racial exclusion. For instance, they divided the city of Cienfuegos into four different school districts, each serving a different quadrant of the city. Two schools operated in each district, one for boys and one for girls, reducing the total number of city schools from thirteen to eight. The zoning and location of the districts likewise fostered inequalities. Divided along Santa Cruz and Hourruitiner streets, the new school districts privileged the historic city, an area that nearly a century of urban planning had whitened by pushing black communities to the peripheries.[46] By concentrating schools within the historic city center, US authorities perpetuated the obstacles confronting the children of the poorer, blacker families disproportionately residing in the peripheral neighborhoods.

Over the following months, complaints of ongoing racial exclusion in the public schools surfaced in cities across the province, especially in Cienfuegos, Trinidad, and Sagua. During the first months after the war, blacks in Trinidad, like those in Cienfuegos, protested vehemently against the exclusion of their children from education. The organization and agitation among people of African descent in Santa Clara province grew to such a degree that it enticed then civil governor, José Miguel Gómez, to pronounce a speech addressing racial discrimination. Writing to General Wilson, Gómez indicated that addressing the racial discrimination identified by black activists was "necessary to quiet the excitement existing among the colored people."[47] In May, Gómez announced that schools and public establishments caught denying entrance to people of color would be closed, to avoid "shameful distinctions between white people and that very dignified class of color, who valiantly and with unseen abnegation cooperate to make our country, which is theirs [too]."[48] He underscored the core values of the revolution, liberty, equality, and fraternity, labeling racial discrimination as unpatriotic.

Discrimination in public schools in the province of Santa Clara continued. By late 1899, a group of black activists from Santa Clara met with General James H. Wilson during his visit to the city in December. Wilson took notes on the conversation and printed them in his daily journal: "The colored children are not allowed in the white schools, and if they are sent there the superintendent suspends them. Under the Spanish law there were no separate schools, but since the American occupation the schools had been separated. The Civil Governor had wired the mayor to abide by the existing law, which makes no difference between races, and the mayor had not done so."[49] The committee supported the argument for equal access to education by declaring their people of African descent composed at least half of the children of school age: "Claimed by one man that they represented half the population and another three-fourths. The colored committee said they were the proprietors of stores; that they represented the great colored famil[ies] of the city; that they had a club and were trying to learn English and progress in all lines."[50]

The response Wilson gave to the committee was sure to have disappointed them. He advised them that he had no power over the matter and would tell the mayor to abide by the current laws, stipulating equal access to education: "At the same time he advised the colored people to have their own places of amusement and if a proprietor would not let them enjoy his café or other place, to not patronize him, but go to another."[51] Wilson also noted that this was the first time he had heard of racial discrimination in the schools, implying he had no knowledge of the complaints made in Cienfuegos along similar lines.

Black residents responded to the ongoing exclusion from public education by creating educational opportunities for black children beyond the public schools.[52] Just as El Progreso and other societies had in the 1880s and 1890s, the elite black society called Minerva established a school in 1899, and by 1906, the club had a separate internal group in charge of instruction, headed by Ramón Junco (president), Antonio Aguirre (secretary), Antonio Sánchez y Guerrero, Francisco Quintero, Salvador Lazo, and Rafael Arguidín. One unnamed society of color established an English school for black students in late 1899.[53] Other black residents responded to the limited educational opportunities by pursuing studies in the United States at institutions specifically designed for people of color.[54] Some black Cubans traveled to study at Tuskegee, Hampton, and other black colleges in the United States.[55] Indeed, a number of colored children who applied for admission and studied at Tuskegee Institute came from Santa Clara province.[56] Other black Cubans studied at Hampton.

Yet most black *cienfuegueros* remained at the mercy of US military officials and local authorities for their educational needs. The number of public schools in the city of Cienfuegos doubled from eight in April 1899 to sixteen in 1901, theoretically expanding access to education. Official statistics suggest that black children did enroll and attend public schools in the city of Cienfuegos. By 1900, 1,564 children of African descent were enrolled in school in the city of Cienfuegos, slightly more than half the number of white children. Attendance statistics indicate that black children enrolled in schools in Cienfuegos and its surrounding municipalities attended at roughly similar rates as their white counterparts (table 1). However, these numbers do not show the degree of racial integration within individual schools or districts.

Comprehensive data for school demographics by neighborhood is elusive, but statistics from one school show how neighborhood demographics shaped the racial composition of student bodies. In the northern part of the historic

TABLE 1. School enrollment and attendance by race, Cienfuegos, as of April 16, 1900

Municipality	White			Of Color		
	Enrolled	Attending	Attendance (%)	Enrolled	Attending	Attendance (%)
Cruces	392	262	67	248	149	61
Abreus	464	313	68	190	95	50
Palmira	662	492	75	356	260	74
Esperanza	278	243	87	148	139	94
Rodas	1379	923	68	556	297	53
Lajas	378	243	67	452	302	67
Cartagena	334	236	72	180	137	76
Cienfuegos	2864	1812	64	1564	960	61

Source: William A. Phillips, Inspector of Schools, "Schools, Cienfuegos, Province Santa Clara," USNAI, RUSA, record group 395, entry 1331, box 32, file 1204.

city center, Rita Suárez del Villar, known as "La Cubanita" for her patriotic activities during the war, directed a school for girls in 1901.[57] The school was located in area bordering the burgeoning working-class neighborhood of Pueblo Nuevo, in which many people of color had established their homes. The location of the school on the interstices of the wealthy white city center and the urban periphery was reflected in the demographics of the student body. Although the majority of the girls enrolled at the school were white, there were seventeen girls of African descent on the roles.[58] More comprehensive data on neighborhood schools in Havana show that while both black and white children attended school in each neighborhood, the proportions varied significantly across the city.[59]

While US authorities' initial exclusion of peripheral neighborhoods from school districting and their complacency in the face of documented racial discrimination in the public schools limited black children's access to formal public education in Cienfuegos, they also shaped the experiences of the black children who were able to attend public schools. Leonard Wood, military governor of Cuba, declared that any person who had completed elementary education and could read and write was eligible to become a teacher, but US authorities systematically preferred white teachers. Of the sixty teachers from the city of Cienfuegos who attended the 1901 summer normal school, only one, Eduviges Pérez, was black. Of the thirty-five teachers attending from the municipality of Cienfuegos, only one, Elena Balmañya, was black. All the attending teachings from the surrounding municipalities, with the exception of Palmira, were exclusively white.[60]

The preponderance of white teachers sometimes translated into negative educational experiences for the black children who could attend. In the town of

Lajas, where all the teachers were white, a seven-year-old black student, Basilio Herrera, received a brutal beating at his school, the Colegio "José Martí" in late 1901. The assistant teacher Joaquín Pérez "violently struck" Basilio in the doorway of the school "in front of all the neighbors who, shocked, witnessed the scandal." Upon learning of the incident, the child's grandmother, Cristina Herrera, confronted the assistant teacher, only to suffer abuse herself. When Cristina threatened to complain to town authorities, the teacher retorted that she could "complain to whom she liked, that he cared little." Pérez then "made a capital scandal," shouting and insulting Cristina.[61] The child's mother, Antonia Herrera, wrote to the mayor in protest, but there is no record of town authorities taking any action.[62]

Education and Employment

The ongoing struggle for access to public schools reveals the multilayered significance of education for the late-colonial and US-occupied communities of color in Cienfuegos. Working- and middle-class black families pursued education not only as a strategy to obtain the practical benefits of instruction, such as literacy, but also for the symbolic value of social distinction and all that it meant. At the crossroads of education's practical and symbolic value was the promise of social mobility through skilled work or government employment.

Around the same time that US authorities ignored the blatant racial discrimination against black children in Cienfuegos public schools while rolling out their ambitious plan to reorganize Cuban schools, black Cubans were emerging from the war with aspirations of renegotiating the racial labor hierarchy. Black veterans in particular sought positions on par with their patriotic contributions and military rank, and some black officers aspired to hold political office in the emerging republic they had helped liberate. Yet under US rule, both US authorities and white Cuban political elites judged these aspirations to be a threat. "Our negroes are mostly uneducated laborers," Bartolomé Masó, a prominent Cuban patriot, assured American military officials in 1899, the first year of the US occupation of the island. Cuban patriots emerging from the battlefield confronted widespread anxieties among the wealthiest residents in Cuba that the empowerment of men of African descent within the Cuban Army would translate into the disintegration of the racial order in postwar society. These men "gravely predict[ed] Cuba's future as a second Hayti or Liberia,—a negro republic," an idea Masó characterized as "manifestly absurd." Dismissing racial arguments against Cuban sovereignty, he claimed, "Our negroes will work as before in the cane-fields, and I see no reason to anticipate trouble from them."[63]

Masó dismissed the majority of black Cubans as uneducated and therefore politically insignificant at precisely the time when US authorities were attempting to impose an electoral law that restricted suffrage along property, wealth, and education requirements. US Military Order 164, issued in April 1900, enfranchised male citizens, twenty-one years or older, who were either literate or owned property valued at $250 or more. However, in response to significant protest by veterans, the law waived these property and literacy requirements for veterans of the War of Independence who had served honorably in the Cuban Army before July 18, 1898.[64] The resulting electorate excluded all poor and uneducated men if they could not prove that they had served in the Liberating Army. In effect, these restrictions excluded the majority of Cuban men and disproportionately disenfranchised men of color.[65]

If veteran status earned uneducated black veterans the right to vote, it did not help well-educated black veterans from securing government employment. In the case of Martín Reinoso, even literacy and practical experience were not enough to override his supposed lack of formal credentials, which undoubtedly resulted from systematic racial barriers to education. One autonomist city councilman opposed his petition, arguing that his lack of a professional title rendered him ineligible for the position: "Not possessing Mr. Reinoso the corresponding professional title, it is understood that however meritorious the services he rendered to the Patria were, as they undoubtedly are according to the recommendations he presents from various Generals." He concluded that it was "not possible legally to accede to [Reinoso's] desires."[66] Reinoso's military service earned him public recognition as an honorable Cuban man, but it proved insufficient to secure public office.[67] The city council voted to deny Reinoso the position, an outcome not suffered by any other candidate that year.

Citing Reinoso's lack of formal degree allowed the city council to discriminate against black candidates without making explicit reference to race. Education—largely determined by race—became a stand-in for a man's worthiness for government employment. By May only two candidates had applied for the same job—both were white men, neither was a veteran.[68] The selection of a white nonveteran over a black veteran suggests that black military service was less valuable than white social prestige in determining fitness for public employment—a general pattern than seemed to define postwar politics across the province.[69]

As Cubans looked toward the inauguration of the Republic, the historical exclusion of black children from public education left a deep scar on the idyllic raceless nationalism that supposedly defined the Cuba Libre. Unequal access to education not only served as a pretext for the initial exclusion of black men from political enfranchisement. Formal education also served as a pretext to exclude well-trained job candidates from positions historically reserved for whites. These ongoing racial barriers to formal education in Cienfuegos reflected a broader rift between black Cubans' growing educational attainment and their continuing marginalization from public and professional employment.[70] Whereas black men faced heightened scrutiny of their credentials, white candidates often secured employment without any credentials at all. Although education was supposed to be the great equalizer, it ultimately served as yet another raceless pretext for racial exclusion.

NOTES

1. City Council Minutes, April 28, 1899, in Archivo Histórico Provincial de Cienfuegos, Actas Capitulares, volume 43, folio 68 (hereafter AHPC, AC).

2. Ann Twinam, *Purchasing Whiteness: Pardos, Mulattos, and the Quest for Social Mobility in the Spanish Indies* (Stanford, CA: Stanford University Press, 2015).

3. Bonnie A. Lucero, *Revolutionary Masculinity and Racial Inequality: Gendering War and Politics in Cuba, 1895–1902* (Albuquerque: University of New Mexico Press, 2018).

4. Frank Tannenbaum was among the first US scholars to argue that greater legal flexibility of slavery begot more benign race relations in Spanish and Portuguese colonies. Frank Tannenbaum, *Slave and Citizen: The Negro in the Americas* (1946; rpt., Boston: Beacon Press, 1992). The publication of this influential work gave birth to an entire field of scholarly inquiry dedicated to comparative race relations. On the so-called mulatto escape hatch, see Carl N. Degler, *Neither White nor Black: Slavery and Race Relations in Brazil and the United States* (Madison: University of Wisconsin Press, 1971). For an overview of the Tannenbaum thesis and its impact on comparative race relations scholarship, see Alejandro de la Fuente, "Slave Law and Claims-Making in Cuba: The Tannenbaum Debate Revisited," *Law and History Review* 22, no. 2 (Summer 2004): 339–369. For a foundational comparative study of slavery in Cuba and the United States, see Herbert Klein, *Slavery in the Americas: A Comparative Study of Virginia and Cuba* (1967; rpt., Chicago: Elephant Paperbacks, 1989). For a broader comparative perspective, see Harry Hoetink, *The Two Variants in Caribbean Race Relations: A Contribution to the Sociology of Segmented Societies*, translated from the Dutch by Eva M. Hooykaas (London: Institute of Race Relations by Oxford University Press, 1967).

5. Franklin Knight, *Slave Society in Cuba during the Nineteenth Century* (Madison: University of Wisconsin Press, 1970); Rebecca J. Scott, *Degrees of Freedom: Louisiana and Cuba after Slavery* (Cambridge, MA: Harvard University Press, 2005).

6. Ada Ferrer, *Insurgent Cuba: Race, Nation and Revolution, 1868–1898* (Chapel Hill: University of North Carolina Press, 1999); Lucero, *Revolutionary Masculinity and Racial Inequality.*

7. Alejandro de la Fuente, *A Nation for All: Race, Inequality, and Politics in Twentieth-Century Cuba* (Chapel Hill: University of North Carolina Press, 2001); Lillian Guerra, *The Myth of José Martí: Conflicting Nationalisms in Early Twentieth-Century Cuba* (Chapel Hill: University of North Carolina Press, 2005); Aline Helg, *Our Rightful Share: The Afro-Cuban Struggle for Equality, 1886–1912* (Chapel Hill: University of North Carolina Press, 1995); Thomas T. Orum, "The Politics of Color: The Racial Dimension of Cuban Politics during the Early Republican Years, 1900–1912" (PhD diss., New York University, 1975); Melina Pappademos, *Black Political Activism and the Cuban Republic* (Chapel Hill: University of North Carolina Press, 2011).

8. The conspicuous absence of any Latin American case studies from recent scholarship on global urban segregation exemplifies the ways assumptions of Latin American race relations persist. See, e.g., Carl H. Nightingale, ed., *Segregation: A Global History of Divided Cities* (Chicago: University of Chicago Press, 2012).

9. Tannenbaum, *Slave and Citizen*; Marvin Harris, *Patterns of Race in the Americas* (New York: Walker and Co., 1964); Klein, *Slavery in the Americas;* Hoetink, *Two Variants in Caribbean Race Relations.*

10. Guadalupe García, *Beyond the Walled City: Colonial Exclusion in Havana* (Berkeley: University of California Press, 2016); Tiffany A. Sippial, *Prostitution, Modernity, and the Making of the Cuban Republic, 1840–1920* (Chapel Hill: University of North Carolina Press, 2013).

11. See Consuelo Naranjo, "El temor a la «africanización»: Colonización blanca y nuevas poblaciones en Cuba (el caso de Cienfuegos)," in *Las Antillas en la era de las Luces y la Revolución*, ed. José Antonio Piqueras (Madrid: Siglo XXI, 2005), 85–121.

12. Jacobo de la Pezuela y Lobo, *Diccionario geográfico, estadístico, histórico* (Madrid: Imprenta Mellado, 1865), 1:394.

13. Ibid., 1:390.

14. In 1878, the Junta Superior de Instrucción Pública ruled that people of African descent could be admitted into secondary schools, professional schools, and universities. The following year, local public schools were officially integrated, after a successful petition by El Progreso. In Cienfuegos, however, local black activists petitioned the provincial governor to establish schools especially for black children. The governor denied that request, reiterating previous legislation declaring that colored children could attend public schools along with white children. Although official legislation deemed Cuban public schools racially integrated, the actual educational opportunities afforded to colored students were more limited. Many societies of color, including ones that officially favored Spanish rule, such as the Casino Español de Hombres de Color, agitated for greater enforcement of integrationist laws. Rebecca J. Scott, *Slave Emancipation in Cuba: The Transition to Free Labor, 1860–1899* (Pittsburgh, PA: University of Pittsburgh Press, 1986), 278, 273–278. The Afro-Cuban newspaper *La Fraternidad* condemned the government in July 1888 for neglecting to enforce educational equality, continuing its complaints in 1889.

15. Enrique Edo y Llop, *Memoria histórica de la villa de Cienfuegos y su jurisdicción* (Cienfuegos: Imprenta El Telégrafo, 1943), 524–525.

16. Ibid., 539–540.

17. Cuba, *Legislación de instrucción pública de la Isla de Cuba* (Havana: Imprenta del Gobierno, 1881), 44.

18. Edo y Llop, *Memoria histórica,* 589.

19. De la Fuente, *Nation for All,* 140.

20. Ibid., 550.

21. See Bonnie A. Lucero, "Civilization before Citizenship: Education, Racial Order, and the Material Culture of Female Domesticity in American-Occupied Cuba (1899–1902)," *Atlantic Studies* 12, no. 1 (2015): 26–49.

22. José Joaquín Verdaguer, "Venta de finca urbana por el pardo Victoriano Machado a favor del Sr D. Manuel Castillón y Llana," September 19, 1894, Archivo Histórico Provincial de Cienfuegos, Protocolos Notariales, Verdaguer, *escritura* 671, *folio* 4307 (hereafter, AHPC/PN); José Joaquín Verdaguer, "Venta de finca urbana por el Sor Don José Corp y Pi a favor del moreno Don Eusebio Crespo," August 2, 1894, AHPC/PN, Verdaguer, *escritura* 542, *folio* 3583.

23. José Joaquín Verdaguer, "Venta de finca urbana por Da Celestina Abramina Hernández y Hernández de González a favor de la parda Caridad Hernández," April 21, 1891, AHPC/PN, Verdaguer, *escritura* 207, *folio* 1477.

24. José Joaquín Verdaguer, "Venta de finca urbana por la Señora Da Carmen Tillet y Tillet de Piñal a favor del pardo Manuel Reyes," February 18, 1893, AHPC/PN, Verdaguer, *número* 131, *folio* 992.

25. "Reglamento de la Sociedad de Instrucción y Recreo 'El Progreso,'" 1893, El Progreso, Archivo Histórico Provincial de Cienfuegos, Registro de Associaciones (hereafter APHC/RA).

26. Edo y Llop, *Memoria histórica*, 577–578, 567–568.

27. Meeting Minutes, La Amistad, October 17, 1888, AHPC/RA; "Reglamento de la Sociedad de Instrucción y Recreo La Amistad" (Cienfuegos: Imprenta de la Lealtad, 1884), 1, in La Amistad, AHPC/RA.

28. Edo y Llop, *Memoria histórica*, 592.

29. Pablo L. Rousseau and Pablo Díaz de Villegas, *Memoria descriptiva, histórica y biográfica y las fiestas del primer centenario de la fundación de esta ciudad* (Havana: Establecimiento Tipográfico "El Siglo XX", 1920), , 510; Records of Cabildo Congo "San Antonio de Paduá," December 2, 1902, APHC/RA.

30. "Plan of Re-organization of the Schools," April 8, 1899, file 86, United States National Archives I, Records of the US Army Overseas, Record Group 395, entry 1332 (hereafter USNAI/RUSA/RG 395/E 1332).

31. Rafael Serra y Montalvo, *Para blancos y negros: Ensayos políticos, sociales y económicos* (Havana: Imprenta El Score, 1907), 107.

32. Department of Santa Clara Public Instruction, Cienfuegos, "'*La Libertad* Newspaper Criticism': Color Line Discrimination by a Master of Public Schools," February 1899, box 1, file 65, US National Archive II, Records of the Military Government of Cuba, record group 395, entry 1332 (hereafter USNAII/MGC/RG 395, E 1332).

33. Sam Small to Major General Bates, "Report on the Condition of the City Schools," February 25, 1899, box 1, file 16, USNA I/RUSA/RG 395/E 1332; "Plan of Re-organization of the Schools," April 8, 1899, box 1, file 86, USNA I/RUSA/RG 395/E 1332.

34. Sam Small, "Report of His Final Conclusions on the Schools of the Province of Santa Clara," June 12, 1899, box 11, file 5096, USNA/RUSA/RG 395/E 1331. Ramos continued teaching through 1884. *Nomenclator comercial, agrícola, industrial artes y oficios, y directorio general para 1884–1885* (Havana: Molinas y Julí, 1885), 300. In 1892, Antonio Ramos still ran the school, with the address listed as Santa Clara No. 42. Zayas y Quintero, *Directorio Mercantil de la Isla de Cuba para el año de 1892 a 1893 Año IV* (Havana: Imprenta Avisor Comercial, 1892), 465; Unknown to Department of Santa Clara Public Instruction, Cienfuegos: "*La Libertad* Newspaper Criticism on Color Line Discrimination by a Master of Public Schools," February 1899, box 1, file 65, USNA/MGC/RG 395/E 1332; Orlando García Martínez, *Esclavitud y colonización en Cienfuegos, 1819–1879* (Cienfuegos: Ediciones Mecena, 2008), 52–53.

35. Rousseau and Díaz de Villegas, *Memoria descriptiva*, 510.

36. Records of Cabildo Congo "San Antonio de Padua," December 2 1902, APHC, RA.

37. Sam W. Small to Major General John C. Bates, "Report on the Condition of the City Schools," February 25, 1899, box 1, file 16, USNA/RUSA/RG 395/E 1332; "Plan of Re-organization of the Schools," April 8, 1899, box 1, file 86, USNA/RUSA/RG 395/E 1332.

38. Anonymous to Department of Santa Clara Public Instruction, Cienfuegos: "*La Libertad* Newspaper Criticism on Color Line Discrimination by a Master of Public Schools," February 1899, box 1, file 65, USNA/MGC/RG 395/E 1332.

39. Ibid.

40. Ibid.

41. Ibid.

42. Antonio Luis Ramos, "Reporting Status of School," February 24, 1899, box 1, file 35, USNA/MGC/RG 395/E 1332; Antonio Luis Ramos, "Reporting Names of Pupils in His School Who Are Over Age," April 12, 1899, box 1, file 34, USNA/MGC/RG 395/E 1332.

43. "Plan of Re-Organization of the Schools," April 8, 1899, file 86, USNAI/RUSA/RG395/E1332.

44. Anonymous to Department of Santa Clara Public Instruction, Cienfuegos: "*La Libertad* Newspaper Criticism on Color Line Discrimination by a Master of Public Schools," February 1899, box 1, file 65, USNA/MGC/RG 395/E 1332.

45. "Payroll of Cienfuegos Término," March 31, 1899, box 1, file 76, USNA/MGC/RG 395/E 1332; José Luis Ramos, "Accepting the Position as Principal of Public School," March 22, 1899, box 1, file 63, USNA/RUSA/RG 395/E 1332.

46. Bonnie A. Lucero, *A Cuban City, Segregated: Race and Urbanization in Nineteenth-Century Cienfuegos* (Tuscaloosa: University of Alabama Press, 2019).

47. José Miguel Gómez, "Forwards Copy of Proclamation Pronounced by Him at Trinidad," May 11, 1899, box 8, file 3996, USNA/RUSA/RG 395/E 1331.

48. Ibid.

49. "Daily Journal of Brigadier General James H. Wilson," May 12, 1899, box 53, Library of Congress, Manuscripts Division, James H. Wilson Papers (hereafter, LOC/MD/JHW).

50. Ibid.

51. Ibid.

52. Rousseau and Villegas, *Memoria descriptiva,* 510.

53. "Daily Journal of Brigadier General James H. Wilson November 15-December 5, 1899," box 53, LOC/MD/JHW.

54. Frank Andre Guridy, *Forging Diaspora: Afro-Cubans and African Americans in a World of Empire and Jim Crow* (Chapel Hill: University of North Carolina Press, 2010), 42. During the peak years of American empire in Cuba, dozens of black Cubans studied at Tuskegee, the number of Cuban students reaching a peak of twenty-three in the academic year of 1905–1906.

55. Guridy, *Forging Diaspora,* 45.

56. Charles Rodney to Booker T. Washington, August 25, 1911, reel 684, Library of Congress, Microfilm, Booker T. Washington Papers (hereafter LOC/MF/BTWP).

57. Rita Suárez del Villar, *Mis memorias* (n.p.: n.p., n.d.), 26.

58. Rita Suárez del Villar, "Report on School," October 26, 1900, box 2, file 35, folio 15, Archivo Provincial Histórico de Cienfuegos, Rita Suárez del Villar Personal Collection (hereafter APHC/RSV).

59. *La escuela moderna: Periódico de educación y de enseñanza,* April 15–30, 1901, Havana, 54.

60. Consejo Escolar de Cienfuegos, *Primera memoria anual del Consejo Escolar de Cienfuegos (Isla de Cuba), 1901–1902* (Cienfuegos: Tipografía de B. Valero, 1901), 93–100.

61. Antonia Herrera to Mayor of Lajas, November 22, 1901, APHC/FL.

62. Ibid.

63. George Clarke Musgrave, *Under Three Flags in Cuba: A Personal Account of the Cuban Insurrection and Spanish-American War* (Boston: Little, Brown and Co., 1899), 163.

64. Ernest Hamlin Abbott, Lyman Abbott, Francis Rufus Bellamy, and Hamilton Wright Mabie, "The Cuban Elections," *Outlook* 65 (1900): 423.

65. De la Fuente, *Nation for All,* 57.

66. City Council Minutes, April 28, 1899, volume 43, folio 68, AHPC/AC.

67. For understandings of postrevolutionary male honor, see Chambers, *From Subjects to Citizens,* 187; Wade, *Race and Sex,* 123–24.

68. City Council Minutes, May 18, 1899, volume 43, folio 82, AHPC/AC.

69. City Council Minutes, March 23, 1899, volume 43, folio 41, AHPC/AC.

70. De la Fuente, *Nation for All,* 139.

RAQUEL ALICIA OTHEGUY

"Es de suponer que los maestros sean de la misma clase": What a Nineteenth-Century Teaching Application Reveals about Race, Power, and Education in Colonial Cuba

ABSTRACT

In 1856, a former black militiaman named José Moreno applied for a teaching license from the Spanish colonial government in Cuba. His application touched off a firestorm of debate among white government officials over the issue of racial segregation in the nascent public school system. In the aftermath of a wave of antislavery and anticolonial rebellions, the official correspondence about the application reveals an interest in using segregationist educational policies to address growing white concerns about the place of people of color in Cuban society. Using as a case study the correspondence and paperwork generated by Moreno's application, this article argues that the educational endeavors of people of color and the reactions from white officials reveal much about not only the emerging preoccupations of colonial functionaries but also about black people's own vision of freedom and of Cuba's future. After the devastating repression of the Escalera era, teaching gave people of color a way to recover social standing vis-à-vis Cuban society. In a newly established segregated public school system, teaching also became for them a way to articulate a racialized identity and to extend the benefits of literacy and knowledge to other people of color. José Moreno's application to become a licensed schoolteacher thus challenged the trend toward the segregation and marginalization of free people of color.

RESUMEN

En 1856, un antiguo miliciano de nombre José Moreno presentó ante el gobierno colonial cubano una solicitud de licencia de maestro. La solicitud desató, entre los funcionarios blancos del gobierno colonial de Cuba, una verdadera tormenta de debates sobre la segregación racial en el nuevo sistema de instrucción pública. La correspondencia entre estos oficiales demuestra su interés en utilizar las políticas segregacionistas educacionales para expresar sus preocupaciones sobre el lugar de la gente de color en Cuba a raíz de graves y recientes disturbios de índole anti-esclavista y anti-colonial. El presente artículo utiliza la correspondencia y papeleo oficiales generados por la solicitud de

174

Moreno como un estudio de caso en el que proponemos que los esfuerzos educacionales de los afrocubanos nos revelan no sólo las inquietudes de los blancos sino también la visión de los negros sobre la libertad y el futuro de Cuba. A raíz de la devastadora ola represiva de la era de la Escalera, el magisterio les permitió a los hombres de color la recuperación de su estatus social dentro de la sociedad cubana. Operando dentro del nuevo, y segregado, sistema de instrucción pública, la enseñanza también les proporcionó un nuevo escenario para articular su identidad racial y para hacer extensivos a otras gentes de color los beneficios de la lectoescritura y el conocimiento. Así, la solicitud de Moreno y su petición de convertirse en maestro con licencia sirvió para impugnar las tendencias hacia la segregación y la negación de los derechos y privilegios de la población de libres de color.

In 1856, a black man named José Moreno applied for a teaching license from the Spanish colonial government in Havana, Cuba.[1] Moreno was one of several former servicemen of color who, in the years after black and mulatto militias were disbanded, had decided to become teachers. They were joining many free blacks in the nineteenth century who were turning to the educational sphere to confront the hardening of racial boundaries in Cuba, just as whites had begun to regard education as an arena for the formulation and development of new national racial-segregation policies. When Moreno applied for his license, the colonial public education system had been in place less than fifteen years, having been created under the jurisdiction of the colonial government by the 1842 Plan de Instrucción Pública Cuba-Puerto Rico. The plan codified racial segregation for students but did not specify who should teach in schools for children of color. Thus, Moreno's application, a case of first impression, gave rise to a firestorm of debate in the colonial government in Cuba over the issue of racial segregation in the schools. Authorities attempted to use the 1842 plan as the basis for expanding racial segregation to include the *magisterio*, or teaching force. In correspondence and other paperwork related to Moreno's application, Spanish colonial officials also expressed concerns about an expanding liberal ethos that included an interest in education, and about the place of people of color in Cuban society. These documents reveal that in the mid-nineteenth century, white officials in Cuba were adopting a philosophy of de jure racial separation in public education, and they were using the schools to firm up national divisions along racial lines. They reveal, as well, the internal debates and different positions taken by various members of the colonial establishment regarding the 1842 law and the advisability of allowing blacks to be educated, even in separate schools.

For black Cubans, no less than for white creoles and Spanish colonial officials, educational questions were closely linked to broad social issues having to do with the emergence of a Cuban national identity, the related matter of continuing Spanish rule, the changing patterns of race relations, and the place of black people in Cuban society. Educational questions were also central to internal community concerns of Afro-descendants. Increasing racial discrimination in the early to mid-nineteenth century had reduced the rights and privileges that Cuba's substantial population of free people of color had previously enjoyed. This racializing trend became acute during the startling repression in 1844 that followed the Escalera rebellion, which had been orchestrated by free and enslaved blacks. In reaction, free black men of some social standing like José Moreno attempted to become teachers in order to lay claim to, new socially recognized spaces which they could occupy and pass on to their children.

Historians of nineteenth-century Cuba have deftly chronicled the centrality of race to the island's anticolonial and independence struggles. As part of these accounts, scholars have excavated the ways that Afro-descendants contributed to shaping ideas of freedom and Cuban nationhood.[2] Historians of education, too, have demonstrated the importance of schooling in the development of a Cuban nationalist ideology.[3] As the Cuban historian Alicia Conde writes, "Education in Cuba has been a transcendental issue in the formation of the cultural values of the nation, even since [the nation] was still a project."[4]

The present article brings together work on race and education to demonstrate that Spanish colonial officials and white creoles, facing challenges to the systems of slavery and colonial governance, used the field of education as a forum for debates about the policies of racial management that they increasingly wanted to see enacted in both schools and the wider society. In addition, this article shows some of the ways that Afro-descendants resisted the hardening racial hierarchy that was taking shape at the time in schools and society. The paperwork involved in Moreno's teaching application highlights the centrality of race in the minds of white educational and government authorities who were facing large demographic changes and what they saw as the dangerous new "spirit of the times." Moreno's application also shows the ways in which Afro-descendants in Cuba sought a place for themselves in the school system, and used education to strengthen identity ties with other black people, to recover their recently diminished social status, and to resist the creole and colonial authorities' rising fears of the growing black population, and the resulting white projects of racial control.

Educational Antecedents: Schooling and Race
in Early Nineteenth-Century Cuba

Education in early colonial Cuba had been mostly left to religious orders, which customarily educated only the white children of elites and often explicitly barred admission to people of color. However, black Cuban women played an important role in the landscape of colonial education as teachers in the *escuelitas de amigas* or *escuelitas de casa*. These were something like a modern-day kindergarten, teaching small children basic reading and writing skills, as well as catechism. Free black and mulatto women were particularly represented within the *escuelitas de casa*—much to the chagrin of white creole educational reformers—and they would often educate many of their students without being paid.[5] In 1793 a Spanish royal decree tasked the Sociedad Económica de Amigos del País, an elite creole organization, with tackling the dearth of public education on the island colony. With that decree, education became one of the few institutional spaces controlled by white creoles rather than Spanish colonial officials. During the early nineteenth century, the creoles involved in the Sociedad Económica grew in their conviction that the expansion of education, and in particular primary education, was necessary to allow Cuba to develop into a modern society. One of their major initiatives was to provide free education to children who could not afford it—a precursor to the idea of free public education and an educational practice that black women in Cuba had long engaged in.

The Sociedad's activities in support of an educational enterprise that would make Cubans virtuous and modern coincided with the rise of the slave-based sugar system in the early nineteenth century. White creoles involved in education, wary of the growing black population that accompanied the growth of the sugar industry, used the educational system that they were taking such pains to expand for the purpose of marginalizing free people of color. Matt Childs convincingly argues that white creoles strove to assuage their fears about the increasing Africanization of Cuba at a time of massive importation of slaves by using education to define whiteness and distance it from blackness.[6]

Thus, the push for expanded and free education in the early nineteenth century, spearheaded by elite white creoles, purposefully left out people of color, a goal made explicit by Sociedad members who desired to "prohibit the learning of letters and its teaching to people of color."[7] Racial segregation became a desired educational policy for white Cuban creoles. The 1804 *reglamento* published by the Sociedad as a general guide for teachers allowed each teacher to decide whether to admit black children, and many creole teachers decided not to. In the 1809 *reglamento,* the group went further, urging that black children not be educated, and encouraging their expulsion.[8] In the 1820s, the group attempted to establish a dedicated private school for children of color, which would have provided some access to education to some children, but revealed their interest in racially segregated education.[9] In 1835, the Sociedad established free schools in Matanzas and in two neighboring towns, but this expansion of free schooling was only for whites; the group's regulations for the schools in Matanzas province stipulated that only children from white families would be admitted.[10] These efforts at racial segregation in primary schools would continue in the years following Cuba's first law for public instruction in 1842.

Cuba's First Law of Public Education amid Escalera-Era Repression

The racial segregation in schools promoted by creole educational reformers was only one part of the repression experienced by people of color in early nineteenth-century Cuba. The societal position of colonial Cuba's long-standing free black and mulatto population was gradually eroded over the course of the early nineteenth century, as the slave-based sugar economy expanded. A slave-based economy required a strict racial hierarchy not only on the sugar plantation but also throughout society, and so free blacks found their traditional standing diminishing as sugar became king.[11] In the 1840s, racial tensions on the island would come to a violent head.

In 1843, several slave rebellions erupted across the island, leading to fears of a wider conspiracy involving not only slaves but also free people of color and British abolitionists. The Spanish colonial government in Cuba was accustomed to periodic slave rebellions, but the wide scope of the 1843 outbreaks, and the racial tension that had been building for a half a century, led them to react in 1844 with unusually brutal violence. First, the accused participants of the conspiracy were arrested, tortured, and executed, and their bodies brutally and publicly displayed. But even after the punishments had been meted out to accused participants, colonial authorities continued to devise tactics to oppress Afro-descendants on the island and to strip "away decades of moderate, political, economic, and social gains."[12] Repressive measures would continue through the 1850s and 1860s, during what Michele Reid-Vazquez has termed the Escalera era.[13] Spanish colonial officials forced hundreds of free people of color into exile, enacted new laws restricting what jobs people of color could do, and dismantled the militias of color, which had long provided black Cubans with an institution through which they could claim rights, social standing, and leadership roles.[14]

As the Spanish colonial authorities, white creoles, and Afro-descendants struggled with the drastic changes occurring in mid-nineteenth-century Cuba, education played a fundamental role in their thinking about the consequences of a society made up of a large black population. Like the leaders of the newly independent Latin American republics, Spanish colonial government and white creoles in Cuba were taking special note of how the development of a public education system could be used to control the racial situation on the island.[15] Despite the tensions that existed between, on the one hand, white creoles in Cuba, many of whom advocated for separation from Spain, and on the other hand, the Spanish colonial government, both white groups used education as a forum to express their anxieties about the racial situation in Cuba, and they used segregation in educational policy as a tool to limit Afro-descendants' access to education and thus their participation in society. Indeed, as soon as the national public school system was established by the Spanish colonial officials with the Plan de Instrucción of 1842, the debate accelerated about whether to provide education to children of color and the effects of education on the racial questions facing Cuban society.

The 1842 plan included nominally progressive measures. It shifted the burden of education from private institutions to the government, established a school in every town that needed one, and financed schools through municipal budgets.[16] The law removed the Sociedad from its role as head of public education, creating instead the Inspección General de Estudios (later called the Junta Superior de Instrucción Pública), headed by the captain general of the island.[17] Subsequent laws for public education in Cuba added more progressive measures, such as making education free and compulsory for children aged six to ten.[18]

Beginning with the 1842 plan, colonial laws regulating public education in the mid- to late-nineteenth century provided for racial segregation in the schools.[19] When it came to free children of color, article 31 of the 1842 law called for the creation of racially segregated public schools in such towns that required schools for black children. The captain general would decide whether circumstances required a school for children of color.[20] This measure at least provided free children of color with an education, should towns choose to build a school, but it required separating children of color from white children. Segregated schooling led to discrepancies in educational content, as well; the 1842 law mandated that schools for children of color would teach fewer subjects (religion or morality, reading, writing, and arithmetic) than schools for white boys, which would also teach Christian doctrine, religious history, grammar and spelling, and principles of agriculture, industry, and commerce.[21]

Thus, Cuba's first law for public education—in theory a great stride forward for Cuban society—enshrined legal racial segregation in the school system. The midcentury increase in the oppression of Afro-descendants in Cuba by whites who were attempting to prop up a slave-based sugar economy and a besieged colonial regime was made manifest in the lack of access to public education for children of color, as well as in the promulgation of de jure racial segregation policies in the newly developing national public school system.

Cuba's Public Education Plan and the Fate of Black Teachers

Nonetheless, this period was also one in which enslaved and free people of color continued to create alternative ideas of the social order and visions of black freedom, as historian Aisha Finch has detailed. Free people of color in urban settings were increasingly radicalized and politicized by the curtailing of rights that occurred in the Escalera era, and they had a long history of education, training, and subjectivity to draw from that enabled them to maintain their demographic and economic strength.[22] People of color, including teachers, thus continued to think of themselves as "political subjects" who could "create their own freedom," not only for themselves but also for the students of color with whom they created common identity.[23]

The challenges faced by free people of color during the Escalera era were particularly felt by men associated with the colonial militias. The militias had been disbanded in June 1844. Although the militias were reinstated in 1854, a deep and continued ambivalence about arming people of color, especially on the part of island-born elites, delayed their formation until 1859. Still, David Sartorius points out that the Spanish colonial government was interested in using militias of color to secure the loyalty of this significant segment of the Cuban population in the face of broader anticolonial sentiment.[24] But because of the repressive atmosphere that had developed during the intervening period, men of color did not respond to the opportunity to join the militias as enthusiastically as they had in the past. Indeed, in 1859, officials resorted to a draft through a lottery system, but even this attempt to fill the ranks of colored militias was thwarted, as colonial officials were flooded with requests or petitions for exemption from service. After being shut out of military service for more than a decade, people of color in the 1850s were looking for "alternative ways to access honor and prestige." [25] Chief among them was education.

Teachers of color who sought teaching licenses from the Spanish colonial authorities were seeking a position of social status and recognition for themselves, in order to recover the individual prestige that had been lost with the militias. They were also, through their teaching, extending the benefits of their own experience to other people of color. The military *fuero* and other rights granted to black men as members of militias had extended to their families and community. Now that the militias were gone, former militiamen turned to teaching to continue their leadership positions in the Afro-descended community. But in their efforts to establish a place for black people in Cuban society that went beyond enslavement, black teachers were again confronted by the trend toward hardening racial hierarchy and by a society that was increasingly attempting to formalize racial segregation in the public sphere. José Moreno's 1856 teaching license application challenged this trend.

José Moreno's Application

José Moreno was a fifty-two-year-old man from Havana who had been a second sergeant in a black militia. Moreno's application lists his father as a militiaman who had reached the rank of commander, highlighting the importance of this institution for free people of color. Moreno's parents, both Moreno by surname, were legally married. Therefore, Moreno, as an *hijo legítimo* (legitimate son), had been baptized in the Catholic Church and registered in the baptismal book for *pardos* and *morenos.* He was a member in good standing of his local parish and produced various documents vouching for his good morality and conduct.[26]

In his solicitation letter, Moreno wrote that he had been inspired to pursue his interest in teaching after hearing the captain general, José Gutiérrez de la Concha, speak a few months before at the Real Colegio de Belén, which was Havana's most important seminary and school, run by Jesuits. Moreno wrote: "I have had an intimate desire ignited by the eloquent speech of the Excellent Governor and Captain General, who, among other things, encouraged a literate and Christian education, since it forms morality and creates good heads of family. . . words which have remained in my soul indelibly."[27]

The captain general had discussed the importance of education in both Christian doctrine and letters for the defense of religion and the *patria*, and for establishing virtue and order. That the highest member of the Spanish colonial government would be so interested in education demonstrates that it was indeed regarded as an important tool of social formation.

Moreno—having been in the militia, being the son of a militia family and of married parents, and in good standing with the Catholic Church since his birth—was in a privileged position to make this application. Unlike the majority of people of color in Cuba in the middle of the nineteenth century, he was free. Furthermore, he was able to go hear the captain general speak at the Belén school—something that not all black members of Cuban society (indeed, even all white members) would have been able to access—and he was able to pay twelve pesos and four reales for his license application.

Moreno's privilege suggests that even during the heightened repression of the Escalera era, Afro-descendants continued to try to occupy roles in society that had nothing to do with racial slavery. It also suggests that the strategies of free blacks in the early nineteenth century to consolidate social status by participating in the militias, to create strong social networks of people who could vouch for one's character, and to accumulate wealth helped free people of color weather the devastating repression of the 1840s and beyond. Although the Spanish colonial government had dismantled the militias and pushed people of color out of many professions during the Escalera era, these measures were not able to wipe out entirely the prestige, social networks, and wealth that free people of color had generated.[28]

The present example of a former militiaman who turned to teaching illuminates some of the reasons that the educational sphere was so important for people of color in this period. People of color viewed the *magisterio* as an alternative position they could hold that would afford them recognition from the colonial state as well as some social prestige. In addition, teaching continued to be an exercise in "lifting while they climbed."[29] That is, through their teaching, black educators demonstrated a sense of identification with, and a concern for, the well-being of other people of color, especially children. But the ability of teachers of color to leverage a social position in which the Spanish colonial state officially recognized them—such as being granted a license to teach—was compromised by the increasing racial disdain evident in the policies of racial segregation in the educational sphere in the 1840s and 1850s.

The Government Debate over Race and Segregation in Public Education

The correspondence generated by Moreno's application involved the head of the Negociado de Instrucción, or the Education Section (identified as A. de Villanueva), which was the administrative body that headed public education under the authority of the captain general; the members of the Real Audiencia de La Habana; the Provincial Commission of Primary Instruction of Havana, which, like the Negociado de Instrucción, had been established by the 1842 education law; and several other parties. Their exchanges reveal how authorities thought about education as a tool for control. For those most closely involved in its evaluation, Moreno's application related directly to the requirement in the 1842 plan that separate schools be built for children of color. But the application was treated as a case of first impression by educational authorities because it posed a new question of what to do about black people who wanted to be *teachers* instead of students. The 1842 law had not directly addressed the issue of who would teach in the racially segregated schools that might be created or whether people of color were allowed to become licensed teachers. Thus, the decision reached about Moreno's application had the potential to set precedent and shift the course of race relations in the public school system in Cuba.

Understanding the far-reaching implications of Moreno's teaching application, the officials involved in discussions of the application considered far more than the specific case of Moreno. They explored broad issues of education for people of color. They weighed the benefits and drawbacks of racial segregation in schools and in the teaching profession. The correspondence surrounding this one application give us insight into how officials were thinking about race and education, as they reveal not only the final decision but also the specific questions taken into consideration. The case of Moreno demonstrates that racial categories, laws, and customs, were fluid, changing, and overlapping in this period, and that authorities were weighing multiple factors as they considered the extent to which racial segregation laws should be erected in the Cuban education system. It also reminds us that the racial segregation of public school systems in the nineteenth century was not inevitable; rather, white supremacy had to be constructed, discursively and legally, as is highlighted by the example of Moreno.

Thus, only a small fraction of the paperwork generated by Moreno's application was about Moreno himself. Indeed, Villanueva, the head of the Education Section, acknowledged that Moreno's personal qualifications were all that they should be. Moreno had submitted not only his baptismal record but also testimonies as to his being an active member of his local parish and a person of *buena conducta*, including a letter from the bishop. In fact, Moreno was even understood to have *limpieza de sangre* (the Spanish concept of "purity" of blood based on ancestry), a condition required of licensed teachers. Rather, Moreno's file reveals the other issues raised by his race. As has been noted, the 1842 law was clear on who would attend segregated schools but did not specify who could teach in them, an ambiguity noted by the head of the Education Section: "The Plan establishes schools for people of color, but it does not prohibit nor authorize, apparently, that Professors should be of the same quality."[30] If racial segregation was of the utmost importance, could white teachers teach black children? Could black teachers teach white children? With this question in mind, and acting as a representative of the captain general of Cuba, Villanueva submitted requests for reports from both the Provincial Commission of Primary Education in Havana and the Real Audiencia Pretorial of Havana.

In addition to widening the scope of the inquiry beyond Moreno's individual application to the broader issue of race in the public school system, the letters show a concern for setting cohesive policy. This interest in establishing precedent further reveals a general anxiety about the future of the place of people of color in Cuban society, and about colonial officials' ability to control them. In his letter to the Provincial Commission of Primary Education, Villanueva wrote, "It is necessary to determine [what race teachers of black schools should be] as much for this case, as for the following cases that may occur." This problem had not occurred before, because, according to Villanueva, "this [was] the first case, at least since the undersigned is in charge of the Education Section, in which a black man applie[d] for a teaching title."[31]

The Commission of Provincial Education for Havana was the first to submit its report. It recommended that Moreno be given a teacher's license. The commission's foremost consideration, stated the report, was "the separation . . . with which, according to the general Plan of public education, the schools for people of color must be established." In other words, it reiterated the importance of the segregation policy enshrined in the 1842 law.

The commission identified several problems that arose, given the imperative of segregation. There were "few white teachers that would dedicate themselves to teaching [people of color]." The members of the Commission for Provincial Education in Havana drew either on their own prejudice or on their reading of the socio-racial landscape of Havana to determine that white teachers would not want to teach black and mulatto children, since, as Villanueva stated, the issue had never officially come up before. The commission went on to assert that were "few people of color capable [of teaching], as is proven there not having been more than one black and two mulattos authorized with titles since the previous term." It is possible, of course, that few teachers of color had been licensed because the national public education system was systematically barring them from teaching, or because they did not have the money or social capital to pursue a license. Instead, the commission appears to have blamed the lack of licensed black teachers on a lack of capability on the part of Afro-descendants. Furthermore, the commission thought that it would be unlikely that many other black men would attempt to acquire teaching licenses.

The commission's report reveals a practical bent as well as assumptions of racial tension. The law provided schooling for children of color but required segregation. To reconcile those two imperatives, the commission favored licensing black teachers. The commission considered the issue of precedent, as instructed by Villanueva, but was not so concerned. There had been few requests by black people to be teachers previously, and there would likely be few moving forward, they thought. The requirement for segregation, the perceived lack of white teachers, and the perceived lack of aptitude on the part of blacks for teaching all suggested to the commission that Moreno's application should be considered favorably, as should the applications of people of color moving forward. This would allow the sphere of education to be as racially segregated as possible. Given these considerations, the Commission of Provincial Education recommended to the captain general that Moreno be allowed to sit for his licensing exam.[32]

Having received the commission's report, Villanueva forwarded it to the captain general, with his own comments. In his comments, the head of the Education Section went further than the commission in suggesting that few whites that would be willing to teach in separate black schools. Indeed, it is unclear who had been teaching in segregated black schools from 1842 to 1856, but both the Commission of Primary Education and Villanueva thought that whites would refuse to teach in them. Villanueva wrote: "It is true that the plan allows for schools for [the class of color], and therefore it is necessary that the teachers be of the same race, given that customs, instinctive repugnance and perhaps the unavoidable need of domination by whites make it impossible that [whites] should teach [children of color]."[33] Given the constraints of white supremacy, therefore, Villanueva thought black teachers should be allowed to teach in black schools.

By using the language and rationale that he did, Villanueva in fact was creating the discursive justification for segregation in the schools, furthering racially divisions in rhetoric as well as in practice. He naturalized racial discrimination, mentioning white people's "instinctive repugnance" and the "indispensable necessity" of white supremacy. Notably, no specific instance of a white person refusing to teach black children had actually given rise to the

pronouncement in these documents. The head of the Education Section was simply reaffirming his own ideas about the structures of racial segregation in schools and in Cuban society writ large.

Upholding segregation had been the focus of Villanueva's initial inquiry and of the commission's report. However, if maintaining racial segregation in the schools required licensing black teachers, a paradox arose, since licensing black teachers would continue the trend of extending educational access to people of color that had begun with the 1842 plan. Villanueva was concerned about the larger issue of allowing people of color into the educational system at all. He wrote on behalf of the Education Section that "the difficulty for this bureau consisted less in Moreno's personal aptitude, and more whether it is advisable or not to extend education to the class of color."[34] In other words, Villanueva was not just reviewing Moreno's application. His concern was not even limited to whether black people could be teachers. Rather, for him, there was a broader problem with whether black Cubans should be able to access schooling. In the end, although Villanueva was wary of "the danger of giving people of color the means to acquire the enlightened conscience of education," he considered "the greater danger to be the ignorance in which the population of color in Cuba was sunk." Thus, although allowing children of color to get an education, as the developing public education system had done, was dangerous, Cuba needed to allow more schooling to avoid the greater danger of ignorance.

Here we see how some white authorities considered education, and especially public education, to be a flexible strategy of governance and social control. Instead of taking a progressive stance on education by which an "enlightened conscience" resulting from education was categorically a good thing, the head of the Education Section was concerned about the dangers of education while also recognizing the danger of denying education to black people.[35]

Villanueva disagreed with the Provincial Commission's assertion that there would be few other examples of black people requesting teacher's licenses. On the contrary, he thought that, although there had been, until then, very few people of color seeking to become licensed as teachers, "it [was] possible that the emigrations that many of them have passed through, their lives in a city like Havana, and more than anything, the irresistible spirit of the era, would awaken interests until then asleep." If there were to be many more applications from people of color aspiring to teach, thought Villanueva, then the government should establish a clear rule on the subject, so as to not contradict itself moving forward. His view of the future, therefore, was one in which people of color had increased exposure to liberal ideas and therefore might have increased interest in education. His view of the future also revealed an anxiety that the government would not be able to control people of color, who might have other influences beyond the Spanish colonial government.

In the arguments that arose from Moreno's application, an interest in establishing racial segregation in the educational sphere is evident—as is the lack of certainty regarding that segregation. As public education expanded throughout the world, throughout Spain, and throughout its colonies, it gave rise to concerns among white elites about what black people who were educated, and given clear sanction by the government to have a right to a profession such as teaching, would do. The head of the Education Section anticipated that blacks would be increasingly interested in the educational sphere, both to attend schools and to teach. White officials, according to the documents discussed here, understood the experience of free people of color in Havana in this way: they may have passed through various "emigrations"—in other words, they were not native born. Perhaps white officials were concerned that on their way to Cuba, free blacks had stopped in other islands, such as Haiti, where people of color had overthrown slavery and French colonialism. The officials were also aware of the kind of information transmission that could happen in "a city such as Havana," where they were in "daily contact with educated people." The concerns about the "spirit of the age" suggested that the Education Section was aware that the 1842 plan had represented an important leap forward in Cuba's educational history, and that it was perhaps impossible to prevent the spread of education to people of color. Coinciding with a period of social unrest in Cuba, this phenomenon demanded a clear response from the government, whether to check it or encourage it.

The head of the Education Section also requested a report from the Real Audiencia Pretorial de la Habana. He reiterated his point that, although there had been few applications for teachers' licenses by people of color, he thought there would be more, given the wider social interest in education. Therefore, he asked the Real Audiencia to weigh in on whether it was advisable to allow teachers' licenses to people of color, "or if these should instead be held only by white teachers."[36] This seems to suggest that Villanueva was doubling down on the idea that the future held a liberal interest in education by people of color that the government might not be able to control if it allowed for black teachers. Unlike in his previous request, in which he seemed to suggest that teachers of color might make sense, this time Villanueva gave the Real Audiencia the option of choosing from either allowing blacks to be licensed or reserving the right for white people.

Writing for the Real Audiencia, the *fiscal* responded to the captain general's request for a consultative vote and to the commission's report. He wrote that he thought "grave disadvantages could present themselves, particularly in the future" both "with the admission as teachers of primary education and of the primary education of people of color, since it could inculcate in their schools maxims that were not conducive to the social state of the island." The *fiscal* was concerned with both issues that Moreno's application had raised

for officials—the issue of black teachers and the wider problem of extending schooling to people of color, which the 1842 law had already done. In addition, his writing suggests that the head of the Real Audiencia understood Afro-Cubans to be culturally different, or "others," whose customs were not the same as that of the society of the island. Furthermore, he understood schools to be places of exchanges of ideas, and perhaps of potential contagion. Like the head of the Negociado de Instrucción, he understood education to be part of a larger liberal "spirit" that was spreading and dangerous.

Still, the *fiscal* rejected the need to set a precedent. He suggested that, "for the moment, it doesn't seem that we should deprive one man of color from teaching those of his class," given that the Gobierno Superior had the ability to take measures later if they didn't find it suitable to have people of color as teachers. This also suggests that the *fiscal* did not understand the ability to teach or to receive an education to be a guaranteed right; rather, it was a privilege allowed by the government, which could be easily rescinded. Still, the *fiscal* suggested that the Provincial Commissions of Primary Education should keep a close eye on the schools of people of color.

Thus the discussion that occurred within the documents surrounding Moreno's application reveals that there was not a single government position and that the authorities were weighing multiple priorities. Some thought that Moreno's application was the tip of the iceberg—the advance of a rising tide of people of color interested in education—and that the government should work to set a policy before the situation got away from them. Others were not at all concerned with the future or with the government's ability to control people of color's access to education should it become inconvenient for them. Some were particularly interested in preserving the segregation that the 1842 law called for; others thought the problem went beyond just segregation and that, rather, any access to education for people of color was a problem, causing them to revisit the wisdom of the provision in the 1842 plan that allowed segregated schools for children of color to be built at all.

In this case, then, we see that the various government parties represented in this debate had not yet decided whether the spread of education was a good thing or bad thing. The supposed danger of educating people of color was explicitly considered—but then, so were the dangers of ignorance. The documents generated by José Moreno's teacher application reflect a society in flux, particularly as to its racial makeup and racial hierarchy, but also as to its promotion of liberal and progressive ideals. The two often clashed; nowhere was the tension more visible than in any issues having to do with education and race.

Ultimately, José Moreno was allowed to sit for his exam. In August 1856 he passed, paid the fee for the license, and presumably was able to begin teaching children of color. Moreno's application had come, as we have seen, about

a decade after the enactment in 1842 of the first law instituting the beginnings of a national education system in both Cuba and Puerto Rico. It gave rise to a set of documents produced by the Spanish colonial administrators in the system that was put into place by that same educational law. Historically, legal measures instituting public education systems were progressive measures that expanded educational access to the masses and implemented liberal ideas of society and citizenship. In Cuba, the authorities viewed this law with suspicion. They worried about the repercussions of allowing children of color to receive an education and of allowing black adults access to the *magisterio*. In particular, the correspondence arising from Moreno's application shows how authorities viewed the importance of formal segregation structures in the public education system in order to mitigate the effect of education on blacks and to control the place of blacks in a Cuban society that was understood as normatively white. The public school system in Cuba would remain legally racially segregated until the late nineteenth century and unofficially segregated well into the twentieth century.

While Moreno's file revealed deep-seated anxieties about the future of people of color in Cuban society and the role of education in the government's attempt to control that future, it also revealed much about Moreno as a black man confronting increased racial repression. Moreno's example is instructive, indeed, about the ways in which people of color themselves were grappling with a society in flux. Despite the imposition of considerable racial strictures in the mid-nineteenth century, Cuba's free black population was resilient. For militiamen in particular, accustomed to a prestigious social standing and to taking on a position of leadership within their black communities, the nineteenth century brought challenges that they met head-on, in some cases by attempting to enter the teaching force. For free people of color in Cuba in the early to mid-nineteenth century, as in the United States, education became a tool with multiple uses, one that allowed them to address the issue of their place within wider Cuban society and to attend to their own community members. They seized on the nascent public education system to create alternative visions for Cuba's racial and national future, even while the Spanish colonial government used the same public education system to attempt to create racial segregation and limit blacks' access to education.[37]

Conclusion

As the 1850s gave way to the 1868 War of Independence, Cuban nationalist ideology would consolidate around the idea that a liberal, modern, and independent Cuba required accepting and integrating people of color. The 1868 war would begin with its white creole leader, Carlos Manuel de Céspedes, freeing his slaves on the plantation where war was declared. From 1868 to 1898, the

Cuban army would be racially integrated throughout its ranks. But still, Cuba's homegrown racism continued to dog Cuban nationalist ideology well into the twentieth century. [38]

Yet in the shift from the desperate attempt to fashion Cuba as white—seen here in the effort to extend the racial segregation of the 1842 Plan de Instrucción to a black man applying for a teaching license—to the Cuban nationalist ideology that at least paid lip service to the idea of racial democracy, we see reflected the efforts of Afro-descendants. Teachers of color like José Moreno, in the very exercise of the *magisterio* and in their attempts to carry it out as licensed professionals, promoted the rise of national systems, such as public education, that included people of color. Militiamen of color who became teachers positioned themselves vis-à-vis the colonial authorities in a way that insisted on their recognition as free subjects; and those who applied for licenses insisted on their recognition as members of the official educational bureaucracy. This recognition allowed them to gain social status and promoted the vision of a Cuban nation in which free people of color had equal access and rights, and a place well outside race-based slavery. Teachers of color like Moreno struggled to advance an idea of racial confraternity, even in the face of the increased racial discrimination and de jure segregation in the educational realm, as the process of his application has revealed to us.

NOTES

1. José Moreno was described as a *moreno*, that is, a black man. In nineteenth-century Cuba, this term was distinguishable from *pardo*, which meant either a mulatto person or a person of mixed African and European ancestry. Collectively, people of any African ancestry were described as being *de color*, or "of color." In this article, I use the terms *black* and *people of color* interchangeably, because the racial structures that were being imposed in this period increasingly created a racial binary that lumped mulattos and blacks together in contrast to whites, and because some Afro-descendants were beginning to articulate a cohesive identity as nonwhite or black peoples.

2. George Reid Andrews, *Afro-Latin America, 1800–2000* (New York: Oxford University Press, 2004), 106–115; Takkara Brunson, "Constructing Afro-Cuban Womanhood: Race, Gender, and Citizenship in Republican-Era Cuba, 1902–1958" (PhD diss., University of Texas at Austin, 2011); Matt D. Childs, *The 1812 Aponte Rebellion in Cuba and the Struggle against Atlantic Slavery* (Chapel Hill: University of North Carolina Press, 2006); Pedro Deschamps Chapeaux, *El negro en la economía habanera del siglo XIX* (Havana: Unión de Escritores y Artistas de Cuba, 1971); Alejandro de la Fuente, *A Nation for All: Race, Inequality, and Politics in Twentieth Century Cuba* (Chapel Hill: University of North Carolina Press, 2001); Alejandro de La Fuente, *Havana and the Atlantic in the Sixteenth Century* (Chapel Hill: University of North Carolina Press, 2008); Rafael Duharte Jimenez, *El negro en la sociedad colonial* (Santiago de Cuba: Editorial Oriente, 1988); Tomás Fernández Robaina, *El negro en Cuba: Apuntes para la historia de la lucha contra la discriminación racial* (Havana: Editorial de Ciencias Sociales, 1990); Ada Ferrer, *Insurgent Cuba: Race Nation and Revolution, 1868–1898* (Chapel Hill: University of North Carolina Press, 1999); Aisha K. Finch, *Rethinking Slave Rebellion in Cuba: La Escalera and the Insurgencies of 1841–1844* (Chapel Hill: University of North Carolina Press, 2015); Lillian Guerra, "From Revolution

190 : Raquel Alicia Otheguy

to Involution in the Early Cuban Republic: Conflicts over Race, Class, and Nation, 1902–1906," in *Race and Nation in Modern Latin America,* ed. Nancy P. Appelbaum, Anne S. Macpherson, and Karin Alejandra Rosemblatt (Chapel Hill: University of North Carolina Press, 2003), 132–162; Aline Helg, *Our Rightful Share: The Afro-Cuban Struggle for Equality, 1886–1912* (Chapel Hill: University of North Carolina Press, 1995); Kenneth F. Kiple, *Blacks in Colonial Cuba, 1774–1899* (Gainesville: University Press of Florida, 1976); Herbert Klein, "The Colored Militia of Cuba: 1568–1868." *Caribbean Studies* 6, no. 2 (1966): 17–27; Jane G. Landers, *Atlantic Creoles in the Age of Revolutions* (Cambridge, MA: Harvard University Press, 2010); Bonnie A. Lucero, "Engendering Inequality: Masculinity and Racial Exclusion in Cuba, 1895-1902," (PhD diss., University of North Carolina, 2013); Bonnie A. Lucero, *Revolutionary Masculinity and Racial Inequality: Gendering War and Politics in Cuba* (Albuquerque: University of New Mexico Press, 2018); Verena Martínez-Alier, *Marriage, Class, and Color in Nineteenth-century Cuba: A Study of Racial Attitudes and Sexual Values in a Slave Society* (New York: Cambridge University Press, 1974); Melina Pappademos, *Black Political Activism and the Cuban Republic* (Chapel Hill: University of North Carolina Press, 2011); Robert L. Paquette, *Sugar Is Made with Blood: The Conspiracy of La Escalera and the Conflict between Empires over Slavery in Cuba* (Middletown, CT: Wesleyan University Press, 1988); Michele Reid-Vazquez, *The Year of the Lash: Free People of Color in Cuba and the Nineteenth-Century Atlantic World* (Athens: University of Georgia Press, 2011); David Sartorius; *Ever Faithful: Race, Loyalty, and the Ends of Empire in Spanish Cuba* (Durham, NC: Duke University Press, 2013).

3. For the history of education in Cuba, see Pedro de Agüero, *La instrucción pública en la isla de Cuba* (Havana: Imprente El Iris, 1867); Antonio Bachiller y Morales, *Apuntes para la historia de las letras, y de la instrucción pública de la isla de Cuba* (Havana: Imprenta de P. Massana. 1859); Paulino Castañeda Delgado and Juan Marchena Fernández, "Notas sobre la educación publica en Cuba, 1816–1863," *Jahrbuch für Geschichte von Staat Lateinamerikas* 21 (1984): 264–282; Edward D. Fitchen, "Primary Education in Colonial Cuba: Spanish Tool for Retaining 'La isla siempre leal?'" *Caribbean Studies* 14, no. 1 (1974): 105–120; Ministerio de Educación, *La educación en los cien años de lucha* (Havana: Pueblo y Educación, 1968); José Esteban Liras, *Resumen de la legislacion de primera enseñanza vigente en la isla de Cuba, 1895* (Havana: Imprenta "La Propagandista," 1895); José F. Martínez y Díaz, *Historia de la educación publica en Cuba, desde el descubrimiento hasta nuestros días y causas de su fracaso* (Pinar del Río: Imprenta la Casa Villalba, 1943); Emma Pérez, *Historia de la pedagogía en Cuba desde los orígenes hasta la Guerra de Independencia* (Havana: Cultural S.A., 1945); Louis A. Pérez Jr., "The Imperial Design: Politics and Pedagogy in Occupied Cuba, 1899–1902," *Cuban Studies/Estudios cubanos* 12 (July 1982): 1–19; Enrique Sosa Rodríguez and Alejandrina Penabad Félix, *Historia de la educación en Cuba* (Havana: Editorial Pueblo y Educación, 2005).

4. Alicia Conde Rodríguez, "Cultura y educación en los años iniciales de la República de Cuba," *Cubaliteraria: Portal de literatura cubana,* April 8, 2014, http://www.cubaliteraria.cu/articulo.php?idarticulo=17085&idseccion=25.

5. For *escuelitas de amigas,* see de Agüero, *La instrucción pública,* 6; Bachiller y Morales, *Apuntes;* Matt D. Childs, "'Sewing' Civilization: Cuban Female Education in the Context of Africanization, 1800–1860," *Americas* 54, no. 1 (1997): 83–107; Sandra Estévez Rivero, "La instrucción pública: Forjada de la conciencia política entre negros y mulatos libres en la ciudad de Santiago de Cuba (1526–1868)," in *Por la identidad del negro cubano,* ed. Sandra Estevez Rivero et al. (Santiago de Cuba: Ediciones Caseron, 2011), 41–64; Deschamps Chapeaux, *El negro en la economía habanera,* 125–130; Luz Mena, "Stretching the Limits of Gendered Spaces: Black and Mulatto Women in 1830s Havana," *Cuban Studies* 36 (2005): 87–104; Pérez, *Historia de la pedagogía,* 50–52; Salvador García Agüero, "Lorenzo Menéndez (o Meléndez), el negro en la educación cubana," *Revista bimestre cubana* 39, no. 3 (May–June 1937): 351–358; Ministerio de Educación, *La educación en los cien años de lucha,* 27.

6. Childs, "'Sewing' Civilization," 83–84.

7. Bachiller y Morales, *Apuntes,* 5–7; Deschamps Chapeaux, *El negro en la economía,* 125–130; Estévez Rivero, "La instrucción pública," 54–55.

8. Childs, "'Sewing' Civilization," 93; Louis A. Pérez, *Cuba between Reform and Revolution,* 3rd ed. (New York: Oxford University Press, 2006), 52.

9. "Comunicaciones relacionadas con el establecimiento de escuelas para personas de color," 1828, Biblioteca Nacional José Martí, Coleción de Manuscritos Sociedad Económica de Amigos del País, tomo 3, no. 8,

10. *Plan y reglamento para las escuelas gratuitas de enseñanza mutua de esta ciudad, Pueblo-Nuevo y Ceiba-Mocha* (Matanzas: Imprenta de la Real Marina, 1835).

11. On the rise of a slave-based sugar economy in Cuba and the subsequent racial hierarchization throughout Cuban society, see Andrews, *Afro-Latin America;* 75, 107–108; Childs, "Sewing" Civilization"; Childs, *1812 Aponte Rebellion;* Ada Ferrer, *Freedom's Mirror: Cuba and Haiti in the Age of Revolution* (New York: Cambridge University Press, 2014); Finch, *Rethinking Slave Rebellion;* Franklin Knight, *Slave Society in Cuba during the Nineteenth Century* (Madison: University of Wisconsin Press, 1974); Manuel Moreno Fraginals, *El ingenio: Complejo económico-social cubano de azúcar* (Havana: Editorial de Ciencias Sociales, 1978); Paquette, *Sugar Is Made with Blood;* Reid-Vazquez, *Year of the Lash.*

12. Reid-Vazquez, *Year of the Lash,* 1.

13. For the Escalera rebellion, see Deschamps Chapeaux, *El negro en la economía;* Finch, *Rethinking Slave Rebellion;* Paquette, *Sugar Is Made with Blood;* Reid-Vazquez, *Year of the Lash.*

14. Paquette, *Sugar Is Made with Blood,* 267–274; Reid-Vazquez, *Year of the Lash.*

15. Marcelo Caruso, "Latin American Independence: Education and the Invention of New Polities," *Paedagogica historica* 46, no. 4 (August 2010): 409–417.

16. On the history of public education in Cuba, see Bachiller y Morales, *Apuntes;* Castañeda Delgado and Fernández, "Notas sobre la educación pública en Cuba"; Fitchen, "Primary Education in Colonial Cuba"; Liras, *Resumen de la legislación de primera enseñanza;* Ministerio de Educación, *La educación en los cien años de lucha;* Martínez y Díaz, *Historia de la educación pública en Cuba;* Pérez, *Historia de la pedagogía en Cuba;* Enrique Sosa Rodríguez and Alejandrina Penabad Félix, *Historia de la educación en Cuba,* vol. 8, *Centralización de la instrucción pública por España entre 1842 y 1898: Educación primaria* (Havana: Editorial Pueblo y Educación, 2005).

17. Sosa Rodríguez and Penabad Félix, *Historia de la educación de Cuba,* iii–22.

18. Archivo Historico Provincial de Santiago de Cuba, Municipal Colonial, *legajo* 227.

19. *La instrucción primaria: Revista quincenal* 4: 719.

20. Liras, *Resumen de la legislación de primera enseñanza,* 64. The plan also stipulated that slave owners would teach their slaves, but instruction would be limited to Christian doctrine. De Agüero, *Historia de la instrucción primaria,* 21; Sosa and Penabad Félix, *Historia de la educación en Cuba,* 19–22.

21. Liras, *Resumen de la legislación de primera enseñanza,* 13–15. The historiography on racial segregation and desegregation battles in the public education system in the United States has documented the deleterious effects of segregation on the quality of instruction. See James D. Anderson, *The Education of Blacks in the South, 1860–1935* (Chapel Hill: University of North Carolina Press, 1988); Jelani Cobb, "The Failure of Desegregation," *New Yorker,* April 6, 2014 https://www.newyorker.com/news/news-desk/the-failure-of-desegregation; Adam Fairclough, *A Class of Their Own: Black Teachers in the Segregated South* (Cambridge, MA: Belknap Press of Harvard University Press, 2007); Carleton Mabee, *Black Education in New York State from Colonial to Modern Times* (Syracuse, NY: Syracuse University Press, 1979).

22. Finch, *Rethinking Slave Rebellion in Cuba,* 121, 140, 221–229, and conclusion; Reid-Andrews, *Afro-Latin America,* 108; Paquette, *Sugar Is Made with Blood,* 106–108. Paquette notes that in 1861, free blacks were still between 15 percent and 20 percent of the total population and

had doubled in number since 1817, despite the arrival of many enslaved Africans. This was the highest population of free people of color in the Americas, save Brazil.

23. Finch, *Rethinking Slave Rebellion in Cuba,* 139, 221.

24. For militias of color in Cuba, see María del Carmen Barcia, "Poder étnico y subversión social: Los batallones de pardos y morenos de Cuba," *Islas* 1, no. 1 (2005) http://www.angelfire.com/planet/islas/Spanish/v1n1-pdf/06-09.pdf; Klein, "Colored Militia of Cuba"; Michele Reid, "Protesting Service: Free Black Reponses to Cuba's Reestablished Militia of Color, 1854–1865," *Journal of Colonialism and Colonial History* 5, no. 2 (2004) *Project Muse,* https://doi.org/10.1353/cch.2004.0057; David Sartorius, "My Vassals: Free-Colored Militias in Cuba and the Ends of the Spanish Empire," *Journal of Colonialism and Colonial History* 5, no. 2 (2004), *Project Muse,* https://doi.org/10.1353/cch.2004.0059.

25. Barcia, "Poder étnico y subversión social"; Reid, "Protesting Service"; Reid-Vazquez, *Year of the Lash,* 117–145.

26. Archivo Nacional de Cuba (hereafter ANC), Instrucción Pública, *legajo* 114, #7311, Expediente sobre profesor de ensenanza al moreno libre José Moreno, 1856. All translations mine.

27. Ibid.

28. Reid-Vazquez, *Year of the Lash,* 98–116.

29. "Lifting as We Climb" was the motto adopted by the National Association for Colored Women when it was founded in the United States in 1896. See Lee D. Baker, *Anthropology and the Racial Politics of Culture* (Durham, NC: Duke University Press, 2010), 63. Historians of African American education have documented how, for African Americans, education was often a collective endeavor in which black students and educators were concerned about both their own educational and professional journey and how their actions could affect the black community with which they identified. See Anderson, *Education of Blacks in the South*; Fairclough, *Class of Their Own*; Glenda Elizabeth Gilmore, *Gender and Jim Crow: Women and the Politics of White Supremacy in North Carolina, 1896–1920* (Chapel Hill: University of North Carolina Press, 1996); Heather Andrea Williams, *Self-Taught: African American Education in Slavery and Freedom* (Chapel Hill: University of North Carolina Press, 2005).

30. ANC, Instrucción Pública, *legajo* 114, #7311, Expediente sobre profesor de ensenanza al moreno libre José Moreno, 1856.

31. Ibid.

32. Ibid.

33. Ibid. The original language reads: "El Plan admite para ella escuelas, es cierto, y en tal supuesto es necesario que los Maestros pertenezcan a la misma clase, puesto que las costumbres, la repugnancia instintiva y tal vez la necesidad indispensable del predominio de los blancos hace imposible . . . que estos los enseñen."

34. Ibid. "La dificultad para la mesa, consistía menos en la aptitud personal de Moreno que en si es o no conveniente dar estensión a la enseñanza de la clase de color."

35. Ibid.

36. Ibid.

37. For a longer account of the intertwined issues of race and education in nineteenth-century Cuba, see Raquel Alicia Otheguy, "Education in Empire, Nation, and Diaspora: Black Cubans' Struggle for Schooling, 1850–1910" (PhD diss., Stony Brook University, 2016).

38. De la Fuente, *Nation for All*; Ferrer, *Insurgent Cuba*; Helg, *Our Rightful Share*; Lucero, "En*gendering* Inequality"; Louis A. Pérez Jr., *Cuba between Empires, 1878–1902* (Pittsburgh, PA: University of Pittsburgh Press, 1983).

órganos oficiales de las distintas denominaciones, ayudan a explicar de manera más orgánica estos asuntos.

Desarrollo

¿En busca del tiempo perdido? Magisterio y
religión desde el protestantismo en Cuba

Durante la primera mitad del siglo XX la obra educacional de los misioneros protestantes logró formar parte del panorama cultural de Cuba. El debate en torno a una enseñanza que respondiera a la tradición pedagógica del siglo XIX cubano estuvo en el epicentro de importantes debates de la intelectualidad de la época. A ello se sumó la búsqueda de una escuela que rescatara el imaginario independentista y formara hombres y mujeres al servicio de la patria. Tales anhelos estuvieron en el quehacer de muchos maestros, ya fuera de la pequeña escuelita pública o de algunos centros educacionales religiosos. Tal sentir no tuvo la misma acogida en todos los centros educacionales, sin embargo, resulta interesante el caso de los colegios protestantes.

Las principales denominaciones de esa corriente del cristianismo que desarrollaron su labor educacional en Cuba fueron los bautistas, metodistas, presbiterianos, cuáqueros. Todos ellos, con particularidades específicas, formaron parte de un movimiento que en el campo de las ideas pedagógicas intentó llenar aquellos espacios donde aún se adolecía de las herramientas necesarias para llevar adelante el proceso educativo en la joven república que nacía a inicios del siglo XX.

El estrecho vínculo existente entre los valores morales del cristianismo, específicamente el protestantismo, y el desenvolvimiento cívico que inculcaban a sus estudiantes, se expresa de manera muy sólida en toda la obra educacional de los misioneros. Una república fractura en sus ideales necesitaba, sin dudas, del compromiso educacional de pedagogos, maestros y de sus alumnos. En tal sentido, un grupo de maestros de los colegios protestantes apostaron por la formación cívica moral de sus estudiantes. Sin proponerse cambiar el orden económico y político existente en la Isla, fueron embajadores de una educación de avanzada, pionera de las principales corrientes pedagógicas de la época.

Unido a un pragmatismo educativo, también resaltaron los valores propios de su religión. Así los preceptos morales estuvieron presentes en lo que consideraron un buen ciudadano, apto para sortear la república que se conformaba desde visiones diversas.

Existió en la primera mitad del siglo XX una coincidencia entre las denominaciones en expresar la necesidad de formar ciudadanos integrales, cumplidores de las leyes, amantes de su nación, pero sobre todo, individuos formados en valores morales sólidos.

Las iglesias históricas protestantes, o sea, los episcopales, bautistas, presbiterianos y metodistas, tienen una serie de rasgos distintivos que las particularizan, pero también en sus postulados contienen características comunes que las relacionan entre sí. Se debe apuntar que, básicamente, su creencia es la misma: creen en Jesucristo como mediador entre Dios y los hombres, como hijo de Dios y salvador personal. Todas se consideran legítimas representantes de la Iglesia primitiva, confiesan con mayor o menor agresividad sus diferencias con la Iglesia católica romana y admiten con ligeros matices la importancia de los principios de la Reforma protestante del siglo XVI. De forma sintética se pueden señalar tres principios comunes entre estas denominaciones: solo por la gracia, solo por la fe y solo por la Escritura.

Como todo grupo humano, estas denominaciones se diferencian entre sí. Los bautistas son, básicamente, quienes más polemizan con el resto de los históricos. Su propio origen los conduce a una serie de planteamientos que no coinciden con el resto de las denominaciones. Estos creyentes consideran que la Iglesia es, esencialmente, un cuerpo espiritual que se manifiesta por medio de su institución única: la congregación local. Las otras asumen que la Iglesia es una institución que se manifiesta a través de los pueblos, naciones y territorios. Otra gran diferencia lo constituye el bautismo. No existe controversia entre los bautistas y el resto de los cristianos protestantes o evangélicos en cuanto a la necesidad del bautismo antes de la comunión. El asunto radica en la sujeción y forma del bautismo. Las otras denominaciones aceptan la interpretación de la Biblia, y en cierta forma, de otras personas. "Los episcopales de sus obispos y sacerdotes, los luteranos de Lutero, los presbiterianos de Calvino, los metodistas de Juan Wesley."[2] La interpretación dada a la Biblia por estos hombres está consignada en sus escritos e incorporada por casi todos, excepto por los Discípulos, en credos y confesiones, los cuales son considerados como autoritarios y a los que apelan finalmente. En tal sentido, en Cuba fueron los presbiterianos, metodistas, bautistas, episcopales y luego otros grupos evangélicos los que llevaron la vanguardia en cuanto a la creación de escuelas e institutos de diverso tipo.

Los protestantes asumían la idea de que el objetivo de la educación no se podía limitar a la posesión de grandes conocimientos, al dominio de la ciencia: su fin más elevado debía ser la formación del carácter. Planteaban que la verdadera educación debía perseguir una inteligencia clara, activa y conceptuosa, "una voluntad firme a la orden de un corazón puro, y un cuerpo sano, esclavo de un espíritu grande." El mayor ideal de la educación estaba en hacer libres a los seres humanos.

En una de sus páginas, *El Mensajero,* diario bautista, planteaba entre los principales objetivos de sus escuelas los siguientes:

1. Enseñar a sus alumnos el verdadero amor y vida cristiana, brindándose el ambiente propicio para ello;

2. Dar la base para moldear en ellos un carácter firme e íntegro y formar, fortalecer aptitudes deseables;
3. Disciplinar a los educandos de tal manera que dentro y fuera de las aulas puedan ofrecer ejemplos de futuros ciudadanos dignos y útiles;
4. Despertar y estimular en los alumnos un inquebrantable interés de seguir aprendiendo durante toda la vida;
5. Prepararlos para una enseñanza más adelantada.[3]

En este punto vale señalar que si bien los misioneros no renunciaron a su interés "evangelizador" hacia los cubanos, su visión de lo que era pernicioso, amoral, no era traducida de la misma manera en una nación culturalmente heterogénea y desde el punto de vista religioso muy heterodoxa. Por lo tanto, el primer punto de confrontación estuvo en adecuar aquel discurso "moralista" a una cultura caribeña, con una importante herencia africana, española, asiática, entre otras. Además, con una fuerte presencia del catolicismo y de religiones populares.

El discurso se adecuo a cierto coqueteo con el rescate de los valores patrios de la nación, con su pasado independentista. Tal proceso fue paulatino, pues a inicios del siglo XX era menos recurrente esta práctica. A partir de la década del cuarenta, cuando en muchos colegios la presencia de profesores cubanos fue mayor, el tratamiento a la historia de Cuba comenzó a ser diferente.

Entre las actividades que se realizaban en los colegios ocuparon un lugar esencial aquellas dedicadas a la celebración de actividades patrióticas. Llama la atención el gran interés de aquellos centros por resaltar acontecimientos esenciales en la historia de Cuba que marcaron hitos en el proceso independentista cubano. Era tradicional la celebración del nacimiento de Martí, la conmemoración de su muerte, el 10 de octubre (inicio de la Guerra de los 10 Años o la Guerra Grande), muerte de Maceo, el Grito de Yara, entre otra muchas.

Entre las reseñas, artículos y discursos publicados sobre este particular, aparece uno referido al 10 de octubre en el año 1910:

En aquella ocasión la diana tocó temprano junto a un cornetín y un tambor seguido de un grupo numeroso de alumnos que coreaban el himno nacional. El día terminó con una velada en la que alternando con música y cantos, por la maestra y alumnos del Departamento de Música, se recitaron poesías alusivas a la fecha.

Se ofreció un discurso en el cual un alumno resaltó el papel de la figura de Céspedes en el inicio de nuestras gestas independentistas el 10 de octubre de 1868.[4]

Este tipo de reseñas aparece con frecuencia en la publicación de los bautistas de Oriente y también en las páginas de Sión, el órgano de los bautistas de Occidente, así como en otras publicaciones que se registraron durante toda la primera mitad del pasado siglo. Sin embargo, tal práctica era también común en colegios católicos y escuelas públicas, como parte del imaginario histórico

de la nación el cual estaba aún muy cercano a la gesta independentista por la presencia misma de generales independentistas en los cargos gubernamentales a inicios de siglo XX.

A la par de este discurso nacional reformista, los misioneros insistían en "civilizar" a los cubanos en un proceso de "evangelización" a la usanza norteña. En tal sentido los conceptos de civilidad, modernidad y progreso, eran asociados, por ósmosis, a los valores de la cultura estadounidense. Los misioneros transmitían la idea de que todo lo que Cuba necesitaba era asumir las ideas de "progreso y modernidad a la usanza norteamericana." Para ellos el atraso cívico y económico que sufría Cuba tenía mucho que ver con su otrora condición de colonia de España. Tales ideas resultaban, aún en aquella ápoca, muy reduccionistas e "ingenuas."

Igualmente, consideraban que la escuela primaria tenía más profunda trascendencia que la superior y la universidad puesto que estos últimos centros de mayor cultura no recibían al niño virgen, es decir, susceptible de toda modificación y fácil para adaptarse al medio en que se encontraba sino al adolescente y al hombre. Aquel con gérmenes y hábitos que tienden a producirse y arraigarse, y ya resuelto en sus cambios emprendidos en más temprana edad. Y como es la escuela primaria la que recibe al niño, es ella la que debía forjar a los ciudadanos de una nación. Igualmente entendieron que para la patria la educación de sus hijos era una necesidad ineludible.

Los protestantes confiaban en que la mejor escuela primaria sería aquella que ofreciera una verdadera educación moral. Aquí estaba implícito un principio elemental que se ha reiterado en estos análisis y es que estos maestros eran, en muchos casos, portadores de los valores del cristianismo, los cuales no abandonaron en sus lecciones y que, de alguna manera, insistieron en depositar en sus alumnos. Llevaron a efecto campañas en contra del alcoholismo, el tabaquismo, la creación de las ligas de abstinencia, entre otras actividades.

Es válido señalar que otras escuelas laicas y religiosas, no protestantes, también atendieron de una manera u otra estos objetivos. Sin embargo, lo que distinguió a los evangélicos, además de las peculiaridades señalas hasta aquí, fue su énfasis en los aspectos morales y en la educación cívica de sus estudiantes, como parte de la formación de ciudadanos que debían poseer una formación integral, tanto en su mente como en su cuerpo. A ello añadieron un interés por la ciencia que les ganó muchos adeptos. La clase media cubana, con aspiraciones de ganarse un lugar dentro de la estructura de "éxito" que ofrecían los medios de entonces, buscaba acercarse a estos colegios, muchos de los cuales eran bilingües, para que sus hijos pudieran aspirar a mejores puestos en la sociedad.

Llama la atención en las fuentes consultadas el interés de los protestantes por "moralizar" a los cubanos a través de la educación. Así, en 1918 un maestro bautista planteaba en un artículo publicado en *El mensajero*, que en un

país como Cuba era muy difícil una obra educativa y moral. Todo esto debido no solo al estado de miseria general del país, sino también a las marcadas demostraciones de las cuales se quejaban algunos individuos, e incluso que eran reflejadas en la prensa nacional.

Esta política educacional no siempre fue aceptada por la sociedad. Algunos sectores acusaban a los misioneros de moralistas al criticar el juego, el alcoholismo, las lidias de gallos, entre otras prácticas. En ese grupo se encontraba la Iglesia católica, quien lideraba tales críticas hacia la comunidad protestante.[5]

Otros iban al debatido tema del anexionismo. Sobre este particular, en un artículo publicado en el año 1912 en el órgano oficial de la Convención Bautista oriental, reaparece el debate ideológico independencia versus anexionismo en las acusaciones de algunos diarios nacionales a la educación impartida por las diferentes denominaciones protestantes existentes en el país.

El artículo que se registra en ese año, en el número 12 de *El mensajero* es una especie de respuesta a una acusación que se les hace a los predicadores y maestros evangélicos como anexionistas. El artículo es muy aclaratorio, por ello se reproduce a continuación una cita del mismo que resulta muy explicativa.

El texto aparece con la firma de E.J.M. y dice:

En los Estados Unidos hay también vicios y defectos y eso sí que se esmeran en copiar algunos los cubanos que no quieren a la americana en materia religiosa. Desde el excelente juego de baseball hasta el reinante póker no hay entretenimiento que desdeñen nuestros jóvenes y aún nuestros hombres maduros. Las señoras y señoritas cortan sus trajes por figurines americanos y no desdeñan pintar sus mejillas con carmín aunque por conducto americano reciban tan fea costumbre a la antiestética y algo más, saya trabada a la ridícula saynelita que ahora hace furor. El boxeo, que con tanto afán persiguen las autoridades y público sano del norte, tiende a aclimatarse entre nosotros y amenazar ser en fecha no lejana un competidor de vela. Muchos son los que rasuran su cara según la moda americana, y muchos, que de pies a cabeza se visten según los figurines americanos con ropa y calzado de la misma procedencia.[6]

Más adelante señala que ese catálogo puede ser infinito para demostrar hasta la saciedad que no era verdaderamente un deseo americano lo que ocasionaba la animadversión hacia el evangelio los que la fundaban o decían fundarla en la vía porque aquel ha llegado a Cuba, sino "una de las tantas alucinaciones que el enemigo de las almas usaba para apartarlas del camino de su salvación eterna e impedir que lleguen a saber de él."[7]

Como puede inferirse, existieron posiciones muy diversas en cuanto a la valoración que se hacía de la obra educacional protestante en Cuba. Los juicios emitidos por el autor de este artículo, reflejan otras variantes en las cuales el modo de vida norteamericano caló en el accionar diario de los cubanos y las

disímiles maneras que se acontecieron en los patrones estéticos, deportivos y no solo educativos, por los cuales la influencia norteña se hizo sentir en el período republicano. Se debe señalar que la práctica de algunos deportes no constituía un vicio o mala práctica. Solo se refería a esto para aclarar las maneras en que los cubanos aceptaban algunas costumbres y otras no, como el caso de la religión protestante.

Se ha presentado la visión del papel del profesorado, sin embargo, también es necesario conocer la visión que se tenía de los educandos. La mayoría de las fuentes consultadas insisten en lo relacionado a la influencia de los Estados Unidos hacia Cuba, sin embargo, también se pudo observar que los cubanos dejaron su huella en aquellos misioneros. Muchos de ellos lograron adaptarse a la cultura cubana, a sus comidas, su música, su clima, su lengua. Existen importantes testimonios de profesores que una vez terminadas sus labores decidieron quedarse a vivir en Cuba o regresar, como fue el caso del director del colegio Candler, el profesor Señor Bardwell.[8] Muchos profesores cubanos graduados en estos colegios oficiaron posteriormente en los mismos, manteniendo estrechas relaciones con sus otrora educadores. El vínculo llegó también al emparentamiento de familias, a la colaboración en estudios científicos como el caso de Carlos de la Torre Huerta, director del colegio presbiteriano Carlos de la Torre en Sancti Spíritus y el director Bardwell.

Una de las tesis que con más frecuencia se ha querido destacar de estos vínculos ha sido el carácter y objetivos de dichos planteles.

En la revista *Sión* aparecen entre 1907 y 1930 una serie de artículos de opinión en el cual el debate en torno a una educación nacional o extranjerizante en estos colegios ocupa importantes espacios.[9]

Bajo el título "Impresiones y comentarios" dirigido por M. M. Calejo, se recogen varias opiniones acerca de la labor nacionalista de los bautistas en sus escuelas y de las diferentes acusaciones a las que son sometidos por la prensa laica y por diferentes publicaciones de la Iglesia católica.[10]

En un artículo de la revista *El Bautista* —uno de los nombres que tuvo el órgano oficial de esa denominación— del año 1916 aparece en una página de opinión firmada por R. Delgado, una respuesta al *Diario de la Marina* con respecto a un artículo titulado "Evangelistas o americanizantes."

El editorial del *Diario de la Marina* centra su atención en los 12 000 pesos que las Iglesias evangélicas del norte propiciaron a sus homólogas en Cuba para sus actividades. Se acusa a los evangélicos de pretender americanizar a los cubanos por medio de la "religión evangélica."

Es válido recordar que la Iglesia católica había sufrido, luego de la intervención norteamericana, inicialmente, y luego con la Constitución de 1901, un proceso de descentralización y pérdida de su monopolio espiritual. La libertad de cultos promulgada por la Constitución así como la separación de la Iglesia y el Estado, resquebrajó los cimientos del liderazgo católico-romano en Cuba.

Es por ello que no se produjo lo que consideraban un "pacífico proceso de aceptación del otro" en tanto ese "otro" llegaba a ocupar y entrar en la "competencia" por feligreses y esferas de influencia donde otrora existía la santa trilogía de Iglesia católica, Estado colonial español, Santa Sede.

En el artículo que se ha anunciado por la autora —a modo de ejemplo de otros que existen en esta línea— los evangélicos insisten en su capacidad para decidir sus propios destinos y de su compromiso con su nación y sus coterráneos. Es así que plantean aspectos como los siguientes: "¿Que repartimos biblias protestantes? ¿Y qué diferencia existe entre esta y la católica? La única es, que la de ustedes, la oficial por conveniencia propia, está en latín, para que el pueblo no pueda leerla, y se convenza de vuestros errores y engaños. La nuestra está en el idioma donde se predica, para que conozcan la verdad por sí mismos."[11]En estas líneas se expresa uno de los elementos que hizo del protestantismo una práctica atractiva para determinados sectores sociales. Aquellas personas que sabían leer tenían acceso a la Biblia en idioma español y a un conjunto de materiales que divulgaban la vida y obra de Jesucristo así como la historia de estas denominaciones en su idioma lo cual era un medio de divulgación efectivo. Para ello se apoyaron en su labor educacional, como se ha venido explicando.

Más adelante el autor bautista contesta a sus críticos en cuanto a la efectividad de los colegios bautistas al plantear:

Y sobre que nuestros colegios han fracasado, en Oriente solamente tenemos más de 24, con 2500 alumnos. Tenemos escuelas en las ciudades, en los pueblos y en los campos. Ustedes tienen en las grandes ciudades únicamente (. . .)

Respecto a lo que se enseña en los colegios: la prensa se ha ocupado bastante de combatirlos a ustedes, por la enseñanza perniciosa y anti-cubana que están llevando a cabo en dichos planteles.[12]

Se acusa a la Iglesia católica también de enemiga de las libertades de los cubanos y de no apoyar las luchas de los cubanos por su libertad. También se responde al comentario del *Diario de la Marina* acusándolos de que si bien critican al protestantismo por sus vínculos con los Estados Unidos, sin embargo dan una acogida al baseball, de procedencia americana, al póker, al boxeo, todos de procedencia "yanqui."

Ejemplos como este recorren las páginas de múltiples publicaciones de corte evangélico, en este caso, el de los bautistas, se ha presentado uno de los numerosos trabajos que se publicaron en esta línea de críticas mutuas entre la Iglesia católica y los protestantes.

En esa sección dedicada a impresiones y comentarios también se hacían reclamos por el no cumplimiento de lo estipulado por la Constitución referido al respeto de la práctica de las religiones, otra de las situaciones que tuvieron que enfrentar los evangélicos en su desarrollo.

Un anuncio como el que se insertará a continuación es muestra de lo que se ha expresado:

A los cuerpos representativos de todas las Denominaciones Evangélicas de la República, incluyendo bautistas de Cuba Occidental y de Cuba Oriental, así como a las Logias Masónicas establecidas, Orden de Odd fellows y Otras Instituciones.

En vista del poco o ningún respeto que algunas de nuestras autoridades cubanas tiene por el artículo 26 de nuestra Constitución, interpretándolo según sus conveniencias personales, lo que ha dado origen a protestas de algunas entidades ante el señor secretario de Gobernación, se ruega por este medio a los Comités Ejecutivos de las citadas instituciones cubanas, para que a nombre de las mismas eleven cívicamente al Congreso la petición de que defina el alcance que tiene el Artículo 26 de la Constitución y la fiel interpretación del mismo, con el fin de que sea regulada la actitud de las autoridades cubanas en el sentido expresado.[13]

El artículo al cual se hace alusión en la nota citada es el referido a los derechos individuales de los cubanos en el cual se registraba que era libre la profesión de todas las religiones así como el ejercicio de todos los cultos-cristianos, como se demostró en la práctica- sin otra limitación que el respeto a la moral cristiana y al orden público. La Iglesia se mantendría desde 1901 separada del Estado el cual no podía subvencionar ningún culto.[14]

Sin embargo, en la práctica diaria estos derechos bostezaron más de una vez en la espera de su estricto cumplimiento. Pero, en honor a la verdad, las iglesias cristianas estuvieron en una posición menos desventajosa que las religiones no cristianas y que las demás prácticas mágico- religiosas que se estaban ejerciendo en Cuba desde hacía mucho tiempo antes que el protestantismo hiciera su aparición en el cuadro religioso de la Isla.

Para los presbiterianos los conceptos cívico-morales en función del desarrollo armónico de la nación también ocuparon un lugar esencial como para los bautistas y metodistas.

En uno de sus planteles, La Progresiva, se priorizó desde sus inicios, crear en sus discípulos la creencia de que la nación solo podría salir del estado en que se encontraba si sus hijos se preparaban para trabajar en su favor, no como un fin individual, sino en bien colectivo, donde la máxima debía ser el ideal de Martí, en el que todos los cubanos debían tener responsabilidad en el destino de la patria. Toda actividad del colegio llevaba implícita una finalidad educativa. Para ello se celebraran concursos martianos y de historia de Cuba. También existían los llamados "rincones martianos," y ante una fecha patriótica en el colegio se efectuaba algún tipo de celebración o conmemoración donde algunos estudiantes, sobre todo aquellos que se agrupaban en las sociedades literarias, preparaban actividades para recordar aquellos acontecimientos de la historia nacional. Se leían poesías, se realizaban representaciones teatrales, entre otras actividades.[15]

En el órgano oficial de la Iglesia presbiteriana, *El Heraldo Cristiano*, aparece en este período importantes referencias sobre este particular. Se encuentran las sesiones dedicadas a figuras como Antonio Maceo, Máximo Gómez, José Martí, Carlos Manuel de Céspedes e Ignacio Agramonte. Se efectuaban discursos y conferencias sobre la vida de estos patricios y sobre las guerras de liberación nacional.[16]

En esa misma línea, el Colegio Carlos de la Torre trató de preparar a sus estudiantes no solo en cuestiones prácticas, sino también en los valores cristianos y en el respeto a la nación, se trataba de crear ciudadanos que con las herramientas para la vida, pudieran revertir sus conocimientos en el bien colectivo. Aquí es necesario apuntar que no siempre es coincidente el resultado con los propósitos que se establecen, sin embargo, queda en un grupo la semilla que se les colocó y esta germina de las maneras más disímiles.

El Colegio Carlos de la Torre reconocía también, como su misión, la de preparar jóvenes que prestaran a su "patria material" los servicios de su sapiencia y de su energía, hombres y mujeres que cumplieran con fidelidad la parte que les correspondía en el agregado social; pero también reconocían otra misión: preparar hombres y mujeres que aspiraran a la "patria de Dios"; "hombres y mujeres cuyas vidas sean un ejemplo de bondad y de mansedumbre y cuya divisa sea: servir con amor al prójimo."[17]

Este elemento es también coincidente con los colegios anteriormente analizados, puede observarse una similitud en los objetivos de los mismos y en la forma en que proyectaban su quehacer hacia la sociedad.

Los metodistas se proyectaron sobre la base de similares conceptos: insistían en colocar en el alma de los estudiantes aquellos valores que les hicieran actuar y transformar su país para bien de todos. Pero también, identificarse y reconocer su historia, sus valores como nación.

En la rama femenina de los metodistas también se enseñaba a las niñas el amor a su patria. Resulta interesante un calendario publicado por este colegio en 1921 y que anunciaba como prioridad, la participación de sus alumnas en las siguientes fechas:

7 de septiembre: apertura del curso escolar
10 de octubre: preparación de actividad por el Grito de Yara
27 de noviembre: acto por el día de Los estudiantes mártires
7 de diciembre: duelo nacional
24 de febrero: Grito de Baire[18]

Estas actividades se realizaban en los predios del colegio y fuera de estos cuando se celebraran por parte del gobierno provincial de Matanzas. Los colegios metodistas llevaban su representación a tales concentraciones mostrando imágenes de los mártires y letreros alegóricos a las fechas. [19]

En otro de sus colegios, el Candler, los metodistas mantuvieron su línea de enseñar y educar a los alumnos en los valores que consideraban imprescindibles en cualquier ciudadano. Así, se pudo observar en las fuentes consultadas que en el caso de dicho colegio, la relación entre la educación y la exaltación moral fue uno de los pilares de su obra educacional misionera. Esto se debió a que la educación evangélica se cimentó, en gran medida, en la creencia de que la disciplina y el aplomo serían agentes que propiciarían mejoras sociales y cierta movilidad ascendente. En este sentido, el historiador cubano, Rafael Cepeda, señaló que tal actitud rozaba los límites de la ingenuidad. A ello se debe añadir, que denotaban cierto desconocimiento de la idiosincrasia de los cubanos en los años iniciales. Aquel espíritu de sobriedad anglosajona, poco tenía que ver con una cultura tropical, mezclada con valores de diferentes pueblos, como la cubana.

Resulta poco acertado exponer alguna idea que selle de manera concluyente la personalidad de aquellos misioneros. La variedad de actitudes asumidas, las conductas que mostraron en el proceso formador de una república controlada y manipulada por intereses foráneos, de los cuales ellos provenían, hace pensar en la posibilidad de un grupo heterogéneo, donde hubo intereses muy disímiles. Algunos misioneros terminaron por no aceptar la realidad cubana y solicitaron su traslado a otros sitios; otros, se desgastaron en imponer o "colar" sus costumbres, y un buen número de ellos, reconoció el valor de la cultura de la isla, e incluso terminó por quedarse en Cuba. Es por ello que resulta más coherente hablar de múltiples personalidades, múltiples conductas a la hora de valorar el papel de los misioneros en Cuba.

En el caso del Candler College, esta situación se manifestó en todas las variantes. La figura más representativa de aquel plantel, como se ha señalado anteriormente, fue el doctor H. B. Bardwell quien merece especial atención, por su amor a Cuba, a sus estudiantes y por su compromiso con la educación de sus discípulos. [20] Bardwell fue nombrado en su cargo en el año 1909. Fue un misionero muy comprometido con Cuba.[21] Consideró esencial en su centro la práctica de los siguientes objetivos:

1. Hábitos de disciplina que contribuyeran a la organización nacional;
2. Desarrollo de las aptitudes cívicas para la verdadera libertad, procurando la formación de una conciencia que determinara bien los derechos y responsabilidades del ciudadano;
3. Combatir el pesimismo infecundo y desalentador;
4. Mantener una fe vigorosa en los destinos futuros acrecentando la confianza de los hombres y mujeres;
5. Crear un sentimiento nacionalista que estimulara el orgullo patrio, sin menosprecio para ningún país, pero que realce la gloria de lo pasado y las esperanzas del porvenir.[22]

Para este misionero y maestro, ningún hombre desleal a su patria podía ser buen ciudadano.[23]

La directiva del Candler insistió en la importancia de ofrecer a los padres la confianza necesaria para que viesen en el colegio un centro donde sus hijos serían instruidos pero también preparados para asumir la vida desde un pragmatismo muy acorde a las necesidades reales de una nación que necesitaba emerger de su estatismo económico, provocado por guerras y desgobiernos. Es por ello que ofrecieron una cultura intelectual y moral que consideraban necesaria para educar a aquellas generaciones.

En este particular, es válido señalar que las relaciones establecidas por los misioneros con la sociedad cubana estuvieron enfocadas, esencialmente a aquellos sectores medios y en algunos casos a clases altas de la sociedad. Se establecieron no solo vínculos educativos sino también económicos, con padres de alumnos de los colegios que se desenvolvían como comerciantes, intelectuales, pequeños propietarios, entre otros. En muchos casos, estos comercios, o negocios, ayudaban con el financiamiento de algunas de las actividades de los colegios, o en su restauración.

Otro aspecto que merece ser atendido es la resignificación que estos colegios dieron a conceptos que en el imaginario cubano tenían un lugar importante.

Así, los conceptos de patria, nación, fueron un tema presente en los debates al interior de los colegios los cuales, en ocasiones, eran publicados en el *Heraldo Cristiano*. Se trató, hasta donde se pudo constatar, de entender tales términos como muestras de amor, respeto y de identidad a la nación. El concepto de patria lo entendieron como amor y sentido de identidad, más allá de los símbolos que siempre acompañan conceptos tan polémicos como este. Sobre el particular se localizaron algunos criterios.

En octubre de 1924, apareció un editorial en *El Heraldo* acerca de esta temática que resulta interesante exponer. La primera interrogante que se expresaba era:

¿Qué es el patriotismo? ¿Será el descubrirnos ante la divisa nacional o ponernos de pie cuando oímos tocar el Himno cubano? ¿Será el decorar el frente de nuestros establecimientos o casa particular con banderas, luces de colores y otros adornos? ¿Será el recibir la visita de nuestro gobernador provincial u otro alto jefe de la nación, con gran júbilo y ruidosas aclamaciones? ¿Será acaso dar nuestro voto a todos los que hayan sido postulados por el partido político al cual perteneció un íntimo amigo nuestro?

Entonces aparece la respuesta del articulista diciendo: "¡No y mil veces no! Patriotismo es amor a la patria, es aquella pasión noble y pura en el ser humano la cual se consume en el desinteresado servicio a la patria y en el mantenimiento de las leyes e instituciones de esta. El patriotismo es una planta que no crece en países donde reina el viento esterilizador de gobiernos arbitrarios."[24]

Es evidente que el termómetro para medir ciertos sentimientos no debe ser absoluto. También resalta el hecho de que los presbiterianos entendían el concepto de patria, patriotismo, desde el compromiso con la nación y no solo en aquellos arquetipos simbólicos instaurados en el imaginario cubano durante mucho tiempo. Valorar la magnitud de estas cuestiones en cualquiera de los colegios evangélicos estará condicionado, primeramente, por las fuentes, y luego por el sentido común del que analice tales asuntos en tanto resulta muy complejo exorcizar el pasado o criticarlo deliberadamente a partir de suposiciones o análisis viciados. Estas líneas se han movido en el campo de lo posible, de lo que se infiere y sobre todo, del análisis crítico de las fuentes consultadas.

El criterio citado del artículo publicado en *El Heraldo Cristiano* representaba el estado de opinión de una parte importante de los presbiterianos, sobre todo aquellos que desde las aulas intentaban transmitir sentimientos de compromiso e identificación a sus estudiantes con su suelo, su tierra. Como se ha insistido, en este texto se trabaja con las fuentes existentes, con los testimonios recogidos, por ello, a pesar de inferir la posibilidad de que desde ciertos sectores del protestantismo existiera otro tipo de posición, tal vez más abierta a la asimilación cultural, este grupo debió ser minoritario, en tanto la mayoría de las fuentes apuntan a la existencia de un profesorado que a pesar de haber traído un proyecto identificado con valores de su cultura anglosajona, este, en gran medida, terminó por sufrir un proceso de reestructuración de sus objetivos esenciales en Cuba.[25]

Otro aspecto que merece atención en el ejemplo citado es la fecha en que aparece. Sin ánimo de hacer una caracterización exhaustiva del contexto histórico, valga apuntar que cuando el articulista señala la existencia de gobiernos arbitrarios" y del llamado "viento esterilizador," estaba realizando una radiografía a la situación nacional. El presidente cubano Alfredo Zayas estaba en su último año de mandato antes de entregarlo a su sucesor, Gerardo Machado. Este gobernante, pese a sus promesas de ofrecer un gobierno democrático, terminó por entrar en el juego de sus predecesores con los Estados Unidos. La misión "solidaria" de Enoch H. Crowder se develó abiertamente como lo que era: una misión injerencista con intereses bien definidos para los Estados Unidos. El programa ofrecido a Zayas y aceptado de buena gana proponía la solución de la crisis económica por medio de un empréstito concertado por los Estados Unidos y la moralización administrativa al objeto de que el Estado cubano pudiera afrontar sus compromisos. Todo fue una farsa, reconocida por un sector importante de la sociedad, entre los que se encontraban los evangélicos, fundamentalmente los cubanos que ya oficiaban y participaban de la política educacional de sus iglesias en Cuba. También se reconocían los vientos que comenzaban a soplar representados por lo mejor de la intelectualidad y estudiantado cubanos. Los años 20 del siglo pasado representaron un verdadero punto de viraje histórico nacional, además del inicio de una crisis estructural de la economía y todo lo que ello conllevaba, hubo un auge de la conciencia nacional.

En todo ese contexto, mucho más complejo que lo que unas breves líneas pueden expresar, al interior de los colegios se trataba de redefinir la esencia de ser cubano. La realidad nacional no podía pasar inadvertida a los ojos de aquellas generaciones y de los profesores que tenían a su cargo la formación de aquellos jóvenes. De manera tendencial, un importante sector del magisterio protestante apostó por una cultura cívica nacionalista desde sus propios conceptos morales. Sería osado suponer que aquel discurso estuvo dirigido a revertir el orden de cosas existentes en la república: no era objetivo de los colegios. Sin embargo, sembraron valores y principios que forjaron el carácter de los estudiantes, muchos de los cuales participarían activamente el proceso revolucionario de aquellos años.

Ciertamente, se está en presencia de un tipo de nacionalismo, que pudiera entenderse como burgués-reformista. Este, sin renunciar al uso que de los símbolos de una nación puede hacerse desde la educación, no se propuso cuestionar, al menos de manera abierta, las instituciones republicanas cubanas. La heterogeneidad de estos colegios estuvo dada no solo en el espacio geográfico donde se asentaron, ya fuese rural o urbano, sino también en el tipo de población que asistía a los mismos, en el tipo de profesores, en la directiva, en la denominación que fundaba la escuela, entre otros.

A modo de conclusión

Resulta válido concluir que aunque las escuelas protestantes existían bajo los auspicios de sus juntas misioneras, estas no entrañaban un carácter religioso de intolerancia y opresión. A ellas podían asistir los niños de cualquier otra denominación religiosa o sin filiación alguna. El niño gozaba de libertad de conciencia, y aunque se les daba a conocer la vida y hechos religiosos de Jesucristo y sus discípulos, no inducía a abandonar ideales ni credos religiosos, los conceptos de libertad de pensamiento fueron distintivos del protestantismo desde sus inicios.

La celebración de actos conmemorativos, desfiles y otras actividades de carácter cívico-patrióticos fueron una de las experiencias más significativas en la labor del magisterio protestante dirigida a formar sentimientos patrios.

Los actos cívicos-patrióticos en los que participaban los colegios, como procesiones, inauguración de mausoleos y monumentos, además de la institucionalización del ritual de jura de bandera, funcionaban como hechos consagratorios de los diferentes gobiernos de la República, cuyas figuras principales procedían de las filas independentistas, pero, al mismo tiempo, permitían la constante producción y reproducción del imaginario patriótico de las gestas libertarias, desde su dimensión ética.

Desde un inicio se ha insistido en las concepciones cívico-morales de los protestantes. Ello se convirtió en el centro de su dinámica educativa en Cuba. En aquel discurso educativo llama la atención el significado hiperbólico del moralismo, es decir, creer que el problema inmediato de Cuba y de los cubanos se resolvía con no tomar bebidas alcohólicas, no fumar, no bailar, guardar el domingo, no asistir a peleas de gallos y evitar otras costumbres generalizadas. Sobre este aspecto se pudo observar que los conceptos de moral religiosa del protestantismo no estaban tan arraigados en Cuba como pretendían los misioneros. La propia manera del cubano de asumir una religiosidad diversa hizo que confluyeran en un solo individuo disímiles creencias religiosas.

Otro elemento característico de la labor de los misioneros en Cuba—y coincidiendo en gran medida con los juicios del historiador cubano Rafael Cepeda— fue el idealismo, y como señalaba el autor, este consistía en creer que una buena república podía ser construida con solo establecer escuelas e iglesias protestantes. A ello puede añadírsele su conformismo, el cual consistió en aceptar, sin análisis ni reflexiones profundas, las interpretaciones y tesis sostenidas por los periódicos norteamericanos de una etapa expansionista, colmados de falsedades "patrióticas," "humanitarias" y "religiosas."

No obstante, tales actitudes sufrieron un proceso de transformación a partir del contacto con los sujetos históricos implicados en el proceso educativo. En todo el período estudiado se mantuvo la idea de las relaciones simbólicas que en el plano de la cultura popular reflejaban las diversas y complejas formas de asumir la realidad postcolonial y las expresiones de la propia identidad nacional, concebida como un proceso complejo de articulación de pertenencia plural y en permanente conflicto.

Los métodos, programas de estudio, actividades extracurriculares, el interés por formar ciudadanos conscientes de su papel en la sociedad, la transmisión de valores morales, el cuidado de un cuerpo sano, no solo con la práctica deportiva sino con el cuidado de la higiene personal, los hábitos de lectura, amor a las artes, a las ciencias, la naturaleza, la agricultura, fueron elementos que identificaron la labor educacional de aquellos colegios. Todo ello no excluye que los misioneros tuvieran en sus agendas un interés evangelizador, e incluso enseñar a los niños y niñas cubanos los valores de una cultura de la cual eran portadores. Pero los sujetos históricos a los cuales se dirigió el discurso desempeñaron un papel transformador más que receptor de valores y sentimientos preconcebidos para su enseñanza. No se debe asumir la existencia de estos procesos como acciones unilaterales, sino múltiples.

Otro elemento medular en la proyección de los colegios estuvo relacionado con la cuestión racial. Sobre este aspecto se puede señalar que se comportó de manera relativamente similar en los colegios. Las ligeras diferencias no estuvieron relacionadas por las normativas o prohibiciones, sino en la composición racial según la zona geográfica donde estaba anclado el colegio. No se encontraron prohibiciones en cuanto a la temática racial, cualquier niño tenía la posibilidad de ingresar a los colegios, siempre que estuviese en condiciones de costearse sus pagos. Fue en este aspecto donde radicó la real limitante. Se observó en las fuentes consultadas y en las imágenes existentes que la mayoría de los estudiantes era de piel blanca.

Las cifras existentes en cuanto a las cuotas y pagos demostraron que si bien eran precios relativamente módicos los que se debían abonar al colegio, con relación a los salarios de la época las familias más pobres no podían pagarlos. La mayoría de los niños eran hijos de familias de las comunidades donde estaban radicados los colegios, estos eran trabajadores. También existían familias que no ostentaban ningún tipo de empleo, o estos eran esporádicos, por lo cual los ingresos eran inestables y dudosamente podrían dedicarse a costear estudios.

En cuanto a las formas de participación, intercambio entre los alumnos, se desarrollaron diversas estrategias que indican el interés de lograr relaciones de solidaridad entre los jóvenes y su comunidad.

Los intentos misioneros por reordenar la vida cotidiana de los cubanos chocaron, necesariamente, con los intereses particulares de aquellas generaciones. Los esfuerzos por crear en los niños y niñas cubanos hábitos de colectividad parece contradictorio con los valores de un individualismo reconocido en las relaciones capitalistas. Sin embargo, en el caso de los colegios protestantes, se crearon vías de sociabilización entre los estudiantes, creando en ellos hábitos de solidaridad, de confianza y de respeto a sus semejantes.

Las sociedades literarias, los diferentes equipos deportivos, las competencias intercolegiales, contacto con el entorno, el interés por la agricultura, las artes, las ciencias en general, etc. permitieron formar una conciencia participativa, de intercambio y auto superación en los educandos. Todos los colegios contaron con una o más sociedades literarias en las cuales se desarrollaron acciones relacionadas con la cultura y el arte en general. Se trataba de educar a los estudiantes en el conocimiento a las artes, ya fuese la danza, la música, la pintura, literatura, artes escénicas, entre otras.

Los espacios dedicados a la práctica deportiva contaban con modernos equipos para la ejecución de diferentes deportes. Se trataba de crear una mente y cuerpo sano en los estudiantes y para ello se incluían asignaturas de educación física y otras especialidades relacionadas con deportes específicos a los cuales podían aspirar los estudiantes.

Otro aspecto que resalta de la labor del magisterio protestante es el relacionado con la labor de los maestros en función de crear conductas ciudadanas de respeto a los seres humanos, a la vida. Por ello se llevaron a cabo importantes campañas escolares en contra del alcoholismo, tabaquismo, lidias de gallo, el juego, la indisciplina ciudadana, esencialmente. Se convocaban concursos sobre estos temas, se impartían charlas y se publicaban imágenes que reflejaban personas con estas conductas en los órganos oficiales de los colegios. Para los misioneros, tales actitudes eran contradictorias con lo que debía ser una República moderna.

Los elementos aquí comentados, más que verse en algunos casos cómo contradictorios en lo concerniente a su alcance en la conformación del ciudadano cubano, deben ser entendidos, sobre que todo, como recursos diferentes, que nutrieron a la nación en otra manera de percibir la realidad cubana, como lo hicieron en su momento otras influencias culturales como la española, asiática o africana, salvando las diferencias. Los cubanos tomaron aquello que les resultó más atractivo o provechoso en su desempeño, y tuvieron la posibilidad de intercambiar, interactuar y transformar un discurso que les fue presentado, inicialmente, como el más adecuado, pero que terminó por ser readecuado desde los patrones propios de nuestra idiosincrasia.

Si se considera y valida el alcance que la educación tiene en las sociedades, su participación y vinculación con las estructuras sociales, su poder formativo o deformador, su rol ideológico, su instrumentalización en los procesos de dominación para perpetuar la dependencia de los pueblos, su papel emancipador, cultural, su función también liberadora, se comprenderá entonces la importancia de estos análisis y el valor de trascender la función cognitiva de los mismos hasta lograr una historia funcional, utilitaria. Tales premisas han estado presentes en cada una de las líneas aquí expuestas.

NOTAS

1. Para mayor información, puede consultarse de Hernández Suárez, *Colegios protestantes en Cuba.*

2. Cepeda, *La herencia misionera en Cuba,* 24.

3. *El Mensajero,* no. 4 (1924).

4. "Todo por la Patria," *El Mensajero,* no. 10 (1910), 12.

5. Sobre este particular de las relaciones entre la Iglesia católica y los protestantes por esferas de influencia, puede consultarse de Hernández Suárez, *Iglesias cristianas entre la independencia y la intervención.*

6. *El Mensajero,* no. 12 (1912), 5–7.

7. E.J.M., "Americanizantes," *El Mensajero,* no. 6, 1912, 21.

8. Sus restos se encuentran en el cementerio Colón de La Habana, donde quiso ser enterrado.

9. *Sión* es el órgano oficial de la Convención Bautista de Cuba occidental durante la República.

10. Específicamente se hace referencia a la revista católica *San Antonio* y al *Diario la Marina.*

11. *El bautista* (La Habana), 15 de julio de 1916, 4.

12. Ibíd., 4.

13. *Sión* (La Habana), febrero de 1925, 2–19.

14. Consúltese Constituciones de la República de Cuba, Academia de Historia de Cuba, La Habana, 1952.

15. En algunas publicaciones como *El evangelista cubano* (1909, 1912, 1920, 1921) aparecen reseñas acerca de estos sucesos así como convocatorias realizadas para estimular a concursos literarios acerca de la obra martiana, sobre Máximo Gómez y Céspedes fundamentalmente. En el *Eco de Matanzas*, enero de 1923, aparece una nota en la cual se felicita a los alumnos de La Progresiva por el desfile martiano que realizaron por las calles de Cárdenas, en el cual muchos estudiantes iban vestidos con los colores de la enseña nacional.

16. Sobre este particular puede consultarse *El Heraldo Cristiano*, 1919–1925, La Habana. En la sesión dedicada a los colegios aparecen artículos y anuncios de las sociedades literarias y de las actividades realizadas por ellas en todo el país. Posteriormente, en el colegio se desarrolló la llamada Embajada Artística, que era una asociación de arte y buena voluntad. Realizaban recorridos por toda la Isla para establecer relaciones culturales con otros centros. También se creó el Club Folklórico, con el propósito de conocer las costumbres de otras regiones del mundo.

17. *Memorias del Colegio Carlos de la Torre*, Sancti Spíritus, 1924. Fondo Archivo histórico provincial de Sancti Spíritus.

18. *El evangelista cubano*, no. 5, Matanzas, 12, 1921.

19. Esta información aparece detallada en varias publicaciones entre 1912 y 1922 de *El evangelista cubano* donde se muestran desfiles del colegio.

20. Información obtenida a través de entrevista realizada al ex estudiante y profesor del Colegio Candler College, Alberto Abreu, por la autora, 5 de marzo de 2009.

21. Harry B. Bardwell nació en Talbotton, Georgia, Estados Unidos, el 21 de marzo de 1879. Se graduó en la Universidad de Emory en junio de 1899. Llegó a Cuba en 1903 y comenzó su trabajo como misionero en Guantánamo y sus alrededores, hasta enero de 1908, en que se designa como pastor de la Iglesia Metodista Central en la ciudad de La Habana y posteriormente, en 1909, es nombrado director del colegio Candler College. El Dr. Bardwell alcanzó varios títulos y condecoraciones por su trabajo en Cuba. Se doctoró en pedagogía por la Universidad de La Habana en 1924, fue elegido Phi Beta Kappa (sociedad de honor académico) del Emory College, y declarado hijo adoptivo de Marianao el 28 de enero de 1943 por su labor como educador. El 7 de octubre de 1944, por acuerdo de la Secretaría de Estado, se le otorgó la condecoración de la Orden Carlos Manuel de Céspedes. En 1949, habiendo cumplido la edad reglamentaria, recibió su jubilación del cargo de director del Candler, función que había desempeñado durante cuarenta años, a pesar de que los últimos quince los desempeñó encontrándose ciego. Jubilado, decidió continuar residiendo en Cuba. Se preocupó por los niños de su barriada en Marianao para los cuales hizo construir un parque de diversiones, el cual ha sido rescatado, recientemente, por un grupo de ex estudiantes del Candler y del Buenavista. Falleció el 6 de noviembre de 1956, en Marianao. Sus restos reposan en el Cementerio de Colón, por petición propia.

22. Antonio Iraizoz y del Villar, "Los ideales de la educación en Cuba," *El Heraldo Cristiano*, febrero de 1924, 12–14.

23. Tomado del folleto "Credo del Candler," La Habana, 1923. Cortesía de Clotilde Torres, ex estudiante del Colegio Metodista Buenavista.

24. "Patriotismo," editorial, *El Heraldo Cristiano*, 20 de octubre de 1924, 23.

25. Resultado de la formación cívico-patriótica de los colegios fueron muchos de sus egresados. Sirva a modo de ejemplo algunas figuras que se formaron en dichos centros y fueron ejemplo de amor hacia Cuba. En año de 1925 estudiaron en colegios protestantes figuras que posteriormente se destacaron en la vida política. En esa lista se encontraban Aníbal y César Escalante, hijos del capitán del Ejército Libertador Aníbal Escalante Beatón, quienes alcanzaron posiciones de liderazgo entre los jóvenes bautistas de La Habana. Aníbal se había graduado en los Colegios Internacionales del Cristo. Tanto él como su hermano en años posteriores se destacaron entre los principales líderes del Partido Socialista Popular y su predecesor, el partido Unión Revolucionaria

Comunista. Aníbal fue director del periódico comunista *Noticias de Hoy*. Es válido señalar que todas esas actividades las desarrollaron después de salir ambos de las filas evangélicas. Sin embargo, los cimientos de esa formación patriótica los habían adquirido en aquellos prestigiosos colegios bautistas. Otra figura representativa de ese grupo lo fue Pablo de la Torriente Brau, hijo de un maestro de los Colegios Internacionales y alumno de ese centro de estudios. La vida y obra de este revolucionario, nacido en Puerto Rico, es bien conocida en Cuba. Otros nombres significativos como los de Salvador García Agüero, Herminio Portell Vilá, Pedro López Dorticós, Emilio Planas, entre otros, estudiaron en colegios evangélicos. Salvador García Agüero fue uno de los más reconocidos oradores de las izquierdas en Cuba anterior a 1959. Sus inicios en la oratoria están relacionados con su participación en actos patrióticos celebrados en iglesias evangélicas en su juventud. Acerca de Portell Vilá se puede apuntar que es uno de los más reconocidos historiadores en Cuba. Vilá formó parte de la delegación cubana que participó en la Conferencia de Montevideo para plantear la derogación de la Enmienda Platt. Fue alumno del Colegio presbiteriano, La Progresiva, de Cárdenas. Pedro López Dorticós fue uno de los colaboradores del periódico *Acción* del ABC, activo en la política del país como senador. Estudió en el Colegio Bautista de Cienfuegos. Emilio Planas fue ministro episcopal de Limonar, donde también dirigía una escuela. Existen referencias que señalan que Planas fue el primer "no blanco" en ordenarse como ministro protestante en Cuba. Participó de manera muy activa en la lucha contra Machado. Este ministro evangélico había estado en la emigración trabajando a favor de la independencia de Cuba después de la Guerra Grande (1868–1878) y en los años treinta se unió a la lucha contra el gobierno machadista. Para mayor información, consultar Ramos, *Panorama del protestantismo en Cuba*, 344–356.

BIBLIOGRAFÍA

Candler College. 1925. *Institución para niños y jóvenes: Instrucción Superior, segunda enseñanza y comercio, high school y música*. La Habana: Imprenta La Moderna Poesía.

Catálogo de los colegios internacionales de El Cristo. Oriente: 1908.

Cepeda, Rafael. 1986. *Apuntes para una historia del presbiterianismo en Cuba*. La Habana: Departamento de Publicaciones de la Iglesia Presbiteriana Reformada, 1986.

Cepeda, Rafael. 1986. *La herencia misionera en Cuba*. San José, Costa Rica: Departamento Ecuménico de publicaciones.

Colegio Irene Toland. 1965. *Año vigésimo séptimo*. Matanzas: Imprenta A. Estrada.

Hernández, Rafael, comp. 2001. *Culturas encontradas: Cuba y los Estados Unidos*. La Habana: Centro de Investigación y Desarrollo de la Cultura Cubana Juan Marinello y Centro de Estudios Latinoamericanos David Rockefeller, Universidad de Harvard.

Hernández, Rafael. 2000. *Huellas culturales entre Cuba y los Estados Unidos*. La Habana: Centro de Investigación y Desarrollo de la Cultura Cubana Juan Marinello.

Hernández Suárez, Yoana. 2006. *Protestantes en Cuba: Desarrollo y organización*. La Habana: Editora Historia.

Hernández Suárez, Yoana. 2010. *Las iglesias cristianas en Cuba entre la independencia y la intervención*. La Habana: Editora Historia.

Hernández Suárez, Yoana. 2018. *Colegios protestantes en Cuba*. La Habana: Editorial Ciencias Sociales.

Pérez, Louis A., Jr. 1984. *El diseño imperial: Política pedagógica en el período de ocupación en Cuba 1898–1902*. La Habana: Ministerio de Educación.

Pérez, Louis A., Jr. 2006. *Ser cubano: Identidad, nacionalidad y cultura*. La Habana: Editorial Ciencias Sociales.

Rodríguez Busto, Emilio. 1991. *Una inmensa colmena*. La Habana: Departamento de Publicaciones de la Iglesia Presbiteriana Reformada de Cuba.

RAINER SCHULTZ

The Liberal Moment of the Revolution: Cuba's Early Educational Reforms, 1959–1961

ABSTRACT

After the ouster of Fulgencio Batista, censorship in the new revolutionary Cuba was lifted, freedom of expression was reestablished, and various visions of Cuba's past, present, and future coexisted in public debates, the media, and education, including textbooks. The educational practices of the nation formed part of this liberal moment of the revolution. The argument of this article is that the Cuban Revolution began with an early phase of reformism (January 1959–July 1960) that sought to revive democratic traditions and deliver on unkept promises from the 1940 Constitution, including literacy and basic education for all. This period is often little known and/or neglected because of the dominant narrative of communism in the forms of the "betrayed revolution" or a hidden agenda that dominated the revolution from the beginning on. In the summer of 1960 political changes began to take an authoritarian turn, including in the educational sphere. I argue that the context of the Cold War and the increasingly violent opposition to revolutionary rule is essential for gaining a better understanding of this rapid and radical change.

RESUMEN

Después del derrocamiento de Fulgencio Batista, se levantó la censura en la nueva Cuba revolucionaria, y se restableció la libertad de expresión en los debates públicos, los medios de comunicación y la educación. Esto incluyó los libros de texto, donde coexistieron diversas visiones del pasado, presente y futuro de Cuba. Las prácticas educativas de la nación formaron parte de este impulso liberal de la revolución. El argumento de este artículo es que la Revolución cubana comenzó con una fase temprana de reformismo (enero de 1959–julio de 1960) que buscaba revivir las tradiciones democráticas y efectuar las promesas incumplidas de la Constitución de 1940, incluyendo la alfabetización y la educación básica para todos. Este período es a menudo poco conocido y/o descuidado debido a la narrativa dominante del comunismo en las formas de la "revolución traicionada" o la de una agenda oculta que dominó la revolución desde el principio. El articulo muestra como en el verano de 1960, los cambios políticos comenzaron a tomar un giro autoritario, incluso en la esfera educativa. El articulo defiende que el contexto de la Guerra Fría y la oposición cada vez más violenta al gobierno revolucionario es esencial para comprender mejor este cambio rápido y radical.

215

On October 19, 1959, a "modest reception" was held at the private publisher Editorial Lex in Havana to celebrate the second edition of Antonio Núñez-Jiménez's *Geografía de Cuba*, which had just come off the press.[1] Minister of Education Armando Hart welcomed the publication as the first example of a new generation of textbooks. Probably no book had a greater impact on the revolutionary leadership and its understanding of Cuba's socioeconomic environment than this one. Núñez Jiménez's *Geografía de Cuba* was first published in August 1954. Written as a textbook for Cuba's secondary schools, the first edition was soon prohibited by the Batista government. A textbook commission led by then Minister of Education López Isa found that the book had "noxious effects on the Cuban student" (*efectos nocivos*). Citing legislation that criminalized "communist propaganda," López Isa prohibited the use or consultation of Núñez Jiménez's geography book.[2]

In 1955 Jorge Mañach had criticized the Batista government for not having a "good concept of what is really subversive." He reminded the readers of the influential Cuban Catholic daily *Diario de la Marina* at the time that as an interim secretary for public instruction in 1934, he himself upheld academic freedom, even "when many schools were converted into mini-soviets."[3] Only sectarian propaganda to subvert and "threaten the social-political and constitutional order that the people gave themselves" had to be prevented. Because Cuba's 1940 Constitution explicitly recognized agrarian reform, Núñez Jiménez's book, which advocated such reform, could hardly be considered subversive. Mañach defended the tradition of liberalism in Batista's Cuba. As a liberal democracy, the state had to tolerate diverging ideas and opinions and uphold freedom of expression. Education, Mañach argued, relied on two things: "information, and the interpretation of information."[4]

Five years later, in October 1959, when the violence of revolution and state repression had ebbed and some degree of normalcy reigned again in the streets of Cuba, some of Cuba's most influential people celebrated the book launch, among them Raúl Castro, minister for the Revolutionary Armed Forces. Also present was the US-educated Cuban intellectual Jorge Mañach. For Mañach, the reprint of a previously censored schoolbook symbolized the reestablishment of liberty in Cuba. The geography book he had defended against censorship under Batista was back in Cuban schools, along with alternative versions of Cuba's history and geography, such as Leví Marrero's geography book (*Geografía de Cuba*). Mañach celebrated the coexistence of Levi-Marrero's more traditional and Núñez Jiménez's revolutionary approach to Cuban geography and development in Cuba's classrooms. The liberal concept he had defended under Batista seemed to be reality again.

The Argument

After the ouster of Batista, censorship had been lifted, freedom of expression was reestablished, and various visions of Cuba's past, present, and future co-existed in public debates, the media, and education, including textbooks. These educational practices formed part of the liberal moment of the revolution. The Cuban Revolution began with an early phase of reformism (January 1959–July 1960) that sought to revive democratic traditions and deliver on unkept promises from the 1940 Constitution, including literacy and basic education for all. This period is often little known and/or neglected because of the dominant narrative of communism in the forms of the "betrayed revolution" or a hidden agenda that dominated the revolution from the beginning.[5] In the summer of 1960 political changes began to take an authoritarian turn, including in the educational sphere. This article reviews this rapid and radical change in the context of the Cold War and the increasingly violent opposition to revolutionary rule. I demonstrate the evolution from liberal to socialist by discussing some key reforms in the educational system to showcase the limits of liberal reformism during the Cold War. The first section of the article analyzes little-known reforms in 1959 and early 1960 to expand and improve public education and the positive reactions to them. It also makes reference to the conflicts the expansion of a (revolutionary) public educational sector created for Cuba's influential private and religious schools. A second part addresses the political context in which these and other reforms were carried out and puts the return to authoritarian-restrictive policies from the summer of 1960 onward into that context. A brief third section discusses the geopolitical and ideological shift to socialism in 1961 that culminated in the expropriation of private schools in May and June of that year.

The little-known liberal origins of the revolution as well as the causes of the change toward Soviet socialism are relevant in Cuba's current reform context, the complicated process of normalization of relations with the United States, and the reform of Cuba's constitution. For the first time since 1961 the political reform process begun in 2009 involves a discussion of the roles and relationship of the public and private sector, and there is ample and more public debate on Cuba's problems and shortcomings in the delivery of public goods, including education.

Early Liberal Reforms

Educational Reform before the Revolution

Since the end of Spanish colonial rule two major periods of educational expansion in Cuba had occurred before the 1959 revolution. The first was under

US military occupation (1898–1902) and the subsequent presidency of Tomás Estrada Palma (1902–1906), which extended into the second US occupation under Charles Magoon (1906–1909). During this foundational decade of the Cuban Republic, hundreds of schools were built, teacher-training programs were established, and administrative reforms were enacted. Much of this happened with the help, guidance, and influence of the United States.[6] The second important national education program evolved in reaction to the political and economic crises of the 1930s, under the leadership of General Batista.

Starting in 1936, a massive civic-military rural education program sought to educate Cuba's rural population by having military officers become teachers and by providing more schooling spaces and educational materials—all financed by a tax on sugar production.[7] Since that time, and throughout the first half of the twentieth century, various government initiatives worked to expand education and raise consciousness about educational shortcomings, yet with limited success.[8]

The Batista Opposition and Education

For the major political forces of the 1950s, education was not a dominant issue, inside the government or among opposition forces. The political struggle over the implementation of legislation that followed the 1940 Constitution included education, but after the furor ebbed in 1944–1945, the debate on educational reform did not receive a new major impulse until 1959. By the 1950s the National Council for Education and Culture, or Consejo Nacional de Educación y Cultura (CNEC), created by article 59 of Cuba's 1940 Constitution to "foster, guide, and control educational, scientific, and artistic activities of the nation," had ceased to exist (a new version with the same name was created in 1959) "due to a lack of attention by the government that is supposed to facilitate its work and consult with it to receive its recommendations."[9] In 1958 the presidential candidate and former minister of education Andrés Rivero Agüero, of Batista's Coalición Progresista Nacional, appeared on the Cuban television program *Cuba primero* and pledged to promote legislation to privatize all higher education when he became president.[10]

In January 1959, once the Batista government was out of power and out of the country, education became an important part of the process of change. It was perceived as having an effect on every current and future Cuban citizen. An adequate form of socialization needed to be in tune with the larger project of political change and moral redemption that began to unfold, because the balance of power had shifted with the collapse of the old regime. Yet the articulation of a "revolutionary" educational policy evolved in interaction with society and a specific historical context and, importantly, in the absence of a defined political program.

Private Schools

Cuba's private school system flourished before the revolution and provided basic education to an increasing number of students. Some 98,724 students, or about 7 percent of school-age children, attended private primary schools. As the Truslow Commission had pointed out in its report to the World Bank in 1950, the inadequate situation of Cuban public schools was "reflected in a disproportionate increase of private school enrollment."[11] Available statistics on private education before the revolution show a strong tendency toward growth. The number of Cuba's schoolteachers and students in private schools increased by almost 10 percent in only two years after Batista came to power in 1952.[12] A similarly steep rise is apparent for the number of junior high schools (seventh through ninth grade): 1953–1954 began with 776 private schools, and by the school year 1955–1956 there were already 859 schools. Of these, 259, almost one-third, were Catholic, 73 Protestant, one Hebrew, and 526 secular.[13] The country's senior high schools (tenth through twelfth grade), especially, were private. In 1957 Cuba had 21 public institutes for upper secondary education, with some 108 affiliated study houses (*casas de estudio*) and 162 private schools incorporated across the country. Of the 35,746 students enrolled in senior high schools, 13,489 were registered at private schools.[14] Castro's government sought to reverse this trend by greatly expanding Cuba's public education.

The Situation in 1959

In 1959, new schools needed to be built en masse to overcome the educational shortcomings of the Cuban Republic. Cuba's 1953 census showed that only about one in two (49 percent), or 707,472 school-age children between the ages of five and fourteen, were registered for school. The other half of Cuba's population received no formal education. Illiteracy was estimated at 24 percent.[15] With one out of four adults unable to write their names, half the country's children not in school, and fewer than one in ten Cubans receiving education beyond primary school, Cuba was not a modern, literate nation. The country was far from the constitutional promise of mandatory and free primary education, a prerequisite for a modern, functional liberal democracy.[16] Educational expansion, in addition to the agrarian and urban reforms of early 1959, therefore became one of the government's foremost priorities.

Legitimacy and Nation Building

The government decided that ten thousand classrooms were needed to meet Cuba's educational needs. At the beginning of 1959–1960 school year a law was enacted promising to build these schools.[17] The funds for these programs were expected to derive from additional revenues stemming from the Honesty

Stimulation Tax Law of February 2, 1959 (Estímulo a la honestidad del contribuyente frente al Estado), and thus were closely tied to the legitimacy of the new government and the willingness of citizens to cooperate with it. This law stipulated that those who had certain unpaid taxes before December 31, 1958, would be exonerated (*condonado*) or their debt reduced, with little or no late fee applied. The tax law led to a windfall of additional revenues in 1959, conservatively estimated at 100 million pesos. This in turn aided government spending of some 500 million pesos for the fiscal year of 1959 and 300 million pesos for 1960. These extraordinary expenditures were the material basis for revolutionary hegemony.

The revolutionary government began to develop a rural education program as part of a national development project to integrate and enfranchise Cuba's peasant population more actively. The new regime cleverly combined institution building and state expansion to provide basic public services, such as primary education, with a symbolic representation that bore powerful influence on the public imagination, such as the conversion of military barracks of the Batista era into school "cities."[18] The school expansion that began in early 1959 under Fidel Castro and Armando Hart was a deliberate policy of "nation building," as it had a dual focus: to extend the physical infrastructure of education to actually bring every Cuban child into a classroom and to change the content and ways in which citizens learned about their country, in the midst of a revolution.

Decentralization—An Early Reform

Cuba's revolutionary government faced many problems inherited from the republican past that it sought to change. In addition to a lack of sufficient and adequate schooling infrastructure there was also centralization and corruption, including in education. In its report on Cuba in 1950, the World Bank asked "why the present system is inadequate." "Overcentralization" was the part of the answer: "Nearly everything depends on Havana."[19]

Decentralization Law 76 of February 13, 1959, changed this. The law delegated a variety of functions from the national level back to the provincial and municipal levels.[20] The most important function was the creation of departments of education at the municipal and provincial level, thus delegating powers, funds, and responsibility back from the capital to the regions. The old system of provincial superintendents and councils of education was dissolved. This had the political benefit for the revolutionary government that the administration in Cuba's provinces could be replaced, and thus it became more loyal to the revolution. Article 13 established that the hiring, promoting, and firing of teachers would also occur at the municipal level. Article 20 even conceded the right to authorize private schools to these municipal departments.

The law was couched in nationalist terms, building on the spirit of Cuba's 1940 Constitution.

Textbooks and Pedagogical Reform

During a press conference in March 1959, Minister Hart announced the creation of a new commission to revise textbooks.[21] Among the nine members of the initial commission were both distinguished and more junior academics.[22] For the 1959–1960 school year, all previously approved textbooks were reauthorized, providing an interesting example of continuity in the second year of the revolution.[23]

It took the revolutionary textbook commission one year to create and issue a new model for the evaluation of textbooks in the primary schools. The guidelines were finally sanctioned by a ministerial resolution in July 1960.[24] The revision was comprehensive. Fifty-four questions were raised, mostly of a pedagogical and technical nature. The type of textbook that the commission envisioned for Cuba's future schools was guided by a reform approach reflecting republican pedagogical concerns. It centered on the idea of stimulating individual activity and the students' relation to their community. Materials were supposed to support active learning, deemphasize memorizing and testing, and encourage outdoor activities and practical learning. Questions included: "[Does the text seek the] stimulation of student activities and activities within Cuban communities? . . . [D]oes it teach students to think and work for themselves? . . . [D]oes it include projects and ideas? . . . [D]oes it help develop individual creativity?"

The approach mirrored broader trends in pedagogical innovation at the time. Since 1944, when Cuba's Council of Superintendents for Public Schools had last changed the study plans and orientations, education was expected to be "rational, intuitive, and experimental." Ana Echegoyen, an influential professor of pedagogical methodology at the University of Havana in the 1940s and 1950s had declared that "learning needs to be active." Echegoyen was a member of a commission to reorganize primary education following the 1940 Constitution and was editor of a multivolume series for the training and orientation of schoolteachers, shaping generations of Cuban pedagogues.[25] In it she summarized the objectives of Cuba's recently reformed republican study plans: "Cuba's schools do not impose one type of didactical method on all teachers but declare that the tendency leans toward the progressive school."[26]

The commission's objective was to modernize the nation's education system and render learning more interesting and interactive. Reform-minded pedagogues had diagnosed and lamented a lack of direction in the country's education for many years. They wanted to create more direct interaction between students and the society in which the schools operated. At first, within the ministry's commission, few of the social and political aspects that became part of the transformations of Cuban society were referenced at all. The commission was committed to republican ideals of democracy, solidarity, and *cubanidad* (Cubanness), but its concerns remained mostly technical, not political. In 1959 and throughout school year 1959–1960, a reform impetus that sought change within continuity, not total rupture, dominated in the Ministry of Education and Cuba's pedagogical associations.

Learning Democracy at Cuban Schools

Students discussed the profound political transformation that Cuba's revolution represented for them at events at schools. In early 1959, this happened mostly at the initiative of teachers, students, or alumni of the schools who were invited for talks and often involved in politics. Students at private schools discussed matters of policy and different opinions. At Ruston Academy, for example, the Cuban intellectual Jorge Mañach was invited to a seminar series on contemporary themes to speak with students about the course of the revolution.[27] Student councils were established by Law 559 of September 1959 and a new resolution of February 1960. Their purpose was to "stimulate in every student the will to expose in all liberty his opinions . . . and to practice parliamentary procedures . . . proper to a democratic society." Recommended activities for a student council, guided by a teacher, were to discuss social and racial discrimination, socioeconomic realities, and educational reform, among other themes.[28] Even exiled teachers later described students as "thinking about themselves and what they could do a great deal more than had been in prerevolutionary schools." Racial problems, for instance, "became an issue for many teachers in the classroom for the first time."[29]

These open debates and encouragement of democratic exercises at schools to educate future citizens formed part of the liberal momentum I identify in the early revolutionary Cuba of 1959 and 1960.

Civil Society at Debate

Democratic debates also occurred in society at large. In 1959 many dailies, weeklies, and specialized journals published editorials throughout the year to emphasize problems that needed to be addressed.[30] Lively discussions were held occasionally on television and radio, and some of Cuba's leading intellectuals and politicians intervened with concerns and reform proposals. Many of the country's pedagogical associations, such as those of Catholic schools, private schools, and the rural teachers' association, held congresses in the summer of 1959 to debate their positions and demands.[31] It was precisely the lack of a defined political program that allowed for rich and diverse debates during the first year of the revolution.

Throughout 1959, the minister of education, Armando Hart, traveled intensively through Cuba, especially in the provinces of Oriente, Camagüey,

Pinar del Río, and Matanzas, to visit school districts, attend meetings with local school communities, and receive delegations from many different pedagogical associations to gain a sense of their most urgent needs.[32] He also held many conversations with private school representatives, such as the Asociación Nacional de Maestros de Escuelas Privadas (ANMEP), that informed the government agenda. The ANMEP defended their members' "legitimate right" to provide "lucrative education services," but also asked for regulations and government protections in the payment and pension system of teachers—a demand that had been unresolved for more than two decades.[33]

In November, a two-week hearing convened by Minister Hart took place in the Capitol Building in Havana to publicly discuss the future path of the country's educational system. Its intention was to form and legitimize a new legal framework for Cuba's system of education. Convened by the Ministry of Education, the country's educational sectors—including religious and private schools, as well as parents' associations, from kindergarten through university levels—were invited to send delegates and express their views on the future of Cuba's schooling.

In 1959, regulations, teaching plans, and textbooks were redefined. The debates at the forum involved a reinterpretation of the 1940 Constitution, its application to a new historical context, and a new definition of what it meant to be Cuban. In November 1959, the first major educational reform law that resulted from the forum revealed that the educational goals of the revolutionary government resembled a liberal and reform-oriented promise of modernity.

The School Reform Law in 1959 and the Pedagogy of Reform

On December 21, 1959, three days before Christmas Eve, the Council of Ministers officially sanctioned a new approach to educational reform. By doing so the revolutionary government delivered on the constitutional promise of 1940 to overhaul, reform and systematize the country's diverse educational landscape. Politically, Law 680 was a compromise. While it legalized demands of progressive pedagogical forces and Cuba's communists from the 1930s and 1940s to increase state control of private education, as well as to simplify, survey, and plan the country's educational system, it also explicitly recognized the right of private schools and the practice of religious education.

The stated overall goal of the Law 680 reform was the "full and integral development of the human being." Schooling was to provide children with a vision of the world, its facts, and values, as well as a socially active and applied concept and "an adequate orientation of life and the pursuit of happiness."[34] The formation of a "national as well as American consciousness," a "democratic ideal," and a "comprehension of international relations" was a declared a major goal for education. To develop such national consciousness, the legal text argued that the primary school needed to make children understand Cuba's social and physical conditions, its problems and challenges, the conservation of its natural resources, and the contribution of the agrarian reform to national sovereignty. In addition, it should provide them with an understanding of the country's institutions and the sacrifices made to achieve political and economic liberty.[35]

The "democratic ideal" figured prominently in the revolutionary law. The achievement of a "democracy based on a humanist philosophy that holds human dignity and human rights among its highest values is the highest aspiration of the primary school." To this end, the students were to learn about the significance of democracy and practice it in their daily lives, to develop a "sense of civic responsibility and democratic citizenship," and to achieve a "life free of prejudice, with the capacity to cooperate with fellow citizens, and with honesty in all aspects of life."

Law 680 put a strong emphasis on democratic and civic values, as well as on concrete and mandatory exercises to form these new habits of Cuban national consciousness. Whereas this had been a common and active practice at some schools, civic education would now have a more structured, national, and also mandatory character. Law 680 and its spirit echoed democratic traditions and pedagogical innovations advocated by many Cuban pedagogues at the time and were not an embryonic version of communist indoctrination.

Reactions to Reform

Shortly after the enactment of the general reform law a lengthy report from the US embassy in Havana discussed the most important changes to the educational landscape in the revolution's first year, including the education reform law's potential effects on the sizable private education sector in Cuba.[36] At the time of the report, in late January 1960, continuities far outweighed changes in the country's educational landscape. Acting public affairs officer George Rylance summarized the overall approach of the revolutionary government as the attempt "to reduce illiteracy at any cost and to put classrooms, teachers, and basic education courses within the reach of everybody." Rylance found Castro's policy aim "acceptable and defensible" but advised awaiting its "shaking-down period" to determine strengths and weaknesses. To inform his assessment, the diplomat interviewed a number of directors from Cuba's important private schools.

Private schools would now have to follow the orientation and general teaching plans of the state (in theory, though not always in practice, this was already the case before 1959), including teaching all core subjects in Spanish. They would still be allowed to provide additional subjects, such as religion, morals, or languages—usually in afternoon sessions.

Inspections by the Ministry of Education would become more frequent in private schools. Nevertheless, a year after the triumph of the revolution it was "the consensus of the directors of the schools involved" that they did anticipate "no problem in the junior or senior high" level.[37]

Toward the end of the first school year that began and ended under revolutionary rule (1959–1960), the US embassy in Havana expected further continuity and no unusual interruptions in Cuba's private educational system: "Private schools with American type curriculum will open on scheduled date. Consensus is that these schools will be allowed to operate English language instruction with no interference. . . . Teacher supply adequate for school needs," the embassy reported to the Department of State from Havana even in early June 1960.[38] But by the summer of 1960 the political context had changed to a degree that would also have a deep impact on the educational sector.

The End of Liberal Reforms: Conflicts and Competition

In its endeavor to expand cost-free and secular education as a public good, the state faced competition from two influential agencies: the Roman Catholic Church and the private sector. Both had an active interest in being part of an expansive education program that would shape half of Cuba's population, which had not attended school before 1959. Church and business both wanted a say in the citizens' formation of moral and human capital, especially as they feared the increase of communist influence in the government. The Catholic organization Legión de Cristo, founded in Mexico in 1941 and subsequently having expanded into Cuba, ran a campaign to create five hundred "Christian schools."[39] The young group argued that "the triumph of the real revolution" resided in the "recognized norms of the Christian moral order." Parallel to the government campaign of educational change, the legion aimed at "a revolution of habits, of the social environment, and the aspirations with which the citizen of tomorrow shall grow up." For the Legión de Cristo, the evil to be overcome was rooted not just in illiteracy but also in the "claws of atheism" (*las garras del ateismo*). The message was that Christianity, not the revolution, was the key to Cuba's future.

New initiatives to promote education in Cuba were also launched from the private sector. Julio Lobo, one of Cuba's wealthiest entrepreneurs at the time, started a fund-raising project, El Patronato Pro-Escuela Rural Cubana, for Cuba's rural schools. Founded in September 1959, this enterprise succeeded in raising 60,000 pesos for the acquisition of materials for rural schools in just one month. The board of the patronage counted among its members the executives of influential corporations such as the Galbán Lobo Company, the Cuban Banking Association, the National Association of Industrialists, and the Cuban Rotary and Lion Clubs. The purpose of the project, according to Lobo's representative Raúl Alvarez de Corral, was no less revolutionary and encompassing than that of the government. It sought to "transform the mental attitude of all social classes and make them conscious of the grave responsibility [to educate fellow citizens]."[40]

While these other private and non-state initiatives were sanctioned to operate in Cuba's first year of the revolution, they clearly competed with the state to provide public services and constitutional rights, such as education. A strategic difference in Lobo's project was that he wanted to keep the initiative to expand education within the private sector, not the state sector, just like former minister of education and presidential candidate Andres Rivero Agüero had promised in his 1958 election campaign.

Context: Opposition and US Policy toward Cuba

In the fall of 1959 the aforementioned textbook *Geografía de Cuba* by Antonio Núñez Jiménez was reedited and expanded, and recommended for use at all Cuban schools.[41] In February 1960, the US embassy in Havana provided a detailed report to Washington, DC, on the anti-American aspects in the two editions (1954 and 1959) of Núñez Jiménez's geography text.[42] The analysts were alarmed by revisions in the 1959 edition that strengthened notions critical of the United States. A chapter on natural resources in the first edition had stated that national industrialization was held back because of foreign interests that controlled the economy, as well as "American opposition." The "revolutionary edition" of 1959 described how the government started to correct this situation, specifically through the agrarian reform.

US authorities worried about an increasingly critical attitude of the Cuban revolutionaries toward their government from early on. In October 1959, just before the Díaz Lanz and Huber Matos affair,[43] the State Department expressed dissatisfaction with intelligence it received from Cuba and asked for a better analysis of the situation. Daniel M. Braddock, first secretary of the US embassy, later complained to Washington that he needed better advice, because he could not adequately distinguish "manifestations of communism and of nationalism" in Cuba's revolution. A new team was sent to Havana to gain a better understanding of the ideological outlook of the Cuban Revolution. A comprehensive twenty-eight-page report on "communist infiltration" in Cuba's government was filed in February 1960, when the Soviet vice premier Anastas Mikoyan came to Havana to open the Soviet industrial exhibit.[44]

The assessments by the US intelligence community of communist influence in the Cuban government had dire consequences. US authorities were already highly alarmed by Castro's reforms that affected private business and the revolutionary government's critical stance on US foreign policy that challenged the country's hegemony in the hemisphere. In addition, influential individuals had increased their pressure on the administration "to do something about Cuba."

On March 15, 1960, a special group for covert operations within the Central Intelligence Agency met with President Eisenhower, and a formal yet secret decision to overthrow the Cuban government was made two days later. The decision included an action plan to recruit and train an exile force to invade Cuba, and to build and support an opposition force to carry out sabotage on the island.[45]

As the Cuban government felt increasingly threatened by its northern neighbor, it started to take preventive measures to protect the revolution militarily, economically, and ideologically. Militarily, the Cuban government began to purchase weapons from the East after it could no longer buy them from the West. Economically, the country began to diversify its foreign commercial relations and reduce dependency on the US market. The Cuban-Soviet trade agreement in February 1960 was an important part of this strategy. The agreement in turn also provided the decisive impetus in the US administration for a more hostile policy toward the Cuban Revolution. Ideologically, Castro's regime increased its control and adjusted the criteria for an adequate orientation of Cuba's youth and public opinion. And along with the evolution of a more vigilant state, a new revolutionary orientation in Cuba's educational system began. US-Cuban relations deteriorated significantly between February 1960 and January 1961, when diplomatic relations were formally ended.[46] In early July, the Cuban government took over US oil refineries after they refused to process Soviet crude oil in an attempt to sabotage Cuba's economy. This measure sparked a cycle of retaliatory actions by the US and Cuban governments that changed the course of the revolution, the role of US policy, and Cuban-US relations, and in the midst of it all, the role of education in Cuba. When Eisenhower was granted authority to cut Cuba's sugar quota on July 6, in the context of that year's national presidential election conventions, a *New York Times* editorial stated, "the die is cast and there is no question that the United States, Cuba, and Latin America are entering a new era."[47] And so July 1960 is a turning point, from a less violent liberal-democratic moment of the revolution to a more authoritarian and eventually socialist era.

Rewriting History

In the midst of this geopolitical transformation, in April 1960, thousands of students applied for a new voluntary teacher-training program, which involved being sent for several months into the mountains to be "in touch with nature" and understand, through their own experiences, "the sacrifices of the guerrilla" as well as rural living conditions. This was an embryonic version of Cuba's ruralization of education. Part of the educational goal, according to Fidel Castro, was "to understand the soul of the *campesino,* his necessities, and his purity." The program had two goals, much like Cuba's literacy campaign in 1961: First, to provide urban adolescents who had grown up in a "morally decadent capitalist society" with an opportunity to adjust their values through direct experience. Second, to give the revolutionary government the opportunity to influence the mind-sets of Cuban campesinos, who in Castro's view were similar to children: "virgin minds, predestined to get lost without a hand that knew how to mold them."[48]

New textbooks were needed for such a transformative project. "We still have a lot of texts in our schools that are written with the old mentality, and some even include the lies from the past," Fidel Castro complained in late August 1960. Cuba's leader of the revolution was convinced that new books were needed for a new era "in tune with the great conquests of the revolution." These texts would have to be written and distributed quickly.[49]

Two days after Fidel Castro emphasized the need for new textbooks for Cuba's new generation of rural teachers, his brother Raúl picked up the same theme at a plenary session of unionized sugar workers of this recently nationalized core industry of the Cuban economy at the union's assembly hall Lázaro Peña. He denounced the "deformation of textbooks."[50] He read passages from Leví Marrero's geography and another unnamed history book on "how the North Americans came to bring about Cuba's independence" and "how the U.S. Congress helped Cuba to become free."

Raúl explained he did not mind that this was taught in American schools, but he thought that it was "very bad that these lies, in these times are being taught to our children at school." An aroused audience of hundreds of angry workers wanted to hear names of the authors responsible for these lines and see them punished. The morning after this public denunciation of "deformed" schoolbooks, Núñez Jiménez received two visitors in his office: Fidel Castro and Minister of Education Armando Hart. Together they told the geographer, "After yesterday's events, there is no other way but to create new textbooks with the greatest urgency." Núñez Jiménez was told he would have to write a new book on the geography of Cuba and Latin America, in addition to a new history book on Cuba—"in 15 days."

New Vigilance

Parallel to the production and dissemination of new revolutionary textbooks, the government increased its effective control over the content and viewpoints of the textbooks used in Cuban schools. To that end, Minister Hart changed the composition of the commission to include "truly revolutionary intellectuals" after the US-Cuban clash in the summer of 1960. The commission for textbook revisions of the Ministry of Education evaluated a book of Cuban and world geography by Leví Marrero.[51] The report, signed by Ministry of Education administrator Marta Santos Tomás, argued that the book needed "serious modifications both for its political views on certain nations and for newly available data of great importance." The analysis implied that certain revisions would permit the text to be published again. The commission suggested naming Soviet contributions, such as Sputnik satellite photos. The report on Marrero's book was a guideline for rewriting textbooks. The new texts would have to be in accordance with radically changed criteria for the appropriateness of such learning materials for Cuba's future generations. The appropriateness of textbooks, only hinted at by the earlier textbook commission, was spelled out in a new geopolitical context. Negative images of Cuba's new ally, the Soviet Union, were to be omitted in Cuban schoolbooks, and classic economic theories should not be praised or presented uncritically. The critique reflected a new ideological and practical-political outlook that had shifted from the United States to Cuba's new economic and political allies in the East.

Cuba's revolutionary educators were as much concerned about the mental and ideological health of their future citizens as their republican predecessors. Unlike the first textbook commission in 1959, however, this new commission from the fall of 1960 decided it would not publish Leví Marrero's geography book "for the damage it could cause in the student's mind." It would "lead the student to adapt certain reactionary theories of imperialism." The minds of Cuban children were at risk, and it was the state's responsibility to prevent their deformation. The pedagogical justification for revisions and censorship in Cuba's school books in the fall of 1960 resembled those of 1954–1955, only under reverse ideological signs. In November 1960, the Ministry of Education issued a new resolution that regulated future textbook revisions. The resolution was short and instrumental: "The expressed revision will be adjusted to a rigorous scientific and technical criteria on the one hand and adjusted to the principal projections of the Cuban revolution on the other."[52] What these projections were to be was not spelled out. Previous references to the 1940 Constitution and its aspirations had disappeared. The revolution had stopped looking backward and begun to look forward. The resolution brought the publication of any pedagogical text under the direct authority of the Ministry of Education. According to the resolution, members of the commission had to be "trusted," and they would be designated by the minister of education. The purpose was "to avoid the publishing of any work of little educational or cultural value . . . or books that might be inadequate for any other reason."[53] No text would be approved if rejected by this commission. Government control over the content of learning materials was tightened.

By November 1960, when the Cuban press began to report about an imminent military invasion, the liberal moment of the revolution had given way to revolutionary vigilance. But it was not just the threat from the outside Cuba was faced with, militant opposition also rose from within the island.

Nationalization and Socialist Policies

In September 1960, at the UN General Assembly, Fidel Castro announced the launching of a yearlong campaign to fight illiteracy in Cuba. The year 1961 would be the Year of Education, el Año de la Educación. The goal was to eradicate illiteracy—estimated at 24 percent of the population—within one year. While the government began preparing for the literacy campaign in the second half of 1960, other sectors in Cuban society were intensifying their opposition to the revolution. In mid-1960, several groups within Cuba shifted their strategies from legal means to illegal, from nonviolent opposition to violent. By the end of 1960 there were armed guerrilla groups in all of Cuba's six provinces, totaling approximately eight hundred men, under a unified central command in Las Villas Province.[54] The violence and counterrevolutionary campaigns also targeted Cuban schools.

Bombs at Schools

Throughout 1960 Fidel Castro seemed to believe that Cuba's youth could be protected from counterrevolutionary agitation by their own revolutionary actions and propaganda. In that year, no general punitive government measures were taken against private schools. After a bomb was put into a school in early February 1961, though, Castro announced that new steps would be taken to stop the dangerous mix of counterrevolutionary ideology and violence. On February 28, 1961, another bomb explosion at the Noble Academy in Havana's suburb of La Víbora injured nine students, some critically.[55]

During a speech on March 17, 1961, Castro redefined academic freedom in Cuba. Three months before his well-known "Palabras a los intelectuales," or "Words to the Intellectuals" ("within the revolution everything, against the revolution, nothing") he reinterpreted artistic freedom for the nation. "Academic freedom, yes," Castro affirmed, but he added that it was "to be socially useful, to be helpful to your neighbor, to be useful to your country. Academic freedom to teach young people to become counterrevolutionary? No."[56]

In mid-March 1961, the Ministry of Education issued a resolution to increase control and advice for secondary schools. The fifteen-page resolution also included a section for possible interventions should the tense situation not abate. The document created a commission of inspectors to "guide, supervise, and evaluate" high schools, "offer training courses for teachers," "take care of decent human relations" at the school, and "intervene with the institution in case this is requested by superiors," among other tasks.[57] It was a guideline for intervention. In April, the Bay of Pigs Invasion brought matters to a climax.

Nationalization of Cuba's Private Schools

It was in the context of violence and invasion that on May Day in 1961 Fidel Castro announced the nationalization of Cuba's private schools. During this speech he also reiterated the socialist character of the revolution, first pronounced two weeks earlier.

The law to nationalize Cuba's private schools officially was issued on

June 6.[58] As Castro had predicted, international media broke the news immediately. The *New York Times* reported on its front page that the measure was "one of the most radical adopted by the Castro regime."[59] The first section of the law reiterated republican legal traditions and declared education to be a basic duty of the state. Article 1 declared education "public and free of costs" for everyone. The goal was to create a "unitary education system that serves the cultural, technical, and social development of the nation."

The following paragraphs, however, struck a very different tone. A month after the first public identification of Cuba's revolution as "socialist," the law declared certain realities to be in "contradiction with the cardinal ideas of our Socialist Revolution," as expressed in the Declaration of Havana from September 1960. The law encapsulated the shift from reform to revolution—the beginning of a new era. The first part of the text still reflects the republican ideals of universal and accessible education for all. The second part declares that only a socialist state education can and should effectively make this a reality. A resolution from late June listed for the first time all schools that were to be nationalized and incorporated into Cuba's public school system.[60] Altogether, 770 institutions were expropriated across Cuba's six provinces.

In early September the government postponed the beginning of school year 1961–1962 to January 3, 1962. It needed more resources and teachers to carry out the massive literacy campaign and needed more time to prepare for the new administration of this important private sector.

Conclusion

Throughout 1960, as opposition to Cuba's government from both inside and outside the island became more consistent, organized, and militant, the spaces to debate and teach different visions that had opened up in January 1959 were narrowed again. In less than two years, between the autumn of 1959 and the spring of 1961, tensions were exacerbated, and all sides became more militant in pursuing their agendas. In education, the result was a return to a more restrictive, instrumental, and politicized approach. In the summer of 1960, a new "revolutionary textbook commission" began to censor school materials representing views contrary to the new policies of the revolution, such as Leví Marrero's *Geografía de Cuba*. Against the backdrop of the Cold War and the shifting role of the US government from ally to enemy, Cuba's geopolitical premises in education were reversed between mid-1960 and mid-1961.

Before 1959, lobbying for agrarian reform or sympathizing with the Soviet Union in Cuban schools had been criminalized. After the ouster of Batista, during school year 1959–1960, no restrictions were imposed. By July 1960, however, when President Eisenhower cut the Cuban sugar quota in reaction to Cuba's nationalizations and began to actively support armed opposition to the revolution, it became increasingly suspicious in Cuban society (including schools) to be uncritical of the United States. Once the island was invaded with the support of the US military in April 1961, the United States took on the role of hostile state. This had to be taught in Cuban classrooms; the United States could no longer be a model for Cuban educators. Textbooks were no longer imported from the West but from the new allies in the East; Cuba's educators no longer went to study in the United States but instead traveled to Eastern Europe. The early liberal momentum had given way to a new socialist policy of a vigilant state.

NOTES

1. "Aparece la segunda edición de la obra recogida de Núñez Jiménez," *Revolución*, October 20, 1959, 3.

2. Cuba, Ministerio de Educación, Resolución Ministerial 07594, ed. Superintendencia General de Segunda Enseñanza (Havana: 9 March 1955). The anticommunist legislation included two law decrees: 1456 (June 3, 1954) and 1975 (January 27, 1955), Archivo del Ministerio de Educación (Archivo MINED), Fondo Resoluciones.

3. In September 1933, thirty-six sugar mills were occupied because the Cuban Communist Party had called for the creation of soviets. By mid-November, though, the "embryonic soviets" had all disappeared. For the "soviet" aspect in Cuba's 1933 revolution, see Barry Carr, "Mill Occupations and Soviets: The Mobilization of Sugar Workers in Cuba 1917–1933," *Journal of Latin American Studies* 28, no. 1 (1996): 140–144.

4. Jorge Mañach, "Las ideas de la enseñanza," *Diario de la Marina*, February 11, 1955, 4-A; Mañach, "El autor se defiende," *Diario de la Marina*, February 12, 1955, 4-A.

5. For a useful review of the various narratives in Cuban historiography, see Antoni Kapcia, "Does Cuba Fit Yet or Is It Still 'Exceptional'?," *Journal of Latin American Studies* 40, no. 4 (2008): 627–650.

6. For a critical view, see Louis Pérez, "The Imperial Design: Politics and Pedagogy in Occupied Cuba, 1898–1902," in Louis A. Pérez, *Essays on Cuban History: Historiography and Research* (Gainesville: University Press of Florida 1995), 35–53. For a detailed account on the role of Alexis Frye, US superintendent of public instruction, see Edward Douglass Fitchen, "Alexis Everett Frye and the Organization of Cuban Education, 1899–1901" (PhD diss., University of California, Santa Barbara, 1970).

7. Cuba, Patronato administrativo de las escuelas rurales cívico-militares, *Memoria anual* (Havana, 1938).

8. There is still no good comprehensive overview of educational policies and practices in republican Cuba. But for a government-sponsored summary see note 10.

9. Mercedes García Tudurí, "La enseñanza en Cuba en los primeros cincuenta años de independencia," in *Historia de la nación cubana*, ed. Ramiro Guerra y Sánchez et al. (La Habana: Editorial Historia de la Nación Cubana, 1952), 10:55–147, 89.

10. *Información*, La Habana, September 24, 1958, A-5.

11. Economic and Technical Mission to Cuba, *Report on Cuba: Findings and Recommendations of an Economic and Technical Mission* (Baltimore: Johns Hopkins University Press, 1951), 404.

12. Whereas in school year 1953–1954 there were 4,047 teachers and 98,376 students in private primary schools, by 1955–1956 these numbers had risen to 4,370 teachers and 106,579 stu-

dents. See Cuba, Ministerio de Hacienda, Dirección General de Estadística, *Estadística, Anuario estadístico de Cuba 1957*, 564–65.

13. Ibid., 579–83.

14. MINED, *Estadisticas de los centros secundarios: Curso 1956 a 1957* (Havana: Superintendencia General de la Segunda Enseñanza 1957), 8–9, 45.

15. Ramiro Guerra y Sánchez, *Rehabilitación de la escuela pública: Un problema vital de Cuba en 1954* (La Habana: Impresores P. Fernández y Cía, 1954), 128.

16. See also the 1933–1934 Truslow Commission in its report to the Cuban government: "Independent Cuba has not been able to materialize its democratic ideal to provide, not even at the fundamental level, to all its citizens." Translated from Foreign Policy Association, *Problemas de la nueva Cuba: Informe de la Comisión de Asuntos Cubanos* (New York: Foreign Policy Association, 1935), 142.

17. "Creación de diez mil aulas de enseñanza común por el Ministerio de Educación," Law 561 (September 15, 1959) in *Cuba, Folletos de divulgación legislativa, Leyes del Gobierno Revolucionario* (La Habana: Editorial Lex, October 1959), 10:219–223.

18. On the analogy of symbolic and paradigmatic change from Spanish colonial rule to a US-influenced republic and from the late Cuban republic to a new revolutionary state, see Rainer Schultz, "From Reform to Revolution: The Transformation of Cuba's Education System" (PhD diss., Harvard University, 2016), 90–100; Marial Iglesias Utset, *A Cultural History of Cuba during the US Occupation, 1898–1902* (Chapel Hill: University of North Carolina Press, 2011), 16. The conversion of military installations into educational purposes was already in practice during the US military occupation of Cuba.

19. Economic and Technical Mission to Cuba, *Report on Cuba*, 423.

20. Hart appointed a new personal assistant, Dr. Cleto A. Guzmán, on January 20, 1959, to study the administrative structure of the ministry; *Diario de la Marina*, January 21, 1959, 10-A.

21. "Tiene que haber una sola política educacional, dijo el Dr. Hart, ante La Prensa," *Diario de la Marina*, March 6, 1959, 1–2A.

22. US Embassy Havana, US Dept. of State, "Dispatch from the Embassy in Cuba to the Department of State 'Growth of Communism in Cuba'" (April 14, 1959) Central Files, Cuba 1955–59, Internal Affairs, National Archives.

23. See also Cuba, Resolución Ministerial 00080, 1 July 1960, in Archivo MINED, Fondo Resoluciones Ministeriales.

24. Cuba, Ministerio de Educación, Resolución Ministerial 00080, "Modelo para la evaluación de textos escolares primarios," Departamento de Planificación Educacional (July 1, 1960), Archivo MINED Fondo Resoluciones Ministeriales.

25. Ana Echegoyen de Cañizares and Calixto Suárez Gómez, *La unidad de trabajo y el programa: Una guía para la aplicación de los cursos de estudios* (Havana: Cultural, 1945).

26. Ibid.

27. Uva de Aragón, former student of Ruston Academy in Havana, interview with the author, Miami, June 8, 2013.

28. MINED, Resolución Ministerial 07492/60 (February 15, 1960), Archivo del MINED, Fondo Resoluciones.

29. Eugene F. Provenzo Jr. and Concepción García, "Exiled Teachers and the Cuban Revolution/*Maestros exilados y la revolución cubana*," *Cuban Studies* 13, no. 1 (1983): 6. For details on the racially segregated character of private schools during the republic, see Alejandro de la Fuente, *A Nation for All: Race, Inequality and Politics in Twentieth Century Cuba* (Chapel Hill: University of North Carolina Press, 2001), 140–146.

30. See, e.g., Medardo Vitier, "Vida académica y otros temas," *Diario de la Marina*, January 14, 1959, 4-A; "Religión y libertad de enseñanza" (editorial), *Diario de la Marina*, February 19, 1959, 4-A; Ramiro Guerra y Sánchez, "Estado de la enseñanza primaria en 1956–1957

(I & II)," *Diario de la Marina*, March 11 and 17, 1959, 4-A; Mario Llerena, "La crisis de la universidad y su reforma," *Bohemia*, March 1, 1959, 31, 117–118; Emma Pérez, "Debemos hablar de la reforma agraria y de la reforma de la enseñanza," *Bohemia*, June 7, 1959, 58–60, 90–92; Sara Pastora Fernández, "En torno a la reforma educacional," *La Quincena* 5, no. 7 (1959): 12–13, 56.

31. See, e.g., "Debate público sobre universidades privadas," *Canal 12*, January 19, 1959; "Hart ante la Prensa," *CMQ-TV*, March 5, 1959.

32. For an overview of Hart's travel itinerary, activities, and meetings throughout 1959, see the detailed chronology in Eloisa Carreras Varona, *Armando Hart Dávalos: Un revolucionario cubano; Apuntes para un esbozo biográfico* (Mexico City: Plaza y Valdés, 2008), 1:221–247.

33. See, e.g., reports by Óscar F. Rego, "Demandan maestros privados la reforma integral docente," *Revolución*, March 5, 1959, 8.

34. "Bases y normas legales reguladoras de la reforma integral de la enseñanza en Cuba," Law 680, December 23, 1959, in *Cuba, Folletos de divulgación legislativa, Leyes del Gobierno Revolucionario* (Havana: Editorial Lex, January 1960), 103–170, at 112. Subsequent references to this law are cited from this document.

35. Ibid., 115–117.

36. US Dept. of State, "Principal Changes in the Structure of the Cuban Educational System Brought about by the Educational Reform (20 January 1960)," Central Files, Cuba 1960–January 1963, Cuba, Internal Affairs, National Archives, reel 36.

37. Ibid.

38. US Dept. of State, US Embassy, Havana, "Embassy Dispatch 1916 (30 June 1960)," Cuba 1960–January 1963, Central Files, Internal Affairs, reel 36.

39. *Diario de la Marina*, March 1, 1959, 4-D.

40. Cuba, Delegación del Gobierno en el Capitolio Nacional, "Información pública sobre la reforma de la enseñanza," 2:8.

41. Antonio Núñez Jiménez, *Geografía de Cuba*, 2nd ed. (1959), 196.

42. US Embassy, Havana, "Examination of the Anti-American Aspects of Geografía de Cuba" (1960), US Dept. of State, Cuba. Internal Affairs 1958–1960.

43. Díaz Lanz and Huber Matos were two influential commanders of the rebel army who resigned over alleged communist influence in the revolution, which led to the creation of the militia and the reorganization of Cuba's military.

44. US Embassy Havana, "Communist Infiltration and Influence in Cuba" (February 23, 1960), Department of State, Inter-American Affairs, US National Archive.

45. Cited in Fursenko and Naftali, *One Hell of a Gamble, Khrushchev, Castro, and Kennedy, 1958–1964* (New York: W. W. Norton & Co., 1997), 47, 52.

46. For an official chronology from the US viewpoint, see Govt. Docs., US Dept. of State, *Events in United States–Cuban Relations: A Chronology, 1957–1963* (Washington, DC: US Govt. Printing Office, 1963). For a detailed, documented and critical history, see Lars Schoultz, *That Infernal Little Cuban Republic: The United States and the Cuban Revolution* (Chapel Hill: University of North Carolina Press, 2009), esp. 114–32.

47. *New York Times*, July 8, 1960, 20.

48. Fidel Castro, speech, August 19, 1960.

49. Ibid.

50. Antonio Núñez Jiménez, *En marcha con Fidel—1960*, vol. 47 of *Cuba: La naturaleza y el hombre* (Havana: Fundación de la Naturaleza y el Hombre 1998), 236–242.

51. Cuba, MINED, "Informe del comité de revisión, Texto: Viajemos por el mundo," Fondo de la Fundación Antonio Núñez Jiménez, *folleto* 105 (n.d., c. August 1960).

52. Cuba, MINED, "Creación de comité de revisión de obras que edite el Ministerio de Educación, Resolución Ministerial Núm. 614 de 1 de noviembre de 1960," Archivo MINED, Fondo Resoluciones.

53. Ibid.

54. Enrique G. Encinosa, *Cuba en guerra: Historia de la oposición anti-Castrista 1959–1993* (Miami : Endowment for Cuban American Studies, 1994), 47.

55. "Niñas heridas por una bomba," *Revolución*, March 1, 1961.

56. Fidel Castro, speech, March 27, 1961.

57. Cuba, MINED, "Resolución Ministerial 747/61" (March 14, 1961), Archivo MINED, Fondo Resoluciones.

58. Cuba, *Folletos de divulgación legislativa; Proclámas y leyes del gobierno provisional de la revolución (1 a 30 de junio de 1961)*, 2nd ed. (Havana: Editorial Lex, 1961). Subsequent references to the law are from this source.

59. "Cuba Takes over School Facilities," *New York Times*, June 8, 1961.

60. Cuba, MINED, "Resolución Ministerial 1548/61 (June 29, 1961)," Archivo MINED, Fondo Resoluciones.

DOSSIER: HISTORY

del pedagogo José de la Luz y Caballero. No se trataba de un hecho aislado en la Cuba decimonónica. En cartas, informes, expedientes judiciales, entre otros documentos, se evidenciaban los conflictos de poder que venían suscitándose en la cotidianidad de las instituciones escolares y los múltiples enfoques alrededor del tratamiento a la corporalidad de la infancia escolarizada.

¿Por qué las representaciones históricas del cuerpo de los escolares como materia de estudio? Resulta marcada la tendencia al desconocimiento de la corporalidad en los análisis de los hechos y procesos educativos.

De la mano de Philippe Ariès con su obra clásica *El niño y la vida familiar en el Antiguo Régimen,*[1] llegaron en los años sesenta del pasado siglo los primeros acercamientos a la infancia como objeto de estudio historiográfico. Bajo el influjo de la historia de las mentalidades y de la vida cotidiana, el historiador francés advirtió el "descubrimiento" de la infancia en la modernidad Occidental identificado, entre otros aspectos, por los cambios en la sensibilidad del adulto con respecto a los comportamientos de los niños y en las propias representaciones del cuerpo infantil, no solo en ámbitos domésticos, sino extensibles a los escenarios escolares. De ahí la acertada vinculación del historiador Raimundo Cuesta entre la "creación de la infancia" y su adoctrinamiento, con los consecuentes "primeros ordenamientos escolares que se conocen."[2]

Pero, junto con la infancia escolarizada, se han demarcado otras líneas de investigación resultado de la construcción de diferentes categorías representacionales del niño "anormal": niños con deficiencias ligeras, niños locos y con deficiencias severas y los niños difíciles. En cuanto a esta conceptualización, el historiador español Rafael Huertas cita a los sociólogos Julia Varela y Fernando Álvarez-Uría quienes definen dos tipos de infancia anormal: la que incluye a los niños incapacitados de adaptarse a las normas y reglamentos escolares y la "infancia delincuente."[3]

Desde luego, cada una de estas tipologías están relacionadas con construcciones socio-culturales, variables según los contextos históricos y los marcos referenciales de las culturas en la que se inscribe la formación de los individuos. Desde esta perspectiva de análisis, "la norma" que delimita los comportamientos normales de los anormales, requiere tener en cuenta la procedencia social, otra demarcación importante dentro de la propia infancia escolarizada. En ocasiones, esta distinción se obvia, al asumirse las posiciones pedagógicas sobre las conductas de los escolares y sus correctivos de manera homogénea. Ciertamente, son cuerpos infantiles que coexisten en escuelas, pero no en las mismas escuelas y esta distinción condiciona los puntos de vista en relación con las representaciones del propio cuerpo infantil: el cuerpo "salvable" y el "flagelable." La entidad biológica en estos casos, como refiere G. Vigarello, no se encuentra desligada de la "experiencia social" de su entorno, y de ahí que este sociólogo advierta el cambio de los significados socio culturales concebidos alrededor de las prácticas y los imaginarios corporales.[4]

En este artículo se muestran las divergencias en los modos de asumir los castigos físicos en los grandes colegios privados, en los que matriculaban por lo general hijos de familias de la aristocracia criolla, con respecto a los de las escuelas públicas gratuitas. Estas últimas acogían a la niñez más vulnerable a la pobreza, calificada en la época de "indomable."

Otro presupuesto esencial del que partimos es el relacionado con los modos en que se asumieron las ideas pedagógicas acerca de la proscripción de los castigos corporales en los planteles escolares. Al efecto, se analizan las dos tendencias principales que estuvieron nucleadas alrededor de la Sociedad Económica de Amigos del País (SEAP): los partidarios del desplazamiento de los actos punitivos violentos por el empleo de dispositivos de vigilancia y control, de carácter esencialmente preventivos, y la abanderada de la continuidad de los castigos físicos, aun los más rigurosos, en las escuelas gratuitas. Estas alineaciones serán presentadas también con sus respectivos matices y complejidades.

En rigor, el referente teórico principal en la concepción de este análisis es la obra de Michel Foucault. En el análisis que hace del descubrimiento del cuerpo "como objeto y blanco de poder" en el comienzo de las sociedades industriales, el filósofo francés parte del supuesto ineluctable de la construcción de dispositivo de selección de individuos "normales" y "anormales." Este sistema, que denomina "anatomía política," encuentra en los escenarios educativos, al igual que en las cárceles y hospitales, instancias de poder excepcionales regidas por técnicas de sujeción corporal más sutiles que los tradicionales actos correctivos violentos. De tal suerte, se asume la aplicabilidad al caso cubano de las "técnicas" de poder, entendidas en su funcionalidad como "técnicas minuciosas siempre, con frecuencia ínfimas, pero que tienen su importancia, puesto que definen cierto modo de adscripción política y detallada del cuerpo, una nueva "microfísica" del poder."[5]

Microfísica en cuya definición se articulan diferentes saberes relacionados con ramas de las ciencias como la fisiología, la higiene, la psicología, aplicadas en el caso que nos ocupa al ámbito educativo. La sofisticación de los dispositivos de vigilancia y sometimientos al orden previamente consensuado, además de los argumentos fisiológicos por parte de la intelectualidad ilustrada en la Isla, encubría los resortes ideológicos de la propia dominación, amparados en las verdades de ciencia: "El individuo es sin duda el átomo ficticio de una representación 'ideológica' de la sociedad; pero es también una realidad fabricada por esa tecnología específica del poder que se llama la 'disciplina.'"[6]

Los controles disciplinarios escolares, así como las normativas aportadas a la pedagogía por las más diversas ciencias, han centrado el interés de la historiografía en las últimas décadas. En el caso particular de América Latina, con destaque en México, Argentina y Brasil, sin desestimar otros aportes en países como Colombia y Uruguay.[7] En Cuba, empero, han prevalecido, por lo general, las historias de la educación centradas en las instituciones y las biografías de importantes pedagogos y maestros. Mención aparte para el artículo "El ojo que te ve: discurso clínico y cirugía social en la escuela cubana (1902-1930), del historiador Ricardo E. Quiza Moreno,[8] así como los diez volúmenes de la *Historia de la educación en Cuba,* a cargo de Enrique Sosa y Alejandrina Penabad.

El presente artículo tiene como objetivo analizar los criterios expuestos por pedagogos e intelectuales en Cuba acerca del sistema de premios y castigos escolares entre finales del siglo XVIII y las primeras décadas de la siguiente centuria. En ese contexto transicional son expuestas las complejidades en los modos de pensar los controles y correctivos en las escuelas gratuitas y los colegios privados. Aunque varios fueron los espacios de debate, el artículo se centra en la SEAP y sus Diputaciones Patrióticas, institución que nucleó a los exponentes más representativos de la pedagogía interesados en el tema de los castigos corporales

El estudio se inicia 1793, con el surgimiento de la Sociedad Económica habanera, institución encargada de regular las primeras orientaciones disciplinarias para las escuelas gratuitas. Culmina con la elaboración del "código de legislación" disciplinario de José de la Luz y Caballero, inserto en su "Informe presentado a la clase de educación de la Real Sociedad Económica sobre el establecimiento de educación fundado por Ramón Carpegna en San Juan de Puerto Rico," fechado el 11 de junio de 1835.

Desde luego, el conocimiento de las concepciones disciplinarias en modo alguno se circunscriben al interior de la SEAP, el historiador cuenta, además, con otros registros como reglamentos escolares, manuales, almanaques del maestro, cuentos para la infancia, y cuantos documentos estuvieron dirigidos a normar los gestos, pausas, movimientos somáticos, así como las ubicaciones espaciales de maestros, alumnos, cuadros de honor y deshonor, libros de controles, relojes de pared, integrados todos en el complejo proceso de intercambio de significados. No obstante, desde el punto de vista del pensamiento en materia pedagógica, fueron las sociedades patrióticas el centro principal donde convergieron los intelectuales de avanzada en el ramo educacional y en particular los que aportaron definiciones más claras en cuanto a los sistemas y métodos disciplinarios.

Este artículo forma parte de una investigación más amplia, extendida hasta la primera mitad del siglo XX. No obstante, la percepción de conjunto permite advertir la existencia de bases filosóficas y pedagógicas, así como de importantes referentes teóricos en materia de organización y disciplina escolares, cuyo punto de partida radica en las lógicas discursivas presentes en el contexto transicional aquí expuesto.

La sinrazón del castigo en las escuelas: Las ordenanzas disciplinarias de José Agustín Caballero

Los primeros cuestionamientos a las concepciones disciplinarias vigentes en las escuelas de Cuba aparecieron a finales del siglo XVIII, y fueron las Sociedades Económicas de Amigos del País, fundadas en Santiago de Cuba (1787),[9] y su homóloga habanera, establecida seis años después, las instituciones que agruparon a la generación de intelectuales ilustrados, abanderada de reformas educativas llamadas a socavar las bases del esquema escolástico pedagógico imperante.

La creación y reformas de instituciones como el Seminario de San Carlos y San Ambrosio, el *Papel Periódico de la Havana*, el Real Consulado de Agricultura y Comercio y las referidas sociedades patrióticas en la última década de la decimoctava centuria, fueron algunas de las expresiones de los cambios que acontecían en la sociedad criolla.[10] Según calificativos de Medardo Vitier, se pasaba de la "época orgánica" a la "época crítica," transición marcada en el plano filosófico por la búsqueda electiva de un método que permitiera la interpretación de la compleja realidad insular, con la consecuente apertura al conjunto de corrientes filosóficas y pedagógicas debatidas en Europa.

La crítica a la autoridad y la duda metódica se infiltraba, al decir de Roberto Agramonte, a través de la teoría gnoseológica y de la práctica pedagógica.[11] La autoridad era la fuerza que asfixiaba las potencialidades humanas; el ethos autoritario del poder colonial impuesto en los estrechos y arbitrarios moldes del imperio colonial. Su basamento ideológico radicaba en la filosofía escolástica, cuerpo teórico que preconizaba el acatamiento de la autoridad, ya fuera divina, eclesiástica o profesoral. En la esfera jurídica la necesidad de reformar el derecho penal medieval en la Península motivó la publicación de obras como la de Alfonso Azevedo, Gaetano Filangieri, Cesare Bonesana, contrarios al empleo del "tormento" en la legislación criminal.[12]

En Cuba, el presbítero José Agustín Caballero figuró entre los abanderados más tempranos y radicales de la proscripción de los castigos corporales en ámbitos escolares. En 1792, en las páginas del *Papel Periódico de la Havana*, publicó el artículo "Pensamiento sobre los medios violentos de que se valen los maestros de escuela para educar a los niños." En su texto, delineaba nueve preceptos en los que enfrentaba las prácticas disciplinarias al uso:

1. Cuidado, no lastiméis a algunos de estos parvulitos. De la Biblia.
2. A más de ser inhumanidad golpear seres delicados, es necesario hacer comprender a los maestros de escuelas que la *férula* es un castigo poderoso, que produce debilidades, y temblores de manos, que lastiman el pecho.
3. Los bofetones hacen contraer un vicio de pronunciación, que algunas veces dura toda la vida, y acarrean la apoplejía, y el frenesí.

4. Los tiramientos de orejas reiterados, les inducen sordera, o les causan un zumbido perpetuo.

5. La costumbre del *azote* establecida en todas las escuelas, a más de lastimar el pudor y la decencia, tiene un inconveniente, que los institutores puede ser que no lo conozcan, y en esto deben consultar a los fisiólogos. Estos aseveran todos a una voz, que el tal castigo es muy propio para manifestar en los órganos una disposición peligrosa a las costumbres, y que el ejercer en los jóvenes la vergonzosa *flagelación* es disponerlos al libertinaje.

6. A la verdad, no se puede ver sin indignación, que reine todavía el azote en el santuario de la educación.

7. Es cierto, que es más fácil y más pronto para el educador castigar a un niño que cogerle por el honor de que es susceptible aún en la tierna edad, o hablarle a la razón; pero la gloria de educar por este último medio es más brillante.

8. Es de observación que los castigos vergonzosos que se emplean en las escuelas hacen detestar las artes a un jovencito, que tiene una centella de genio, o alguna elevación del alma.

9. Los sabios no ignoran que hay un cierto modo en las cosas ¡Qué lástima que no sean sabios los maestros de escuela![13]

Nótese la relación establecida por Caballero entre el castigo físico y las consecuencias fisiológicas en el escolar, aspecto muy novedoso en el tratamiento del tema, no solo en Cuba, sino también en Hispanoamérica. Así, por ejemplo, en el virreinato de Nueva España, que, junto al del Perú, estaba a la cabeza de los proyectos de renovación pedagógica entre las colonias hispanas, tales enfoques apenas se vislumbran en los discursos y legislaciones. Si bien las regulaciones disciplinarias en México prohibían los correctivos corporales, en ningún momento llegaban a establecer en sus fundamentos esta interrelación orgánica. Por el contrario, disponían de sanciones que tendían a los trastornos fisiológicos del educando como la privación de parte de la comida, del paseo o diversión, e incluso la reclusión, cepo, ayuno a pan y agua, cuando lo pidiese el delito.[14]

Dos años después de publicado el artículo relacionado con la violencia escolar, y también de la mano de Caballero, ahora como socio de la SEAP habanera, llegaron las primeras regulaciones de la enseñanza elemental en Cuba. A fin de establecer y organizar las mencionadas escuelas, primer paso importante dado por la sociedad, se eligió una comisión encargada de formalizar un plan general para su gobierno.[15]

El trabajo, titulado *Ordenanzas para las escuelas gratuitas de la Havana*, quedó concluido en 1794. El texto constituyó el primer plan para la organización de la enseñanza primaria concebido en Cuba y la primera regulación de la disciplina escolar en planteles gratuitos costeados por diferentes instancias públicas y privadas.[16]

En el centro de la nueva concepción disciplinaria estaba la vigilancia, elemento indispensable para ejercer el control sobre los educandos. La apelación a la observación de los cuerpos mediante el empleo de normativas que regularan las presencias y ausencias, así como la movilidad de los individuos dentro del aula y la escuela, estaba en la base de los dispositivos de carácter físicos. Es decir, un conjunto de reglamentaciones basado en la asignación de espacios individualizados y diferenciadores según las competencias y los comportamientos.

La primera figura introducida con funciones de vigilancia en las escuelas públicas fue la del "curador" o inspector escolar. En los estatutos de la sociedad habanera quedó establecida la existencia de un curador padre de familia con la misión de velar por las buenas costumbres, el aseo y la aplicación de la juventud, con la consecuente notificación a los maestros de las deficiencias detectadas. De acuerdo con las *Ordenanzas,* seis socios de la Sociedad Patriótica ocuparían plazas de curadores para la inspección. El curador era el superior inmediato del maestro: debía velar por el buen gobierno de las escuelas, señalar al educador sus defectos y virtudes, así como dotar de papel, plumas y tintas a los alumnos.

Un segundo dispositivo físico quedó adjudicado a los libros de controles, concebidos como registros efectivos, capaces de regular las presencias tanto como las ausencias, así como la calidad académica y de conducta de los escolares. Los maestros, según orientaciones, "llevarán un libro en que asienten los nombres de los discípulos, los días de sus entradas y salidas, los premios que se le asignaran en los exámenes, el tiempo en que pasan de una clase a otra."[17]

Los libros de control, verdaderos expedientes con la documentación generada a partir de los comportamientos individuales, lejos de limitarse a la información del maestro, circularían entre los padres y los propios alumnos; una socialización de registros que funcionaban en la cotidianidad del aula, en el día a día, empleando la arquitectura escolar como espacio funcional, zona de inscripción de conocimientos (los pizarrones), de normativas (los reglamentos de orden y los horarios) y de conductas (los listados).

Esos libros, a su vez, devendrían punto de partida para la implementación de otros dispositivos físicos, como los cuadros de honor y deshonor, capaces de premiar y castigar en dependencia de la ubicación del nombre del alumno. Su efectividad no radicaba únicamente en constituir un detector constante de los comportamientos en una pared del recinto, también funcionaba en su dimensión temporal, en tanto las ubicaciones no se presentaban invariables; tenían un tiempo (semanal, quincenal, mensual) y eran revocables, en dependencia del seguimiento de la conducta.[18]

En la organización del espacio radicaba el tercero de los dispositivos de control. En el caso de la escuela "de leer,"[19] el documento estipulaba la adopción por el maestro de veinte o treinta alumnos los cuales habrían de colocar en dos líneas "y pareará de suerte que cada uno tenga su competidor." Se trataba del tradicional método de los juegos aplicados sobre todo en la enseñanza conventual, la diferencia estribaba en la oposición temprana de la SEAP al otorgamiento de los denominados "falsos imperios" y "dignidades" a modo de premios a los alumnos vencedores.

La definición de las diversas formas funcionales de ocupación física del espacio escolar variaba de acuerdo con el perfil de las instituciones. Así, mientras en las escuelas "de leer," generalmente las de mayor matrícula, se estableció la distribución en dos filas, en las "de contar" adoptaba la forma de semicírculo con el profesor en el centro, de forma tal que pudiera ganar en visibilidad, al tiempo que le facilitaba el desplazamiento a cada alumno desde su puesto al lienzo o pizarra dispuesta para los ejercicios de cuenta.

Eran los primeros procedimientos dirigidos a la protección del cuerpo del infante, para lo cual se imponía superponer el examen y la vigilancia del escolar a su flagelación despiadada. De ahí el llamado de Caballero a que los maestros regentearan sus propias aulas, sin "jurar ciegamente por Aristóteles," cuyo reinado prevalecía en las universidades españolas, y así "conocerían la configuración del cuerpo humano para saber curar con tino y circunspección sus enfermedades."[20] En Caballero encontramos los antecedentes de lo que serían los dispositivos de control anatómicos, cuya racionalidad partía del conocimiento científico de la infancia, sin que implicara la eliminación de los dispositivos físicos, reguladores del espacio y del tiempo en el ámbito escolar.

El cuarto dispositivo de control físico lo ocupaban las regulaciones precisas de las gestualidades del cuerpo infantil. En el contexto operatorio del buen gesto, las *Ordenanzas* habrían de incidir en las rutinas escolares, con vistas a alcanzar los resultados deseados a partir de la disciplina corporal. Del encauzamiento útil y controlable de los movimientos del escolar dependería la obtención de una "buena letra": "lo primero que deben aprender los niños es la postura del cuerpo, la de la mano, la del papel, y el manejo de la pluma." Todo un esquema anatómico que recuerda las posturas "cómodas y sólidas" que practicaba Jean-Jacques Rousseau con su *Emilio*. Al igual que el pedagogo francés, Caballero colocaba el centro de la atención del saber pedagógico en el cuerpo del infante:

El brazo y mano del que escribe se debe dejar caer naturalmente, de modo que el codo quede algo separado del cuerpo, y aun salga fuera de la mesa tres o cuatro dedos para que tenga libertad. Pónganse los dedos tendidos sin violencia, en especial los tres primeros que llevan la pluma, el cuarto algo encogido, de suerte que descanse sobre el más pequeño o auricular, que es el que en sí recibe todo el peso de la mano, y el que la guía. El cuerpo y cabeza están rectos y erguidos. Finalmente, el papel mire con el ángulo inferior de la izquierda al medio del pecho del que escribe.[21]

Entre los dispositivos de control más novedosos regulados en las *Ordenanzas* figuraba la intervención educativa en el ámbito familiar. El 20 de marzo de 1791, coincidiendo con la publicación de la crítica de Caballero a los medios violentos empleados por los maestros, el presbítero, bajo el seudónimo "El Amante del Periódico," sacó a la luz el artículo "Carta sobre la educación de los hijos."

En el texto ponía sobre el tapete de los debates un tema que fue objeto de polémicas por científicos de las más diversas ciencias durante los siglos XIX y XX. En esta controversia se delimitaban tres enfoques principales en relación con las causas de las conductas agresivas en los humanos: los factores biológicos o innatos, los del aprendizaje social y los que concebían el nexo entre las tendencias genéticas y las ambientales.[22] Llama la atención el pensamiento avanzado de Caballero en su temprana toma de posición, cuando advertía que las costumbres, más que transfundirse por la sangre, eran resultado del "ejemplo," en primer lugar el generado por la familia. En varios artículos publicados en el *Papel Periódico* entre los meses de enero y febrero de 1792, adujo a la existencia de cierta complicidad entre la prole de la rancia oligarquía criolla con los esclavos domésticos, y su significado en las conductas "extraviadas" tanto en el hogar como en las escuelas.[23]

Azotar o no azotar: Enfoques disciplinarios en la SEAP

En el seno de la SEAP los criterios diferían en cuanto a la aplicación de los castigos corporales. La homogeneidad de posiciones mostradas por los socios integrantes de la Sección de Educación,[24] en cuanto al rechazo del sistema de premios basado en los denominados falsos imperios, contrastaba con la diversidad de enfoques mostrada en relación con los castigos.

Por una parte, se encontraban los abanderados de cambios sustanciales en los procedimientos correctivos, a tono con la línea de pensamiento que encabezaba el Padre Caballero. Entre ellos descollaba la figura de Nicolás Ruiz Palomino, entre los más preclaros exponentes de la crítica a los castigos físicos en ambientes escolares. En informe dirigido a la SEAP, el 18 de octubre de 1817, calificó el empleo de "la férula y el azote" como absurdo recurso disciplinario "que debería desterrarse de nuestras escuelas."

El mayor logro del informe presentado por Ruiz fue ofrecer un conjunto de orientaciones al magisterio de la Isla. En primer orden ubicaba las cualidades básicas del preceptor. No todos podían ejercer el oficio: "Necesita el que ha de dedicarse a la profesión de maestro, un gran conocimiento del corazón humano, mucha experiencia y sensibilidad, y sobre todo un fondo inagotable de paciencia."[25] Para seleccionar los maestros idóneos, sugirió la adopción de un "Reglamento fijo e invariable," que obstaculizara las pretensiones de quienes "aspiran a tan noble profesión sólo como medio de subsistencia."

Los estudios hechos por Ruiz de los reglamentos interiores de las escuelas arrojaron como resultado el predominio de una tendencia al mantenimiento de la rigidez corporal, sin que se redefinieran los métodos acordes con el tipo de sujeto que se requería formar a inicios de la centuria. Si la sociedad había cambiado, los patrones formativos debían también ajustarse a las nuevas realidades, lo cual implicaba el destierro de las vetustas concepciones que privilegiaban el hieratismo escolar. Ruiz, por su parte, al tanto de los adelantos de las ciencias médicas y pedagógicas en el mundo, apostaba por "promover la aplicación, el amor al trabajo, la actividad, el ejercicio corporal, el aseo y la salud":[26]

Por mi parte confieso, que jamás he podido ver sin indignarme la práctica indecente que se acostumbra en las escuelas, de la flagelación (. . .) ¡Ah! Dejadlos, dejadlos gozar de la época más dichosa de su vida; no lo tiranizeis, [sic] no los hagáis desgraciados con vuestro rigor mal entendido; respetad su inocencia y su debilidad.[27]

A diferencia de las concepciones filosóficas predominantes en los siglos anteriores, basadas en la naturaleza pecaminosa del cuerpo y en su flagelación como imperativo para la salvación del alma, en este primer momento de redefinición, el cuidado corporal con los primeros atisbos de irrupción de la higiene, comenzó a ocupar el centro de atención de científicos y pedagogos. Como apuntara Ruiz, encerrados los alumnos en el aula, sin atender las condiciones higiénicas del local, "la respiración corrompe el aire que los rodea y si cualquiera padece algún mal, lo adquieren los otros fácilmente."[28] Era evidente la influencia del naturalismo rousseauniano en este autor:

La intención de la naturaleza es que el cuerpo se fortifique antes que ejerza el espíritu sus funciones. Los niños están siempre en movimiento, una vida aplicada y sedentaria les impide crecer; ni su cuerpo ni espíritu pueden sobrellevar la sujeción: encerrados continuamente en un cuarto y rodeados de libros.[29]

Al igual que Caballero, Ruiz advirtió el papel de la familia en el comportamiento del escolar en las aulas, aunque introdujo también otras aristas sociológicas del problema relacionadas con la predisposición que infundían los padres hacia las escuelas. En tal sentido, el espacio escolar se presentaba como escenario de castigo y represión por las faltas en las que incurrían sus hijos, incluso las cometidas en el hogar. Tales acciones, según Ruiz, acarreaban consecuencias fatales: "el vil temor, la desconfianza, el odio a sus maestros, el disgusto, y la pereza que precisamente ha de ser el efecto más directo."[30]

Las ideas acerca de la "curiosidad natural" y de la "gobernabilidad" de Ruiz podían estar influenciadas por los preceptos del considerado fundador de la pedagogía científica, el alemán Juan Federico Herbart, cuyas concepciones impactaron de manera notable en la pedagogía de la época.

Herbart y su escuela alemana introdujeron ideas esenciales como la del "interés," en tanto estímulo para la acción, y la de "gobierno," momento de la actividad educativa diferente a la "disciplina." El gobierno se dirigía a la conservación del orden, a la conducta externa del escolar, para lo cual el medio más importante era mantenerlos ocupados, sin que ello implicara la ausencia del castigo. La disciplina, por su parte, concernía a la formación del carácter y las ideas morales. Esta distinción favoreció la difusión del método herbartiano, pues conciliaba la tradicional tendencia al orden con la aspiración a la autonomía moral defendida por la escuela kantiana.

Ruiz no se limitó a advertir sobre la importancia del gobierno en las aulas, sino que ofreció también variantes para su aplicabilidad en los colegios cubanos en sustitución del castigo físico, con lo cual se alejaba de los presupuestos herbartianos que aceptaban, en última instancia, los correctivos corporales. En lugar de las prácticas flageladoras del cuerpo estableció una escala correctiva que contenía determinados pasos en dependencia de las reiteraciones de las faltas:

1. Amonestación privada, "con dulzura," que buscara convencer al alumno de su falta y animarlo para su enmienda.
2. Presentación de ejemplos de niños con buenas conductas
3. Amonestación frente a dos o tres condiscípulos, "con seriedad, pero sin incomodidad" y "encargándole a los testigos que guardasen el secreto."
4. Por último, "colocando al reo en un lugar visible revelaría su falta, mezclando en la represión total la severidad de maestro y la convicción de la amistad."[31]

El informe de Nicolás Ruiz mostraba originalidad en el tratamiento del sistema de premios, al proponer iniciativas que prevalecieron en las concepciones pedagógicas en el decurso del siglo XIX. Entre las variantes de premios sugirió la entrega de libros y la concertación de eventos festivos dirigidos a la premiación de los escolares aplicados: "La fiesta podía reducirse a un día de vacante, una buena comida y a salir a pasear con el maestro." Como parte del estímulo, los homenajeados serían presentados a la Sección de Educación de la SEAP "para recibir de ellos el elogio público." Entendía, empero, que el recurso más efectivo era la emulación: "La emulación y el amor propio son casi exclusivamente los resortes que recomiendo para excitar los niños a la aplicación y al trabajo."[32]

En cuanto a los castigos, las concepciones y normativas pedagógicas contrarias a los correctivos físicos, no provinieron solo de la SEAP habanera, sino también de sus diputaciones patrióticas regionales. Existen referencias a colegios fundados en otras provincias con sus planes de gobierno, como la escuela gratuita para niños blancos constituida por el ayuntamiento de Matanzas, a cargo de Ambrosio José González y bajo la inspección de Tomás Gener. En el Plan de la escuela quedaban expresos los procedimientos disciplinarios a tener en cuenta por las autoridades del plantel. En el documento no llegaba a especificarse si estaban proscritos los castigos corporales, tan solo se establecía que el director podía "imponer los castigos que juzgue necesario o convenientes para corregir las faltas de sus alumnos," la única limitación consistía en "que el uso de su facultad, no propase los límites que prescriben la razón y la decencia."[33]

Mayor precisión en las regulaciones disciplinarias se alcanzó con el Reglamento Oficial del Maestro, aprobado por el ayuntamiento de Puerto Príncipe el 11 de julio de 1820. En su capítulo primero, "Del orden y policía," dejaba establecido:

Se prohíbe enteramente la pena de azotes y palmeta y se sustituyen en sus lugares de retenerlos en las escuelas el tiempo que le dicte la prudencia, después que se hayan ido los demás, imponiéndole a mayor abundamiento alguna penitencia conforme a la falta que hayan cometido.[34]

Los castigos físicos se sustituirían por otros procedimientos como las retenciones en las escuelas y la jerarquía en el orden de los asientos en dependencia de los comportamientos del alumnado. La aplicación del sistema de premios y castigos estaba a cargo del maestro y de un regidor-inspector. La pena máxima, concebida para los escolares "inobedientes e indóciles," consistía en la expulsión del plantel.

Este reglamento fue dado a conocer un mes antes de que los liberales en España publicaran el Real Decreto que abolió las penas de azote en la Península. Dos años después, el 16 de marzo de 1822, la Dirección General de Estudios en la metrópoli elaboró el denominado "Proyecto de Reglamento General de primera enseñanza que se ha de observar en todas las escuelas de primeras letras de la Monarquía Española." Ese documento prohibía terminantemente todos los castigos corporales, a excepción de la tipología consistente en colocar a los infractores de rodillas, práctica muy empleada por el magisterio en Cuba.[35]

Pero el castigo corporal no solo prevaleció como práctica magisterial en la cotidianidad de las instituciones escolares, también en el ámbito del pensamiento pedagógico no todos fueron partidarios de esta línea contraria de manera radical a las sanciones físicas. De hecho, la desaprobación legislativa de los castigos corporales no significó que desparecieran e incluso que se aconsejaran otros procedimientos correctivos físicos, como el del encierro. Hacia el interior de las escuelas, públicas y privadas, se concibieron los "cuartos de corrección," espacios de reclusión reforzadores del mensaje metafórico que instilaba la noción de la escuela como cárcel o calabozo. Una de las víctimas de este correctivo fue el médico oftalmólogo Juan Santos Fernández. A la edad de ocho años, el tío, importante empleado del ingenio de una localidad matancera, ordenó su reclusión en la escuela por interceder violentamente en una riña entre sus primos: "Sufrí enormemente por la obscuridad y el aislamiento (. . .) que a no vencer el sueño mataría a un niño amedrentado."[36]

La asimilación espacial de la escuela con la cárcel representaba una simbología que asociaba ambas instancias por el encierro, peculiar tecnología disciplinaria que identificaba la escuela con la cárcel y las fábricas. De tal suerte, se deslindó la laceración física, tipología punitiva reprobada, con respecto a la del encierro, esta última continuó prescrita en los procedimientos correctores, aunque acompañada de otras técnicas de control más sutiles.

No obstante, durante las primeras décadas del siglo XIX algunos integrantes de la SEAP se proyectaron todavía favorables a la continuidad de los azotes en las escuelas públicas, llegando, incluso, a proponer recursos correctivos de extrema violencia. Los dispositivos de controles sugeridos se centraron exclusivamente en los de tipo físico, desconociendo la aplicación de algunos presupuestos higiénicos y fisiológicos que comenzaban gradualmente a ventilarse entre los partidarios de la primera línea disciplinaria.

Entre los defensores de los castigos corporales se encontraban los miembros de la SEAP, Justo Vélez y Vicente María Rodrigo, encargados de evaluar la aplicabilidad del método de los pedagogos ingleses Bell y Lancaster en las escuelas de Cuba.[37] En el informe presentado a la corporación fueron expuestos sus criterios acerca de los procedimientos que debían utilizarse en las escuelas lancasterianas para "castigar" las faltas de los alumnos, susceptibles de resumirse en los puntos siguientes:

1. Cualquier alumno que reincidiese en una falta se le pondría al cuello un pedazo de madera de cuatro a seis libras el cual conservaría todo el tiempo de la clase.
2. Cuando volviera a reincidir se le pondría una especie de trabas o grillos de madera y se le haría andar así por toda la escuela.
3. Si ese castigo no bastaba, se le atarían las manos a la espalda por los dos codos con otra especie de esposas, calculadas para el efecto.
4. En el caso de los escolares que fueran incorregibles, se les pondría una especie de yugo de madera y se les haría andar así por toda la escuela.
5. Cuando el joven desobedeciera a sus padres o cometiese alguna falta contra la moral, se le pondrían papeles cosidos o prendidos a la ropa en que se manifestara el delito y una gorra de papel o lata en la cabeza. De este modo lo pasearán por la escuela, mientras que otro pregonaba su falta.
6. Si el alumno llegaba a la escuela con las manos o la cara sucias, otro de sus compañeros le señalaría la falta y sería obligado a lavarse en medio de la clase.
7. Quienes no se enmendaran serían presos después de las horas de escuela, y con alguno de los castigos que antes se han expresado.[38]

A diferencia de Caballero y de Ruiz, los autores del informe sobre el método lancasteriano, potenciaban los castigos físicos y las amonestaciones públicas, tendientes a ridiculizar en grado sumo al alumno. Los métodos sugeridos solían ser más denigrantes que los empleados en los colegios franciscanos en siglos anteriores. Los mismos socios aseguraban que los castigos "se reducirán a ridiculizar al delincuente."[39] Si los seguidores de la orden de San Francisco colocaban a los alumnos derrotados en los certámenes escolares en paredes previamente ataviadas con dibujos de grilletes, en el caso de la propuesta del binomio Vélez- Rodrigo, los carteles o "papeles de deshonor" serían colocados en el cuerpo del infractor, sobre todo en la espalda y el pecho. Con tales insignias tenían que desfilar por toda la escuela, al tiempo que otros condiscípulos gritaban su falta.

Las inobediencias más graves, según los autores del informe, consistían en "la ociosidad y la conversación." Cuando el alumno incidiera en ese tipo de indisciplina "el director de la clase acusaría al infractor por medio de unos cartoncitos que tendrán escrito el nombre de la clase a quien pertenecen" y algunos distintivos, como *"yo he visto a éste hablando, ocioso, etc."*[40] Los referidos cartones se le entregaban al acusado para que se presentara al frente de la escuela. En caso de ausencias injustificadas a clase, un "censor de ausentes" emplearía golillas o collares con el rótulo "," colocados en el cuello del alumno, "y así se le pondrá en el lugar más público de la escuela, y si reincidiese se le hará que duerma así."[41]

Esta identificación del acto transgresor escolar con la esclavitud prefiguró una narrativa relacional entre el espacio-escuela y el barracón, mucho más visible en las primeras décadas del siglo XIX. Es decir, se relacionaba el acto de desobediencia del estudiante con el nombre atribuido al esclavo que, evadido de su amo, escapaba hacia el monte. El empleo de una palabra que tenía en sí un significado propio para designar una realidad diferente, incidía en las personas que compartían el mensaje metafórico en ámbitos escolares. No es que se asimilara literalmente al infante evadido del predio escolar con el esclavo que abandonaba el barracón o la casa del amo, pero la construcción metafórica en este caso remitía al lector a un escenario cultural donde el cimarronaje presentaba una connotación transgresora de las estructuras de poder vigentes.

La impronta de la violencia que implicaba la existencia de una sociedad esclavista desde finales del siglo XVIII impactaba en otras áreas de los castigos físicos, como el empleo de látigos de diferentes espesuras y formas, parte de la cultura material concebida para el suplicio individual y la advertencia colectiva. La circulación del acto correctivo partía desde el infractor (esclavo-alumno) hacia los potenciales transgresores que presenciaban el suplicio (dotaciones-alumnos). La efectividad de los castigos dependía así de que el procedimiento punitivo fuera circulado entre todos los culpables posibles, a manera de escarmiento; es decir, la movilidad en espacios asignados previamente ritualizaba un ceremonial correctivo que tenía como objetivo la degradación moral del niño "cimarrón" o el niño "delincuente." No bastaba que el alumno sufriera la pena en solitario, siempre debía estar acompañado de un grupo de condiscípulos que gritaran su falta en presencia de la totalidad de la escuela.

Los premios apropiados para las escuelas lancasterianas fueron también valorados por Vélez y Rodrigo como parte del sistema disciplinario. En el principio de la temporalidad de la recompensa cifraron su efectividad. En tal sentido, sostuvieron que la jerarquía escolar no era inmutable, en tanto podía sufrir cambios entre los alumnos y entre las clases: "Cada clase debe tener su lugar de preeminencia en la escuela según su aplicación, el que perderá siempre que alguna de las inferiores le aventaje."[42]

Las premiaciones, según los socios, podían consistir en medallas de plata "colgada del pescuezo del niño que la hubiese obtenido" y, al igual que con los castigos, la concepción de su efectividad dependía del grado de socialización. En el informe, los socios apuntaban: "Todos los muchachos que consigan un premio saldrán en procesión alrededor de la escuela, llevando en sus manos los tales premios. Un muchacho irá delante gritando, *Estos aplicados niños han obtenido un premio por haber ascendido a la clase quinta, sexta, etc.*"[43]

En el informe de Vélez y Rodrigo, al igual que en los anteriores documentos de Caballero y de Ruiz, la vigilancia y la inspección jerárquica se integraban como dispositivos esenciales para alcanzar un sistema disciplinario eficiente. De la visibilidad del escolar dependería su mayor control. El aparato disciplinario estaba a cargo de una selecta nómina de especialistas y encargados de los controles. A los directores de clase y al inspector general, se añadía un director asistente o suplente en los casos que la matrícula superara los veinte o veinticinco alumnos y un "director de orden," encargado de nombrar los interinos, cuando el director principal o "propietario" se ausentara.

Además de los principios de la temporalidad, la socialización del ritual y la vigilancia, estaban otros recursos que aseguraban la uniformidad en los modelos de control. Los establecimientos lancasterianos estaban diseñados para instruir a un amplio conglomerado infantil, con el empleo de monitores extraídos de las propias filas de los "aventajados." Las voces de mando militares, los silbatos y otras señales debían suplir, según los autores del informe, la abismal diferencia numérica entre alumnos y maestros. Los movimientos se graduaban y se simplificaba la comunicación en las clases. El ritmo, entre los más importantes dispositivos físicos, entraba a desempeñar un papel esencial en la normalización escolar, lograda mediante frases cortas y precisas con significados que el alumno interiorizaba y aprendía a ejecutar en un tiempo prefijado. En el informe se orientaba al respecto:

Las órdenes para las clases se darán en alta voz por los directores, de este modo, *frente, derecha, izquierda, presentar las pizarras, limpiar las pizarras.* Las clases aprenderán a medir sus pasos de suerte que cuando se les mande hacer alguna cosa de su obligación, no reine el desorden en ella.[44]

¿Qué representaciones de la infancia condicionaban semejantes procedimientos de castigos a la usanza de los más retrógrados actos punitivos? Vélez, por ejemplo, descollaba entre los jóvenes ilustrados que convergían en la SEAP, ejercía como profesor en la Cátedra de Derecho del Seminario de San Carlos, escenario en el que introdujo el derecho natural y de gente del filósofo y jurista alemán Juan Heineccio. Se destacó también como autor de numerosos trabajos económicos, estadísticos y morales junto a integrantes del grupo de intelectuales protegidos del Obispo Espada, contrario a la escolástica y a cualquier sistema que obstara el conocimiento y aplicación consecuente de las ciencias modernas.

Vélez y Rodrigo concibieron las ventajas del método lancasteriano o monitorial en los escenarios educativos de las primeras décadas del siglo XIX. Con su aplicación "se instruirían a los estancieros, vegueros que ignoran el alfabeto, con conocimientos generales, nacería así nuevos ramos de la industria."[45]

Medardo Vitier llamaba a propósito la atención sobre el impacto de los efectos de la Revolución Industrial europea en Justo Vélez: "Allí lo que preocupa es el capital, para el trabajo, para el lado social y humano casi nada (...) Lo humano, el trabajador, no aparece destacado."[46] De ahí que, a diferencia de otras líneas contrarias a los castigos, la insistencia de Vélez estuviera dirigida a dos elementos esenciales que acompañaban la rentabilidad del trabajo industrial, expresados en las escuelas lancasterianas en dos términos: "Ahorran mucho tiempo y ahorran mucho dinero."[47]

Las escuelas lancasterianas estaban diseñadas para la enseñanza de un número elevado de niños procedentes de grupos y capas pobres de la sociedad, al igual que para familias analfabetas o de muy bajo nivel cultural.[48] Los procedimientos violentos sugeridos por los socios de la SEAP estaban dirigidos a los hijos de los pequeños labradores, incrementados con el aumento de la inmigración blanca, pero también hacia una gran parte de escolares citadinos, la mayoría blancos, cuyos padres rechazaban el trabajo manual realizado por los negros y mulatos, fuesen libres o esclavos. Eran los hijos víctimas de "la vagancia" sobre la que discurrió in extenso el intelectual bayamés José A. Saco.

De acuerdo con la lógica de Vélez, la misma naturaleza social del conglomerado infantil y las características de las escuelas regidas por ese método obligaban a que los castigos prevalecieran, aun los más violentos. Como bien reconoció Domingo del Monte, a excepción de las escuelas de la Casa de Beneficencia, en el resto no se cumplieron los requisitos mínimos del modelo lancasteriano en cuanto a la calidad de los locales. El sistema requería de salones espaciosos, sin interrupciones de paredes o tabiques, con capacidad para todos los alumnos, de forma tal que un solo maestro pudiera controlar el trabajo simultáneo de los monitores. No se cumplió el objetivo de estos institutos: enseñar a un mayor número de niños en menor tiempo y a menor costo.[49]

En cuanto a las prácticas disciplinarias, observaba Tanck Estrada en sus estudios sobre la aplicación del sistema en México, una realidad que muy bien pudo imperar en Cuba, la obediencia y el orden en los planteles lancasterianos

eran forzados, mientras que los instructores-alumnos se convertían con frecuencia en pequeños dictadores.[50]

El pedagogo que más enfrentó el método lancasteriano en las escuelas de
la isla, fue José de la Luz y Caballero. Aunque calificó de "invención admirable" las escuelas lancasterianas, en tanto difusoras de la enseñanza popular,
reconoció sus inconvenientes en el orden de la disciplina. El empleo de un
sistema que extendía la educación a amplios sectores de la población, "aún
en las clases inferiores y menesterosas" y que confiaba la enseñanza a los
monitores, compuestos por los propios condiscípulos, obligaba a "emplear
más rigor y firmeza por parte del maestro principal para contener y hacer respetar la autoridad de sus pequeños subalternos."[51] He aquí la complejidad
del pensamiento de Luz y Caballero en materia disciplinaria, a su juicio, "el
punto más delicado que presenta el anchuroso campo de la educación en todo
su ámbito."[52]

El código de legislación preventiva de José de la Luz y Caballero

Hasta la década de 1830, las propuestas renovadoras en el ámbito educativo
cubano, y particularmente en materia de disciplina escolar, estuvieron dirigidas
hacia las escuelas gratuitas financiadas por corporaciones, ayuntamientos y la
SEAP con sus diputaciones, sin desestimar los cambios operados en planteles privados, incluidos los colegios conventuales. Sin embargo, a partir de esa
fecha la crisis profunda de la enseñanza primaria pública, coincidente con el
florecimiento de grandes colegios privados, laicos y católicos, en ciudades importantes de la Isla, complejizó los enfoques y debates relativos a los controles
escolares según las especificidades de los planteles.

En ese contexto es que quedaron insertadas las más acabadas definiciones
disciplinarias de José de la Luz y Caballero, director literario del Colegio Ca-
rraguao (septiembre 1832–agosto 1833) y posteriormente su director (agosto
1833–diciembre 1835).

Con amplia experiencia pedagógica y magisterial, dentro y fuera de Cuba,
Luz y Caballero redactó el "Informe presentado a la clase de educación de la
Real Sociedad Económica sobre el establecimiento de educación fundado por
Ramón Carpegna en San Juan de Puerto Rico," fechado el 11 de junio de 1835.
El documento sintetizaba de manera magistral las nociones disciplinarias más
importantes del pedagogo, algunas de ellas expuestas en el "Informe sobre la
Escuela Náutica," otro de sus textos fundamentales presentado dos años antes
a la Real Junta de Fomento.

En más de un aspecto Luz aplaudió la iniciativa de Carpegna, pero fue la
disciplina el asunto que centró su atención y al que le dedicó el mayor número
de páginas. Sin dejar de sensibilizarse con el maestro puertorriqueño en cuanto
a la disposición de "no usar especie alguna de castigo en el establecimiento,"

el pedagogo discurría alrededor de una amplia gama de criterios a su entender supuestamente contrapuestos, orientados en tres direcciones principales:

1. Los que abogaban por la supresión total de los medios físicos coercitivos y la aplicación solo de "resortes morales y medios preventivos.
2. Los que se inclinaban a las privaciones y algunos castigos físicos, "sin propasarse empero hasta las *corporis* aflictivas" y juzgaban insuficientes los recursos morales.
3. Los que aprobaban "los azotes" como un "mal efectivo" y "necesario" para mantener el orden en las escuelas.[53]

Estas tendencias, según Luz, empero, no rivalizaban. Su aplicabilidad estaba en relación con "la clase de establecimiento" y el sistema que adoptaban. Tales condiciones, a su juicio, explicaban la fuerza de los partidarios de los castigos físicos en Inglaterra, país de tradición filantrópica, pero difusora del método lancasteriano o de monitoreo para los sectores y grupos pobres de la población.

A partir de sus reflexiones sobre la educación popular y su incidencia en la disciplina, Luz validó las tres orientaciones expuestas. Si bien fue partidario de abolir los castigos físicos —en su práctica docente los erradicó—, consideró necesario también atender las exigencias que imponía el sistema de enseñanza mutua. Advertía que en aquellas escuelas llamadas a formar a los hijos de familias pobres o "clase de los menesterosos," las indisciplinas tendían a ser más incontrolables, tratándose de "criaturas traviesas e indomables." En tales casos, al decir del pedagogo: "Por más que lo repugne nuestra índole y nuestro sentimiento no puede abolirse totalmente las penas *corporis* aflictivas sin comprometer su marcha y desvirtuarla en su raíz."[54]

Era imposible, por tanto, el establecimiento de una legislación uniforme "en materia de pena." Los procedimientos correctivos implementados en colegios con bases organizativas adecuadas y una matrícula más selecta, según Luz, debían diferir de los empleados en los pequeños establecimientos gratuitos, costeados por la sección de educación de la SEAP, o en los más antiguos y asistidos colegios de Belén y San Francisco de Sales, así como en las humildes escuelitas de amigas. En el caso de los primeros, "como que regularmente consta de menor número y siempre de material mejor preparado que el de las escuelas primarias gratuitas," podía prescindirse de la pena *corporis* aflictiva, a diferencia del resto de los planteles.

En el colegio de Belén, por ejemplo, con la restauración de Fernando VII, se reinstaló la antigua escuela gratuita de primeras letras reformada bajo el sistema Lancaster, con capacidad para 270 niños, la mayor cifra entre todos los planteles gratuitos dispuestos en conventos y monasterios. Al respecto, Luz escribió:

En la escuela gratuita de Belén, donde, por ser mayor la concurrencia que en todas las otras de esta especie, necesariamente afluyen más niños resabiados o incultos, se hace indispensable a las veces llamarlos al orden y al respeto por medio más enérgicos que los que se emplean hoy en los demás establecimientos de su clase.[55]

Sin embargo, tampoco estaba al margen José de la Luz de la naturaleza de los castigos corporales en las escuelas públicas. La existencia de correctivos violentos obligó a que alertara sobre la importancia de que los castigos, aun los físicos, fueran empleados "con suma economía y restricciones."[56]

El paso del castigo a la prevención fue una de las tesis más importantes desarrolladas por Luz en el "espinoso arte" de alcanzar un régimen de disciplina efectivo. Pero no se limitó únicamente a detectar y enunciar el asunto, sino que desarrolló un "código de legislación" dirigido a orientar a los maestros, por medio de la SEAP, en el empleo de las técnicas disciplinarias ¿Qué elementos no podían faltar en el condicionamiento del instrumental preventivo? En su informe advertía: "Para evitar charlas y riñas importa mucho que cada discípulo tenga su puesto, sus lápices, sus plumas, que nadie se los toque: para 'cada cosa en su sitio, y en su sitio cada cosa.'"[57] He ahí el interés mostrado por los requerimientos de organización escolar, a los que añadía: "la disposición material de una escuela" y su "distribución."

La exactitud matemática, la lógica en las distribuciones espaciales y las estrategias de control, en tanto instrumental disciplinario no discursivo, revestían una finalidad preventiva nada despreciable: "¿Quién no ve cuánto influye la disposición del edificio para facilitar o dificultar la vigilancia?."[58] Según Luz, la locación influía en la calidad del trabajo docente, particularmente en un clima tropical como el cubano. Tales ideas, desarrolladas años más tarde por eminentes pedagogos e higienistas, solían concebirse hasta entonces de manera aislada, sin adentrarse en las implicaciones de la higiene en la disciplina, elemento que cumplía para Luz una función preventiva, en tanto preestablecía los parámetros óptimos para el desenvolvimiento del trabajo en un medio proclive a facilitar la salud física y mental.

Luego de advertir la importancia de la organización escolar en la prevención, Luz se introdujo en los principios básicos del referido código de legislación preventiva, documento que recogía y sintetizaba de manera magistral el saber generado en esta materia durante siglos, y que pudiera resumirse en los siguientes puntos:

- Las penas, para ser eficaces, deben ser raras: ningún castigo repetido surte su efecto. Se habitúa el niño aun a los más duros tratamientos, se familiariza al fin con lo que debía ser un saludable espantajo. Hay casos en que es necesario dejar de imponer la pena mejor indicada a trueque de no desvirtuar su influencia.
- La sentencia ni debe pronunciarse en el momento del delito ni imponerse por

los subalternos. Así se logra la imparcialidad y que haya una especie de autoridad templada que modere los excesos propios y los ajenos.

- Las privaciones no cuentan con mejor regla que la de hacer pagar al muchacho por donde mismo peca: al glotón privarlo de alguna parte de la comida; al mentiroso no creerle nunca hasta después de comprobado el hecho.
- Evitar el castigo al "pundonoroso" con "penas infamantes."
- La "pena de remoción," que puede ser mucho más eficaz, "auxiliándola con la publicidad de la escuela, pues entonces llena mejor que ninguna otra la condición de escarmiento.
- La aplicación del "sistema de notas de aplicación y conducta" dirigidas a los padres tenía la ventaja de ser "un estímulo, un galardón y un preventivo."
- El tratamiento a los alumnos como seres racionales: "Siempre se gobierna a todos los alumnos por el ministerio de la palabra (. . .) Sobre todo no debe perderse jamás la coyuntura favorable (. . .) para inculcarle la obediencia.[59]

No todos los docentes podían percatarse ni enfrentar tales desafíos, se necesitaba de condiciones especiales para los que ejercían la profesión: "tino admirable," "golpe de vista seguro" y "tacto exquisito" en el conocimiento de las interioridades de los alumnos, para sensibilizarse con la idea de que cada discípulo encontraría en su plantel "muchas de sus inconsecuencias, vivirá entre muchos compañeros, cada cual con su carácter, sus hábitos, sus defectos y sus cualidades; inevitablemente ha de retratar, aunque en pequeño, ese mundo que aguarda después y que no es una sociedad perfecta, no es la república que soñaba Platón, el educador poeta."[60]

Anselmo Suárez y Romero, al referirse al método educativo de Luz, expuso que se trataba de "una verdadera revolución en el desarrollo de la inteligencia de los alumnos."[61] A partir de él, el debate pedagógico relacionado con la disciplina ya no podía desconocer sus principales enfoques. José de la Luz ofreció a su siglo en materia pedagógica lo que su siglo necesitaba, e influyó en la formación de hombres de su generación y de las venideras, modeló un compromiso intelectual que rebasaba los estrechos marcos de la escuela, para incidir en la familia y la sociedad en general, con vistas a lo que consideró la difícil, pero trascendental tarea de formar hombres. Pudo y supo nutrirse de las corrientes pedagógicas más de avanzada en el mundo, reinterpretó y adaptó los diferentes sistemas a la realidad colonial que le tocó vivir, hasta llegar a una concepción integral de la disciplina escolar, la más completa del siglo XIX cubano.

Conclusiones

Entre finales del siglo XVIII y las primeras décadas de la centuria siguiente, pedagogos e intelectuales en Cuba discurrieron sobre la aplicabilidad de los castigos corporales en las escuelas gratuitas y los colegios privados de la isla.

Los exponentes más representativos del pensamiento en materia disciplinaria dentro de la SEAP habanera mostraron diversidad de enfoques en relación con la proscripción de las disposiciones punitivas violentas, físicas y morales. Aunque la mayor parte se inclinó a la prohibición de los castigos físicos, otro grupo mostró matices en sus modos de asumir el alcance de esas sanciones, desde los partidarios flagrantes del castigo somático en las escuelas gratuitas–no así en los colegios privados- hasta los que discriminaban solo ciertas puniciones, al tiempo que reforzaban otras tipologías correctivas corporales.

Los partidarios de la abolición de los castigos corporales en instituciones escolares, entre los que descollaron José A. Caballero y Nicolás Ruiz Palomino, sustentaron muchas de sus concepciones con argumentos provenientes de la higiene, en tanto ciencia preventiva, así como de la fisiología, ambos saberes orientados a mostrar la importancia del conocimiento del cuerpo y organismos infantiles, de su asistencia y perfectibilidad, acordes con los presupuestos ilustrados de los sostenedores de un sistema disciplinario moderno.

El recurso básico sugerido por los contrarios a la continuidad de los castigos corporales fue la vigilancia, la más estricta y calculada observación con vistas tanto a la prevención como al mejor encauzamiento de comportamientos escolares irreductibles, acompañada siempre de otros dispositivos de control físico. En ese contexto, el "código de legislación," redactado por José de la Luz y Caballero, síntesis a la vez de lo mejor de su pensamiento en esa materia, supuso la más acabada de las elaboraciones teóricas y prácticas existentes en la época.

NOTAS

1. Philippe Ariès, *El niño y la vida familiar en el Antiguo Régimen* (Madrid: Taurus, 1992).

2. Raimundo Cuesta Fernández, *Felices y escolarizados: Crítica de la escuela en la era del capitalismo* (Barcelona: Ediciones Octaedro, 2009).

3. Rafael Huertas García-Alejo, *Los laboratorios de la norma y regulación social en el estado liberal* (Madrid: Editorial CSIC, 2008).

4. George Vigarello et al., *Historia del cuerpo: Del Renacimiento al siglo de las luces* (Madrid: Taurus Historia, 2005), 1:20.

5. Michel Foucault, *Vigilar y castigar* (Madrid: Siglo XXI, 1993), 84.

6. Ibíd., 198.

7. El listado de autores latinoamericanos que han incursionado en esta línea de investigación es extenso. A manera de ejemplo pudieran citarse autores de México, entre los países de mayor producción historiográfica. Destacar las obras de Alexandra Stern, "Madres conscientes y niños normales: La eugenesia y el nacionalismo en el México posrevolucionario 1920–1940," en *Medicina, ciencia y sociedad en México, siglo XIX*, coord. L. Cházaro (México, DF: El Colegio de Michoacán, Universidad Michoacana de San Nicolás de Hidalgo, 2002). De Ana María Carrillo, "Vigilancia y control del cuerpo de los niños: La inspección médica escolar (1896–1913)," y de María de Lourdes Herrera Feria, "El cuerpo de los niños bajo la mirada de las instituciones sociales y médicas en Puebla a finales del siglo XIX," ambos publicados en el libro colectivo L. Cházaro y R. Estrada, coords., *En el umbral de los cuerpos: Estudios de antropología e historia* (México,

DF: El Colegio de Michoacán, Benemérita Universidad Autónoma de Puebla, Instituto de Ciencias Sociales y Humanidades, 2005) y de Alberto del Castillo Troncoso, *Concepto, imágenes y representaciones de la niñez en la Ciudad de México 1880–1920* (México, DF: El Colegio de México, Instituto de Investigaciones Dr. José María Luís Mora, 2006). Otros textos que pudieran citarse son los publicados en *Iberoamericana: América Latina-España-Portugal* 3, no. 10 (2003): 83–102, por la profesora argentina Ángela Aisenstein, "Cuerpo, escuela y pedagogía: Argentina 1820–1940," y de Raumar Rodríguez Giménez, docente de la Universidad de Montevideo, "Cuerpo, sociedad y escuela: Pensar claves para una reflexión relacional," por solo mencionar algunos de los más representativos.

8. Ricardo Elías Quiza Moreno, "El ojo que te ve: Discurso clínico y cirugía social en la escuela cubana (1902–1930)," en *Cuadernos cubanos de historia* (La Habana: Editora Política, 2003), 41–52.

9. La historiografía cubana le ha dedicado mucho menor espacio a la corporación santiaguera en relación con la de La Habana, cuya importancia, desde luego, rebasó los estrechos marcos de la región habanera. No obstante, la ilustración no fue un fenómeno exclusivo de la intelectualidad representante de la oligarquía criolla de la capital, de ahí la trascendencia de los estudios dirigidos a mostrar la diversidad de criterios y propuestas, desde una perspectiva comparativa, entre los máximos exponentes de estas instituciones. Al respecto puede verse Fernando Ortiz, "La hija cubana del iluminismo," *Revista bimestre cubana*, no. 1 (enero–febrero 1943): 5–72, Enrique Sosa Rodríguez y Alejandrina Penabad, *Historia de la educación en Cuba*, tomo 5 (La Habana: Editorial Pueblo y Educación, Ediciones Boloña, 2001).

10. Para una aproximación al surgimiento e importancia de estas instituciones de la ilustración criolla, véase Instituto de Historia de Cuba, *Historia de Cuba: La colonia* (La Habana: Editora Política, 1996).

11. Roberto Agramonte, *José Agustín Caballero y los orígenes de la conciencia cubana* (La Habana: Biblioteca del Departamento de Intercambio Cultural de la Universidad de la Habana, 1952), 20.

12. Richard Herr, *España y la Revolución del siglo XVIII* (Madrid: Aguilar, 1973), 5.

13. José Agustín Caballero, "Pensamiento sobre los medios violentos de que se valen los maestros de escuela, para educar a los niños," en *Papel Periódico de la Havana* (La Habana: 19 de enero de 1792), 23–24.

14. Elisa Luque Alcaide, *La educación en Nueva España en el siglo XVIII* (Sevilla: Escuela de Estudios Hispano-Americanos de Sevilla, 1970), 155.

15. La comisión quedó integrada por los "amigos" Francisco de Isla, administrador general de las rentas reales, el presbítero José Agustín Caballero y fray Félix González.

16. Existían establecimientos costeados por los fondos particulares de la SEAP y sus diputaciones, por suscripciones voluntarias entre los vecinos más acomodados de los pueblos de campo, estaban los instalados a partir de rédito de capitales impuestos a censo perpetuo por testadores o fideicomisarios o por el dinero recolectado en las oficinas y dependencias de la Real Hacienda, así como los que estaban a cargo de los Ayuntamientos, a partir de las contribuciones municipales.

17. Ibíd., 179.

18. Yoel Cordoví Núñez, "Los guardianes del orden: Dispositivos de control en los grandes colegios privados de Cuba, 1830–1850," en *Boletín Oficial del Instituto Nacional de Antropología e Historia* (México), no. 98 (2014): 46–57.

19. La escuela de leer se dividía, a su vez, en tres clases: clase de cartilla, clase de deletrear y clase de leer. Estaban, además, la escuela de escribir y la escuela de contar.

20. José Agustín Caballero, "Sobre la reforma de los estudios universitarios," discurso pronunciado en la Clase de Ciencias y Artes de la Sociedad Patriótica de la Habana, el 6 de octubre de 1795, en *Memoria de la Sociedad Económica de Amigos del País* (*MSEAP*) (La Habana: Imprenta de la Capitanía General, 1818), 14:421–422.

21. Ibíd., 91–92.

22. Ashley Montagu, *La naturaleza de la agresividad humana* (Madrid: Alianza Editorial, 1985).

23. José Agustín Caballero, "Carta sobre la educación de los hijos," *Papel Periódico de la Havana*, 29 de mayo de 1791, 25.

24. En 1816, fue establecida la Sección de Educación, haciéndose cargo de las funciones relativas a la instrucción pública que antes ocupaba la clase de Ciencias y Artes. La sección estaba integrada por treinta y un socios y su primer presidente fue el Intendente General del Ejército y la Real Hacienda, Alejandro Ramírez. La sección contaba, además, con figuras del prestigio de Tomás Romay, Juan Bernardo O'Gavan, fray Manuel de Quesada, entre otros.

25. Nicolás Ruiz, "Discurso a la Sección de Educación en 18 de octubre 1817," *MSEAP*, 30 de noviembre de 1818, 346.

26. Ibíd., 364.

27. Ibíd., 384.

28. Ibíd., 366.

29. Ibíd., 365.

30. Ibíd., 358–359.

31. Ibíd., 386.

32. Ibíd., 389.

33. Pedro Antonio Alfonso, *Memorias de un matancero: Apuntes para la historia de Cuba* (Matanzas: Imprenta de Marsal, 1854), 215.

34. Olga García Yero, *Educación e historia en una villa colonial* (Santiago de Cuba: Editorial Oriente, 1989), 18.

35. Como parte de la reacción contra el movimiento de Riego en España, el Plan de Educación de Calomarde, en 1825, retomó los castigos físicos, con la única limitación de que los maestros se cuidaran "de no hacer lesión alguna a los niños." Véase Ángel Huerta Martínez, *La enseñanza primaria en Cuba en el siglo XIX (1812–1868)* (Sevilla: Diputación Provincial de Sevilla, 1991), 196.

36. Juan Santos Fernández, *Recuerdos de mi vida* (La Habana: Imp. Lloredo y Co., 1918), 1:31.

37. Desde el 6 de octubre de 1819, una real orden autorizó la apertura de escuelas lancasterianas en el reino "a todas las corporaciones e individuos que lo desearan." La primera escuela gratuita de enseñanza mutua fue inaugurada en el barrio extramuros de Jesús María, el 16 de enero de 1820, dirigida por Antonio García Domínguez (las últimas noticias sobre el establecimiento datan de 1836).

38. Justo Vélez y Vicente María Rodrigo, "Plan de enseñanza para aplicar en las escuelas creadas por el método Lancaster," en *MSEAP*, 31 de octubre de 1817, 357.

39. Ibíd.

40. Ibíd., 354.

41. Ibíd., 350.

42. Ibíd., 357.

43. Ibíd.

44. Ibíd.

45. Justo Vélez y Vicente María Rodrigo, "Plan de enseñanza para aplicar en las escuelas creadas por el método Lancaster," 337.

46. Medardo Vitier, *Las ideas y la filosofía en Cuba* (La Habana: Editorial de Ciencias Sociales, 1976), 41–42.

47. Justo Vélez y Vicente María Rodrigo, "Plan de enseñanza para aplicar en las escuelas creadas por el método Lancaster," 337.

48. Desde el 6 de octubre de 1819, una real orden autorizó la apertura de escuelas

lancasterianas en el reino "a todas las corporaciones e individuos que lo desearan." Con ese respaldo oficial, la SEAP aceleró la canalización de un proyecto que contaba con la valoración de los socios Rodrigo y Vélez desde 1817. Véase Sosa Rodríguez y Penabad, *Historia de la educación en Cuba,* 5:2001.

49. Domingo del Monte, *Escritos* (La Habana: Colección de Libros Cubanos, Cultural, 1929), 1:306–307.

50. Dorothy Tanck Estrada, *La educación ilustrada 1786–1836: Educación primaria en la ciudad de México* (México, DF: El Colegio de México, 1984), 237.

51. José de la Luz y Caballero, *Escritos educativos* (La Habana: Editorial Pueblo y Educación, 1991), 172.

52. Ibíd., 171.

53. Ibíd., 170–171.

54. Ibíd., 175.

55. Ibíd., 179.

56. Ibíd., 181.

57. Ibíd., 189.

58. Ibíd.

59. Ibíd., 184–187.

60. Ibíd., 186.

61. Anselmo Suárez y Romero, "Educación," Biblioteca Nacional José Martí, Colección Cubana, Fondo Manuscritos, Suárez R, tomo 8, no. 1, 29.

FRANK ARGOTE-FREYRE

The Myth of Mafia Rule in 1950s Cuba: Origin, Relevance, and Legacies

ABSTRACT

Depictions of Cuba in the 1950s as a mafia-dominated playground for North American tourists abound in popular culture and have taken root in the historiography of the period. The notion that several gangsters from the United States dominated the island in the prerevolutionary era is a classic case of historiographical imperialism. It is a mythology based on exaggerated autobiographical mobster accounts and the scholarship on tourism that has accepted the mobster accounts as factual. These accounts were promoted by the scholarship of the Cuban Revolution, which sought to depict the prerevolutionary period as corrupt and debased. This article, based on new research, challenges those comfortable assertions about mafia dominance in Cuba.

RESUMEN

Las representaciones de Cuba en la década de 1950 como un terreno dominado por la mafia para los turistas norteamericanos abundan en la cultura popular y han echado raíces en la historiografía de la época. La noción de que varios pandilleros de los Estados Unidos dominaron la isla en la era pre-revolucionaria es un caso clásico del imperialismo historiográfico. Sin embargo, es una mitología basada en los exagerados cuentos de mafiosos autobiográficos y en el enfoque sobre el turismo que ha aceptado los cuentos de mafiosos como hechos. Estos cuentos fueron promovidos por el enfoque de la Revolución Cubana que buscaba representar el período prerevolucionario como corrupto y degradado. Este artículo, basado en una nueva investigación, cuestiona esas afirmaciones aceptables sobre el dominio de la mafia en Cuba.

> I think one of the paradoxes of writing fiction is
> when people enjoy it, they want it to be real.
>
> —Junot Díaz

In a popular scene from the 1974 movie *The Godfather, Part II*, Cuba's president Fulgencio Batista gathers an impressive array of North American businessmen at the Presidential Palace in Havana in December 1958 to reassure them that the advancing rebels will not succeed in toppling the government. Sitting close to the dictator are Michael Corleone—the "Godfather," a leader of

263

the American Mafia, whom Batista introduces as "representing our associates in tourism and leisure activities"—and Hyman Roth, a character modeled after the real-life mob financier Meyer Lansky. Batista refers to Roth as "my old friend and associate" and gives the "businessmen" a positive assessment of the military campaign. At one point, he quips, "There will be no guerrillas allowed in the casinos and swimming pools." Later in the film, the mobsters gather in Roth's hotel room to cut a cake in the shape of Cuba.

Sixteen years later, in a scene from the film *Havana*, about the last week of the Batista regime, Meyer Lansky orders an underling to go see Batista and "his people" to deliver a warning: "[The] only reason he has an army is because we gave him one. Well, he better start using it, or he is going to wind up on some street corner selling beans like he started." A few seconds later, he concludes his angry tirade: "We invented Havana, and we can goddamn well move it somewhere else if he can't control it. Now you explain that to him."

Dramatically, these are effective scenes, but they never happened. Movies are fiction; the characters are actors. The mythology of Mob rule in prerevolutionary Cuba has been perpetuated by the mythmakers in Hollywood in alliance with popular authors and journalists trading on mob allure to increase book sales and readership. Some serious scholars studying tourism have taken the mob mythology as fact and sprinkled their work with questionable citations and half-truths. Perceptions of 1950s Cuba as a mob-dominated playground are commonplace in the United States. With the recent reestablishment of diplomatic relations between the two countries after more than fifty years of estrangement, an increasing number of tourists will soon be flying to the island in search of "mob sites."[1] In the popular imagination, 1950s Cuba was a sexual paradise where North Americans of an earlier era went to live out hedonistic fantasies in the casinos and brothels. The message is clear: the American Mafia controlled Batista, and through him they controlled Cuba. The Cuban people are without agency in this tale. They simply provide the whores, waiters, bellboys, good music, and, of course, the corrupt, swarthy politicians who shared in the profits earned by the entrepreneurial mobsters.[2]

A considerable portion of the scholarship on the period immediately before the triumph of the Cuban Revolution focuses on tourism, which tends to emphasize the forbidden aspects of traveling, including gambling, drugs, and prostitution. This skews the historiography of the period, because it centers on the fantasies promoted by the tourism industry, which are far from representative of the island.[3] This emphasis suits the Cuban revolutionaries, because it inevitably leads to a discussion of the decadence of the governments that preceded their tenure. Debasing the earlier prerevolutionary period elevates the achievements of the Cuban Revolution by comparison.[4] Ironically, while the mob mythology does shine a positive light on some of the reformist aspects of the revolution, it represents a kind of "historiographic imperialism," because it suggests that a few mobsters from the United States could take over the island and control its government.[5] The mob gets credit for creating the ambience of Havana instead of the Cuban people and their unique culture, music, architecture, and cuisine. The dictator Batista and his assorted lackeys cannot even take credit for their own depravity; they are coached by the American mobsters and hustlers.

A review of the evidence, both from the period and from new archival information obtained as part of my research, indicates that the Mafia did not play a major role in the political or economic life of the nation from the 1930s through the 1950s. The goal of this article is to present a more thoughtful and nuanced interpretation of the mob presence in Cuba by analyzing mob literature along with revolutionary scholarship and journalism to reveal the problems of relying on these sources for insight into the period.

Mob Dominance: An Interpretation in Search of Evidence

US mobsters did frequent Havana during this period—of that, there is no doubt. Lansky, who began his career in New York City as a bootlegger during Prohibition and later was associated with the birth of gambling in Las Vegas, was a regular fixture of the Havana casino scene in the 1950s.[6] Late-night television host Steve Allen, in a broadcast from the Hotel Riviera in Havana on January 19, 1958, poked fun at the fact: "We are in Havana, home of the pineapple and Meyer Lansky."[7] Lansky reportedly was a major stakeholder in the Riviera, and his brother, Jack "Jake" Lansky, was the manager of another popular casino at the Hotel Nacional. Santo Trafficante, a mobster with links to illegal gambling in Tampa, was a regular at the Sans Souci and Tropicana casinos, which were part of the two most famous Cuban nightclubs of the era. Charles "Lucky" Luciano was not a presence in Havana in the 1950s, although he does have a special place in the mob mythology. Luciano is best known for reportedly convening a mob conference in Havana in late December 1946, at which he and Lansky laid out a blueprint for casino development in the postwar era. Under pressure from the US government, Luciano was deported from Cuba to Sicily in March 1947 and never allowed to return, but the stage was set for mob domination of the island, according to the mythmakers.[8] An entourage of other minor hoods rounded out the mob ensemble, but Lansky and Trafficante were clearly the best known and most visible in the 1950s, living much of the year in Cuba.

But how much influence did they actually exert on the Cuban government and President Batista? Research indicates they were at most business investors in the growing casino industry that expanded dramatically throughout the mid-1950s. They were a part of a system of institutionalized corruption, paying regular kickbacks to Cuban government officials, including Batista. The corruption transcended gambling operations and encompassed most major enterprises across the island.[9]

If one measures influence by access to Cuban government officials, then it is clear the alleged mobsters were minor players in the power politics of 1950s Cuba. The US State Department, Central Intelligence Agency (CIA), and Federal Bureau of Investigation (FBI) monitored Cuba on a daily basis and kept track of all major meetings between Batista and visitors foreign and domestic. They also kept tabs on most of the cabinet members and those in the political opposition. A careful review of thousands of pages of US government records provides information about every twist and turn in Batista's political alliances and policy decisions, as well as intimate details of his love life and every other bit of innuendo and gossip in circulation. Yet there is not one memorandum of a meeting, public or covert, between Batista and Lansky or any other organized crime figure in the hundreds of documents reviewed for this article (covering the period from 1933, when Batista first took power, until his death in 1973). There is no existing photograph of Batista and Lansky or any of the other alleged mobsters together.[10] This is no small matter, because at any one time in the late 1950s, the FBI had up to six informants reporting on every aspect of Lansky's life.[11] The US embassy was responsible for monitoring his entry to and departure from Cuba, and, at least periodically, someone kept track of his mail.[12] One 1958 FBI dispatch noted, "During the investigation no opportunity should be overlooked to develop informants and sources of information to cover all phases of his travel, associations, enterprises, and personal activities."[13] If the mobsters played a policy role of any sort, why is there no documentary evidence of their presence at any meeting with Batista or any significant member of his government?

There are, of course, still documentary gaps in the available evidence. The Cuban government tightly controls many of its documents from the period, and the FBI has been slow to declassify hundreds of pages of records on Lansky's life.[14] However, even taking into account these gaps, it is almost certain that scenes such as the ones depicted in the movies never took place. So how did the mythology of Mafia rule in 1950s Cuba come to be accepted as fact?

The myth rests on two wobbly pillars that deserve careful scrutiny and analysis. The first and most prolific is the series of biographies and personal accounts written by or in collaboration with the alleged mobsters. As Lansky and Luciano approached the end of their lives, they agreed to a series of interviews in which they expounded on their legacies. In these accounts, mostly from the 1970s, they frequently placed themselves at the center of Cuban history and made substantial and exaggerated claims about their power in general and, in Lansky's case, the closeness of his relationship with Batista. There is also a considerable amount of sloppy and unsubstantiated journalism that complements the later mobster accounts but provides no credible evidence. Speculation quoted as fact permeates the journalism of the period.[15] Such sources served as the foundation for fictional works like Mario Puzo's *The Godfather* and many of the films made about 1950s Cuba.

After the deaths of Lansky and Luciano, a second generation of mob literature emerged, some of it written by friends and relatives or others seeking to capitalize on the commodification of the Mafia. Mob mythology is a lucrative enterprise, so a few exaggerations in the quest for dollars are common practice. This continues into the present with works like T. J. English's *Havana Nocturne*, a hybrid of gossip and scholarship that stretches every known detail and scrap of innuendo into a historical novella about 1950s Cuba. Despite factual deficiencies, these dubious sources have been so often quoted (and properly footnoted) by legitimate scholars that they have taken on the patina of legitimacy. To be fair, it is the easy thing to do. For scholars of tourism in Cuba, the mobsters are an interesting sideshow, but not the central focus of their work, as they seek to untangle the web of relationships between empire and client state and how those manifest in terms of gender, sexuality, race, and constructed national identities.

The second flawed pillar of the mob mythology consists of the scholarship and journalism written to support the revolutionary interpretation of the 1950s. This literature is a bit more serious, because it relies on an analysis of bank and development records that are used to identify mobster involvement in the Cuban hotel and casino boom of the time. It is bolstered by interviews with surviving witnesses who provide anecdotes about the mobsters' activities in Cuba. With a few notable exceptions, there is no pattern of fabrication, but rather of exaggeration. Its shortcomings rest in the effort to spin a web of mob influence for which little evidence exists. It seeks to insert the mobsters into a larger historiographical context that deals with the inequities of the relationship between the United States and Cuba. In this effort, the actions of the criminals are conflated with the policies of the US government, as if the mobsters were working in tandem as neocolonial agents to oppress the Cuban people. The fact that mobsters like Meyer Lansky were under investigation by US law enforcement agencies, with the goal of incarcerating them, is an inconvenient truth for the revolutionary interpretation.

The mythology of the Mafia is alive and well today in the revolutionary perspective, although it has evolved to include not only the mobsters of the 1950s but also the current political opposition in the United States, mostly based in South Florida. Beginning in the 1990s, the Cuban government began to link exiles to the dark past of Mafia control on the island. The term *Mafia de Miami* surfaced to serve as a convenient catchphrase to lump together all opponents in exile. As a result, Cuban American elected officials, the Cuban-American National Foundation, and others were depicted as the modern manifestation of Mafia control just ninety miles away waiting to take back the island.

An extensive historical overview of this adaptation of the Mafia mythology to the current context is beyond the scope of this article but worth mentioning because it is a legacy of the earlier Mafia mythology.[16]

Mob Literature and Scholarly Connections

The accounts of mob infiltration in Cuba generally start with the decision by Batista to invite Meyer Lansky to take a role in running the Jockey Club, a casino located at the Oriental Park racetrack in the late 1930s. Both the mob writings and the scholarly literature on tourism provide a similar narrative: Batista, then a military man in control of much of the civilian government, invited Lansky to Cuba in 1938 because he saw the economic potential in tourism, with gambling as a centerpiece. If Lansky is to be believed, he nurtured a relationship with Batista going as far back as 1932, when the future dictator was a sergeant-stenographer in the military courts and completely unknown to most Cubans. "In the same year [1932] Lansky began investigating gambling possibilities in Florida and Cuba, and initiated a relationship with Fulgencio Batista, soon to become dictator of Cuba," according to Dennis Eisenberg, Uri Dan, and Eli Landau, who claim to have conducted extensive interviews with Lansky for their work, *Meyer Lansky: Mogul of the Mob.*[17] There are no footnotes in the book, and it is replete with countless factual errors about Cuban history. The obvious question concerning Lansky and his supposed early relationship with Batista is this: How would a mobster-businessman identify Batista, out of all the hundreds of other enlisted men in the army, as the future chief of the country during an exploratory business excursion to Cuba? Outside of some contact with the ABC Revolutionary Society, an underground movement battling against the Machado dictatorship, Sergeant Batista, living in a simple apartment in Havana with his wife and daughter, was an unknown in 1932.[18] It is hard to imagine that he traveled in the same circles as a suspected mobster who made occasional visits to the island in the early 1930s. It is even less likely that Lansky, a political novice when it came to Cuba, would have discovered and groomed him for future leadership.

Lansky's official involvement in Cuba began in 1938, when he organized gambling operations at the Jockey Club. In an example of the intersection of Mafia literature and legitimate research, Rosalie Schwartz, a well-respected scholar, taps into mob lore about the relationship between Batista and Lansky, noting that the "gambling expert Meyer Lansky was an old friend [of Batista's] from Prohibition days and was invited to Cuba because of that pre-existing relationship."[19] There is no proof of this Prohibition association apart from Lansky's own recollections. Prohibition existed in the United States from 1920 until 1933, so this would indicate that the two men had a relationship even before Batista took power in September 1933 as part of a revolutionary coalition of enlisted men and students. This relationship has been stated as fact by numerous authors before and after Schwartz and is emblematic of the foundational bricks on which the mob mythology is built. The most scholarly work on Lansky, *Little Man: Meyer Lansky and the Gangster Life*, by Robert Lacey, mentions no prior friendship. In fact, according to Lacey, Batista invited a New England racetrack operator to run the operation at the Jockey Club, who in turn hired Lansky.[20]

According to mob literature, the relationship between Batista and Lansky grew throughout the 1930s and was based on mutual greed. Colonel Batista allowed Lansky to expand his gambling activities, including control of a gambling casino at the popular Hotel Nacional, in return for regular payoffs. An early linchpin of the relationship was Joseph "Doc" Stacher who, according to the trio of Lansky biographers, met regularly with Batista to hand over his kickbacks. If they are to be believed, Stacher apparently also traveled to Switzerland on a regular basis to deposit Batista's "gambling profits."[21] This begs the question: Why would Batista rely on a mobster to transport his funds to Switzerland and not a family member or close confidant? In any case, it was in the late 1930s that Lansky purportedly hatched the idea to turn Havana into a gambling mecca and proposed it to fellow mobsters, including Lucky Luciano, who approved.[22] To make the dream come true, each mobster was obliged to commit $500,000. Supposedly, Lansky and Stacher flew to Havana with millions of dollars in their suitcases and peddled the plan to a bedazzled Batista, who insisted on going to their hotel room to see the money. Batista was promised between $3 million and $5 million a year, according to Luciano, "as long as we had a monopoly on casinos at the Hotel Nacional and everywhere else on the island where we thought tourists would come. On top of that he was promised a cut of our profits."[23] In this version of events, the mobsters are the intellectual architects of the Havana tourism development plan that emerged in the 1950s.

This grand scheme was interrupted by World War II, when tourism to Cuba dropped dramatically. Air and ocean traffic was curtailed because of safety concerns, and normal tourist activities ground to a halt and would not regain momentum for more than a decade.[24] Batista was president of Cuba for most of the war. He set the stage for his entry into electoral politics by resigning from the military in 1939 so he could run in the 1940 presidential election. He won under circumstances largely free of corruption and, to the surprise of some critics, did not overturn the elections of 1944, when his handpicked candidate lost to his chief political rival, Ramón Grau San Martín.[25] In the biography by Eisenberg, Dan, and Landau, Lansky takes credit for Batista's decision to step down, claiming the US government told him to alert Batista to the fact that it would not tolerate his interference in the 1944 presidential election.[26]

After the campaign, Batista, concerned about his safety in a Cuba controlled by his political enemies, chose to go into voluntary exile in the United

States, eventually settling in Daytona Beach, Florida. About Batista's move there, Schwartz notes that Lansky was operating several "illegal casino operations" along Florida's east coast. Then, in a complete surrender to innuendo, she writes, "While no documents point to Batista's financial involvement in Lansky's Florida enterprises, we can assume that he was at least an interested bystander, perhaps a player."[27] A 1958 article in *Life* magazine made a similar assertion: while Batista was living in Florida, Lansky was "in a position to do a lot of favors" for the exiled leader. The article explains, "He [Lansky] doubtless did them [favors] and they were doubtless remembered—especially since what Lansky was about to suggest on the matter of Cuban gambling made a lot of sense from Batista's point of view."[28] This article is emblematic of news reporting on the Mafia in that era. It provides no evidence of the friendship it asserts. There is not one example of a "favor" that Lansky did for Batista. There is no account of a meeting between the two. It displays ignorance of Batista's living conditions in the period. By the mid-1940s, Batista was already a multimillionaire living on one of the most prestigious streets in the resort town. He was a regular at the Daytona Beach Bath and Tennis Club, a local celebrity, and highly regarded by the local elected officials with whom he occasionally socialized. In short, he was in no need of "favors" from a mobster.[29]

Lansky told his biographers that he maintained contact with Batista during his eight years out of power, from 1944 to 1952. He said Batista was "depressed" because Washington forced him to honor the results of the 1944 election "until he realized he could just get himself a stooge to be his front man."[30] Lansky claimed that "stooge" was Grau but that the "link between the two men was secret."[31] In his account, Lansky seems oblivious to the tortured relationship between Grau and Batista dating back to January 1934, when Batista, in coalition with several others, removed Grau from the presidency. Grau and Batista engaged in a bitter personal and political struggle for the following ten years, with Grau spending most of that time in exile in the United States. The two faced off in the 1940 election, and Batista emerged triumphant. Grau was an unrelenting critic of Batista during his four years as chief executive. If Grau were Batista's "stooge," then why did Batista feel compelled to leave Cuba after his surrogate lost the 1944 election?

The notion of a friendship between Batista and Lansky is a good example of the disconnect between the mob mythology and available evidence. Only three sources state definitively that the two men ever met—Lansky, Stacher, and one of Lansky's attorneys, Joseph Varon. Luciano, when he spoke of the Lansky-Batista relationship, did so based on what Lansky had told him. In his biography of Lansky, Lacey provides an anecdote by Varon about the one occasion on which he saw Batista and Lansky together at a casino opening in Havana. At the meeting, Batista "kept hugging and embracing his little American friend in a most Latin fashion." Varon suggests the two were "like brothers." For his part, Lacey concludes that the relationship between the two men was "strictly business."[32] Stacher is quoted at length in the dubious *Mogul of the Mob*, on several occasions describing the relationship between Lansky and Batista. That is the sum total of the available evidence for a personal friendship between Lansky and Batista. Every other citation by scholars and journalists can inevitably be traced back to those sources or no source at all.[33]

Batista never acknowledged a relationship with Lansky, and all the documentary evidence suggests that none existed. For example, during Batista's self-imposed exile in the United States (1945–1948), the FBI monitored his movements because of concerns that he was plotting a military coup against Grau. As early as the summer of 1945, FBI agents and informants suspected Batista was meeting with conspirators. Before Batista moved to Daytona Beach, he lived, for a time, at the famous Waldorf Astoria Hotel in Manhattan, and employees there monitored his movements for the FBI. His telephone calls were occasionally intercepted, and details of those conversations are available in his file. It would seem logical that if Batista, who was contemplating a return to power in Cuba, and Lansky, a suspected top gangster for more than two decades in the United States, even exchanged glances, it would cause alarm bells to go off at the FBI. In all the hundreds of pages devoted to monitoring Batista and his life in the United States, there is not one mention of a meeting with Meyer Lansky.[34]

It was during the Grau presidency that another key moment in the mob mythology transpired: a conclave of mobsters at the Hotel Nacional in the final days of 1946.[35] According to the mob literature, the summit was called by Luciano and Lansky to set the postwar gambling agenda for Cuba as part of an economic diversification plan in the aftermath of Prohibition. Despite the supposed importance of the conference to the mob mythology and Lansky's central role in it, his FBI file contains no information about the event.[36] The main account comes from one of the most controversial and discredited sources—*The Last Testament of Lucky Luciano*, by Martin Gosch and Richard Hammer. The events surrounding its publication are worthy of a mystery novel. Gosch claimed he conducted extensive interviews with Luciano prior to his death in 1962, and he supposedly made tapes of some of the conversations. Gosch died some months before the 1974 publication of the book, and no audiotapes were ever found. The notes on which the work is based were burned by his widow. The book has been the subject of fierce criticism, but it has not stopped some scholars and writers from using it in their work.[37] In any case, according to Gosch and Hammer, the mob gathering was chaired by Luciano and attended by Lansky, Vito Genovese, Albert Anastasia, Frank Costello, and Joseph "Joe Bananas" Bonanno.[38] Each came bearing gifts for Luciano so he could buy a stake in the casino at the Hotel Nacional and from a safe distance run the US Mafia.

Events turned against Luciano, however, when the US government, after having secured his deportation from the United States to Italy several months earlier, discovered he was just ninety miles away in Cuba. US officials believed Luciano was involved in heroin production and wanted to use his base on the island to organize an illegal drug trade. In February 1947, Washington suspended the shipment of all medicines to Cuba while Luciano remained there. Bowing to the pressure, the Cuban government deported him the following month.[39] Despite Luciano's deportation, the Mafia's plan for Cuba remained unchanged: the gangsters would bide their time until Batista could plot his return. In the interim, another Batista rival, Carlos Prío Socarrás, was elected president in 1948, but as far as Lansky was concerned, he too was "a Batista man" and therefore under mob "control."[40] This differs dramatically from Batista's own account of his relationship with Prío, whom he claimed repeatedly harassed and threatened him after he returned to Cuba in 1948. Batista recollected that during the Prío administration his family estate was surrounded by soldiers and intelligence operatives who regularly questioned visitors to his compound. As an added touch of intimidation, mortars were pointed at his home by the military.[41] Batista and Prío were bitter rivals for decades, dating back to 1933 when the latter was a student leader during the Revolution of 1933 and a staunch supporter of Grau. Prío went on to be a cofounder of the Partido Revolucionario Cubano (PRC-Auténtico), the main competitor with Batista for power. On March 10, 1952, Batista removed Prío from office in a military coup, and the ousted president would become one of the biggest backers of Fidel Castro and the revolutionary movement.

Lansky claimed he orchestrated the removal of Prío from power. His biographers spin the following tale: "Playing the role of a quiet kingmaker, Lansky flew back and forth between Florida and Cuba, paving the way for Batista's return by lavishing more money on the Cuban authorities. At first, Prío resisted the idea of Batista's comeback, but money sent to his bank account in Switzerland changed his mind. As a result, Lansky's friend [Batista] was allowed to return to Havana in triumph."[42] There are several obvious problems with the mob accounts of the Grau and Prío presidencies. If the two presidents were in fact Batista's "stooges" and therefore controlled by the mob, why didn't the hotel and casino gambling boom begin under them? Why wait eight years, from 1944 to 1952, for Batista to return to begin the mob investment plan in Cuba? The obvious answer is that, their bold statements notwithstanding, they did not control the political and economic policies of Cuba, and the decision to move in the direction of tourism as an economic option was made independently by Cuban leaders, with, of course, enormous influence exerted by the US government and corporations.

Batista's return was, according to mob sources, the beginning of the glory days of Mafia power in Cuba. Early in his new administration, they claim, Batista called on Lansky again to clean up gambling in Cuba and installed him as a "gambling czar" in a semiofficial role in the government. This occurred after a particularly embarrassing exposé in March 1953 by the *Saturday Evening Post*, which outlined the various ways in which American tourists were being scammed at Havana's casinos.[43] In an effort to address these concerns, Lansky was reportedly paid a $25,000 annual retainer by the Batista government. This is an important claim, because it would establish a direct link to the Batista administration. The assertion comes from Joseph Varon, an attorney for Lansky, in a 1989 interview with Lacey.[44] T. J. English, not content to use the information provided by Varon, makes up a brief conversation between Lansky and Batista concerning the purported job offer.[45] Although this claim has been repeatedly made in the mob and scholarly literature, there is no documentation establishing his employment with the Cuban government or any related agency.

In any case, the Batista government in the mid-1950s set forth an ambitious tourism development plan, centered on Havana but with the goal of gradually incorporating tourist centers in central and eastern Cuba.[46] Cuba was a classic monoculture economy at the time, and its economic reliance on sugar production made it vulnerable to global price shifts and dependent on the United States, which purchased most of the annual harvest. For decades, economists urged Cuban officials to diversify the economy so it would not be so vulnerable to the boom and bust cycles in the sugar market.[47] Tourism offered a promising "second harvest" to provide the Cuban economy with a significant stream of foreign exchange.[48] The sugar harvest was a time of relative economic plenty for workers, but in the dead spell that followed, there were no wages to be made. Tourism made economic sense because Cuba's miles of beaches could be accessed year-round. The presence of some members of the Mafia in Cuba had very little to do with plans to expand tourism, according to Eduardo Sáenz Rovner, author of *The Cuban Connection*: "Casino construction accorded with Cuban government policies to stimulate tourism and to compensate for the fluctuations in sugar prices on the international market; gambling, furthermore, was a deeply rooted tradition throughout Cuban society."[49]

The Batista government began the tourist push in earnest in 1953 with passage of sweeping economic development legislation intended to attract investors to Cuba. After he was toppled, as part of an effort to salvage his legacy, Batista wrote extensively about his plans to create a more dynamic Cuban economy. In *Growth and Decline of the Cuban Republic*, he dedicated a chapter to hotel construction and tourism. Batista wrote of the island's "exceptional possibilities" for tourism because of its proximity to the United States and Mexico as well as its "natural beauty, a favorable climate, lush tropical beaches, romantic colonial cities, . . . and the traditional hospitality of our people."[50]

A key component of the tourism development plan was Hotel Law 2074 (Ley Hotelera), which provided a tax exemption to any newly constructed hotel. If $1 million was invested, the hotel was guaranteed a casino license for an additional $25,000. Investors were also eligible to seek financing through the state-owned Banco de Desarrollo Económico y Social. Prior to passage of the legislation, tourism in Cuba was actually in decline. Since the early 1930s, seven hotels had closed, and four others were being turned into boarding homes. Many were unable to maintain a restaurant because of the lack of patrons. The island lagged well behind Mexico and Canada as a tourist destination for US citizens. One report noted that in 1953, Americans spent $19 billion while traveling abroad but only $50 million in Cuba. By contrast, Mexico attracted $300 million in tourist dollars, whereas Canada garnered $258 million. Cuba's percentage of the Caribbean tourist market declined from 43 to 31 percent between 1949 and 1954.[51] Batista estimated that before 1952, Cubans traveling abroad spent almost $58 million more than did tourists to the island.[52] This economic data provides important context for those under the mistaken assumption that Cuba was always a destination of choice for US tourists.

The tourist boom in Cuba did not begin until the mid-1950s and would last for a mere five to six years until the Revolution determined that the social impact of tourism was not worth the economic capital generated by the visitors. In the interim, however, the Ley Hotelera was wildly successful in attracting new hotel investment. Thirteen new hotels were built in Havana between 1953 and 1958, providing more than 2,200 additional rooms.[53] The Batista government invested heavily in public infrastructure to support the tourist trade by constructing three underwater highway tunnels to ease traffic flow. The initial investment was centered in Havana, which concentrated on glamorous nightspots and glitzy casinos. Beachgoers were lured to Varadero in the neighboring province of Matanzas, where economic investment surged from $245,000 in 1951 to nearly $2.6 million in 1956. For culture and history, plans were under way to invest in the colonial city of Trinidad in central Cuba, a center of the nineteenth-century slave trade, and in Santiago in eastern Cuba, the island's first capital.[54] Even more ambitious development was anticipated. An urban planning blueprint for Havana called for the construction of an artificial island adjacent to the seawall, with additional hotels and casinos. Parts of the historic district would have been torn down and parking lots built to accommodate the increased traffic. Narrow streets in historic neighborhoods were to be reconfigured to fit large shopping centers in an open-air setting. Workers were to be displaced from the central sections of the city, and "satellite towns" around the capital with housing for the workers was envisioned.[55]

It was in the midst of the short-lived tourist boom that mobsters like Lansky and Trafficante decided to invest in Cuba. Their investments were relatively insignificant in the context of the overall economic expansion. This is a further indictment of the fictional notion that the Mafia controlled Havana.[56] Of the thirteen new hotels constructed there, Lansky, Trafficante, and other assorted mobsters were linked to only two: the Riviera—the great jewel of Mafia sites in Havana—and the Capri. Most of the casinos the US mobsters were involved in were preexisting facilities in hotels or nightclubs. According to the FBI, the Lansky brothers were silent partners in the Casino International, located within the Hotel Nacional, along with several other mob figures. They leased the casino, beginning in January 1956, for $300,000 a year and paid for the entertainers in the winter months.[57] In February 1956, they became involved in the development of the Hotel Riviera, which opened in December 1957, after an investment of between $14 million and $18 million.[58] Trafficante was linked to the casinos at the Tropicana and Sans Souci nightclubs, along with several other organized crime figures.[59] The Hotel Nacional, the Tropicana, and the Sans Souci dated back to the 1930s and were not part of the new tourist boom. The largest hotel built in the period was the Havana Hilton, at 630 rooms, and it was owned by the hotel and restaurant workers' union that subsidized its construction with its pension fund. Jake Lansky, who was regularly interviewed by the FBI, said his brother was not interested in investing in the Havana Hilton, which opened in March 1958, "because of the manner in which the chain operates." The FBI did not suspect mob influence there.[60]

Given the secretive nature of the Lansky brothers' transactions, it is hard to determine their precise investment in casino gambling in the 1950s. They clearly saw economic opportunity in Havana, and on February 23, 1956, they established a holding company to develop hotel and casino properties. According to FBI files, the company started with $5.4 million in capital and included Cuban senator Eduardo Suárez Rivas on its board of directors, one of the few documented links between the Cuban government and Lansky. The FBI speculated that Suárez Rivas, though a member of an opposition party, had "close ties to the Batista regime."[61] His brother, José Suárez Rivas, was once the labor minister in Batista's government. The Riviera, now in beautiful decay but still in operation, faces the Havana seawall, and the waves of the Caribbean Sea are visible from the enormous windows in the lobby.[62] When completed, it was twenty-one floors and included 440 rooms, two dining rooms, a casino, a cabaret, a cabana club, and 2,600 square feet of retail space and gardens. It was sumptuous and glamorous. Mosaics adorned the fountain at the entrance. White marble floors were set off by blue accents of carpeting at the registration desk and the lobby furniture. Although it was enclosed, the lobby felt like an open-air promenade. Today, though faded, it is not difficult to envision what it looked like in its 1958 glory. The fantasies of a mob playground are encapsulated in this dramatic architectural masterpiece, but it was just one hotel, and it operated successfully for less than a year—from December 1957 until the middle of 1958.

Shortly before the opening of the Riviera, another event central to the mob mythology occurred 1,300 miles north on October 25, 1957, when New York gangster Albert Anastasia was assassinated in a hail of bullets while getting a haircut at the Park Sheraton Hotel in Manhattan. Anastasia's murder remains unsolved, but detectives and journalists at the time and some scholars since have hypothesized that he was murdered by mob interests in Cuba because he was trying to muscle in on the casino scene.[63] Meyer Lansky was a target of the investigation, and when he returned to New York on February 11, 1958, for treatment of an ulcer, he was detained by detectives. The following day he was arrested on charges of vagrancy, and when he was allowed out on bail, the news media were waiting for him. Jake Lansky, in an interview with the FBI the following month, called the media circus a "put-up job" and said that his brother would have come in for a private "interview at any time."[64]

Jake Lansky denied that his brother or any of the "gambling element in Cuba were aware of the reason for Anastasia's death." The answer to the Anastasia murder "would be found in New York and not in Cuba," he told the FBI.[65] Shortly after Lansky's arrest, the Cuban government declared that he would not be allowed back into Cuba while criminal charges were pending. Earl Smith, US ambassador to Cuba, and a representative from the US Attorney General's office asked Batista to prevent Lansky's return because they thought it would make him more likely to cooperate with the Anastasia probe.[66] This, of course, raises all sorts of questions about Lansky's influence over the Cuban government and his much-theorized relationship with Batista. If he were such a powerful figure in Cuba, why would the government ban his reentry over a misdemeanor charge? Apparently, he was not powerful enough to make the Cuban government withstand US pressure. Meyer Lansky explained his lack of influence to his biographers thus: "Batista played a little joke on me. He announced publicly that I wouldn't be allowed to return to Havana so long as these 'serious' charges were outstanding against me. Naturally they were dismissed. And when I returned to Cuba, Batista and I had a good laugh over the whole thing." The announcement of the decision to ban Lansky was made on February 21, 1958, by Interior Minister Santiago Rey Perna, not President Batista.[67]

The Anastasia murder and an unsuccessful effort by the US government to rescind Meyer Lansky's citizenship kept him out of Cuba for three months, until the end of May 1958.[68] In the interim, business at the Riviera and other Havana casinos declined dramatically as revolutionary forces began to tighten their grip on the Batista dictatorship. The short-lived gambling boom was about to go bust. Jake Lansky told the FBI on April 7, 1958, that gambling activities were at an "extremely low ebb." The casino at the Hotel Nacional was only bringing in $1,300 a day, barely enough to cover overhead costs. The Riviera was forced to lay off three hundred employees and was able to keep only one restaurant and one bar open. Some of the Capri stakeholders were trying to sell their investment.[69] Martín Fox, the owner of the Tropicana, also noticed a growing number of empty seats in the latter half of 1958.[70] Tourist revenues plunged below 1957 levels.[71] Most decided to stay away, although a few visitors continued to venture to the island for the revolutionary experience it offered.[72]

The bad news for the Batista dictatorship continued throughout the summer and fall of 1958. A major offensive against the rebels faltered in early August, and, buoyed by the victory, the rebels emerged from their stronghold in the Sierra Maestra and opened a second front in central Cuba. From the mid-1950s, the revolutionaries made it clear that the tourism industry, and the casinos affiliated with it, were not to be part of the Cuba of tomorrow. As early as 1956, Fidel Castro linked the casino industry with other foreign exploitation of the island, noting in an article in the news magazine *Bohemia* that if it were not for "gambling, vice and the black market," Cuba would be "one of the most prosperous" nations in the Americas.[73] The revolutionaries sought to contrast their Spartan ways with the hedonistic Batista regime, and they were forbidden from patronizing the nightclubs and bars. "Gambling, whoring, and 'lavish living' were strictly against the rules," writes Christine Skwiot.[74] The moralistic nature of the Revolution was captured in the Zero Three C's (*Cero Tres C*) public relations campaign in the closing months of the revolutionary struggle. The three zeros were a call to Cubans to boycott cinema (*cero cine*), shopping (*cero compras*) and entertainment (*cero cabaret*). The message: there was no time for pleasure, including gambling, in the midst of revolutionary upheaval.[75]

The vilification of the tourism industry as envisioned by Batista was just one front in the public relations war against the dictatorship. Batista's government eventually collapsed under the weight of its own corruption. The military no longer believed in him or wanted to die for him. Large segments of the middle and upper classes, who once saw him as a bulwark of order, abandoned him to join the rebel cause. In early December, a secret emissary was sent by the Eisenhower administration to urge Batista to surrender power to a transitional government.[76] He rebuffed the diplomatic gesture but changed his mind about leaving Cuba when he learned of a secret meeting between some of his generals and Fidel Castro on Christmas Eve, 1958.[77] Batista fled in the early morning hours of January 1, 1959. The mob mythology followed him right through his departure, as years later, one Cuban writer insisted that Meyer Lansky left with him in his trio of planes.[78]

Here, as in so many other details, the mob mythology misses the factual mark. Lansky stayed in Cuba, even after revolutionaries took over the Riviera Hotel, which unlike some of the other casinos, was not heavily damaged. He left on January 7, immediately before Castro's triumphant arrival in Havana and after the revolutionary government closed the casinos.[79] He shuttled between Florida and Cuba throughout the spring of 1959, hoping the Riviera and the other casinos could be revived. The revolutionary government, in response to the pleas of ten thousand casino employees, allowed them to reopen in February. New government regulations, however, imposed heavy taxes on the casinos to fund social programs and eliminated the slot machines.[80] These changes made the economics unappealing, and sometime that spring, Meyer Lansky abandoned Cuba and his beloved Riviera for the last time. His departure was fortuitous, because in early June, his brother Jake and Trafficante were arrested for mishandling casino operations and for past loyalty to Batista. In August, the Cuban government took over the Riviera amidst concerns that profits were being skimmed by the operators. Jake Lansky was imprisoned for two months and released, and promptly left the country, but Trafficante was held considerably longer and feared he might be executed. He was finally released in October, and he too quickly departed.[81] Although the casinos would remain open until October 1960, most US investors and tourists took their leave in 1959 as Cuba shifted to the socialist camp. "I just crapped out," Lansky was quoted as saying about his investment in Cuba.[82]

Revolutionary Historiography on the Mob

The treatment of mob involvement in Cuba by Cuban journalists and scholars is substantially different from the work of the mythmakers of North America. Its purpose is to justify a historical movement and is deeply rooted in a sense that the mobsters were another symptom of a much larger problem—excessive US influence in Cuba. Michelle Chase, in her work, *Revolution within the Revolution: Women and Gender Politics in Cuba, 1952–1962,* notes that the anti-Batista protest movement, at least in the urban areas, was rooted in a rejection of US "commercial culture" which was seen by some to encourage loose morals and "superficiality."[83] The mobsters were one embodiment of these imported decadent values and were thus perceived as neocolonial agents representing the worst aspects of an unequal relationship. From their point of view, the gangsters were doing to local Cubans what Washington was doing to the whole island—exploiting it. The criticism of the tourism industry and the affiliated gangsters is a small branch of a much larger historiographical tree. The central tenet of the broader perspective is that the Cuban Revolution, for the first time, broke away from the hegemony of the United States and established a government responsive to Cubans. The perception that Batista was a puppet of Washington is a major theme. The influence of the mobsters was another sign of Batista's willingness to do the bidding of outsiders as long as he was enriched in the process. From the revolutionary perspective, tourism needed to be reformed, as did much of the society.[84]

The perception of the social ills of gambling dates back to revolutionary pronouncements in the mid-1950s. Gambling in general was seen as the desperate act of a people unable to make a living in a land dominated by foreigners. The revolutionaries set forth this perspective in a glossy guidebook published in 2010, geared toward English-language tourists, titled *Why the Cuban Revolution?* Under the headline "Why do Cubans gamble?" it cites a 1958 article from the news magazine *Carteles*: "The one-crop economy, unemployment, and the financial difficulties and hardships of large segments of the population all constitute a powerful motivation to seek relief in the hope of drawing a prize."[85] In the same section, the guide takes aim at the national lottery, which was seen as a tool of enrichment for politicians of the era, the slot machines, and the "green roulette tables controlled by the international gambling mafia."[86]

The clearest display of resentment toward the casinos took place in the early morning hours of January 1, 1959, immediately after Batista fled Cuba, when angry mobs in Havana vandalized several casinos and destroyed their slot machines. Eyewitness accounts tell a story of chaos and mob violence, coupled with instances of revolutionary jubilation. Sporadic gunfights broke out throughout the morning, claiming thirteen lives. At the same time, car horns were honking and people were shouting from their windows—"¡Abajo Batista! ¡Viva Fidel!" Some smashed parking meters in central Havana and looted their contents. The casino at the Sans Souci was doused with kerosene and set on fire. The casinos at the Sevilla Biltmore and the Plaza hotels were totally destroyed. Perhaps as a repudiation of the high life represented by the Riviera, pigs were set loose in the lobby, where they urinated and defecated on the carpeting and furniture, although the hotel was not severely damaged. "Rightly or wrongly, the casinos and slot machines are connected in the public mind with gangsters, police protection and the corruption of the Batista regime and they have also been condemned by Fidel Castro's rebel movement," wrote a *New York Times* reporter.[87] The homes of several Batista officials were looted, and bonfires were set on some street corners using the vandalized goods as tinder. For its part, the rebels warned that looters would be dealt with harshly, and by nightfall on January 1, the city appeared deserted. Rebel forces entered Havana the following day and took over police and military installations, although Fidel Castro did not arrive until January 8.[88] The national lottery was soon abolished, and the casinos were reorganized so more of their profits would benefit society at large. Castro talked about making revolutionary Cuba a tourist destination for Americans, but the political and socioeconomic goals of the two nations soon diverged dramatically, and the casinos became symbols of a rotten past.

Cuban scholars and journalists inherited a rich body of dubious journalism documenting the Mafia, its association with Batista, and the mobsters' self-proclaimed domination of the Cuban political scene in the 1950s. This mob-influenced literature continued to expand after the triumph of the Cuban Revolution with the self-serving firsthand accounts provided by the gangsters, and Cuban writers and scholars could easily draw from it to build their case for a corrupt Mafia past. It fit perfectly with the historiography of the Cuban Revolution.

Norberto Fuentes, a close friend of Fidel Castro and influential writer in the first decades of the revolution, recounted the whole sordid mythology of Mafia influence in Cuba in a 1979 article in *Cuba Internacional*—from the Lansky-Batista friendship of the 1930s, to Luciano's conference in the mid-1940s, to the death of Anastasia because of his alleged efforts to cut in on Cuban casino profits. He goes on to update the mobster tale by noting how the Mafia in the early 1960s collaborated with the CIA in attempts to kill Castro with poisoned cigars and then hypothesizes about the Kennedy assassination and the Bay of Pigs. Ironically, some of these later claims were confirmed when US Senate hearings in the 1970s on covert operations revealed that some elements of the CIA had indeed contacted a host of mobsters and concocted a series of outlandish schemes to kill Fidel Castro. This mob link reinforced the half-truths of an earlier era proclaiming widespread mob influence in 1950s Cuba.[89]

No one better exemplifies the adaptation of the mob mythology for Cuban purposes than Enrique Cirules, who has written numerous books and articles on the subject and been featured on television and in newspaper articles in the United States and Cuba.[90] From his perspective, no decision made in Cuba—from the 1930s through Batista's flight—was without Lansky's advice and consent.[91] The Mafia, according to Cirules, worked in collaboration with the US government and its intelligence agencies to establish Cuba as "a criminal state."[92] One exaggerated claim follows another, with no substantiating documentation for most of it: the profits obtained by the "Empire of Havana" were greater than the rest of the Cuban economy.[93] The Mafia controlled not merely casinos but also an airline, banks, insurance companies, import and export houses, and the media.[94] Cuba was a major drug transshipment point, and Batista and other military officers were involved.[95] According to Cirules, in the late 1950s the Mafia was even organizing the Cuban army to fight Castro.[96] Finally, Cirules claims, when Batista was ready to flee, the Mafia negotiated asylum for him in the Dominican Republic.[97] It is a conspiracy theory devoid of facts.

Sáenz Rovner, a professor at the Universidad Nacional de Colombia, has written the most comprehensive work on crime in Cuba from the 1910s through the 1970s utilizing a wide array of Cuban, US, and European newspapers and government documents. His findings are a powerful rebuke to Cuban writers who blame their country's prerevolutionary ills on outsiders: "Contraband and smuggling had a long history in Cuba, and the country suffered both from an inefficient system of justice and from rampant and widespread corruption. Such chronic instability fostered an environment that lacked any clear rules for monitoring civic peace, an environment in which corruption, although constantly denounced, was never punished."[98] He directly challenges Cirules by noting that the mobsters concentrated their business investments exclusively in the casino industry. They played no significant role in prostitution or drug trafficking as has sometimes been alleged. Although the mobsters sought to take advantage of the decadent pleasures encouraged by tourism, they did not "corrupt" the island, nor did they "introduce gambling, drinking, or even drug consumption to Cuba."[99] He also states that there is no evidence to suggest that Batista supported, or was involved in, drug trafficking. The assertions made by Cirules and other Cuban writers, he argues, are steeped in ideology rather than documentation. "Indeed, revolutionary policy and revisionist historiography early arrived at a consensus which affirmed the turpitude of the old order," Sáenz Rovner writes.[100]

Other Cuban writings reflect nostalgically on the bad old days prior to the revolution, always leading up to the happy ending that is the triumph of rebel forces. Armando Jaime Casielles, a Lansky chauffeur in Cuba, told numerous sources that the Mob kingpin offered him a job outside Cuba, but by early 1959, Casielles found himself committed to the Cuban Revolution. Justifying his decision, Casielles noted that in one of his first speeches, Fidel Castro declared that "those who had done nothing for the triumph of the Revolution should not feel abandoned, they could still board his train, and those who wanted could get off. Instantly, I got on the train and was saved."[101]

Another Cuban writer, emphasizing mob power in the 1950s, presented an illustrative anecdote: In the later days of the Batista era, Rafael Guas Inclán, the vice president of Cuba, came into the casino at the Hotel Nacional one evening short on cash. Thinking his political title mattered, Guas Inclán sought to gain the attention of Jake Lansky, who was sipping a whiskey and conversing with a North American guest, to secure a line of credit. Lansky ignored him while he continued his conversation. Even after he was informed a second time that the vice president wanted a $5,000 line of credit, Lansky paid little attention. "Mr. Vice President can wait," a cashier at the casino remembered Lansky telling an associate. Finally, about twenty minutes later, after finishing his drink, Lansky extended the credit.[102] The implication is clear—the mob was so powerful that even the vice president of the republic must wait for Lansky. Still another Cuban journalist wrote that the basic premise of *Godfather II*, if not a precise rendering of events, was correct in its broad outlines.[103] He describes Batista as a "comerciante entreguista" (submissive merchant) but notes that this was only one facet of his "bochornosa existencia" (embarrassing existence). The movie scene where the gangsters cut the cake is a "symbol of handing over the country to criminal investors." The article borrows some of the familiar stories from the mob literature, such as linking the murder of Anastasia to Cuban gambling profits, and even states that Vice President Richard Nixon, "a supermafioso," came to Havana in the 1950s to gamble, a story with no basis in fact.[104]

The Mob in Perspective

Much has been written and filmed about mob dominance in 1950s Havana, but most of it is steeped in mythology rather than history. At first, gangsters like Meyer Lansky and Lucky Luciano sought to amplify their own role in Cuban events as part of their self-promoting legacies. Those legacies yielded millions of dollars for the writers, relatives, and associates who followed, likely producing more profits than the casinos of Havana ever did. The mob mythology proved useful for triumphant revolutionaries in the decades after 1959. At first, and to this day, it serves the purpose of demonizing the political system that preceded the Cuban Revolution. Much later, the Cuban government repurposed the myth and transferred the attributes of criminality and corruption to their political opponents in the United States, labeling them the *Mafia de Miami* and instantly tapping into the long history of manufactured memories. It remains a powerful public relations weapon to this day periodically surfacing on the pages of *Granma*, the daily newspaper of Cuba's Communist Party.

In all this storytelling, the search for truth, facts, and balance was abandoned, waylaid by financial and revolutionary motives more important than the precise details about the role of the Mafia in 1950s Cuba. The purpose of this article has been to accurately assess the influence of the mobsters and provide a more nuanced interpretation. Here are the unembellished facts: US mobsters owned some casinos in 1950s Havana. They paid bribes into an institutionally corrupt system. They participated in economic development projects conceptualized by Cubans. They did not run Cuba. They were not the economic engine driving the country. President Batista did not consult with them on policy decisions or anything else. They were minor players in a complex political game, and they ultimately lost their gamble and were booted out. Like other businessmen, they failed to correctly foresee the direction of political change. To use the gambling vernacular, they failed to quit while they were ahead, and they lost it all.

NOTES

I want to thank my colleagues at Kean University, Christopher Bellitto, Elizabeth Hyde, and Sue Gronewold for reading early drafts of this article and offering valuable suggestions. A special word of gratitude to Lillian Guerra and Peter Winn who opened my eyes to new ways of viewing my topic. Lisandro Pérez and Jorge Duany also offered valuable advice on this work. Kean University student Robert Venezia assisted with the archival research. Finally, I am ever thankful to my in-house editors, my wife, Caridad, and children, Amanda and Andrew, who are always available to offer loving suggestions and constructive criticism.

1. As a history guide for the World Affairs Council of Philadelphia, I experienced this first-hand when I led two trips to Cuba in 2012 after the initial relaxation of travel restrictions by the Obama administration.

2. Christine Skwiot, *The Purposes of Paradise: US Tourism and Empire in Cuba and Hawai'i*

(Philadelphia: University of Pennsylvania Press, 2010), 121–123, notes that even in the 1920s, Havana was depicted as a North American fantasyland where "conscience takes a holiday."

3. The scholarship on tourism to Cuba is substantial. In addition to Skwiot's work, among the best known are Rosalie Schwartz, *Pleasure Island: Tourism and Temptation in Cuba* (Lincoln: University of Nebraska Press, 1997); and Dennis Merrill, *Negotiating Paradise: U.S. Tourism and Empire in Twentieth-Century Latin America* (Chapel Hill: University of North Carolina Press, 2009). T. J. English, in *Havana Nocturne: How the Mob Owned Cuba and Then Lost It to the Revolution* (New York: Harper Collins, 2007), attempts to infuse some scholarship while retelling the Mafia myths as if they were substantiated by the same level of evidence as other parts of his book. This effort produced a best seller. Rosa Lowinger and Ofelia Fox provide a useful memoir in *Tropicana Nights: The Life and Times of the Legendary Cuban Nightclub* (Orlando, FL: Harcourt, 2005). Lillian Guerra, *Heroes, Martyrs & Political Messiahs in Revolutionary Cuba, 1946–1958* (New Haven, CT: Yale University Press, 2018), 4, makes a similar point about the exaggerated attention paid to the mob.

4. Scholars of race relations in Cuba are well aware of this tendency because the revolutionaries, shortly after their triumph, declared racism a by-product of a bygone era and an imperialist imposition. The best work on this subject remains Alejandro de la Fuente, *A Nation for All: Race, Inequality and Politics in Twentieth-Century Cuba* (Chapel Hill: University of North Carolina Press, 2001), which questions the Cuban Revolution's assertions.

5. Robert Freeman Smith applied the term *historiographical imperialism* to the struggle by Cuban scholars, journalists, and political leaders to define their own history and break away from the hegemonic interpretations emanating from the United States; see "Twentieth-Century Cuban Historiography," *Hispanic American Historical Review* 44 (February 1964): 44–73. See also Louis A. Pérez Jr., "In the Service of the Revolution: Two Decades of Cuban Historiography, 1959–1979," *HAHR* 60 (February 1980): 79–89.

6. In the aftermath of US Senate hearings on organized crime in 1950 and 1951, Lansky emerged as one of the alleged kingpins of the Mafia. He was identified by the FBI as a "top hoodlum," and every few months his file was updated to include new information about his alleged criminal activities. Those records, some of which have been posted by the FBI on its website, are an important source for this article. See FBI, Meyer Lansky File, #92-2831. Some of the FBI records on Lansky can be accessed in the "gangster section" of the FBI "vault" website (https://vault.fbi.gov/meyer-lansky).

7. English, *Havana Nocturne*, 248–249.

8. The 1946 mob conference is detailed in numerous books and articles, including Martin Gosch and Richard Hammer, *The Last Testament of Lucky Luciano* (New York: Dell, 1974), 312–325.

9. "The grafters were pitiless," observed Spruille Braden, US ambassador to Cuba from 1942 to 1945. "No one was too poor or too young or too old or ill to be mulcted." He found corruption in Cuba to be more "widespread than in any other country" in which he had served. See Braden memorandum, undated, "Fundamental Problem of Corruption in Cuba," Diplomatic Correspondence folder: 1945 (Cuba) L-NA, Braden Papers, Columbia University. As for the casino operators, Lansky admitted to the FBI that "under the Batista government it had been necessary to pay off government officials." Lansky FBI File, 92-2831-62, May 22, 1959.

10. A photo of Batista sitting with Lansky and an unidentified woman surfaced in 2017 on the website CubaMafia.com. It appears to be a tourist-driven website (see https://www.cubamafia.com/cuba-mafia-media.html. It was first brought to my attention by Bobby Batista, the son of Fulgencio Batista, in September 2017. The Batista family believes the photo is "bogus." Bobby Batista, email to author, July 15, 2018.

11. Lansky FBI File, 92-2831-22, April 14, 1958.

12. Lansky FBI File, 92-2831-39, August 29, 1958, and 92-2831-19, March 7, 1958.

13. Lansky FBI File, 92-2831-7, February 3, 1958.

14. I have filed numerous Freedom of Information Act requests since 2012 seeking greater disclosure of Meyer Lansky's FBI file. The FBI in November 2015 declassified hundreds of pages dealing with Lansky's casino activities in Cuba in 1957 and 1958 and his other business dealings. They provide considerable insight into how the alleged mobsters operated in Havana but little evidence of influence or interaction with the upper level of the Cuban government and nothing concerning his much-touted relationship with Batista. However, nearly sixty years after the triumph of the Cuban Revolution, some of the documents detailing Lansky's movements in Cuba remain classified. Several FOIA requests are outstanding as of the publication of this article. Also reviewed were Batista's FBI files, 62-70441 and 105-83419, from 1944 through 1961.

15. Hank Messick, a reporter for the *Miami Herald*, perhaps best exemplifies the mob journalist of the mid-twentieth century. He wrote in an authoritative style with complete certainty about mobsters and their influence and actions. He rarely, if ever, provided a named source for any of his reporting, assuring readers that they were "reliable." Assuming Messick had legitimate sources, it is clear that law enforcement and even the mobsters were not beyond "leaking" information to further their own interests, whether or not the information was completely accurate. All of this makes the information in his articles and books problematic for a scholar trying to separate fact from rumor.

16. A brief online search of the *Granma* database found ten recent references to the Mafia de Miami. A good example of this type of journalism was an article from April 14, 2015, linking the "Miami mafia" to a 2000 assassination attempt against Fidel Castro in Panama. See Sergio Alejandro Gómez, "The day the Miami mafia dreamed of killing Fidel in Panama," *Granma*, April 14, 2015. Manuel E. Yepe provides a brief historical overview of the term *Miami mafia* or *mafia cubana de Miami* from the perspective of the Cuban government in his online article, "Los orígenes de la mafia cubana de Miami," October 16, 2017, https://www.alainet.org/es/articulo/188630. A word of thanks to scholar Lillian Guerra for helping me see the connection between the past and present with regard to the application of the mob mythology.

17. Dennis Eisenberg, Uri Dan, and Eli Landau, *Meyer Lansky: Mogul of the Mob* (New York: Paddington Press, 1979), 152. English, *Havana Nocturne*, 15, states that these initial overtures to Batista occurred in the spring of 1933, still months before he took power. Gosch and Hammer, *The Last Testament of Lucky Luciano*, 172, claim that Lansky struck a deal with Batista in September 1933 in the midst of that revolution.

18. I deal with this period in Batista's life in chapters 3 and 4 in the first volume of my Batista biography. Frank Argote-Freyre, *Fulgencio Batista: From Revolutionary to Strongman* (New Brunswick, NJ: Rutgers University Press, 2006).

19. Schwartz, *Pleasure Island,* 99–101. Schwartz provides no evidence of a Prohibition-era relationship between the two. She does cite Robert Lacey, *Little Man: Meyer Lansky and the Gangster Life* (Boston: Little, Brown, 1991), 108–109, who does not offer an opinion on this point. Hank Messick, *Lansky* (New York: Berkeley Medallion Books, 1971), 123, writes that the two "became chummy" shortly after Batista took control of the Cuban military on September 4, 1933.

20. Lacey, *Little Man*, 108–109. Lacey attempts to create a scholarly biography but in doing so is forced to cite many of the discredited sources discussed here. English, *Havana Nocturne*, 20, states that Batista asked that control of the casino operation be handed over to "his friend and benefactor Meyer Lansky," providing no evidence for this assertion.

21. Eisenberg, Dan, and Landau, *Meyer Lansky,* 173.

22. Ibid., 173.

23. Ibid., 174. Gosch and Hammer, *Last Testament of Lucky Luciano*, 172, claim that the deal with Batista was struck in September 1933 after a coalition government including Batista took power. The confusion about the dates undermines the credibility of the account.

24. Schwartz, *Pleasure Island*, 101–102.

25. Argote-Freyre, *Fulgencio Batista*, 267–273.

26. Eisenberg, Dan, and Landau, *Meyer Lansky*, 227. Lansky told his biographers that one reason the US government wanted Batista to step aside was that, as part of his coalition government, Batista had included several communists in his cabinet. I found no US government documentary evidence to substantiate Lansky's claim that he was asked by the US government to communicate with Batista.

27. Schwartz, *Pleasure Island*, 139.

28. Ernest Havermann, "Mobsters Move In on Troubled Havana and Split Rich Gambling Profits with Batista," *Life*, March 10, 1958, 34.

29. See "Senator from Daytona," *Time*, April 12, 1948, 44.

30. Eisenberg, Dan, and Landau, *Meyer Lansky*, 227.

31. Ibid., 227.

32. Lacey, *Little Man*, 230–231.

33. Even those in daily contact with Lansky, like his chauffeur, Armando Jaime Casielles, or Ralph Rubio, who handled credit at the Riviera, never saw the two men together. English, *Havana Nocturne*, 265–267, tries to explain it thus: "The Mob boss and the dictator had constructed a financial universe that changed the course of Cuban history, but both men related that the more successful their business ventures became, the more necessary it was to maintain the appearance of separation."

34. Batista, FBI File, 62-70441-49, July 6, 1945, describes an alleged plot against Grau. 62-70441-66, July 27, 1945, provides an example of how FBI monitored the telephone calls of visiting Cuban politicians. 62-70441-67, August 11, 1945, discusses the monitoring of Batista's movements by the staff at the Waldorf Astoria and the review of his incoming letters. 62-70441-82, August 3, 1945, deals with a "telephone censorship intercept."

35. Gosch and Hammer, *Last Testament of Lucky Luciano*, 307–310.

36. This omission suggests that the FBI did not consider it noteworthy. Perhaps the bureau did not know about the conference when it occurred, but no effort was made to follow up after it became known through the media and other sources. The failure to do so is curious.

37. This controversy has been written about in several works, including Tim Newark, *Lucky Luciano: The Real and Fake Gangster* (New York: St. Martin's Press, 2010), xiii–xv. Lacey, *Little Man*, 451, also elaborates on the problems with the Gosch and Hammer book. Newark takes Lacey to task for discrediting the book but still using it extensively. He makes a similar criticism of Eisenberg, Dan, and Landau. Tony Scaduto, *Lucky Luciano: The Man Who Modernised the Mafia* (London: Sphere Books, 1976), dedicates an entire appendix to a criticism of the Gosch and Hammer book. English, *Havana Nocturne*, 30–50, makes extensive use of Gosch and Hammer in his chapter on Luciano. Eisenberg, Dan, and Landau, *Meyer Lansky*, 231–239, appears to be influenced by the Gosch and Hammer account, but it is difficult to pinpoint the extent because the book contains no documentation. Lowinger and Fox, *Tropicana Nights*, 80, recite the Gosch and Hammer account without adding any new insight. Enrique Cirules, *Mafia in Havana: A Caribbean Mob Story*, trans. Douglas E. LaPrade (New York: Ocean Press, 2004), makes extensive use of Gosch and Hammer throughout the work.

38. Gosch and Hammer, *Last Testament of Lucky Luciano*, 310.

39. "US Ends Narcotics Sales to Cuba While Luciano Is Resident There," *New York Times*, February 22, 1947.

40. Eisenberg, Dan, and Landau, *Meyer Lansky*, 253.

41. Fulgencio Batista, *The Growth and Decline of the Cuban Republic*, trans. Blas M. Rocafort (New York: Devin-Adair, 1964), 25–28.

42. Ibid., 253.

43. Lester Velie, "Suckers in Paradise," *Saturday Evening Post*, March 1953.

286 : FRANK ARGOTE-FREYRE

44. Lacey, *Little Man*, 227, 488n15.

45. English, *Havana Nocturne*, 95. The assertion that Lansky received a salary from the Cuban government has often been repeated, including by Matthew Reiss, "The Batista-Lansky Alliance: How the Mafia and a Cuban Dictator Built Havana's Casinos," *Cigar Aficionado*, May–June 2001, http://www.cigaraficionado.com/webfeatures/show/id/The-Batista-Lansky-Alliance_7197/p/1. The article contains multiple errors, including the assertion that Batista went into exile in Florida and died there in 1973. Sandra Lansky with William Stadiem, *Daughter of the King: Growing Up in Gangland* (New York: Weinstein, 2014), 167–168, repeats the same story about her father being on the Cuban payroll but adds no new information.

46. Batista, *Growth and Decline of the Cuban Republic*, 190–198. This book is an abridged English translation of *Piedras y leyes* (Mexico City: Ediciones Botas, 1961). The corresponding pages are 263–276.

47. Merrill, *Negotiating Paradise*, 107–114; Schwartz, *Pleasure Island*, 147–148; Skwiot, *Purposes of Paradise*, 146–153.

48. Merrill, *Negotiating Paradise*, 111–112.

49. Eduardo Sáenz Rovner, *The Cuban Connection: Drug Trafficking, Smuggling and Gambling in Cuba from the 1920s to the Revolution* (Chapel Hill: University of North Carolina Press, 2008), 13.

50. Batista, *Growth and Decline of the Cuban Republic*, 193–194.

51. Batista, *Growth and Decline of the Cuban Republic*, 193; Merrill, *Negotiating Paradise*, 112–124, provides a treasure trove of useful economic data on Cuba. Skwiot, *Purposes of Paradise*, 152–153, provides similar economic data. Schwartz, *Pleasure Island*, 168, notes that as late as 1956 tourism amounted to barely 10 percent of the value of that year's sugar crop.

52. Batista, *Growth and Decline of the Cuban Republic*, 195.

53. Batista, *Growth and Decline of the Cuban Republic*, 194, notes that "by the end of 1958, Havana had 42 hotels with a total of 5,438 rooms as against 29 hotels with 3,180 rooms in 1952."

54. Batista, *Growth and Decline of the Cuban Republic*, 193–198.

55. Joseph L. Scarpaci, Roberto Segre, and Mario Coyula, *Havana: Two Faces of the Antillean Metropolis* (Chapel Hill: University of North Carolina Press, 2002), 80–88.

56. Guillermo Jiménez Soler provides the most comprehensive listing of the major property owners and companies in 1950s Cuba. See *Los propietarios de Cuba 1958*, 3rd ed. (Havana: Editorial de Ciencias Sociales, 2008); and *Las empresas de Cuba 1958*, 3rd ed. (Havana: Editorial de Ciencias Sociales, 2008).

57. Lansky FBI File, 92-2831-16, February 27, 1958.

58. The FBI estimated $14 million. See Lansky FBI file, 92-2831-23, April 18, 1958. Lacey, *Little Man*, 257, says Lansky thought the cost was closer to $18 million.

59. Lansky FBI file, 92-2831-6, December 26, 1957.

60. The information on mob influence at various casinos comes from Meyer Lansky's FBI file, 92-2831-6, December 26, 1957. The comments by Jake Lansky are contained in 92-2831-NR Serial, March 6, 1958. Jake Lansky maintained a curious relationship with the FBI in this period, agreeing to periodic interviews. The nature of the conversations suggests he is not so much informing on his brother as putting his business practices in the best possible context. English, *Havana Nocturne*, 205–206, claims that Trafficante was a major investor in the casinos at the Deauville and Comodoro hotels.

61. Lansky FBI file, 92-2831-23, April 18, 1958.

62. I last visited the Hotel Riviera in 2012, not long after the hotel was declared a historical monument by the Cuban government.

63. Lacey, *Little Man*, 238–240.

64. Lansky FBI File, 92-2831-NR Serial, March 6, 1958, and 92–2831–24, April 28, 1958.

The Myth of Mafia Rule in 1950s Cuba : 287

65. Lansky FBI File, 92-2831-NR Serial, March 6, 1958.

66. Lansky FBI File, 92-2831-NR Serial, March 6, 1958.

67. Eisenberg, Dan, and Landau. *Meyer Lansky*, 290. On Meyer Lansky's ban from Cuba, see Lansky FBI File, 92-2831-23, April 18, 1958, and 92-2832-24, April 28, 1958. Rey told me in the late 1990s that he believed the mob mythology was part of a campaign to discredit the Batista government, and he took pride in the fact that he banned Lansky from Cuba, citing it as proof of the illegitimacy of the mob argument.

68. The denaturalization case against Lansky was dismissed on May 28, 1958, thus clearing the path for his return to Cuba. Lansky FBI File, 92-2831-40, September 25, 1958.

69. Lansky FBI File, 92-2831-23, April 18, 1958.

70. Lowinger and Fox, *Tropicana Nights*, 299–300.

71. Schwartz, *Pleasure Island*, 193.

72. Skwiot, *Purposes of Paradise*, 194–195.

73. The article "Frente a todos" is reprinted in Bonachea and Valdes, eds., *Revolutionary Struggle*, 300–301.

74. Skwiot, *Purposes of Paradise*, 191.

75. Michelle Chase, *Revolution within the Revolution: Women and Gender Politics in Cuba, 1952–1962* (Chapel Hill, NC: The University of North Carolina Press, 2015), 37, provides insight into the evolution of the ant-Batista protest movement throughout her work, including the Cero Tres C campaign. See also, Guerra, *Heroes, Martyrs & Political Messiahs*, 281–282.

76. William Pawley, a businessman with ties to Cuba dating back to the 1920s, was the representative of the Eisenhower administration.

77. For Batista's version of events, see Fulgencio Batista Zaldívar, *Respuesta* (Mexico City: Manuel León Sánchez, 1960), 119–138.

78. Rolando Pérez Betancourt, "El padrino y las relaciones entre la tiranía de Batista y la mafia," *Granma*, October 21, 1975. The origins of this falsehood are unclear, since Lansky never claimed he flew out of Cuba with Batista. Lacey, *Little Man*, 250, notes that several newspapers inaccurately reported that Lansky and other mobsters had flown to Florida on January 1, 1959.

79. Lacey, *Little Man*, 251, writes that Lansky left on January 7. English, *Havana Nocturne*, 308, maintains that Lansky stayed until January 8 when Fidel Castro entered Havana.

80. The employment numbers are from Skwiot, *Purposes of Paradise*, 199.

81. English, *Havana Nocturne*, 312–315.

82. Lacey, *Little Man*, 258, from an interview with Varon.

83. Chase, *Revolution within the Revolution*, 34–39, breaks new ground in her research on the ideological subtext of the emerging anti-Batista protest movement in the 1950s, particularly the role of gender in the construction of the opposition narrative.

84. Sáenz Rovner, *Cuban Connection*, 123–133, emphasizes the revolutionary tendency to exaggerate the extent of gambling, prostitution, and drug trafficking during the prerevolutionary period. My own analysis of the historiographical treatment of the period between 1902 and 1958 can be found in Frank Argote-Freyre, "In Search of Fulgencio Batista: A Reexamination of Prerevoluntionary Cuban Historiography," *Revista mexicana del Caribe* 11 (2001), 193–227.

85. *Why the Cuban Revolution? The True History of the Fulgencio Batista Dictatorship* (Editorial Capitán San Luis, 2010).

86. Ibid.

87. Herbert L. Matthews, "Batista and Regime Flee Cuba; Castro Moving to Take Power; Mobs Riot and Loot in Havana," *New York Times*, January 2, 1959.

88. Lowinger and Fox, *Tropicana Nights*, 309–318. For newspaper accounts, see Matthews, "Batista and Regime Flee Cuba," *New York Times*, January 2, 1959; Herbert L. Matthews, "Havana Swarms with Rebel Units," *New York Times*, January 3, 1959; and R. Hart Phillips, "Castro Named President as Rebels Enter Havana; Street Clashes Continue," *New York Times*, January 3, 1959.

89. Norberto Fuentes, "La Mafia en Cuba," *Cuba Internacional,* August 1979. Perhaps still angry at his treatment by the revolutionary government, Santo Trafficante is one of those named as involved in assassination plots against Castro. See "Alleged Assassination Plots Involving Foreign Leaders," interim report of the Select Committee to Study Government Operations with Respect to Intelligence Activities, US Senate, November 20, 1975. A wonderful web resource for documents of the period is the Mary Ferrell Foundation, https://www.maryferrell.org/pages/Main_Page.html.

90. Cirules's best-known work is *The Mafia in Havana.* He is also the author of *La vida secreta de Meyer Lansky: La Mafia en Cuba* (Havana: Editorial de Ciencias Sociales, 2006); *El imperio de La Habana* (Havana: Casa de las Américas, 1993); and *Mafia y mafiosos en La Habana* (Madrid: Ediciones Libertarias, 1999).

91. Cirules, *Mafia in Havana,* 18.

92. Ibid., 23.

93. Ibid., 22.

94. Ibid.

95. Ibid., 32.

96. Ibid., 127.

97. Ibid., 141–142.

98. Sáenz Rovner, *Cuban Connection,* 6–7.

99. Ibid., 9.

100. Ibid, 12–13. He singles out Cirules for criticism when he notes that his statements about Cuban drug trafficking "derive ultimately from subjective political judgments." Schwartz, *Pleasure Island,* 138, notes that the revolution "propagandized Batista's underworld connections."

101. Luis Hernandez Serrano, "Yo fui guardaespaldas de Meyer Lansky," *Cuba Ahora,* October 26, 2011.

102. Fernando Davalos, "Lanski, 'El Cejudo' no hace caso," *Granma,* August 29, 1988.

103. Betancourt, "El padrino y las relaciones entre la tiranía de Batista y la mafia."

104. Ibid.

EMILY J. KIRK

Cuba's National Sexual Education Program: Origins and Evolution

ABSTRACT

Sexual education in contemporary Cuba is considered by many to be extremely progressive. This article addresses three fundamental questions that have not been addressed in scholarly works. Where did Cuba's sexual education program originate? How did it evolve? And how exactly has it been implemented? From analysis of the early work of the Federation of Cuban Women to the contemporary work of the National Center for Sexual Education, this study found that national debate within a negotiative process framework was crucial to the dramatic evolution of sexual education in Cuba.

RESUMEN

En general la educación sexual en la Cuba contemporánea se considera muy progresista. Este artículo se enfoca en tres preguntas fundamentales que hasta ahora no se han estudiado suficientemente en publicaciones académicas. ¿Cómo se originó el programa de educación sexual? ¿Cómo se desarrolló? Y, ¿cómo ha sido implementado? Desde las publicaciones tempranas de la Federación de Mujeres Cubanas hasta el trabajo contemporáneo del Centro Nacional de Educación Sexual, este artículo explica cómo el debate nacional —dentro de un proceso de negociación— ha sido de tremenda importancia en la dramática evolución de la educación sexual en Cuba.

Sexual education in contemporary Cuba is considered by many to be extremely progressive. In 2017, for example, the national program officer of the United Nations Population Fund (UNFPA), Marisol Alonso de Armas, explained, "Cuba is one of the countries of Latin America that has progressed the most in implementing a comprehensive sexual education program" (Lotti 2017). Indeed, with a national program that includes themes of sexual diversity (LGBTQ) and sexual violence, and in addition challenges gender stereotypes and promotes equal sexual rights for men and women, sexual education in Cuba has certainly changed dramatically throughout the Revolution. Yet this topic is vastly understudied in scholarly work.

Some studies on sexuality in Cuba have touched on sexual education, and particularly noted the importance of the National Center for Sexual Education (Centro Nacional de Educación Sexual, CENESEX). Lois M. Smith and

289

Alfred Padula's (1996) study provided an excellent account of the evolution of the role of women in post-1959 Cuba, while including some data on the importance of sexual education and women's involvement in its development. Likewise, Marvin Leiner's (1994) ethnographic study analyzed sexuality in Cuba, similarly noting the sexual education program of the time and its significance. Other scholars whose works have focused on sexual diversity have also noted the importance of sexual education in their studies, including Julio César González Pagés (2010), Carrie Hamilton (2012), and Noel Stout (2014). There has also been some research on sexual education policy itself, although this has focused on the broader themes within sexual education (Castro Espín 2011; Roque Guerra 2011). Nonetheless, while these works provide pertinent data, and clearly state the importance of sexual education, they do not include any specific information on how the national sexual education program developed, nor are any details of the mechanics of the program provided. This article thus addresses three fundamental questions that have not been addressed earlier in scholarly works. Where did Cuba's sexual education program originate? How did it evolve? And how exactly has it been implemented?

Since 1959, sexual education has evolved considerably. While once considered unnecessary and even dangerous, the National Sexual Education Program developed from a small group established by the Federation of Cuban Women (Federación de Mujeres Cubanas, FMC) to become a sweeping national program, supported by the Cuban Communist Party (Partido Comunista de Cuba, PCC) and National Assembly. This study offers some insight into the evolution of a comprehensive sexual education program.

The "negotiative process" framework provides the theoretical basis for this study. This theory maintains that the Cuban Revolution (or post-1959 Cuba) is a complex process of negotiation that continually adapts to challenges and continues to evolve, rather than functioning as a closed political structure (Kapcia 2008, 2016). As Kapcia (2014) asserts, instead of employing a strictly top-down approach, the Revolution must be understood as continually adapting, evolving and utilizing the population to debate problems, as well as implement solutions. A key component of the negotiative process is referred to in Cuba as the "national debate." National debate, or public debate, in this context refers to Cuba's largely informal structure whereby discussions of a given (often contentious) topic are nationwide, instead of a formal structure of debate within the leadership. This can include, for example, discussions between friends and neighbors, meetings of the mass organizations, within the ministries, the PCC, and throughout the National Assembly. That is not to say that it is an easy process of participatory problem solving; nonetheless, it illuminates the complexity of the Revolution and its evolution.

It is worth noting that this understanding of the Revolution as a negotiative process is relatively new within Cuban studies, although has been increasing in popularity among scholars (Smith 2016; Kirk, Clayfield, and Story 2018; Bain 2018). While earlier studies on post-1959 Cuba have centered on the view of the Revolution as a monolithic structure, led solely by a strict dictatorship (described often as "Castro's Cuba"), analysis of the nearly six decades of the Revolution illustrate that it is more complex than previously believed. In regard to sexual education, the negotiative process framework is thus useful as it allows for analysis within Cuba's particular revolutionary structure.

Over the course of three research trips to Cuba between 2011 and 2017, the methodology for this study consisted primarily of archival and interview-based research. The extensive archival research was mainly conducted in Cuba at CENESEX and the José Martí National Library. In particular, CENESEX's archive was examined in depth, and many materials, including training manuals, reports, journals and books, were analyzed. Interviews were also conducted with several specialists. This included one of the FMC founders, Carolina Aguilar Ayerra;[1] CENESEX director and member of Cuba's National Assembly, Mariela Castro Espín;[2] and many professionals working at CENESEX. While largely an untold story, the origins and evolution of sexual education in Cuba certainly provide a dynamic approach to developing a comprehensive sexual education program.

The Origins of Sexual Education, 1960–1990

The origins of sexual education in revolutionary Cuba rest with the FMC. Established in 1960 with the principal goal of including women in the revolutionary process, and headed by revolutionary leader Vilma Espín, the FMC can best be understood as a mass organization with comparable power and influence to that of a ministry. Despite appearing inclusive of all women, the organization vehemently supported the socialist ideology of the Revolution and functioned as a means of communicating the views of the leadership nationwide. In short, FMC leaders were active proponents of the Revolution, and sought to include women in the process. Particularly powerful in the first decades of the Revolution, the FMC had representatives throughout the country, from the community to national levels—and within a few decades 80 percent of women over the age of fourteen were members (Castro Espín interview with author, 2013; Randall 1974).

From the 1960s, the FMC worked through a process of debate and discussion—from the community level through to the national representatives. At local community meetings, women would be able to discuss problems and ask questions, which would be passed through the various FMC channels, such as municipal meetings, and national congresses. The exchange of information, views, and requests between various levels were of paramount importance for the structure of the organization, since the diverse levels informed, and were informed by, one another. Decisions made at the national level were thus based on the process of national debate, in an effort to include the demands of women from across the country (Santana 2013).

Notably, sexual education and sexuality were among the first topics discussed at community meetings. Many women, and particularly mothers, had very little understanding of sexual education or sexuality, including basic reproductive health and anatomy. This was typically either because it was not included in the formal education system, or because they were not able to attend any formal education as a result of underdevelopment and limited educational opportunities in pre-1959 Cuba. Moreover, medical practices played a significant role in this lack of knowledge or understanding. The main problems were that many women could not afford the privatized medical care in prerevolutionary times, or it was not available in the rural regions in which they lived. In addition, comprehensive sexual health was not common in medical practices at the time. For example, it was noted in FMC meetings that a particular problem was that mothers did not know what to tell their children when they were asked questions about sex and reproduction (Maderos Machado 1994). Young women also demanded improved sexual education, as they had very little, if any, understanding of reproduction and sex. As Carolina Aguilar Ayerra remembered in a 2013 interview with the author, "We were asked if they would become pregnant if they kissed a man."

In 1962, at the FMC's First National Congress, the organization's emphasis on the importance of sexual education was made clear, as education and in particular sexual education were listed among the organization's main aims (FMC 1962). The congress also outlined the Revolution's particular understanding of "education." Rather than providing a focus on the school curricula, the concept of education was presented as the means through which information was communicated to, and absorbed by, all. In other words, education was to be seen as a broad concept that referred to the process through which information was distributed and interpreted (FMC 1962). On the basis of this broad understanding of education, the FMC representatives at the congress sought to develop a comprehensive sexual education program. The final recommendations of the congress suggested that sexual education should be incorporated into the media, research and publications of the FMC, and, importantly, that it should be included as an integral part of the school system (FMC 1962).

The major successes in sexual education included the magazine *Mujeres* (Women). Beginning in 1961, the magazine steadily increased in importance throughout the first decades of the Revolution, as it was a vital means of distributing information to women across the island (Aguilar Ayerra interview with the author, 2013). In many cases, it served as a means of providing education to some of the most rural areas of the country, which at the time had relatively little access to information. The most important aspect of the magazine was a section called "Debates on Health" (*Debates de salud*), which was specifically created to teach women about their own health and bodies (FMC 1973). This was important as it contributed to the national debate on sexual education, while also providing basic information to women throughout the island. The exact number of the magazines distributed across the island is unknown, although it is clear that the FMC went to great lengths to ensure that as many women as possible had access to the information.

The legalization of abortions also had a significant impact on sexual education and was considered one of the most influential victories of the FMC in its goal of improving gender equity in the first decades of the Revolution. By the early 1960s, it was evident that the illegality of abortions was causing women to undergo very dangerous self-administered abortions.[3] This included the insertion of clothes hangers into the uterus, and the use of sulfuric acid, among other chemicals, as an intrauterine douche (Álvarez Lajonchere 1996). As a result of these significant health-related issues, and given the Revolution's early commitment to improving health outcomes,[4] the FMC argued for the legalization of abortions. Following the efforts of the FMC, free and medically safe abortions were legalized in 1965 (Álvarez Lajonchere 1994). In addition to this success, this example also demonstrated the necessity to dramatically increase sexual education. In particular, it was clear that greater information on reproduction and sexuality were badly needed.

Following the FMC's extensive work in, and commitment to, sexual education, the PCC and the National Assembly formally began supporting sexual education in 1970s, following the First National Congress of Education and Culture. While the congress, held in April 1971 with the participation of some 1,800 delegates from across the island, would later become known as very culturally restrictive and discriminatory against sexual diversity, it was nevertheless paramount to the development of sexual education. Sexual education was a key focus of the congress, which concluded that it was important and should be included in the formal education system. As Leiner (1994, 35) noted, "The official statement of the Declaration of the 1971 First Congress on Education and Culture supported the integration of extensive coeducation and sex education into the general teaching syllabus." Despite the importance placed on sexual education at this groundbreaking Congress, however, it would take several years for a specific plan to materialize.

Following the Congress, the most important and influential development in the evolution of sexual education was the establishment of a commission with the principal aim of contributing positively to the development and protection of the rights of children and women through sexual education. Named the Permanent Commission on the Attention to Infancy, Youth, and the Equality of Rights of Women,[5] the commission's main strategy was to publish works on sexual education, and in particular those published in countries with similar ideological frameworks. This policy was initially established at the first PCC congress in 1975 and later expanded at the second congress in 1980 (PCC 1980a, 1980b). The importance of the commission was clear, as its name can be found is the first sexual education books published in Cuba, and it was often noted through the recommendations and discussions of the FMC's congresses (FMC 1962, 1984a, 1987).

The organization that carried out the aims of the commission was the National Group for Work on Sexual Education (Grupo Nacional de Trabajo de Educación Sexual, GNTES). Notably, the group was established by the FMC informally (without permission or recognition of the state) in 1972 by Espín and Celestino Álvarez Lajonchere, an obstetrics and gynecology specialist (Castro Espín 2009). Following the FMC's demands for improved sexual education, the group sought to research options for, and information regarding, the provision of sexual education. Espín was very influential in this role: as the president of the FMC, she understood the demands and need for sexual education. Moreover, as a well-known figure and leader of the Revolution, she had a significant level of autonomy (FMC 2008). As a result of GNTES's growing work in the area, it was recognized by the state in 1977 as the official representative group of the Commission on the Attention to Infancy, Youth, and the Equality of Rights of Women. Nonetheless, the group would maintain its close connections with the FMC, and for the most part, it worked independently from the PCC. GNTES slowly grew in personnel and importance, as the need for sexual education became more evident and the FMC continued to pursue the means to develop it. Significantly, GNTES understood sexual education as an important means of human development, and as such as important to the success of the Revolution.

Building on the earlier work on the FMC, GNTES sought to developed a nationwide sexual education program, the National Sexual Education Program (Programa Nacional de Educación Sexual, ProNes) (Castro Espín interview with author, 2013; Castro Espín 2011). The group researched various international sexual education programs and curricula, and invited advice from specialists to determine how to develop and implement a sexual education program in Cuba. A key figure in this process was Monika Krause, a German interpreter and translator for the FMC who discovered a curriculum developed over an eight-year period in the late 1960s and early 1970s by an East German specialist in sexual education, K. R. Bach (Krause-Fuchs 2007). It was believed that the similar ideological framework, rooted in socialism, would be advantageous to Cuba's ProNes. As a result, GNTES began translating the East German sexual education strategies, based on the countries' similar socialist principles of respect and equality.

In 1981, Espín became the president of the Permanent Commission on the Attention to Infancy, Youth, and the Equality of Rights of Women, as the FMC assumed further influence over the sexual education program and was able to take advantage of greater independence within the revolutionary framework (FMC 2008). The role of GNTES was explained at the third FMC congress in 1980:

In reality [GNTES] is carrying out systematic work that encompasses the basic information and guidance materials, as well as the development of a framework to train specialists in the field of medicine, psychology and education, principally with an eye to the proper preparation of personnel who, in the future, will be responsible for sexual education, as well as the treatment and therapy of sexual problems. (FMC 1984a, 65)

The National Sexual Education Program increased in importance throughout the 1970s and 1980s, and its work included conferences, seminars, debates, roundtables, and presentations. These were also aimed at various groups, including parents, teachers, and students at all levels of the education system, from day-care centers to universities. Courses for professionals (e.g., doctors, psychologists, teachers) on topics of human sexuality were also offered, and programs were produced for national TV and radio. It should be noted, however, that ProNes was, at this time, the comprehensive framework through which sexual education strategies were implemented. While there were some classes and presentations in schools, it would be some time before a specific curriculum was developed and implemented in the school system.

The most significant contribution of GNTES was the publication of what is referred to in Cuba as "popular-science" books (referring to the accessible writing style and popularity) on the topic of sexual education. They were published through collaborative efforts between the FMC, Ministry of Education (Ministerio de Educación, MINED), Ministry of Public Health (Ministerio de Salud Pública, MINSAP), and the Ministry of Culture (Ministerio de Cultura, MINCULT), led by GNTES. The role of MINCULT in publishing these works is notable, as it was a relatively new and rather autonomous ministry. Established in 1976, following the Quinquenio Gris, in an effort to recover from the culturally oppressive 1971–1976 period, MINCULT was committed to supporting the development and dissemination of culture (Story 2018). In this context, this interest resulted in material on sexual education.

Beginning in 1979, these books had a considerable impact on sexual education and became key sources of information for research and the National Sexual Education Program. The authors of the works were largely East German, and most were noted sexologists or medical professionals who wrote popular-science books to increase discussion around the concept of sexuality and contribute to sexual education. The aim was to educate readers by increasing the understanding of sex and sexuality while also emphasizing respect and equality within a socialist framework. One of the first and most popular books published was Siegfried Schnabl's *Man and Woman in Intimacy* (*El hombre y la mujer en la intimidad*, 1989). Published in Cuba in 1979 (reprinted in 1985 and 1989), it was widely read and sparked public debate on sexual education. The publishing process was complex, as the "technical revisions" were completed by Álvarez Lajonchere and Monika Krause, but it was published by MINCULT, rather than MINED or MINSAP. This book was significant for two reasons. First, it was the first widely read book in Cuba to discuss sexual education and sexual health. Second, it was the first to articulate sexual diversity in a respectful and supportive format, presenting it as normal human behavior, dedicating its final chapter, entitled "Homosexuality in Man and Woman" to the topic. As a result, it sparked national debate and controversy on sexual education and sexuality. Nonetheless, following the success of Schnabl's first book, in 1981 his book *In Defense of Love* (*En defensa del amor*) was also published in Cuba (Schnabl 1981). While it did not focus on sexual diversity in such an overt way as the first, the book continued to focus on the importance of sexual education and sexuality, asserting that sexuality was normal and that education must be increased on the topic.

Another important author was Heinrich Brückner, a pediatrician specializing in human sexuality and sexual health, who wrote three significant books that were translated in Cuba. The first two were *When Your Child Asks You* (*Cuando tu hijo te pregunta*) and *Before a Child Is Born* (*Antes de que nazca un niño*), published in 1979 (and later reprinted the following year) (Brückner 1980a, 1980b). The aim of the books was to provide information for parents, teachers, young people, as well as children. Questions on reproduction, sexuality, and the importance of sexual education were addressed.

Brückner's third and most popular book was *Are You Now Thinking about Love?* (*¿Piensas ya en el amor?*), originally published in Cuba in 1981 (and reprinted in 1982 and 1985). Although similar to the work of Schnabl in terms of seeking to improve understandings of sex and sexuality, Brückner's view of sexual diversity in *Are You Now Thinking about Love?* was very different. He described homosexuality as "scandalous and antisocial behaviour," and the chapter discussing homosexuality and sexual diversity was titled "Sexual Variation and Deviations" ("Variantes y desviaciones sexuales") (Brückner 1981, 210). Despite the author's view of sexual diversity as unacceptable and dangerous, the book was successful overall in its attempt to increase awareness regarding sexuality and the importance of improved sexual education.

These publications were significant not only for their content (in terms of seeking to normalize sexuality and condemning sexual diversity) but also for overcoming the difficulty in publishing such work on sexuality in Cuba at the time. Indeed, the difference in content and publication process between Brückner's and Schnabl's works is illustrative of the ongoing national debate regarding what was considered acceptable in sexual education. Although analysis of Schnabl's work suggests that GNTES did not have any major problems in publishing the content, it is evident that was not the case with the work of Brückner. While the preface in *Man and Woman in Intimacy* thanked GNTES for its efforts, the preface in *Are You Now Thinking about Love?* was notably different. Instead, it noted, that the chapter on homosexuality (chapter 12) underwent "special revision" by a "commission of the Ministry of Education" (the only popular-science book to have reported such revisions) (Brückner 1981). This highlights the ongoing challenges facing sexual education, in addition to clearly illustrating the power dynamics of the FMC and the revolutionary leadership—while powerful and autonomous in its own way, the FMC, and by extension GNTES, could do only so much, so quickly, within the structure of the Revolution.

In addition to her work for GNTES (working as a translator and interpreter, as well as often being viewed as "the face" of the group), Monika Krause also published two books on sexual education. The first, published in 1985, was titled *Some Fundamental Themes in Sexual Education* (*Algunos temas fundamentales sobre educación sexual*). A second edition was published in 1987 (and reprinted in 1988), with the addition of two sections on the importance of sexual education (Krause 1987). The second book, published in 1987 (reprinted the following year), was *Sexual Education: Selected Lectures* (*Educación sexual: Selección de lecturas*) (Krause 1988). It focused on lectures and roundtables from GNTES members who gave advice on sexuality and sexual education. The central themes throughout the work were that respect was crucial for successful relationships, and that sexual education must continue to evolve to meet the needs of a politically and ideologically advancing society such as Cuba. Unlike the work of other international authors, Krause's work was important as it provided internal voices from within Cuba on the subject.

Another popular book among specialists, although not the general population, was Masters and Johnson's (1966) *Human Sexual Response* (*La sexualidad humana*). Originally published in 1966 as a groundbreaking study on human sexuality, it was later published in Cuba in 1988 (Masters, Johnson, and Kolodney 1988).[6] Based on a version translated into Spanish and published the previous year, the Cuban version noted that it was the "Revolutionary Edition" of the famous book, which, by the late 1980s, was being used by specialists around the world as a foundational book on sexuality. Notably, the Cuban version appeared virtually identical to the English version, which discussed sexuality as normal human behavior, enjoyed by both men and women, and included little political rhetoric. It also included several chapters and sections on the complexity of sexual diversity, discussing homosexuality, lesbianism, transsexuality, and bisexuality as normal, although less common than heterosexuality. Similarly to its popular-science counterparts, it presented sexuality as an important component of well-being and, by extension, sexual education as important to a healthy and productive society.

By the 1980s large excerpts of these books could be found in popular magazines, including *Mujeres* (FMC 1984b). Importantly, these books were also used as textbooks in sexual education courses for students, particularly in the fields of medicine and education. In addition, they were significant because they discussed sexuality as normal human behavior (with the exception of Bruckner's views on sexual diversity), dispelling related prejudices and taboos. Beyond the overall normalization of sexual diversity, these works were also crucial for advancing gender equality by illustrating (with both quantitative and qualitative data) that sexuality was essential to well-being—for both men and women. This represents a sharp departure from previous understandings of sexuality being important for men and shameful for women (Kirk 2017). Notably, in 2018, these books were still used by medical and education professionals, and widely read by the public, highlighting their significance within the revolutionary process.

In addition to the large volume of literature produced on sexuality and sexual education, research was carried out to determine the quality, or perceived quality, of sexual education and how it could be improved. A major MINED study, which conducted a comprehensive analysis on the methodology and organization of sexual education, is illustrative of the views held by the general population at the time (MINED 1981). The report, published in 1981, included data compiled from questionnaires completed by students (a total of 232 students between the ages of fifteen and twenty-five), parents (a total of 333 parents), and teachers (a total of 224 teachers) from across the provinces of Pinar del Río, Matanzas, and Havana. Specifically regarding sexual education, the report concluded that approximately 68 percent of students polled believed that their parents should teach them about sexual education and sexuality from a young age and about 78 percent believed that the school system should include sexual education. Notably, 95 percent agreed with the statement "Sexual Education is as important as every other aspect of the development of children and young people." Of the parents polled, about 65 percent believed that sexual education in the school system should be improved. Teachers overwhelmingly believed that while there was some sexual education in schools, the main problem was that the national school system lacked a formal and a standardized program (MINED 1981).

The MINED report concluded with recommendations to improve sexual education. The two main recommendations were to continue with, and broaden, the FMC's work in the area of sexual education, as well as to "continue to research sexual education and how to teach sexual education, in order to deepen the methodological aspects and the reality that exists in our country" (MINED

1981). This report not only is significant in terms of illustrating the opinions of students, parents, and teachers but also is indicative of the national debate surrounding sexual education and how it had evolved. With data from this extensive MINED study, the opinions and beliefs of members of the populace were seriously considered and recommendations drawn. The views of those polled were carefully analyzed and communicated to those who could contribute to the improvement of sexual education.

Although considerable advances were made in sexual education, they were in some ways overshadowed by the HIV/AIDS epidemic, which hit Cuba in 1985, when the first Cuban was diagnosed with the infection (Fink 2003). Nonetheless, HIV/AIDS would, in this context, function as a double-edged sword as, despite the negative effects (particularly the increase in discrimination against sexually diverse persons, and criticisms from governments and human rights organization regarding the authoritarian treatment and prevention program, such as forcing patients to live in sanatoriums between 1986 and 1993), it also served to demonstrate the need to continue improving sexual education (Anderson 2009; Kirk 2017). A main issue was the serious lack of understanding of how the infection was transmitted, which resulted in HIV/AIDS almost immediately becoming known as the "gay disease" (Leiner 1994; Guerrero Borrego and García Moreira 2004). Moreover Álvarez Lajonchere noted in an interview in 1988 that the first videos produced on HIV/AIDS implicitly suggested that, if you were not gay, you were probably safe from the infection (Fee 1988). GNTES worked closely with the National AIDS Commission to better withstand the infection. The group also introduced information regarding HIV/AIDS into ProNes for the first time in 1988, including information for teachers on the optimal strategies to inform students on the topic (Álvarez Carril and Álvarez Zapata 1995). As a result of the government's comprehensive prevention and treatment program for those infected, as well as the country's preventive health care, HIV/AIDS rates remained comparably low for the region, maintaining a 0.1 percent infection rate (World Bank 2018; *Informe de Cuba en virtud de lo establecido en la resolución 60/224 Titulado* 2006). Nonetheless, by the late 1980s, the HIV/AIDS crisis served as a significant indication that improved sexual education, including further research, was needed.

As a result of the evident need for increased efforts, in 1988 the minister of health signed a resolution to change GNTES into the National Center of Sexual Education (CENESEX), and it was officially founded as a MINSAP center in 1989 (Castro Espín interview with author, 2013). Based largely on the earlier work of the FMC, the government believed that sexual education was integral to Cuba's human development and thus reestablished GNTES as an official national center dedicated specifically to the provision and research of sexual education. While it would no longer be officially under the leadership of the FMC, the mass organization would remain a fundamental partner of CENESEX. By

1989, sexual education was not understood as important solely by the FMC, but rather was seen by the general population and the government as essential, while the national debate on how best to implement it continued.

CENESEX and the National Sexual Education Program

By the mid-1990s, CENESEX had fully developed its identity as an influential national center. Like its predecessor, GNTES, it was still responsible for instituting the National Assembly's Permanent Commission on the Attention to Infancy, Youth, and the Equality of Rights of Women, and continued to do so through education, emphasizing a multidisciplinary approach. The organizational structure through which the center implemented its sexual education program was complex. Known as the "line of work" (*línea de trabajo*), the structure consisted of several levels, each with specific responsibilities, from the National Assembly down to the level of local leaders and individuals whom the center believed had a significant capacity to carry out its work. The center, working below the National Assembly and officially as an element of MINSAP, maintained the Council of Representatives, made up of professionals from MINED, MINSAP, FMC, and other political and student organizations, such as the Federation of University Students (Flórez Madan 1994). The Council of Representatives had a reciprocal relationship, as CENESEX would distribute advice regarding sexual education practices and receive suggestions for the efficacy of its own programs. CENESEX and the members of the council would then implement decisions or programs through the Provincial Commissions on Sexual Education, which would in turn continue to implement them in the Municipal Commissions on Sexual Education. In total, by 1994 there were 169 Municipal Commissions (one in each municipality), which would then introduce the necessary instructions or information at the community level.

Responsibility for the information would pass to what were referred to as the "grassroots agents for change" (Flórez Madan 1994, 24). These grassroots agents could be local FMC leaders, leaders of youth groups, or anyone with a significant role in the community. The process sought to encourage change on an individual level. In particular, the changes and information were directed toward individuals who would have significant impact on others, such as teachers, psychologists, doctors, medical school instructors, social workers, and members of the FMC and youth groups. Each Provincial and Municipal Commission of Sexual Education maintained a multidisciplinary approach, although each focused specifically on the needs of a given area. This could include the question of abortion or rates of sexually transmitted infections that were higher than the national average, or greater rates of teenage pregnancy. If a particular need was noted, each commission would seek to adjust its own program to meet it. Moreover, the commissions functioned as the local representation of CENESEX, maintaining the latter's presence and influence across the country.

The center sought to implement and develop its responsibilities under the line of work through four main avenues: training, research, increased media and audiovisual presence, and sexual therapy. In terms of training, the center advised on the material that should be included in the curricula at the university level, as well as those in schools and day-care centers. They also organized related workshops, seminars, and courses. The Provincial and Municipal Commissions would facilitate these courses as well, according to the specific needs of a given area. The training stressed the importance of participation and community development, suggesting that people were more likely to learn, and pass on the information, if they felt involved in the process.

The training program was comprehensive, with specific programs or areas of focus for each ministry involved (including MINED, MINSAP and MINCULT, along with the FMC, youth organizations, and the Cuban Institute for Radio and TV). Under MINED, the training program focused on institutes of higher learning; MINED officers; national, provincial, and municipal development specialists; and teachers. In terms of MINSAP, training initiatives focused on medical science faculties; professors specializing in comprehensive general medicine; family doctors; primary health professionals; and sexual orientation and therapy teams. For MINCULT, the training program centered its efforts on the Community Outreach Cultural Program, art instructors, and *casas de cultura* (local cultural centers). For the FMC, the focus was on leaders at the national, provincial, and municipal levels, as well as *casas de orientación a la mujer y la familia* (centers for education and guidance that worked to modify stereotyped views of the role of men, women, and families). The youth organization section focused on national youth leaders at the provincial and municipal levels, recreation areas for young people, training centers for young people, and student centers. Under the Cuban Institute of Radio and TV, efforts were aimed at writers and directors of radio and TV programs, journalists, and consultants (Flórez Madan 1994).

The center also had specific objectives for the other components of the line of work. The research, for example, can be understood as a way of compiling data through various formal and informal means, rather than strictly research projects. The aim was to engage with the population to collect as much information as possible to determine successes of sexual education programs and areas needing improvement. The center sought to understand the reality of sexual education in Cuba at the time, developing a comprehensive socio-demographic understanding. This included compiling data on factors such as births, divorces, marriages, teenage pregnancies, abortions and single mothers, national health coverage and health indicators, education, and culture. From the data, the center would determine how best to fulfill the needs of a given region (Flórez Madan, Espín, and Mederos Machado 1994; Flórez Madan 1995).

Another area of the line of work was that of audiovisual media. CENESEX, working with the Institute of Radio and TV, sought to increase the country's output of sexual education material on video. The videos were used in workshops, courses, and classes across ProNes, and featured on national TV. The center's view was that presenting the information in an audiovisual format would encourage public debate (Flórez Madan 1994). This form of disseminating sexual education had similar effects to GNTES's publishing of popular-science books on sexual education and sexuality. Because much of the center's work in audiovisual media was broadcast as part of the state-run national programming, it was viewed by a significant percentage of the population, although there are no data to suggest how often it was played or how many people viewed it. Nonetheless, it is clear that the videos were popular and remembered well by those interviewed.

Finally, the last component of the line of work was sexual therapy. The center trained multidisciplinary teams to implement and improve sexual therapy across the island. They worked in the medical field at various locations, from the primary care level (e.g., clinics) to specialized hospitals and research facilities. Individuals in the medical profession were also trained, including psychologists, pediatricians, gynecologists, urologists, and endocrinologists. The aim was to promote sexual therapy in the field of medicine as a valid and important component of health care (Flórez Madan 1994).

The sexual education program, ProNes, which CENESEX developed on the basis of GNTES's earlier version of the program, was thus comprehensive and extensive. Through the line of work, ProNes can be understood as having been implemented through two spheres: formal and informal. The informal sphere was extensive and included the various levels and areas in which sexual education was taught by representatives outside of the formal education system. Information (including courses, workshops, debates, and literature) was provided by the provincial, as well as municipal, sexual education commissions and distributed widely (McPherson Sayú 1995; Rodríguez Lauzurique 1994). The formal sphere focused on educational institutions, including higher education such as medical faculties and teaching institutions. In addition, the formal sphere included the implementation of the ProNes curricula in day-care centers, preschools, as well as primary, secondary, and high schools and polytechnic institutions. While the ProNes curricula were not consistent across levels, they were similar and based on the needs of specific regions.

Despite there being some lectures and seminars in the formal education system, it was not until 1996 that a standardized national sexual education system was developed and implemented (Castro Espín interview with author,

2013; Vázquez Seijido, interview with author, 2013). As Castro Espín (2011, 29) noted, "One of the most significant achievements during this stage, however, was the gradual creation and implementation of the National Sex Education Program throughout all levels of the national education system as of 1996." While ProNes refers to the comprehensive (formal and informal) sexual education program, the name is also used to discuss the official curriculum in schools. Studies have given no clues as to what was included in this curriculum, and little is know about its structure. However, an unpublished CENESEX report from the early to mid-1990s suggests that it was a very comprehensive and detailed program.[7] The report, *National Center of Sexual Education, Sexual Education Program for Schools of Art* (*Programa de educación sexual para las escuelas de arte*), included a thorough, detailed curriculum for junior high schools and high schools. The material covered included what was referred to in the report as general objectives, thematic plan, analytic plan, methodological recommendations, and audiovisual materials (CENESEX, n.d.).

Specifically, the sexual education program for junior high schools included two-hour classes conducted monthly. These classes included workshops with quizzes, presentations by lecturers and students, writing exercises, group work, role-playing, skits, and true-or-false questionnaires. A detailed pedagogic plan was outlined for each class, including instructions for teachers, course material, and suggested time limits for each topic. The topics included in the junior high program were identifying sexual anatomy, functional and dysfunctional conversations with family, the difference between sex and sexuality, the importance of respect, how to talk to your partner about your sexuality, gender differences, text analysis (stories, situations, case studies), values and morals, poetry analysis, sexually transmitted diseases, and myths (CENESEX, n.d.).

The program for high school students was similar but included more detailed information. The primary difference of the more advanced sexual education was the inclusion of information about diverse sexual orientations (including bisexual, homosexual, and heterosexual) as well as a discussion of sexual dysfunction. It was evident throughout the sexual education process of each level that the aim was to have students think critically about sex and sexuality. While the contemporary curricula have changed somewhat from this version, it nevertheless provides a clear indication of the in-depth information covered, the detailed pedagogic plans, and the emphasis placed on respect and equality (CENESEX, n.d.).

More recent studies have indicated that Cuban children and young people believe that they have a good sexual education program in the school system. One study found that 82 percent of junior high school students and 83 percent of high school students felt that they were receiving a good sexual education. The same study also suggested that 74 percent of junior high school students and 78 percent of high school students talked to their parents about sex and related issues (Ravelo 2005, 175–176). These data indicate clearly the improvement perceived by students regarding their sexual education. This is also indicative of the importance of national debate and the government's response over several decades to demands of improved sexual education.

ProNes can best be understood as an evolving structure, working to improve sexual education (CENESEX 2001). Its curricula have continued to evolve, as the respective needs of the educational program have developed. In 2012 CENESEX, along with various ministries, including MINED and MINSAP, began developing the next stage in the sexual education program, the National Program of Sexual Education and Sexual Health (Programa Nacional de Educación y Salud Sexual, or ProNess). It was believed that, given changes in the center's research aims (including sexual diversity and sexual violence) and the needs of contemporary Cuba, changes throughout the entire curricula were also needed (Vázquez Seijido interview with author, 2013; Alfonso Rodríguez 2007; Aguilera Ribeaux 2001). In particular, the new ProNess, implemented between 2013 and 2014, incorporated information on sexual diversity and gender identities.

While CENESEX has been a leader in sexual education, it is not alone in its efforts to improve sexual education in Cuba. In particular, significant efforts have been made by the Óscar Arnulfo Romero Center (Centro Óscar Arnulfo Romero, OAR) to improve awareness and understanding of sexual violence and gender equity. The OAR is a Christian-based organization, recognized by the state, which develops and leads gender-based humanitarian programs. Working with other organizations, such as CENESEX and the FMC, the OAR has led numerous endeavors to improve gender equality in Cuba, including workshops, training programs, campaigns, therapy, and research. Of particular note, it has had a major role in efforts to decrease gender-based violence through research and consciousness raising (OAR 2018).

In 2018, sexual education goes beyond ProNess and must be understood as working in both the formal and the informal education spheres. One such example is the celebrations for International Day against Homophobia (May 17), which in 2017 and 2018 focused on making schools safe for sexually diverse students. For three weeks in May, the PCC, MINSAP, MINED, MINCULT, FMC, as well as CENESEX, among other participants, ran various activities and events throughout the island to promote safe schools and antibullying.

Conclusion

This article has examined the origins and evolution of sexual education in Cuba since 1959. The island's now-lauded sexual education program has developed over nearly six decades and involved some of the most significant leaders of the Revolution, as well as multiple organizations and the PCC. While originally established and developed by the FMC, without formal recognition of the government, the importance of sexual education soon became clear to the leadership. By 1975, the government fully supported sexual education efforts and engaged in a national debate on how to implement and improve the national sexual education program—a debate that continues in 2018.

Two main conclusions can be drawn from the Cuban case. First, the National Sexual Education Program (ProNes), now the National Sexual Education and Sexual Health Program (ProNess), has developed dramatically since its origins in the initial FMC meetings. ProNes was never a static, standardized program throughout the country and over the years. It consistently evolved to address the given needs of the general population, on the basis of requests for information and the suggestions of specialists. Indeed, the program, in both the formal and the informal spheres, continued to change and adapt to contemporary needs. This was clear, for example, from the early studies conducted by MINED, which concluded that improved sexual education was urgently required. Following comprehensive analysis, greater attention was paid to sexual education. In particular, CENESEX and its "line of work" illustrate the numerous ministries, organizations, groups, and professions involved in the development and implementation of the program, as well as the complexity of the system and the relationship between its stakeholders. Moreover, this is most recently evidenced by the incorporation of the topics of sexual diversity as and sexual violence within ProNess. It is thus important to consider that sexual education, and by extension the national sexual education program, must constantly seek to adapt to the changing needs and demands of a given population. Sexual education must evolve to fit contemporary needs.

Second, the Cuban case study demonstrates the importance of national debate in sexual education. In other words, analysis illustrates that, in the Cuban context, ongoing debate was crucial to meeting sexual education needs. ProNes was established specifically as a result of the FMC's work in the area, in response to the national debate and demands of women throughout the island. The program continued to develop based on a complex negotiative process. This process involved collaboration between GNTES (and later CENESEX), the PCC, the National Assembly, organizations (including the FMC), and professionals in the fields of medicine, education, the media, and others. The comprehensive sexual education program was not simply determined by the government and instituted through a top-down approach; rather, the process was significantly more complex and participatory, albeit contentious at times. It can also be argued that this process of national debate and participation has been effective because those involved in the process (in this case a large number of the general population, organizations, and government officials) felt more responsible for its success, and so were more willing to continue to work toward its ongoing improvement. Negotiation and debate were key to the development and implementation of sexual education, and they will continue to play a significant role in the evolutionary process of sexual education throughout Cuba.

Despite significant data on the sexual education program collected for this study, it is clear that more research is required. For example, some data on ProNess are still missing. Specifically, it is unclear which information has been included or excluded from the new curricula on sexual diversity and sexual violence. Exams, quizzes, lesson plans, and exercises have not been assessed to determine the change in content. Moreover, comprehensive data outlining the effectiveness of the sexual education program (including STI rates, teen pregnancy, and abortion rates) have not yet been found.[8] While studies on sexuality have noted that these rates have improved since the 1970s, there is little information on the specifics of these claims.

Nonetheless, it is evident that significant advances have been made. While this form of sexual education, as well as its evolutionary process, is unique to Cuba, and as such cannot be generalized easily, it does offer strategies from which lessons may be learned, including the importance of evolving and meeting contemporary needs, as well as the efficacy of national debate. Undoubtedly, Cuba, and especially CENESEX, will continue to carry out programs dealing with the sexual education needs of this Caribbean island.

NOTES

1. Carolina Aguilar Ayerra is one of the initial founders of the FMC, working closely with Yolanda Ferrer and Vilma Espín, among others. As a trained journalist, she worked for the FMC in publishing, editing dozens of books and hundreds of magazines, and remains heavily involved in the organization.

2. Mariela Castro Espín is a trained child psychologist, with a Masters in Sexology and a PhD in Sociology. She is the director of CENESEX, as well as a member of the National Assembly, and is involved with various national and international organizations that focus on themes regarding gender, sexuality, sexual education and sexual health.

3. Under the Social Defense Code (amended in 1938), Article 443 stated that abortions were only legal if it was necessary to save the life of the mother or to avoid serious damage to her health; pregnancy as a result of rape and/or intercourse with a minor; or in order to avoid the transmission of a serious hereditary or contagious disease (Álvarez Lajonchere 1994).

4. For more information on Cuba's healthcare system see Emily J. Kirk, "Cuban Healthcare: What is Different about Health in Cuba?" in *Cuba's Gay Revolution* (Lanham: Lexington Books, 2017); Linda M. Whiteford and Laurence G. Branch, *Primary Health Care In Cuba: The Other Revolution* (Plymouth: Roman and Littlefield Publishers, 2008); Cristina Pérez, *Caring For Them From Birth to Death* (Lanham: Lexington Books, 2008).

5. Referred to in Spanish as either la "Comisión Permanente de la Asamblea Nacional del Poder Popular Sobre la atención a la infancia y la igualdad de derechos de la mujer," or the "Comisión Permanente para la Atención a la Infancia, la Juventud, y la Igualdad de Derechos de la Mujer."

6. While earlier versions of the book may have existed in Cuba (as it was originally translated in Spanish in the late 1960s), this study used the Cuban version, which is describes as the

"Revolutionary Edition," developed from a Spanish translation from 1987, and published in Cuba the following year.

7. Despite the report being undated and unpublished, the content (including the use of the CENESEX name, as well as specific information regarding HIV/AIDS) suggests that it was written in the early to mid-1990s.

8. There is very little information on the numbers of abortions, although the available data suggests that the prevalence of abortions has remained high. One study concluded that, between 1968 and 1992, some 2.9 million abortions were performed, while 4.7 million live births were registered (Alfonso Fraga 1994). Another study, published in 1996, determined that rates continued to increase until 1986, at which point the abortion rate was 50.6 abortions per 1,000 women (Peláez and Rodríguez 1996). Contemporary studies have similarly suggested that abortion rates have continued to decrease. For example, "a total of 67,277 pregnancies were terminated in 2004 in the health system's hospitals, 93,694 fewer than in 1986" (Acosta 2006). Nonetheless, the rates are considered high by many Cuban healthcare and sexual education professionals.

REFERENCES

Acosta, Dalia. 2006. "Health-Cuba: Abortions Falling along with Birth Rate." *Global Information Network*. June 2.

Aguilera Ribeaux, Daisy. 2001. "Introducción." In *Violencia contra la mujer: Un problema de todos y todas; Recuentos y propuestas*, 20–36. Havana: CENESEX.

Alfonso Fraga, Juan Carlos. 1994. "Fecundidad y aborto en la adolescencia: Algunas características." *Sexología y sociedad* 1: 8–9.

Alfonso Rodríguez, Ada Caridad. 2007. *Violencia contra la mujer: Una alerta para profesionales de la salud*. Havana: Editorial CENESEX, with the support of the Sistema de Naciones Unidas en Cuba, and the Fondo de Desarrollo de las Naciones Unidas para la Mujer.

Álvarez Carril, Elcida, and Damaris Álvarez Zapata. 1995. "SIDA ¿Qué opinan los niños." *Sexología y sociedad* 1 (3): 38–39.

Álvarez Lajonchere, Celestino. 1994. "El aborto en Cuba, aspectos jurídicos y médicosociales." *Sexología y sociedad* 1: 6–7.

———. 1996. "Educación sexual en Cuba: Reseña histórica." *Sexología y sociedad* 2 (6): 25–29.

Anderson, Tim. 2009. "HIV/AIDS Treatment in Cuba: a Rights-Based Analysis." *Health and Human Rights* 11 (1): 93–104.

Bain, Mervyn J. 2018. "Russo-Cuban Relations in the 1990s." *Diplomacy and Statecraft* 29 (2): 255–273.

Brückner, Heinrich. 1980a. *Antes de que nazca un niño*. 2nd ed. Havana: Gente Nueva.

———. 1980b. *Cuando tu hijo te pregunta*. 2nd ed. Havana: Gente Nueva.

———. 1981. *¿Piensas ya en el amor?* Havana: Gente Nueva.

Castro Espín, Mariela. 2009. "Carta de la directora: Vigésimo aniversario de CENESEX." *Sexología y sociedad* 15 (41): 3.

———. 2011. "A Cuban Policy Approach to Sex Education." *Cuban Studies* 42: 23–34.

CENESEX. n.d. "Programa de educación sexual para las escuelas de arte." Havana.

———. 2001. "Profesor Celestino Álvarez Lajonchere, evolución del eminente obstetra y salubrista cubano." *Sexología y sociedad* 7 (17): 33–36.

Fee, Elizabeth. 1988. "Sex Education in Cuba: An Interview with Dr. Celestino Lajonchere." *International Journal of Health Services* 18 (2): 343–356.

Fink, Sheri. 2003. "Cuba's Energetic AIDS Doctor." *American Journal of Public Health* 93 (5): 712–716.

Flórez Madan, Lourdes. 1994. "La educación sexual en Cuba: Programa nacional." *Sexología y sociedad* 1: 22–27.

———. 1995. "Diagnóstico y estrategia de trabajo en la comunidad." *Sexología y sociedad* 1 (1): 25–27.

Flórez Madan, Lourdes, Mariela Castro Espín, and Maria C. Mederos Machado. 1994. "La sexualidad en la comunidad: Una opción metodológica." *Sexología y sociedad* 1: 32–33.

FMC. 1962. *1er Congreso Nacional. Federación de Mujeres Cubanas.* Havana: Ministerio de Industrias, Empresa Consolidada de Artes Gráficas.

———. 1973. "Debates de salud: El embarazo." *Mujeres* 12 (4): 62–63.

———. 1984a. *Memorias del 3er Congreso de la FMC.* Havana: FMC, Editorial de Ciencias Sociales.

———. 1984b. "En defensa del amor." *Mujeres* 24 (2): 56–57.

———. 1987. *Memorias: Del IV Congreso de la Federación de Mujeres Cubanas.* Havana: FMC and Editorial Política.

———. 2008. *Por siempre Vilma.* Havana: Editorial de la Mujer.

González Pagés, Julio César. 2010. *Macho varón masculino: Estudios de masculinidades en Cuba.* Havana: Editorial de la Mujer.

Guerrero Borrego, Navidad, and Olga C. García Moreira. 2004. *SIDA: Desde los afectos.* Havana: Centro de Estudios sobre la Juventud.

Hamilton, Carrie. 2012. *Sexual Revolutions in Cuba.* Chapel Hill: University of North Carolina Press.

Informe de Cuba en virtud de lo establecido en la resolución 60/224 Titulado. 2006. "Preparativos y organización de la reunión de 2006 dedicada al seguimiento de los resultados del vigésimo sexto período extraordinario de sesiones: Aplicación de la declaración de compromiso en la lucha contra el VIH/SIDA." March 14.

Kapcia, Antoni. 2008. *Cuba in Revolution: A History since the Fifties.* London: Reaktion Books.

———. 2014. *Leadership in the Cuban Revolution: The Unseen Story.* London: Zed Books.

———. 2016. "Interview: Antoni Kapcia." E-International Relations, November 17. http://www.e-ir.info/2016/11/17/interview-antoni-kapcia/.

Kirk, Emily J. 2017. *Cuba's Gay Revolution: Normalizing Sexual Diversity through a Health-Based Approach.* Lanham, MD: Lexington Books.

Kirk, Emily J., Anna Clayfield, and Isabel Story, eds. 2018. *Cuba's Forgotten Decade: How the 1970s Shaped the Revolution.* Lanham, MD: Lexington Books.

Krause, Monika. 1985. *Algunos temas fundamentales sobre la educación sexual.* Havana: Editorial Científico-Técnica.

———. 1987. *Algunos temas fundamentales sobre la educación sexual.* 2nd ed. Havana: Editorial Científico-Técnica.

———. 1988. *Educación sexual: Selección de lecturas.* Havana: Editorial Científico-Técnica.

Krause-Fuchs, Monika. 2007. *¿Machismo? No gracias. Cuba: sexualidad en la revolución.* Santa Cruz de Tenerife, Spain: Ediciones Ideal.

Leiner, Marvin. 1994. *Sexual Politics in Cuba: Machismo, Homosexuality and AIDS.* Boulder, CO: Westview Press.

Lotti, Alina. 2017. "Cuba's Role in Comprehensive Sexual Education Highlighted." *CubaSí.* June 26. http://cubasi.com/specials/item/11706-cuba-s-role-in-comprehensive-sexual-education-highlighted.

Maderos Machado, María. 1994. "La educación en la población desde la educación de la sexualidad en la escuela cubana." *Sexología y sociedad* 1: 16–17.

Masters, William, and Virginia E. Johnson. 1966. *Human Sexual Response.* Boston: Little, Brown.

Masters, William, Virginia E. Johnson, and Robert C. Kolodney. 1988. *La sexualidad humana.* N.p.: n.p.

McPherson Sayú, Margarita. 1995. "El Maestro: Agente de cambio." *Sexología y sociedad* 1 (2): 7–9.

Ministerio de Educación, Instituto Central de Ciencias Pedagógicas. 1981. *Informe sobre la investigación: Perfeccionamiento de los métodos y formas organizativas de la educación sexual en el proceso docente-educativo.* Havana.

Centro Óscar Arnulfo Romero. 2018. *¿Quiénes somos?* https://romerocuba.org/quienes-somos/.

PCC. 1980a. *Proyecto de Resoluciones sobre las Tesis aprobadas por el I Congreso del Partido Comunista de Cuba.* Havana: Grupo de publicaciones II Congreso del Partido Comunista de Cuba, Editorial Política.

———. 1980b. *Segundo Congreso del Partido Comunista de Cuba. Proyecto de Resoluciones sobre las Tesis aprobadas por el I Congreso del Partido Comunista de Cuba.* Havana: Departamento de Orientación Revolucionaria del Comité del Partido Comunista de Cuba.

Peláez, Jorge, and Aldo Rodríguez. 1996. "Aborto en la adolescencia" *Sexología y sociedad* 2 (5): 2–5.

Randall, Margaret. 1974. *Cuban Women Now: Afterword 1974.* Toronto: Women's Press.

Ravelo, Ayolma. 2005. *Intimidades: Adolescencia y sexualidad.* Havana: Editorial Científico-Técnica, Instituto Cubano del Libro.

Rodríguez Lauzurique, Mayra. 1994. "Formación de promotores juveniles." *Sexología y sociedad* 1: 30–31.

Roque Guerra, Alberto. 2011. "Sexual Diversity in Revolutionary Times, 1959–2009." *Cuban Studies* 42: 218–226.

Santana, Arelys. 2013. "Nuestra revolución: Ni colco ni copia." In *Mujeres y revolución: El ejemplo vivo de la Revolución cubana,* edited by Asela de los Santos, Mary-Alice Waters, Arelys Santana, and Leira Sánchez, 11–17. New York: Pathfinder.

Schnabl, Siegfried. 1981. *En defensa del amor.* 2nd ed. Havana: Editorial Científico-Técnica.

———. 1989. *El hombre y la mujer en la intimidad.* 2nd ed. Havana: Editorial Científico-Técnica.

Smith, Lois M., and Alfred Padula. 1996. *Sex and Revolution: Women in Socialist Cuba.* Oxford: Oxford University Press.

Smith, Rosi. 2016. *Education, Citizenship, and Cuban Identity.* New York: Palgrave Macmillan

Story, Isabel. 2018. "Utopian Cultural Construction: Cuban Cultural Organization in the 1970s." In *Cuba's Forgotten Decade: How the 1970s Shaped the Revolution,* edited by Emily J. Kirk, Anna Clayfield, and Isabel Story, 179–194. Lanham, MD: Lexington Books.

Stout, Noelle. 2014. *After Love: Queer Intimacy and Erotic Economies in Post-Soviet Cuba.* Durham, NC: Duke University Press.

World Bank. "Incidence of HIV (Percent of Uninfected Population Ages 15–49)." https://data.worldbank.org/indicator/SH.HIV.INCD.ZS?locations=CU.

YVON GRENIER

Cuban Studies and the Siren Song
of La Revolución

ABSTRACT

This article examines the use of the term *revolution* in Cuban studies produced outside the island. The case is made that Cubanists tend to adopt the polysemous, enchanted, and propagandistic characterization of *la Revolución* projected by the Cuban state. A more critical—or *disenchanted* (Max Weber)—approach to the Cuban state's key ideological theme would afford more clarity and better questions on the nature and periodization of the Cuban revolution, as well as on who gets what, when, and how in the island since the overthrow of Batista. The goal is not to propose a single interpretation of the Cuban revolution (neither possible nor desirable) but to unpack what is identified as an intellectually numbing trend, while calling for much more attention and discussions on a central yet neglected issue in Cuban studies.

RESUMEN

Este artículo examina el uso del término *revolución* en los estudios cubanos producidos fuera de la isla. Se plantea que cubanistas tienden a adoptar la caracterización polisémica, encantada y propagandística de *la Revolución* proyectada por el estado cubano. Un enfoque más crítico, o sea desencantado (Max Weber), del tema ideológico clave del estado cubano puede brindar más claridad y preguntas más agudas sobre la naturaleza y la periodización de la revolución cubana, y también sobre como quién recibe qué, cuándo y cómo en la isla desde la caída de Batista. El objetivo no es proponer una interpretación rígida de la revolución cubana (eso no es ni posible ni deseable), sino desentrañar lo que se identifica aquí como una tendencia intelectualmente insensibilizadora, mientras llamando la atención sobre la necesidad de un debate más detenido sobre un tema central pero descuidado en estudios cubanos.

> To those who through ignorance or bad faith doubt our commitment, we must
> tell them that the Revolution continues and will continue. . . . The world has
> received the wrong message that the Revolution ends with its guerrillas.
—Miguel Mario Díaz-Canel Bermúdez, first speech as president of the Councils of State
and of Ministers of Cuba, April 19, 2018

> Cuando una sociedad se corrompe, lo primero que se gangrena es el lenguaje.
> La crítica de la sociedad, en consecuencia, comienza con la gramática y
> con el restablecimiento de los significados.
—Octavio Paz, *Postdata* (1970)

310

The term *revolution* has a significant positive connotation in the Western political tradition, so it is not surprising that a regime born of such an epochal
event would want to keep the enchantment alive. The term conjures historical
episodes of painful but necessary changes that bring about liberation, justice,
and progress to the many.[1] If one accepts Mircea Eliade's definition of a myth
as the "sacred history of the origins," then revolution is a powerful myth in
modern politics, as it designates a foundational moment, a *grand soir* or "year
one" from which nation building can unfold. The great historian of the French
Revolution François Furet pointed out that revolutions are characterized by
the "epic reinvention of their history." Furet talks about the "revolutionary reconstruction" of the past, thanks to "an immense message inseparably liberating and remystifying, *which one would be wrong to take for an historical
analysis.*"[2] This message, one could argue, is at work not only in the official reinterpretation of the past but also in the legitimization of the present of regimes
born of a revolution. Past or present, one would be mistaken to take an official
interpretation of any revolution as an historical analysis.

The presence of a certain political mythology is typical of countries that
have experienced a revolution, but it is unusual for a state to project itself as
the core of an endless revolution, as has been the case for almost sixty years in
Cuba. No similar habit can be found in other countries (or country studies) that
have experienced revolutions in the twentieth century (with the possible exception of Venezuela, where the Cuban presence and influence is significant).[3]
Mexico "institutionalized" its revolution almost a century ago, and nobody has
called its government or policies "la Revolución" at least since the Cárdenas
administration. While the single-party state in Cuba is communist in its basic
architecture,[4] the official ideology prefers to emphasize the "revolutionary"
and "socialist" quality of its political institutions and leaders, especially since
the collapse of communism in Europe. Revolutionary credentials place Cuban political development in a broader family of countries beyond the hapless
socialismo real club.

Thanks to the revolutionary myth, the defense of the status quo in Cuba is
"revolutionary." In Cuban schools, generations of Cubans have been told to "be
like Che," meaning to be rebels and revolutionaries. Carlos Rafael Rodríguez
once invited the Cuban youth to cultivate "un espíritu de incomformidad diaria."[5] Except that this nonconformity is directed against the governments' nem-
eses, not against the government, its values, policies, leaders, or institutions. In
most countries this is called conservatism.

While US opposition is a key explanatory variable to understand political
development in Cuba since the Revolution, external opposition and challenges
to regimes born of a revolution is not per se exceptional (e.g., US policy of
containment vis-à-vis the Soviet Union) and cannot in itself explain revolutionary "inflation" in the island.[6] As a matter of fact, it cannot be explained solely

as a by-product of the 1959 revolution. Since the wars of independence, every single generation of political leaders, either in Cuba or in exile, has called itself revolutionary.[7] In his classic history of Cuba published in 1971, the British historian Hugh Thomas wrote, "For at least a generation Cuban politicians have been passionately in love with the word 'Revolution.'"[8] It is so stamped on the political culture that the adjective *revolutionary* seems a priori neutral and mandatory when applied to Cuba.[9] And yet even though Cuba experienced three successful revolutions in about sixty years (1898, 1933, and 1959), the case could be made that Cubans' revolutionary aspirations have been compensated by strong conservative instincts. Cuba was the last Spanish colony in the Americas. Then the Platt amendment limited Cuba's sovereignty for three decades. The 1959 revolution was not a large mass event, and the country experienced none of the upheavals that shook many other communist countries in the twentieth century, to say nothing of the mass protests in Venezuela in the summer of 2017 or Nicaragua in the summer of 2018.[10] For all the revolutionary rhetoric in the country, Cuba has not been changing radically and continuously since the early 1960s. Compared to other countries of the region, Cuba has changed the least over the past fifty years. To paraphrase Lampedusa's bon mot, one could say that everything has changed in Cuba so that everything could remain the same. That would include the post-Soviet period. For the Cuban academic Ambrosio Fornet, "Few countries have changed as much as Cuba has since then [end of the Soviet Union] while remaining essentially the same."[11] He could have said "since 1961" or "since 1976" as well. To be provocative, to characterize Cuba as a revolutionary country is not much more accurate than to say it is a conservative one.

The official narrative in Cuba tends to blur the contours of *la Revolución*, across time (it continues to this day) and across actors and institutions (revolution = government = nation). It is also subject and object, actor and process. This has been pointed out before. In an excellent analysis of texts written by Latin American authors from the left on the fiftieth anniversary of the Cuban Revolution, sociologist Marlene Azor Hernández concludes: "La primera limitación de este enfoque es no hacer la distinción entre los conceptos de revolución y régimen político, la segunda es leer la realidad cubana como 'la revolución permanente.'" She talks about a "núcleo discursivo" that brought together "Partido-Estado-Nación-Fidel Castro-antimperialismo-socialismo." The historian Rafael Rojas also contends that, since 1959, *revolution* in Cuba has become "una metáfora más del poder —Fidel, Raúl, el Partido—, o como otro nombre del régimen, de la comunidad o del país."[12]

If the contours of the Cuban Revolution are blurred, there can be no doubt about its defining focal point: the "líder histórico de la Revolución cubana, Fidel Castro Ruz," first in the insurrection against the Batista dictatorship, starting with the Moncada attack in 1953, and second, in shaping and embodying state building since the overthrow of the Batista dictatorship. The Cuban Revolution is and continues to be "la revolución de Fidel."[13] Simultaneously, the Cuban Revolution is a *persona*—a faceless actor and a mask, with its own volition, aura, and mystique.[14] Rafael Rojas tells the story of how in 1960, Minister of Education Armando Hart and Foreign Affairs Minister Raúl Roa, following orders from Prime Minister Fidel Castro, commissioned the US writer Waldo Frank to write a "portrait" and a "biography" of the new Cuba. For Rojas, "lo que buscaban Hart, Roa y los interlocutores de Frank era que éste narrara la naciente Revolución cubana como la recuperación del verdadero rostro o del yo profundo de una nación."[15] For the ICAIC's first president Alfredo Guevara, *la Revolución* became the number-one actor in Cuba: "La revolución es el personaje central y debe vivir. Es este amado personaje el que nos importa: ¿Quién le acecha? ¿Qué obstáculos debe vencer para alcanzar sus objetivos? ¿Quién le traiciona? ¿Quién lo sostiene? ¿Cuáles son sus perspectivas?"[16] More important, the revolution has "rights" that trump individual rights. As Fidel Castro enunciated in his famous "Words to Intellectuals" speech in 1961:

Because the Revolution understands the interests of the people, since the Revolution signifies the interests of the entire Nation, no one can rightly claim a right against it. I think this is very clear. This means that within the Revolution, everything; against the Revolution, nothing. Against the Revolution nothing, because the Revolution also has its rights and *the first right of the Revolution is the right to exist and nobody can be against the right of the Revolution to exist.*[17]

Who decides what is "within" or "against," when and how? To answer "the Revolution" is to dodge the question.

Blurred Contours

Although it is impossible in this short section to summarize and do justice to the abundant literature on Cuba and its revolution, one can show how the term *revolution* is used loosely and inconsistently by important scholars in the field.

Blurring the contours of *la Revolución* means clouding the periodization of the Revolution, and confusing actors and process on the one hand, nation and government-leader on the other. In its simplest form, the "revolutionary reconstruction" of the past rests on a 1959-centric perspective that give us two periods: prerevolutionary Cuba before 1959 and revolutionary Cuba ever since.[18] This abets the official narrative on how the revolution's "triumph" was also the nation's defining moment. The expression "revolutionary Cuba" can have different and contradictory meanings. For instance, in her book *Cuba, What Everyone Needs to Know,* Julia Sweig answers 126 short questions on Cuban politics and history.[19] The six questions dealing explicitly with the revolution capture the problem discussed in this article: "What were the origins of the Cuban Revolution?" "How did the revolution organize Cuban society?" "How did women fare under the revolution?" "How did the revolution handle religion?" "Why did the revolution make such a big deal out of sports?" "Why did Fidel, Che, and the other revolutionaries think they would succeed in spreading revolution in the third world?" In her answers the revolution is a past event, an ongoing process, as well as a government (or government officials) and its policies. None of the questions deal with periodization of revolution, which could be surprising if one forgets that the word *revolution* does not mean anything specific in this book. Similarly, in his seminal book *Cuba: Between Reform and Revolution*, the historian Louis A. Pérez Jr. makes statements like "four decades of revolution in Cuba can be characterized as a combination of success and failure, change and continuity."[20] On Fidel Castro and his collaborators' ability to establish themselves as the new ruling elite, Pérez says, "The revolution established itself in a remarkably short space of time."[21] Pérez also talks about the revolution as a past event: "After the Cuban revolution in 1959, the island was subjected to a new round of invasion, depredations, and harassment."[22] In short, after the revolution came the revolution, both a cause and a consequence of change. In the same way, in a recent publication on the state of the Cuban economy, the economist Carmelo Mesa-Lago talks about Raúl Castro's economic reforms as "las más importantes bajo la Revolución," even though he considers that the revolution ended during the 1990s (more on that later).[23]

It is noteworthy that the literature on the Cuban Revolution generally evinces little or no engagement with conventional definitions or theories of revolution, as if the Cuban Revolution was completely sui generis. This is why Aviva Chomsky's *A History of the Cuban Revolution* is uncommon, for it does offer some thoughts on the definition and periodization of the revolution. But after a rare introduction to the uses of the term in the history of the West, she leaves all that aside and proposes a conceptualization that is completely unique to Cuba and its master narrative. Chomsky asks:

Did the Cuban Revolution begin on January 1st, 1959 when the dictator Fulgencio Batista fled the island, leaving a new revolutionary government to take power? Or did it begin on July 26th, 1953, when Fidel Castro's guerrilla force attacked the Moncada Barracks in its first dramatic action? Or in various revolutionary uprisings in 1844, 1868, 1895, 1912 or 1933, unfinished or aborted revolutions that failed to achieve their goals, but contributed to the island's revolutionary identity.

For her, "Some accounts argue that the Cuban Revolution began in 1511 when the Taíno Indian Hatuey (who has fled to Cuba, pursued by Spanish, from neighbouring Hispaniola) took up arms against the Spanish colonizers."

She concludes: "Clearly the Cuban revolutionaries, and Cuban historiography, emphasize a long tradition of anticolonial struggle on the island leading up to 1959."[24] When "revolutionaries" and "historiography" are in sync, the first tend to be on top, which can easily foster politicization of science (and humanities) rather than critical thinking.

Sometimes *revolution* means revolution in the conventional sense, but sometimes it means Cuban socialism. A good illustration of this can be found in the work of Antoni Kapcia. In one publication he writes: "What exactly do we mean by 'the Revolution' and what might 'Cuban socialism' mean, now as in the 1960s, 1970s or 1990s"[25] For him: "To attempt to answer this question, we should start by looking back to those key moments, posing the same question: what was 'the Revolution' about at that time?"[26] Here revolution is basically the government's agenda and challenges at any particular times since 1959. In her introduction to this collection, the editor Par Kumaraswami calls 1959 "the first year of the Revolution," although she clearly finds significant episodes of the revolution in previous years well.[27]

From revolution loosely defined, as placeholder, a slippery slope can lead to revolution as enchantment and myth, where it appears as a mystical experience, as if Cuba was indeed what Kapcia calls an "Island of Dreams."[28] Odette Casamayor-Cisneros talks about the "cosmology" of the Cuban Revolution.[29] Tom Astley muses about the "imagination of the revolution."[30] Kumaraswami and Kapcia examine the "Revolution's collective psyche."[31] They also imagine revolution as "space," understood as "a comprehensive concept, encompassing physical space . . . , discursive and textual spaces . . . , symbolic spaces . . . , but also, lastly, the wider 'social' spaces—perhaps the most important being 'the Revolution' as space which excludes and regulates, but, at the same time, includes and enables."[32] The revolution exudes "desire."[33]

Carelessness in the use of the term has two major implications for Cuban studies. First, when the revolution is seen as a faceless actor or force, the result is often to conceal who exactly is in charge, and when and how. The decisions of the few appear as the seamless, collective will of the many. For instance, Jarafi Allen writes: "The Revolution demanded very particular gender rhetoric and practices of identification and disidentification that required cultural and racial renegotiations on the part of all Cubans, but most especially blacks, sexual minorities, and women."[34] Who exactly "demanded" this? Allen also affirms: "By the late 1980s, when Soviet President Gorbachev announced his policies of Glasnost and Perestroika (restructuring), which led to the dissolution of favourable trade relations between the two countries, the social and political debates over the revolution's 'errors' and missteps seemed to be secondary."[35] How were these "errors" made and by whom? His characterization obscures rather than illuminate what happened. In the same way, commenting on Raúl Castro's 2013 decision to stay one more term as president, Hal Klepak writes that the army general had been "looking forward some day to retirement and spending more time with his four children and eight grandchildren," but "once more [he] took on added responsibilities rather than lesser ones because the Revolution needed him and his capacities at a difficult time."[36] This is no more helpful for the analysis of recruitment of political leadership in Cuba than if he had written "national interest" or "God" needed him to stay in power.

Another example can be found in the work of the British sociologist Kepa Artaraz. For him the revolution has political will, it "rationalizes itself."[37] Statements like those are common: "By 1963, the main economic concern of the Revolution saw a return to agriculture as opposed to the initial industrialization drive";[38] "The Revolution itself has changed, no longer willing to 'export' the type of armed insurrection that cost Guevara his life in 1967";[39] or "the importance that the Revolution attached to the concept of youth, the 'purest' form of human prototype and potential New Man of the future."[40] Was it Fidel Castro who valued the concept of the youth and changed his mind on agricultural policy and foreign policy? Or Castro and a group of collaborators? Or Castro and the entire Cuban people? In another passage Artaraz makes the claim that, "because the Revolution developed among a unique set of historical and political circumstances, it could think of itself in novel ways; indeed, the very existence of the Revolution demanded it."[41] The revolution demands that it thinks of itself in novel ways: the circle is complete.

A second implication is that uncritical acceptance of official terminology clouds examination of how the Cuban regime deals with its opposition. For instance, in his (remarkable) recent book *Cuba's Revolutionary World*, the historian Jonathan C. Brown explains that in the aftermath of the Bay of Pigs Invasion, "The militias formed up, and the neighborhood watch organizations, the CDRs, collaborated in apprehending one thousand potential domestic enemies of the revolution." Then a few pages later he corrects himself, stating that "Fidel's opponents certainly did not see themselves as 'worms' or even as counterrevolutionaries. They did not deviate from the original goals of the revolution."[42] If this is the case, why refer to them as "potential domestic enemies of the revolution" in the first place? When Marifeli Pérez-Stable says, "Soon after 1959 the revolution closed all avenues for peaceful dissension in the island," doesn't she mean that soon after the 1959 revolution, the new government closed all avenues for peaceful dissension in the island?[43] In *Cuba in Revolution*, Antoni Kapcia claims that between two-thirds and four-fifths of the Cuban population is "loyal" to "the Revolution," without supporting evidence.[44] With this terminology, how could he examine the cases of the many who did (and conceivably still do) champion the 1959 revolution without feeling any particular loyalty to the regime built in its name? The widespread adoption of a vocabulary (in academic circles and beyond) that frames opposition to the government and its policies as opposition to the revolution is, at the level of discourse, one of the greatest accomplishments of the Cuban regime.

Those are only a few examples, but students of Cuban affairs will easily recognize what is identified here as a common trend. While in some cases this practice may reflect an endorsement of the master narrative in Cuba, it is also an automatism, built over decades of commentaries on a country where apparently *revolution* is a password to all things Cuban.[45] In fact, a conscious effort is needed to resist using the term constantly when discussing Cuban public affairs.

Revolution as a Past Event: The Pitfalls of Periodization

Definitions of *revolution* are many, but in the sense of political or social revolution, they generally involve mass violence and regime change in the name of liberation.[46] Radical change is also a necessary condition: without it, one may have a revolutionary "situation," or just a rebellion, revolt, or insurgency. Rapid change is another one: changes that occur over decades are no less important (cultural changes for instance), but to talk about "fifty years of revolution" is arguably an oxymoron.[47] The only plausible avenue to define revolution as endless is to leave comparative politics and institutional analysis aside, and embrace political theology. The claim here could be, following the French philosopher Alain Badiou for instance,[48] that there is such a thing as a revolutionary spirit that never dies, manifesting itself at different "moments" of history, in one place or another. In the Cuban case, this could support the suggestion that a single quest for freedom and independence has manifested itself at various times of history, from the *mambises* to the 1959 revolution, before finding a home in the new state built around the leadership of Fidel Castro. Few opportunities are missed in Cuba to link *la revolución de Fidel* to the Wars of Independence (1868–1898) and of course the *apóstol* José Martí (1853–1895).[49] Among the many problems with the blurring of the historical contours of the revolution, an obvious one is that it is nonfalsifiable. Another is that fifty-seven years is a rather long "moment." Furthermore, when the revolution embodies a certain spirit born with the first manifestation of self-determination in the island—in some accounts it started with the legend of Hatuey in early sixteenth century— and continuing in the face of a continuing siege by the forces of colonialism, neocolonialism, and imperialism, to oppose it (or to oppose the "revolutionary government"), or even to question it, is tantamount to treason.[50] Permanent revolution is similar to permanent war: a "Girón quotidiano," to use Rafael Rojas's expression, which requires mandatory unity behind the leader.[51]

It is not reasonable to expect scholars to agree on periodization beyond the date of the revolution's epicenter: Mexico in 1911, Russia in 1917, China in 1949, Cuba in 1959, Nicaragua and Iran in 1979, and so on. It remains perplexing that Cubanists do not seem to be very interested in the matter, however, even in the face of ubiquitous use of the term in the country they study.[52]

According to the dominant narrative in Cuba, the revolution started in the 1950s, or earlier. The overthrow of Batista and its immediate aftermath is commonly referred to as "the triumph" of the revolution.[53] For some authors, the triumph of the revolution and the revolution are one and the same. For instance, Samuel Farber talks about the "Cuban Revolution of 1959," and uses the term *Cuban government* when he means the Cuban government (i.e., instead of "revolutionary government" or "the revolution" as so many authors do).[54] Like Farber, some authors talk about the aftermath of the triumph as the "postrevolutionary" period.[55] This conceptualization retains the reference to the revolution as the defining—even if undefined—moment. There is no consensus on when the postrevolutionary period started in Cuba, and apparently not much interest in discussing that issue. It may seem like an oxymoron to claim that the revolution could continue to progress long after it has "triumphed," but the multifaceted Cuban Revolution seems to have reasons that reason ignores.

More unusual is the contention that the revolution continues to this day, long after Fidel Castro seized power (1959), firmly established his authority over both the government and the economy (1960–1961), formed the Communist Party (1965), organized its first party congress (1975), and adopted a new constitution (1976).[56] After the revolution triumphed, the revolutionary process continued, deepening its commitment to itself, in a spiral where the revolution is both subject and object.

An alternative perspective could state that the Cuban Revolution in fact ended—but when? If revolution ends with a new ruling elite seizing power and adopting policies that radically alter the political, economic and social structures of society, then the case can be made that the Cuban Revolution ended at some time between 1961, when the Marxist-Leninist character of the state was proclaimed, and 1968, the year of the Revolutionary Offensive. For many, the years 1968–1971 marked the death of the revolution as an "utopia." Thus, Eliseo Alberto comments: "El asesinato de Ernesto Guevara en una escuelita rural de Nancahuazú, la ofensiva revolucionaria de 1968, el fracaso de la zafra de los diez millones y la guillotinan que resultó ser el Primer Congreso de Educación y Cultura representan, para mí, los cuatro infartos que anunciaron el colapso de la utopía rebelde."[57] Rafael Rojas also wrote: "Si tuviera que señalar el año en que se apaga el *entusiasmo* de la Revolución cubana, elegiría 1968. No sólo porque ese año marca, como ha dicho Jean Baudrillard, una 'catarsis final que parece haber agotado toda la energía revolucionaria de Occidente,' sino porque, para Cuba, es el momento de definición entre un socialismo alternativo, nacional y autónomo, y un socialismo dependiente ortodoxo, adscrito al bloque soviético."[58] If the year 1968 was pivotal for symbolic reasons, it did not witness a radical change in the structure of power. Even economically, expropriating (or closing) thousands of small remaining private properties did not radically alter the political system or even the economic model in place. It was a great leap forward, not a rupture.

In a written communication with the author, Harvard political scientist Jorge Domínguez wrote: "I think that a plausible argument may be made that the revolutionary regime—if you prefer, the Revolution—ended sometime around 1970, while a different form of authoritarian regime replaced it, far more bureaucratic and less demanding of intrusion in the personal lives of people."[59] Leaving aside whether the Cuban state became more bureaucratic and less intrusive in private lives around 1970, the relevant point here is that for him the revolution ended when the state ceased to be *totalitarian.* His interesting response also mentions two additional points. First, he reflects on how there is no consensus on how and when the revolution ended: "For some perspective, I believe it was not until the 1950s that Stanley Ross, historian of Mexico, published a book entitled *Is the Mexican Revolution Dead?* These things take time, especially when the incumbent government has a stake in the Revolution continuing. The notion that the revolution may have ended is thus politically contentious, or worse from the official perspective." Stanley Ross's question is puzzling though. When is a revolution dead? When the revolution is over, or when the revolutionary project has been implemented or terminated? A revolution may end before its promises are fulfilled. Furthermore, the impacts of a revolution can be felt for centuries; it does not mean that the revolution itself lasts for centuries. Domínguez also says "When I have represented the official use, it is capitalized Revolution; when I have represented my own views, it is revolution in lower-case." He admits that he may not have been consistent on this. In fact, few authors are.

If revolution means a period of military competition for the control of a national population and territory, until the state's monopoly of the legitimate use of force is restored (what sociologist Charles Tilly called "multiple sovereignty"), then it started in March of 1952 (with the military coup),[60] July 1953 (the M26 Moncada attack), December 1956 (Granma landing), or the spring of 1958, when real battles started to take place between the insurgents and the Batista dictatorship.[61] "Single sovereignty" was established in 1959 (in January, February, [when Fidel Castro became prime minister] or July [when President Urrutía was pushed out of office], or perhaps, as an interesting alternative, in 1965–1966, when the actual civil war ended.[62] This last episode is generally overlooked in the literature, even though it mobilized more peasants than most other Latin American guerrillas.[63] In probably the best comparative analysis of guerrillas in Latin America and the Caribbean, author Timothy Wickham-Crowley barely offers one line on the "anti-Castro guerrillas" and what he calls "counterrevolutionary movement against Castro."[64] For students of Latin American politics, *revolutionary* is reserved for socialist and anticapitalist projects, understood as progressive and fighting for all the right ideals (sovereignty, progress, social justice, and liberation).

A variation on Tilly's "multiple sovereignty" interpretation is to say that the revolution ended when the final touch on the legal structure of the new power was completed. Castro's Cuba went through a long period of institutional fuzziness following the triumph of the revolution, after claiming in opposition that the goal was to restore the Constitution of 1940. From 1959 to 1975 the Cuban political system operated under the ad hoc Fundamental Laws, but without rule of law or due process. In 1976, the regime adopted a Soviet-style constitution (Stalin's 1936 version), amending it thrice since (in 1992, 2002, and 2018), thus institutionalizing the regime. A possible counterargument could be made that if legality was so unimportant for the Cuban leaders that they could wait sixteen years before settling for a constitution, perhaps the legal form is not the most critical variable in analyzing state building. What if they had waited until 1986, or 2006, with the same leaders and policies in place?

Among the authors who choose 1976 as the year that saw the end of the revolution, Rafael Rojas is interesting because he is probably the academic who questions the most the propagandistic use of the term *revolution* in Cuba. For him, "Para avanzar críticamente, la nueva historiografía cubana tendrá que operar con un nuevo concepto de 'revolución' que quiebre las sinonimias del discurso oficial."[65] His *Historia mínima de la revolución cubana* (2015) identifies the adoption of the first Constitution in 1976 as marking the end of the revolution, although interestingly, he recognizes that the regime was built "en lo fundamental, entre 1960 y 1961."[66] In his numerous publications on Cuba, his use of the terms *revolution* and *revolutionary* can be inconsistent. In *La vanguardia peregrina* Rojas divides the history of Cuba in three periods: colonial, republican and revolutionary (since 1959).[67] One could object that a government may continue to be "revolutionary" after the revolution ended, but what would be the analytical justification for that? Should we call revolutionary all the US and French governments since the Atlantic revolutions? Shall we say, as long as the revolutionary leaders are in power, but in that case, would it mean that the Cuban revolution ended in 2006?

Another historian of the Cuban Revolution is Luis Martínez-Fernández. For him, "The term 'revolution' evokes images of violence, movement, change, raid and profound transformations, one social class losing power to another, a group of leaders replacing another, institutions destroyed and institutions created, statues demolished, new ones erected. Revolutions bring new laws, new aesthetics, new values, new textbooks and sacred texts: in short, a new ideological superstructure, to use Marx's term, to support a new social and economic structure."[68] The 1970s were years of "institutionalization," evoking "images of stability, inertia, absence of change; the freezing in time of an established ruling elite; the end of experimentation and improvisation; conservatism and reaction—in short, the opposite of revolution." In short, Cuba "ceased to be revolutionary."[69] And yet, the earlier period (1959–1970) is called "idealist" and the period following the collapse of the Soviet Union in 1991, "survival," all three phases being part of what he calls the Cuban Revolution.[70] The only logical conclusion is that for Martínez-Fernández, the Cuban Revolution continued after the country ceased to be revolutionary.

An important book on the Cuban revolution is Marifeli Pérez-Stable's *The Cuban Revolution, Origins, Course, and Legacy,* which ran a third edition in 2012.[71] Although Pérez-Stable is a sociologist, her book is a history of Cuba rather than a history (or a sociological analysis) of the Cuban Revolution per se, with no concern for theories of revolution. In fact, the book contains no discussion of the term itself. "After Batista's coup in 1952," she writes in chapter 3, "few Cubans imagined that seven years later the country would be swept away by *social revolution.* There was, however, nothing predestined or inevitable about the revolution of 1959 or, for that matter, the closing of constitutional democracy on March 10, 1952."[72] She also says: "After 1959, a social revolution unfolded in Cuba."[73] The distinction between revolution (1959) and social revolution (post-1959) is interesting, but it is not deployed consistently throughout the book. She talks about the Cuban government, the Cuban revolutionary government, Cuban leadership, but she also uses revolution as a subject, presumably alluding to the same actor: "By 1961," she suggests, "the revolution had embraced socialism and a new politics that disallowed civil liberties, separation of powers, and competitive elections"; and "From the start, the Revolution distinguished between the industrialists and other sectors of the *clases económicas.*"[74] When she writes, "The revolution's initial program was not particularly radical in form,"[75] she conceivably refers to the M26, but since it was not the only group opposed to the Batista dictatorship, it would have been clearer to say so explicitly. In chapter 6, covering the period 1971 to 1986, she suggests that the "radical experiment" of the 1960s "had ended badly."[76] Can a revolution be "not particularly radical" and still be a revolution? Isn't revolution "radical" by definition? In fact, we learn in chapter 7 that the period of "Rectification and Reconstitution," from 1986 to 1998, was one when "Cuba was no longer in revolution."[77] Presumably the revolution ended between 1971 and 1986, although she rightly points out that the "Fidel-*patria*-revolution" narrative continued unabated. As the 1990s came to a close, Havana served the world an unexpected outcome. The Cuban *government* had survived."[78]

In another book, *The United States and Cuba,* Pérez-Stable argues: "The confrontational nature of the US-Cuba nexus became one of the pillars in the relationship that Fidel Castro and the revolution forged with ordinary citizens. The call for a *patria digna,* a homeland of dignity, in short, a *Cuba para los cubanos* elicited in response impregnable loyalty from the Cuban people. Millions then established such a strong emotional bond with the revolution that *la revolución* became a quasi-mystical symbol whose pull is still felt in some sectors of Cuban society."[79] "After 1989," for her, "Havana certainly had reason to worry," for "thirty years of revolution had taken their toll on the citizenry."[80] In an interesting quote, she says: "Cuba was a domestic issue in Mexico in terms of the support and sympathy of some groups toward the Cuban revolution, or as a means to redefine the nature or the direction of the Mexican 'revolutionary' government."[81] Why use quotation marks for the Mexican 'revolutionary' government and not for Cuba's? I wrote to Professor Pérez-Stable to ask for clarifications. Her answer: the revolution ended in 1970:

My argument is the following. Though the idea of revolution is one thing; the daily lives of citizens quite another. After the 1970 harvest failed to reach the 10 million mark, the leadership embraced the Soviet Union, created institutions such as Popular Power, trade unions functioned more attuned to workers, the PCC expanded its reach and members, etc. In the 1970s, the idea still had a grip in the national imagination but not necessarily in the daily life. Did the Bolshevik Revolution survive until 1989? Does the Chinese Revolution until today? Neither does the Cuban Revolution. After 1970, socialist institutions took over. In 1970, the revolution per se ended.[82]

In her book *Political Disaffection in Cuba's Revolution and Exodus* (2007), another sociologist, Silvia Pedraza, examines one of the major impacts of the revolution, the exodus. She takes the time to discuss the concept of revolution, which is uncommon. She identifies distinct revolutionary "phases," following a typology developed by Nelson Amarro: democratic (first few months of 1959), humanist (April to October 1959), nationalist (until October 1960), socialist (until December 1961), and Marxist-Leninist (to this day?).[83] These shifts in public orientation effectively lead, from the first phase to the last, to logical steps in the construction of a personalistic authoritarian regime with rapidly growing affinity to the Soviet model (incidentally, not unlike the "natural history" theory of revolution from moderate to radical, in early comparative theories of revolution).[84] Pedraza writes: "The changes—political, social, economic—that took place in Cuba at the end of the 1950s and beginning of the 1960s were so dramatic, profound, and irreversible that they truly deserve the name 'revolution' in the original sense of 'taking a full turn.'"[85] "Beginning of the 1960s" seems to mean, in fact, the year 1960. After Huber Matos's imprisonment in December 1959 and the collapse of civil society in 1960, she proclaims that "the revolution effected its definitive turn."[86] In May of that year, Fidel Castro publicly announced that elections were no longer necessary in Cuba ("This is democracy," he said: "The Cuban revolution is democracy").[87] In a written communication with the author, Pedraza's date for the end of revolution is 1970, although in our discussion she is less categorical.[88]

Clearly, one could have different positions on when the revolution ended, depending on which event (and which *type* of event: political, economic, cultural) is identified as a key variable. Among the other colleagues who were personally contacted to answer this question before I organized the roundtable discussion, Samuel Farber said that the revolution is "still alive and therefore not dead"; Carmelo Mesa-Lago offered that it ended during the Special Period (early 1990s); Cecilia Bobes said 1976; Armando Chaguaceda and Marlene Azor Hernández choose 1970; Haroldo Dilla opted for "mid-1960s" and Lillian Guerra, 1965. Enrico Mario Santí argued that "there was never a revolution, only a coup in 1959."[89] If a median position can be found, it would probably be that while the Castro leadership was firmly in place by the early 1960s, the revolution continued for about a decade.[90] This author would rather say 1961, using a Tilly and Huntington type of definition of *revolution*. Clearly this is not a matter that can be settled "objectively." Still, the incuriosity on this question in Cuban studies is puzzling.

Conclusion

Rafael Rojas is right to contend that "la idea de 'revolución' debe ser aplicada de un modo preciso y, a la vez, flexible."[91] It is possible to produce good academic work while deploying a relatively loose definition of revolution or making some linguistic concessions to Cuba's official revolutionary mythology. Most of the authors quoted in this article (e.g., Domínguez, Farber, Mesa-Lago, Pérez, Pérez-Stable, Rojas) not only made enormous contributions to the field; they largely defined the field of Cuban studies outside the island over the past few decades. That being said, from insouciance or lack of rigor to letting slogans creep in our analysis, the road is short and slippery. Words are not neutral: they have a way to frame the discussion and sometimes to corrupt the language. This is why, as Octavio Paz once wrote, "La crítica de la sociedad (. . .) comienza con la gramática y con el restablecimiento de los significados."[92] If one assumes that the Revolution (with capital *R*) is omnipresent, making historical decisions for the common good and firmly tying all public policies to a time-honored quest for national liberation, then genuine critical thinking has to go, and along with it, any real capacity to analyze power, who wields it, and when and how. Clearly much more work needs to be done to systematically compare the different conceptions of revolution in Cuba and outside the island, perhaps looking at variables like generations, disciplines, implicit or explicit periodization, and of course operational definitions. To this author, it is not clear that the analysis would lose much by dispensing with the term revolution altogether when analyzing any period except the years of insurrection and power consolidation (say, 1957–1961). I also think that the concept of revolution—like the related concepts of crisis or transition—should be reserved for transient phenomena, not for power arrangements that are successfully institutionalized and reproduced over decades. At the very least, it should be defined properly and used consistently.

NOTES

1. See, e.g., Hannah Arendt, *On Revolutions* (New York: Penguins Books, 2006); Martin Malia, *History's Locomotives, Revolutions and the Making of the Modern World*, ed. and with a foreword by Terence Emmons (New Haven, CT: Yale University Press, 2006); Alain Rouquié, *Amérique Latine, introduction à l'Extrême-Occident* (Paris: Le Seuil, 2014). Interestingly, President Putin decided *not* to celebrate the hundredth anniversary of the Russian Revolution last year.

2. François Furet, *Penser la révolution française* (Paris: Gallimard, 1985), 181 (my emphasis and translation). The great sociologist of revolutions, Jules Monnerot, also said that "revolutionary myths preside over transformation of the world that does not resemble them." Monnerot, *Sociologie de la révolution* (Paris: Fayard, 1969), 155.

3. Publications on contemporary Cuba, almost no matter the policy area, use *revolutionary* as a conceptual anchor. To mention a few examples: Philip Brenner, Marguerite Rose Jiménez, John M. Kirk, and William M. LeoGrande, eds., *A Contemporary Cuba Reader: The Revolution under Raúl Castro*, 2nd ed. (Lanham, MD: Rowman & Littlefield, 2015 (the first edition's subtitle was "Reinventing the Revolution"); George Lambie, *The Cuban Revolution in the 21st Century* (London: Pluto Press, 2010); Margaret Randall, *Exporting Revolution: Cuba's Global Solidarity* (Durham, NC: Duke University Press, 2017); Yael Rizant, *Cuba Inside Out: Revolution and Contemporary Theatre* (Carbondale: Southern Illinois University Press, 2013); Daniel P. Erikson, *The Cuba Wars: Fidel Castro, the United States, and the Next Revolution* (New York: Bloomsbury Press, 2010); Katherine Hirschfeld, *Health, Politics, and Revolution in Cuba since 1898* (New York: Routledge, 2017); Marie Herbet, *Cuba: La révolution transgressée* (Paris: Nevicata, 2016). Nadine T. Fernández, *Revolutionizing Romance: Interracial Couples in Contemporary Cuba* (New Brunswick, NJ: Rutgers University Press, 2010); Emily J. Kirk, *Cuba's Gay Revolution: Normalizing Sexual Diversity through a Health-Based Approach* (New York: Lexington Books, 2017). Many more are quoted in this article.

4. Although the word *communism* is in the process of being deleted from the amended constitution, it will remain in its basic architecture a copy of the Soviet Union's 1936 constitution, which grants metalegal supremacy to the Communist Party.

5. Carlos Rafael Rodríguez, *Problemas del arte en la Revolución* (La Habana: Editorial Letras Cubanas, 1979), 26.

6. See Yvon Grenier, "De l'inflation révolutionnaire: Guerre interne, coup d'état et changements radicaux en Amérique latine," *Études internationales* 22, no. 1 (1991): 47–61. On the importance of foreign challenges and regional competition between states as a variable in the comparative study of revolutions, one can return to Theda Skocpol, *States and Social Revolutions: A Comparative Analysis of France, Russia, and China* (Cambridge: Cambridge University Press, 1979).

7. In that, Cuba is the champion of an all-too-common tendency in Latin America. As Michael Reid wrote, "Latin America has seen too many 'revolutions,' most of them ersatz, and not enough reform." Reid, *Forgotten Continent, The Battle for Latin American Soul* (New Haven, CT: Yale University Press, 2009), 15.

8. For him: "Though history has been distorted since 1959, Castro's Revolution was the culmination of three generations of 'revolutionary activity,' verbal violence, extravagant hopes of redemption and further embroidery on the idea of freedom." Hugh Thomas, *Cuba or the Pursuit of Freedom* (London: Eyre & Spottiswoode, 1971), 1491–1492.

9. For instance, in 2015 the pope called on Cubans to live a "revolution of tenderness,"

conceivably because he wanted to convey his message in a language he thought Cubans would understand.

10. In the "prólogo" of his novel *El color del verano* (Tusquets, 2010), Reinaldo Arenas puts it in colorful terms: "Los cubanos no han logrado nunca independizarse, sino 'pensizarse.' De ahí tal vez el hecho de que la palabra pendejo (cobarde) sea un epíteto que se use incesantemente entre nosotros. Como colonia española, nunca nos liberamos de los españoles: tuvieron que intervenir los norteamericanos y pasamos desde luego a ser colonia norteamericana; después, intentando liberarnos de una dictadura convencional y de corte colonial, pasamos a ser colonia soviética. Ahora que la Unión Soviética está al parecer en vías de extinción, no se sabe qué nuevo espanto nos aguarda, pero indudablemente lo que colectivamente nos merecemos es lo peor" (261).

11. Ambrosio Fornet, "Introduction," *South Atlantic Quarterly* 96, no. 1 (Winter 1997): 3.

12. Marlene Azor Hernández, "La izquierda y su relación con la revolución cubana," *Nexos,* January 1, 2011, http://www.nexos.com.mx/?p=17349; Rafael Rojas, *La máquina del olvido: Mito, historia y poder en Cuba* (Mexico City: Taurus, 2012), 170.

13. In his speech during the closing session of the National Assembly of People's Power, July 14, 2017, then president Raúl Castro Ruz said: "In celebrating National Rebellion Day, for the first time without *the physical presence* of Comandante en Jefe of the Cuban Revolution, Fidel Castro Ruz, let us propose to face the new challenges under the guidance of his example, his revolutionary intransigence, and eternal confidence in victory" (my emphasis) See "Full text of speech by President Raúl Castro Ruz during the closing session of the National Assembly of People's Power," July 14, 2017, http://misiones.minrex.gob.cu/en/articulo/full-text-speech-president-raul-castro-ruz-during-closing-session-national-assembly-peoples.

14. In a 2000 speech Fidel Castro "dio a conocer el concepto de Revolución, que resume en su esencia la historia pasada, presente y sobre todo futura de la nación cubana," to quote *Cubadebate.* In his poetic definition, revolution is conceptualized as a political religion, made of dispositions, process, and utopia: "Revolución es sentido del momento histórico; es cambiar todo lo que debe ser cambiado; es igualdad y libertad plenas; es ser tratado y tratar a los demás como seres humanos; es emanciparnos por nosotros mismos y con nuestros propios esfuerzos; es desafiar poderosas fuerzas dominantes dentro y fuera del ámbito social y nacional; es defender valores en los que se cree al precio de cualquier sacrificio; es modestia, desinterés, altruismo, solidaridad y heroísmo; es luchar con audacia, inteligencia y realismo; es no mentir jamás ni violar principios éticos; es convicción profunda de que no existe fuerza en el mundo capaz de aplastar la fuerza de la verdad y las ideas. Revolución es unidad, es independencia, es luchar por nuestros sueños de justicia para Cuba y para el mundo, que es la base de nuestro patriotismo, nuestro socialismo y nuestro internacionalismo." See "Cumple hoy 10 años el concepto de 'Revolución' de Fidel Castro," *Cubadebate,* May 1, 2010, http://www.cubadebate.cu/noticias/2010/05/01/cumple-hoy-10-anos-el-concepto-de-revolucion-de-fidel-video/.

15. Rafael Rojas, *Traductores de la utopía, La Revolución cubana y la nueva izquierda de Nueva York* (Mexico City: Fondo de Cultura Económica, 2016), 81.

16. First published in *Cine Cubano,* 1, no. 2 (1960): 12–16, and reproduced in Alfredo Guevara, *Tiempo de fundación* (Seville: Iberautor Promociones Culturales, 2003), 77.

17. Fidel Castro, "Palabras a los intelectuales" (Words to Intellectuals), Havana, National Cultural Council, reproduced and translated in "Castro Speech Database," Latin American Network Information Center (LANIC), University of Texas. http://lanic.utexas.edu/project/castro/db/1961/19610630.html. My emphasis.

18. This is how history of Cuba is divided in Jorge I. Domínguez, *Cuba: Order and Revolution* (Cambridge, MA: Belknap Press of Harvard University Press, 1978). In another publication Domínguez talks about "la revolución de 1959–1963." Jorge Domínguez, "La cultura: ¿Clave de los problemas en las relaciones cubano-norteamericanas?" *Encuentro de la cultura cubana* 20 (Spring 2001): 244.

19. Julia Sweig, *Cuba, What Everyone Needs to Know* (Oxford: Oxford University Press, 2009).

20. Louis A. Pérez Jr., *Cuba: Between Reform and Revolution*, 4th ed. (New York: Oxford University Press, 2011), 257.

21. Pérez, *Cuba*, 252

22. Pérez, *Cuba*, 9.

23. Carmelo Mesa-Lago, "Las reformas estructurales de Raúl Castro: Análisis y evaluación de sus efectos marco y micro," in *Cuba ¿ajuste o transición? Impacto de la reforma en el contexto del restablecimiento de las relaciones con Estados Unidos*, ed. Velia Cecilia Bobes (Mexico City: Facultad Latinoamericana de Ciencias Sociales, 2015), 42. Polysemous use of the term by the same author within the same publication is common. For instance, Pierre Sean Brotherton, in a book typically titled *Revolutionary Medicine*, writes: "Shortly after the revolution, Santería was dismissed as a folkloric practice and an impediment to the project of modernity," and discusses "The postrevolutionary government's strategy to create healthy bodies." But he also writes sentences like "Ulloa made clear that during the first thirty-five years of the revolution, that is, until the mid-1990s, one could not readily admit in public to being both a *creyente* and a *militante*." *Revolution* means either the 1959 revolution or both the 1959 revolution and its ongoing aftermath. Brotherton, *Revolutionary Medicine, Health and Body in Post-Soviet Cuba* (Durham, NC: Duke University Press, 2012), 37, 59, 36.

24. Aviva Chomsky, *A History of the Cuban Revolution* (New York: Wiley-Blackwell, 2011), 18.

25. Antoni Kapcia, "Celebrating 50 Years—But of What Exactly and Why Is Latin America Celebrating It?" in *Rethinking the Cuban Revolution, Nationally and Regionally: Politics, Culture and Identity*, ed. Par Kumaraswami (New York: Wiley-Blackwell, 2012), 58.

26. Kapcia, "Celebrating 50 Years," 59.

27. Kumaraswami, "Introduction: Towards an Integrated Understanding of the Cuban Revolution," in Kumaraswami, ed., *Rethinking*, 6.

28. Antoni Kapcia, *Cuba, An Island of Dreams* (New York: Berg, 2000).

29. She writes: "Born and currently residing on the island, the narrators Wendy Guerra (born 1970), Orlando L. Pardo Lazo (born 1971) and Ena L. Portela (born 1972) were educated within the cosmology of the Cuban Revolution, a concept through which I define the complex ideas conditioned by the revolutionary experience that bring logic to the world that Cubans have lived in since 1959, and which sustain both the emotional and rational dimensions of their existence." Odette Casamayor-Cisneros, "Floating in the Void: Ethical Weightlessness in Post-Soviet Cuba Narrative," in Kumaraswami, *Rethinking*, 38.

30. Tom Astley, *Outside the Revolution, Everything: A Redefinition of Left-Wing Identity in Contemporary Cuban Music Making* (Washington, DC: Zero Books, 2012), 15.

31. "Moreover, it is not just the numbers which frustrate, for many Cubans will complains vociferously about the high prices which they pay, even in Cuban pesos . . . an issue about which the Cuban authorities are understandably sensitive, given the central importance in the Revolution's collective psyche of the idea of cheap books available to all." Par Kumaraswami and Antoni Kapcia, *Literary Culture in Cuba, Revolution, National Culture, and the Book* (Manchester: Manchester University Press, 2012), 203.

32. Ibid., 50.

33. "ICAIC's perspective was essentially one of focusing on those 'masses' and of shaping film (and also music and art) to serve the Revolution's desire to integrate and educate them." Ibid., 80.

34. Jarafi Allen, *¿Venceremos? The Erotics of Black Self-Making in Cuba* (Durham, NC: Duke University Press, 2011), 102.

35. Ibid., 119.

36. Hal Klepak, *Raúl Castro and Cuba: A Military Story* (New York: Palgrave Macmillan, 2012), 91.

37. Kepa Kepa Artaraz, *Cuba and Western intellectuals since 1959* (London: Palgrave, 2009), 10.

38. Artaraz, *Cuba and Western Intellectuals since 1959,* 22.

39. Kepa Artaraz, "Cuba's Internationalism Revisited: Exporting Literacy, ALBA, and a New Paradigm for South-South Collaboration," in Kumaraswami, *Rethinking the Cuban Revolution,* 35.

40. Artaraz, *Cuba and Western Intellectuals since 1959,* 28.

41. Ibid., 37.

42. Jonathan C. Brown, *Cuba's Revolutionary World* (Cambridge, MA: Harvard University Press, 2017), 117, 120.

43. Marifeli Pérez-Stable, *The United States and Cuba, Intimates Enemies* (New York: Routledge, 2011), 17.

44. Kapcia, *Cuba in Revolution,* 44.

45. To give one last example: in *Sexual Revolutions in Cuba,* author Carrie Hamilton writes: "Throughout the book, I use the terms 'revolutionary government,' 'revolutionary leaders,' and 'revolutionary regime' to refer to politicians, policy makers, and other officials in power after 1959." Well, then, why not simply say politicians, policy makers, and other officials in power after 1959? Carrie Hamilton, *Sexual Revolutions in Cuba: Passion, Politics, and Memory* (Chapel Hill: University of North Carolina Press, 2012), 23.

46. See Malia *History's Locomotives,* "Appendix 1: Revolution, What's in a Name?" 287–301. In Samuel P. Huntington's classic definition, revolution is a "rapid, fundamental, and violent domestic change in the dominant values and myths of society, in its political institutions, social structure, leadership, and government activities and policies." Huntington, *Political Order in Changing Societies* (New Haven, CT: Yale University Press, 1968), 264.

47. Soraya M. Castro Mariño and Ronald W. Pruessen, *Fifty Years of Revolution: Perspectives on Cuba, the United States and the World* (Gainesville: University Press of Florida, 2012).

48. Mark Lilla makes this comment about Badiou and his theology of revolution: "Badiou, in a chapter on Pascal, makes a similar point about the history of political revolutions, suggesting that 1968 revealed and fulfilled the promise of 1917, which in turn justified 1848 and 1789, and so on. Revolution is never finished, which is why we maintain 'fidelity' to the chain of revolutionary 'events,' even in the darkest of times." Mark Lilla, *The Shipwrecked Mind, On Political Reaction* (New York: New York Review of Books, 2016), 93–94. Badiou goes all the way back to Paul! See Alain Badiou, *Saint Paul: la fondation de l'universalisme* (Paris: PUF, 2015).

49. "What does 10 October 1968 mean to our people?" Fidel Castro asked rhetorically in a speech celebrating "100 years of struggle for independence" in 1968. "What does this glorious date mean to our country's revolutionaries? It simply means the beginning of 100 years of struggle and the beginning of the revolution in Cuba because there has only been one revolution in Cuba—the one that Carlos Manuel de Cespedes began on 10 October 1968! [Applause]." Speech by Fidel Castro, October 11, 1968, La Demajagua National Park, in Castro Speech Database, LANIC, University of Texas. http://lanic.utexas.edu/project/castro/db/1968/19681011.html

50. For Raúl Castro: "Renunciar al principio de un solo partido equivaldría, sencillamente, a legalizar al partido o los partidos del imperialismo en suelo patrio y sacrificar el arma estratégica de la unidad de los cubanos, que ha hecho realidad los sueños de independencia y justicia social por los que han luchado tantas generaciones de patriotas, desde Hatuey hasta Céspedes, Martí y Fidel." Closing speech by General Raúl Castro Ruz, First Secretary of the Central Committee of the Communist See also Larry Catá Backer, "From Hatuey to Che: Indigenous Cuba Without Indians and the U.N. Declaration on the Rights of Indigenous Peoples,"*American Indian Law Review* 33 (2009): 199–236.

51. Rafael Rojas, "Venezuela y la izquierda latinoamericana," *Confidencial,* June 26, 2017, https://confidencial.com.ni/venezuela-la-izquierda-latinoamerica/.

52. I took the initiative to organize a roundtable discussion on this topic, inviting some of the most prominent colleagues in the field. See Yvon Grenier, Jorge Domínguez, Julio César Guanche, Jennifer Lambe, Carmelo Mesa-Lago, Silvia Pedraza y Rafael Rojas, "¿Cuándo terminó la Revolución cubana? Una discusión," *Cuban Studies* 46 (January 2018): 143–165.

53. Interestingly, historian Hugh Thomas discusses this period under the title "L'illusion lyrique." The period 1959–1962 is covered under the title "The Clash." Hugh Thomas, *Cuba or the Pursuit of Freedom* (London: Eyre & Spottiswoode, 1971), 1037–1091.

54. Samuel Farber, *Cuba since the Revolution of 1959: A Critical Assessment* (Chicago: Haymarket Books, 2011).

55. For instance, Mark Q. Sawyer, *Racial Politics in Post-Revolutionary Cuba* (Cambridge: Cambridge University Press, 2006); Joshua Malitsky, *Post-Revolution Nonfiction Film: Building the Soviet and Cuban Nations* (Bloomington: Indiana University Press, 2013).

56. To find abundant examples, one could start with hundreds of Fidel Castro's speeches, available on "Castro Speech Database," LANIC. For academic perspectives from the island, see the 2008 issue of *Temas* (no. 56, October–December) with special focus on the fiftieth anniversary of the revolution.

57. Eliseo Alberto, *Informe contra mi mismo* (Madrid: Alfaguara, 1997), 80.

58. Rafael Rojas, "Entre la revolución y la reforma," *Encuentro de la cultura cubana* 4–5 (Spring–Summer 1997): 128.

59. Communication with the author, July 13, 2017. He provides some explanation in our roundtable on when the revolution ended. See Grenier et al., "¿Cuándo terminó la Revolución cubana?"

60. In her book *Inside the Cuban Revolution* (Cambridge, MA: Harvard University Press, 2002), Julia Sweig implicitly equates revolution with the insurrection against Batista: "Though the standard periodization of the lucha contra la tiranía, the struggle against the tyranny, dates between 1952 and 1959, the book begins in the early months of 1957, when Castro's rebel were just finding their bearings in the Sierra Maestra mountain range, and the 26th of July Movement ranked as one of several opposition forces on the island" (1).

61. In *La victoria estratégica* (2011), Fidel Castro contends that the revolutionary war took place between May and December of 1958. Charles Tilly, *From Mobilization to Revolution* (Reading, MA: Addison-Wesley, 1978), 191.

62. Rojas, *La máquina del olvido,* 168–169.

63. "Between 1960 and 1966," according to Marifeli Pérez-Stable, "homegrown guerrillas— particularly in the Escambray Mountains in central Cuba—posed a serious threat. The Revolutionary Armed Forces (FAR) mobilized some 100,000 militias to combat the rebels, who may have totaled 8,000 at their peak in 1961. Although siding with the United States, the internal resistance neither received significant US support, nor was it controlled by Washington." Pérez-Stable, *Cuban Revolution,* 93. See also Elizabeth Burgos, "Señores de la guerra," *Encuentro de la cultura cubana* 18 (Fall 2000): 197–208.

64. Timothy P. Wickham-Crowley, *Guerrillas and Revolution in Latin America: A Comparative Study of Insurgents and Regimes since 1956* (Princeton, NJ: Princeton University Press, 1992), 99.

65. Rojas, *La máquina del olvido,* 170.

66. Rojas, *Historia mínima de la Revolución Cubana* (Mexico City: Turner, 2015).

67. Rojas, *La vanguardia peregrina: El escritor cubano, la tradición y el exilio* (Mexico City: Fondo de Cultura Económica, 2013), 127.

68. Luis Martínez-Fernández, *Revolutionary Cuba: A History* (Gainesville: University Press of Florida, 2014), 162.

69. Martínez-Fernández, *Revolutionary Cuba*, 162–163.

70. Within the "idealist" period, the years 1959–1962 are called the "revolution's foundation," whereas the years 1963–1970 were "expanding socialism." Martínez-Fernández, *Revolutionary Cuba.*

71. Marifeli Pérez-Stable, *The Cuban Revolution, Origins, Course, and Legacy*, 3rd ed. (New York: Oxford University Press, 2012).

72. Ibid., 41. My emphasis.

73. Ibid., 83.

74. Ibid., 66, 69.

75. Ibid., 69.

76. Ibid., 104.

77. Ibid., 124.

78. Ibid., 145, my emphasis.

79. Marifeli Pérez-Stable, *The United States and Cuba: Intimates Enemies* (New York: Routledge, 2011), 2.

80. Ibid., 33.

81. Ibid., 151.

82. Communication with the author, June 18, 2017.

83. Silvia Pedraza, *Political Disaffection in Cuba's Revolution and Exodus* (Cambridge: Cambridge University Press, 2007).

84. Pedraza does not limit herself to this theory; in fact, her analysis draws from recent theories that highlight the importance of agency and resource mobilization.

85. Pedraza, *Political Disaffection,* 35.

86. Ibid., 68.

87. Ibid., 69.

88. Pedraza in Grenier et al., "¿Cuándo terminó la Revolución cubana?"

89. All were personal communication with the author in June and July 2017.

90. While this is not an unanimous view, it is also the median position in Grenier et al., "¿Cuándo terminó la Revolución cubana?."

91. Rojas, *La máquina del olvido,* 170

92. Octavio Paz, *Posdata* (1970), reproduced in his *Obras completas* (Mexico City: Fondo de Cultura Económica, 1994), 8:293.

PRIMARY SOURCES

JORGE ANTONIO BENÍTEZ

The Birth of the Cuban Biotechnology Research Effort: A Bench Scientist's Perspective

ABSTRACT

The Cuban government has made a significant investment in biomedical research, resulting in important accomplishments unparalleled by other countries of comparable population size and gross domestic product. This development, however, has been undermined by a continuous exodus of professionals to other countries. What factors drive the decision of many scientists to abandon an apparently thriving research and development environment? This article provides a view of the rise of the Cuban biotechnology research effort from the bench scientist's perspective. Cuban biotechnology was born with intrinsic obstacles: politicization, secrecy, and the absence of safeguards against conflicts of interest. Guiding principles to counteract these limitations and rationally manage brain drain are discussed.

RESUMEN

La inversión del gobierno cubano en investigaciones biomédicas ha resultado en importantes logros no igualados por otras naciones con similar producto interno bruto. No obstante, este desarrollo ha sido frenado por un continuo éxodo de profesionales a otros países. ¿Cuáles factores explican que muchos profesionales decidan abandonar una empresa aparentemente próspera? Este artículo revela la experiencia de un científico que vivió el surgimiento de la biotecnología cubana desde el laboratorio. La biotecnología cubana nació con varios obstáculos: politización, secretismo y ausencia de aseguramientos contra conflictos de interés. Este artículo discute algunos principios rectores para contrarrestar estos obstáculos, así como manejar racionalmente la fuga de cerebros.

I was about twelve when my flight from New York City landed at Havana José Martí International Airport. My father, a supporter of the 26th of July Movement, opposing the dictatorship of Fulgencio Batista, was offered a job in the daily *Revolución*. This way, I became witness to and participant in one of the most influential social movements of recent American history. I remember the early years of the revolution that inspired the dream of tearing down the old socioeconomic system to build a more just and inclusive society. Unfortunately,

333

the attempt to make the dream come true discouraged entrepreneurship and did away with many individual rights and responsibilities. As in the German saying, a baby was thrown out with the bath water.

It was beyond my parents' imagination that moving from the richest nation in the world to a poor country in turmoil with an uncertain political future would provide me the opportunity to become a molecular biologist. The engagement of Cuban society in scientific research prior to 1959 was very limited, but in a speech to the Cuban speleology society in 1960, Fidel Castro laid out his vision, stating, "The future of Cuba has to necessarily be a future of scientists." Realistic or not, the idea of a "future of scientists" immediately went into practice. In the following years, the government made a significant investment in higher education, public health, and scientific research infrastructure with an emphasis on biotechnology. Over time, this investment resulted in important achievements in the biomedical field unparalleled by other Latin American nations of comparable size and gross domestic product.

The accomplishments of Cuba in the biotechnology field have been recognized by numerous visiting scholars and statesmen and have become a source of national pride. In many cases, the impact of the Cuban biotechnology effort has been described in terms of public health indicators and services. Numerous articles have been written recognizing Cuba's achievements in the biomedical sciences and public health despite continuous economic hardships. A comprehensive review of current Cuban scientific capabilities is provided in Rojo Perez and colleagues (2018). However, this development has been paralleled by a continuous erosion of the research and development workforce, largely due to migration of professionals to other countries. General descriptions and statistical indicators do not offer insight into the factors underpinning the decision of many professionals to abandon an apparently thriving enterprise. Thus, this article shares my experience as a scientist who beheld the growth of a research and development effort from the laboratory bench. Liberated from having to write research grant applications and scientific manuscripts, I can now objectively organize my recollections. I realize, however, that other scientists may not share similar experiences or may disagree with my interpretation of the events here described.

Higher Education and Postdoctoral Training

I restarted my education in Cuba enrolling in the sixth-grade class at Havana's prestigious Colegio Baldor, which was expropriated by the government a year later. After finishing high school, I enrolled at the University of Havana School of Biochemistry and Pharmacy. The first three years of the curriculum entailed courses in advanced mathematics, physics, chemistry, biochemistry, cell biology, genetics, and microbiology. The last two years consisted of special emphasis courses for students going into biochemistry, microbiology, or pharmaceutical sciences tracts.

Ideology and politics were an important component of college life under the guidance of the Communist Youth and the Federation of University Students. In those years, many students were expelled from college for expressing ideas contrary to official ideology, for being homosexual or religious, and conscription of individuals tainted as social outliers to the notorious labor camps known as Unidades Militares de Ayuda a la Producción (UMAP) was then a recent occurrence. It was the time of the so-called radicalization process defined by the motto "La Universidad para los Revolucionarios" (University for Revolutionaries). In those days, many youths of my generation were persuaded to embrace an unbending ideology that seeded the rise of intolerance, opportunism and fear.

An omnipresent component of college curricula was Marxism-Leninism. The dialectic materialism components of Marx's philosophy made a lot of sense to me and fell in line with physics, chemistry, and biology. I remember that the complex books laying out this line of thinking were written in the style of a rebuttal, attesting to the essential role that opposing views play in the advancement of human knowledge. Because most textbooks were written by scholars from capitalist countries, educators were encouraged to warn students about any subtle deviation from Marxist ideology in their content. A final requirement for graduation was a one-semester internship in a laboratory to gain practical experience. I was assigned to the biochemistry division of the Institute for Animal Sciences, a modern institute founded by Drs. T. R. Preston and M. B. Willis from the Department of Agriculture of the University of Newcastle upon Tyne (per the invitation of Fidel Castro). I was not attracted to animal science, so I opted out of staying in this institute after graduating and was reassigned to the University of Havana School of Chemical Engineering to teach organic chemistry and biochemistry. The teaching load was very high, and I found myself more attracted to research. I was fortunate to get a transfer to the multidisciplinary National Center for Scientific Research, the leading Cuban research organization in those days. There, I joined a group that valued basic science research and publishing in peer-reviewed journals, which was uncommon at the time.

A job in an institution of higher education, a research center, or a teaching hospital was more likely to support your graduate education and postdoctoral training. Because of the small number of laboratories and the lack of resources, graduate training generally meant spending time abroad working in a well-established laboratory. An important part of graduate training occurred in the Soviet Union and socialist European countries. Many young scientists spent four to five years abroad to obtain a terminal degree. There were also shared programs in which one could do part of the experimental work abroad and part at home. To a lesser extent, some scientists in my field received training in Canada, Spain, France, Italy, Sweden, and Japan.

Graduate education, however, depended on many factors beyond personal aspiration. In some cases, the opportunity came as a top-down offer to fill slots in government-controlled scientific exchange programs. It was also possible to search for a host abroad that could work out financial support for your stay. In any case, the process was strictly controlled by the government through a central agency that worked with your institution's Department of Foreign Affairs. Finally, authorization from your institution's Communist Party board was mandatory. As the number of scientists with a terminal degree (potential mentors) grew in the country, more researchers could satisfy their graduate education requirements without traveling abroad. The entire process entailed passing specialty, English-language, and philosophy exams. A recurring exam question was, "How does Marx's dialectic materialism specifically apply to your research?" This often prompted one to wonder how scientists in the United States, Canada, Western Europe, or Japan thrived in their research without consciously applying such concepts. I believe today that subordinating scientific education and research to any form of subjective thinking (e.g., ideology, faith) is a recipe for stagnation. Finally, graduation required a public defense of your research project, addressing the critiques of two external reviewers and members of the committee for scientific degree's biology branch.

A period of relatively improved US-Cuban relations in the 1980s allowed for more contact between North American and Cuban scientists. An organization named the North American–Cuban Scientific Exchange (NACSEX), chaired by the late professor Harlyn O. Halvorson, organized visits of renowned scientists to Cuba, which included the offering of a course on recombinant DNA technology at the National Center for Scientific Research. I was called to host many of these delegations and came to the conviction that scientific collaboration could play an important role in changing preexisting mind-sets and bringing both countries into a constructive relationship. This period coincided with a significant increase in the number of new research organizations that were spun off from the National Center for Scientific Research. Later, the collapse of the Soviet Union in 1991 and subsequent economic hardships (the so-called Special Period) made it more difficult for Cuban scientists to conduct their research and travel. As the number of scientists travelling and not returning increased, the government tightened its control and limited the time a trainee could spend abroad. This policy discouraged foreign host scientists from admitting Cuban investigators into their laboratories for short stays, unlikely to yield publishable results.

In such an environment, I became a senior research scientist with the weakness of never having to prepare a professional résumé, interview for a job, or submit a structured research plan for peer review to obtain government funding. In my experience, the success of a scientific proposal in Cuba depended more on directly persuading the political hierarchy. For instance, my laboratory's project to develop a cholera vaccine would have not moved forward without the strong support of then Secretary to the Council of State, Dr. Miyar Barruecos. In 1998, I came to the United States at forty-nine and continued my research career, this time funded by the National Institutes of Health (NIH). Fortunately, my wife, Anisia, and I shared a similar research background. Thus, we combined our strengths conducting experiments and writing research grant proposals and scientific manuscripts to set up a productive laboratory. This effort also allowed us to support other Cuban scientists emigrating to the United States.

In retrospect, the Cuban state-controlled higher education system had pros and cons. The major advantage was that the government subsidized the cost of higher education, so college was available to everyone regardless of family income. I also believe that the breadth and depth of science and engineering curricula were excellent. On the negative side, not knowing the actual cost of your higher education rendered your financial or moral obligation to the government open to interpretation. Moreover, the centralized and rigid programs left little room for initiative on the side of students and teachers. Since the education system was state-controlled and uniform, there was no opportunity to approach knowledge from different pedagogic or philosophical perspectives. The training of professionals to advertise their proficiencies was needless, as one was automatically assigned a job after graduating. Finally, the most detrimental characteristic of the higher education system was the subordination of academic merit and talent to ideology and political loyalty.

Despite these shortcomings, the government's investment in higher education and the building of modern scientific research capabilities created an attitude of technical self-reliance. For instance, after leaving Cuba, my wife and I spent some time in the Dominican Republic. Looking for jobs, we came across a person running a small paternity-testing company using the DNA-based technique known as restriction fragment length polymorphism. We learned that blood samples were collected locally and shipped to the United States for analysis. Given our experience in recombinant DNA technology, we tried to persuade the person that we could run the entire assay in the Dominican Republic and save money. We really did not have experience in paternity testing and did not get the job. I understand today this person's reluctance to risk his business.

The Investment in Biotechnology

The major expansion in Cuba's scientific capabilities took place in the 1980s and early 1990s. In 1982, the Center for Biological Research, a spin-off from the National Center for Scientific Research, was inaugurated by Castro and the Finnish scientist K. Cantell with the goal of exploiting the production of interferon as a model to develop the Cuban biotechnology industry (Cantell 1998). This was followed by the Center for Genetic Engineering and Biotechnology (1986), the Center for Immunoassays (1987), the Cuban Neuroscience Center (1990), and the Center for Molecular Immunology (1994).

Currently, Cuba has nearly the same number of scientists per million inhabitants than Mexico, which exhibits a population ten times higher. Further, Cuba spends 0.42 percent of its gross domestic product on research and development, closely behind larger Latin American countries like Argentina and Mexico (Reardon 2016). This is a remarkable achievement for a country that in 1970 had a gross domestic product of $653 per capita and an economy largely dependent on sugar export. Nevertheless, the cost of this investment and the extent to which it has met economical expectations remain a matter for debate. The absence of local supporting industries aggravated by the US embargo rendered the biotechnology effort costly and heavily dependent on imported supplies. Thus, contrary to the tourism industry, biotechnology revenues may well have not significantly moved the needle in the Cuban economy.

Despite the government's effort to enhance the Cuban scientific enterprise, conducting research in Cuba was difficult because of poor access to scientific journals, lack of resources, and a sluggish procurement system aggravated by the US-imposed economic embargo. Nonetheless, Cuban investment in the biomedical and biotechnology field resulted in the buildup of state-of-the-art facilities, the training of a highly skilled scientific workforce, and some remarkable accomplishments. Notable examples are the development of vaccines against meningitis causes by group B meningococci (Sierra et al. 1991) and *Haemophilus influenzae* (Verez-Bencomo et al. 2004) and the CIMAvax-EGF vaccine for the immunotherapy of lung cancer (Gonzalez and Lage 2007).

During my tenure at the National Center for Scientific Research, my laboratory developed a live genetically attenuated cholera vaccine in collaboration with the Finlay Vaccine Institute (Benitez et al. 1999; Garcia et al. 2005). We were fortunate to count with the support and advice of pioneer cholera researcher Richard Finkelstein from the University of Missouri (Columbia) School of Medicine. The safety and immunogenicity of the prototype vaccine was evaluated in placebo-controlled double-blind clinical trials at the Pedro Kouri Institute for Tropical Medicine. The results suggested that our vaccine was well tolerated in Cuban volunteers, and we obtained clearance to submit the study for publication in the American Society for Microbiology's journal *Infection & Immunity*. However, one reviewer and the editor objected to our conclusion suggesting that Cuban volunteers could be less susceptible to the adverse side effects observed in North American subjects. We had not considered and may have never considered this possibility. Thus, we conducted a second clinical trial, this time with a vaccine previously shown to be highly reactogenic at the University of Maryland Center for Vaccine Development in Baltimore. The trial revealed that Cuban volunteers were as susceptible to vaccine side effects as the North American volunteers and our article was accepted for publication. This illustrates the well-established fact that an outside evaluator can often identify weaknesses that become clouded by the enthusiasm and excitement of the authoring team.

To my knowledge, clinical trials involving Cuban biotechnology products were conducted with the highest scientific rigor, objectiveness, and adherence to ethical guidelines. Therefore, the question I address here does not relate to the intrinsic value of Cuban biotechnology products. It relates to how their products could be judged, trusted, or compared to similar ones in the global market. The rise of Cuban biotechnology came into being with several inborn obstacles that may have negatively affected the retention of its workforce and the global marketing of its products. These limitations were politicization, secrecy, and lack of assurances and safeguards against conflicts of interest.

Politicization

The relationship between politics and science is complex. On the one hand, politicians and lawmakers depend on science and technology to enact objective public policies. On the other hand, scientists depend on politicians and lawmakers to fund their research. A genuine interdependency between politics and science serves the public. A few positive examples are the provision of funding to the NIH and the Department of Energy for the sequencing of the human genome, the passing of the 21st Century Cures Act enacted by Congress in 2016 providing $6.3 billion in funding to fight cancer, and President Obama's five-year national action plan to combat the emergence and spread of antibiotic-resistant pathogens. Unfortunately, the politics-science interplay is not always perfect. Occasionally, scientists may consciously or unconsciously overestimate the significance and impact of their research or prioritize profit over the advancement of knowledge. Now and then, politicians and lawmakers may bend to special interests or ideology by cherry-picking data or circumstantial evidences that satisfy their specific interests or beliefs. Negative examples are the disastrous effect of Lysenkoism on the advancement of the biological sciences in the late Soviet Union and nowadays denial of human-caused climate change, which not only disregards scientific evidence but also endangers the entire planet.

The rise of Cuba's biotechnology effort was a highly politicized development. Ideology and political loyalty were pervasive components of daily life in universities and research centers. Commonly, the top-ranking members of the scientific leadership were selected among members of the Communist

Party. Successful, but politically unaffiliated, scientists were encouraged to become members of the Communist Party and in some cases were elected to the Parliament, the Communist Party Central Committee or even its top Politburo. The merger of scientific and political leadership resulted in tight control over scientific research and scientists: a top-down corporate management style in which administrators had unlimited leverage over scientists and technicians. In this environment, the rise of authoritarian administrators who abused their power was no surprise. An infamous Decree 57 granted authority to the National Center for Scientific Research's director general to terminate an employee and ban him from working at any institution of higher education for being deemed untrustworthy. There was not much an employee could do to overturn the injunction.

The expansion of research facilities in the 1980s came with the birth of the so-called commitment shift (*horario de consagración*). Scientists, technicians, and staff were expected to demonstrate commitment to their job (and country) by working an approximately twelve-hour shift, even if sometimes one did not have much work to do or your mind was not in a creative mood. Although the commitment shift was not mandatory, your unpaid overtime hours were recorded and punching out at your regular schedule was considered a lack of commitment.

Despite being the architect of that politically charged environment, Castro deserves credit for promoting science in Cuba. Within ten years following the triumph of the Cuban Revolution, several large research institutions were inaugurated under his leadership: the Institute for Sugar Cane Derivatives Research (1963), the Institute for Animal Sciences (1965), the National Center for Scientific Research (1965), and the National Institute for Agricultural Health (1969). However, he was also like the authoritarian and condescending father who insists in micromanaging his adult children, often disregarding professional and technical advice. One example was the disagreement between Castro and Dr. T. R. Preston over different approaches to animal husbandry, which resulted in Preston's departure and multiple layoffs at the Institute for Animal Science. The abundance of meat, dairy products, and poultry in markets across the country in the years that followed did not seem to prove Castro correct.

Secrecy

A second element typifying the rise of the Cuban biotech effort was secrecy. The conflict between openness and secrecy in scientific research is as old as science itself (Resnik 2006). On one side, openness allows scientists to formulate hypothesis based on the work of others, prevents the duplication of efforts, facilitates reproducing and generalizing scientific findings, and generates trust within scientists and between scientists and the public. In addition, openness allows the public to hold scientists accountable for society's investment in research and development. Thus, government and private funding agencies, such as the NIH and the Bill and Melinda Gates Foundation, have adopted policies mandating that results originating from sponsored research must be made public after a specified time period. On the other side, there are circumstances in which secrecy is justified to gain priority, to safeguard intellectual property and trade secrets, to defend national security and/or to protect the privacy of research subjects.

Secrecy was part of my scientific experience in Cuba from the very beginning. After my transfer to the National Center for Scientific Research in 1979, the genetics department started working on a project under the Soviet Intercosmos Program. The projects appeared to be driven by curiosity and did not seem to be of any immediate practical value for the country other than serving as a political stunt. For instance, the goal of one project was to measure the rate of sucrose (the sugar obtained from sugarcane and beets) crystallization in outer space. The goal of the genetics project was to quantitate mutation and recombination rates under weightlessness conditions. Triplicate devices were constructed, one to be placed onboard the 1980 Soyus-38 spaceflight while the other two would remain on Earth (at our department and the Baikonur Cosmodrome) as controls. The devices entailed a mechanism to simultaneously trigger growth and genetic recombination between strains of the baker's yeast *Saccharomyces cerevisiae* in outer space and on Earth. Personnel not involved in the project were prohibited from entering the laboratory. A member of the Communist Party was charged with standing at the laboratory's door to prevent intrusions. To my knowledge, the results were never published in a peer-reviewed journal.

Inauguration of the Center for Biological Research in 1982 ignited a large wave of secrecy in Cuban science that subsequently engulfed additional new research organizations such as the Center for Genetic Engineering and Biotechnology. Given the small size of the Cuban scientific community, staffing of the new centers often resulted in the significant weakening of others. The new laboratories administered by the Cuban Council of State were well funded and provided unparalleled benefits to its employees, including housing and transportation. I was not called to be part of this front line and felt disheartened and fated to perish as a scientist. An Alexander von Humboldt Foundation postdoctoral fellowship to conduct research at the Heinrich Heine Universität Institut für Mikrobiologie in Dusseldorf, Germany, mitigated those negative thoughts for some time.

The scientists recruited to the new centers were subject to the "commitment shift" and not allowed to talk about their research to outsiders. Furthermore, scientists not belonging to the new organizations had little or no access to their facilities. The secrecy wave quickly expanded to other centers administered by the Cuban Council of State to a point that it felt like "If your research is not secret, it may not be that important." Secrecy became nearly synonymous to government funding. An apparent justification for the lack of openness was the prioritization of product development over basic research. The nascent biotechnology sector did not emerge from local basic research; it came into being as a technology-transfer effort. The lack of a basic research foundation supported by high-quality publications was perhaps its major disadvantage. The emphasis on product development and the accompanying cloud of secrecy limited the ability of scientists to publish their results and collaborate with other investigators. The scarcity of resources justified in part the funding of projects promising the highest short-term return. However, public perception of the underlying scientific excellence is of utmost importance in the long run. Basic research and high-quality publications promote public trust in biotechnology products and contribute to their marketing. Currently, Cuba's article count reported in the Nature Index and other portals does not keep pace with its biotechnology accomplishments suggesting that the emphasis on product development and secrecy persists.

There are also deceitful reasons for secrecy; it could serve the purpose of exerting tighter control over investigators. If a scientist is not allowed to make his work public, his ability to compete for funding, fellowships, or employment beyond borders is severely diminished. To date, Cuban scientists in academia or research centers do not have a laboratory website to showcase their research interests and attract collaborators. Secrecy could also be a scheme to avoid public scrutiny and prevent managers from being held accountable for blunders and conflicts of interest. Finally, the abuse of secrecy in scientific research lends itself to the propagation of speculative and conspiracy theories. In the mid-1990s, I was approached by an individual at the University of Missouri who identified himself as a Central Intelligence Agency (CIA) officer. The officer inquired about the possibility of Cuba developing biological weapons. In my years as a senior research scientist in Cuba, I never came across any evidence suggesting such a misuse of science and research capabilities.

Conflicts of Interest

A third obstacle for the nascent biotechnology sector was the lack of administrative safeguards against conflicts of interest. Conflicts of interest can occur when a person is able to derive personal benefit of any kind (e.g., material benefits, undue authority) from actions or decisions made in his or her official capacity. I note that in Cuba, accessing and influencing the top political leadership was then more important than immediate material benefits. In the biomedical sciences, conflicts of interest can compromise the impartiality of investigators and bias the results of preclinical and clinical trials. Moreover, they could damage an entire research and development program by overestimating the significance of some projects to the detriment of others.

The Cuban scientific community is small, and most research organizations were designed under the concept of closed cycle (Rojo Perez et al. 2018). The rationale was to integrate all parties involved in product development, evaluation, and marketing within the same organization to increase the overall efficacy of the program. Furthermore, all research organizations and their leadership ultimately reported to the government. This scenario and the absence of public scrutiny render the system vulnerable to bias. For instance, executives could become less critical of scientific findings to gain the trust and support of their superiors up the power structure. This condition could be externally viewed as leading to conflicts of interest. I have no evidence that such conflicts occurred. However, implementing procedures to counteract the above perception is essential to any good marketing strategy. In addition to the implementation of administrative assurances (e.g., disclosure of potential conflicts of interest), perceived conflicts of interest could be settled by encouraging independent (foreign) evaluation and making more results publicly available, including the underlying basic science. A recent positive example is the performance of clinical trials to evaluate the efficacy of the Cuban CIMAVax lung cancer vaccine at the Roswell Park Comprehensive Cancer Center in Buffalo, New York.

The occurrence of conflicting data increases the urgency for collaboration and independent evaluation. Lack of reproducibility could cast doubt on the trustworthiness of a research program and its products. One example was the performance of clinical trials to document the lipid-lowering properties of sugarcane-derived policosanols. Policosanols consist of a family of long hydrocarbon chain alcohols derived from the wax constituent of plants, and they are currently sold as a dietary supplement. Policosanols derived from sugarcane were found to emulate or do better than statin drugs (e.g., lovastatin, atorvastatin) in diminishing total cholesterol and low-density lipoprotein (Castano et al. 2003; Castano et al. 2002). The promising properties of sugarcane policosanols raised high expectations and resulted in the creation of eleven plants for its massive production and a unit within the National Center for Scientific Research known as Dalmer Laboratories, charged with conducting preclinical and clinical trials, marketing, and commercialization. The lipid-lowering effects of sugarcane policosanol observed in Cuban clinical trials, however, have not been reproduced in experiments conducted in other countries (Greyling et al. 2006; Berthold et al. 2006; Francini-Pesenti et al. 2008; Kassis, Kubow, and Jones 2009). The chemical purity of the policosanol preparation used in Cuban clinical trials has been suggested as a possible explanation for the conflicting results (Marinangeli et al. 2010). I do not possess the expertise to judge the scientific merit of the above claims. However, a simple approach to clarify the discrepancy would be to provide samples of Cuban sugarcane policosanol preparations to investigators outside of Cuba for conducting clinical trials.

Brain Drain

Parallel to the growth of the biotechnology effort, numerous Cuban professionals have emigrated to other countries. This exodus has been mainly driven by economic hardship. In Cuba, however, it has been also fueled by politicization, intolerance, and the perception of not being in the "driver's seat" of your career and daily life. During initial talks between US and Cuban officials to normalize diplomatic relations, the Cuban delegation called for the elimination of policies that encourage "brain drain," such as the former Cuban Medical Professional Parole program. This program and other counterproductive US policies regarding Cuba are wrong and should be abandoned. Brain drain, however, is a global phenomenon that will persist regardless of whether the US keeps similar policies in place. As noted earlier, the recent emigration wave of Cuban professionals to the United States and other countries is driven by the pursuit of better pay, living conditions, and professional opportunities. Most Cuban professionals who emigrated faced the challenge of restarting their careers at a disadvantage to locals or deflecting their efforts in other directions. The detrimental effect of this migration on Cuban science does not differ from the loss of professionals seeking less qualified jobs but better pay in other sectors of the Cuban economy (e.g., tourism) or self-employment. Clearly, in the context of today's global inequality, brain drain disproportionally affects less resourceful countries and constitutes a serious obstacle to their socioeconomic development. Although this is unfair, it is the way that science and technology have come to what they are today, and it is not likely to change for generations to come. How can disadvantaged nations manage brain drain without negating the legitimate right of individuals to improve their professional careers, standard of living, and quality of life?

Companies, research centers, and universities compete for recruiting talented scientists by offering attractive packages that include salary, investment incentives, start-up funds, laboratory facilities, technical support, and so on. Professionals move from one organization to another in search of increasingly better opportunities to improve both their career and their living conditions. In this process, organizations and individuals act to advance their specific goals. This continuous repositioning of the professional workforce is essentially a collective brain drain and brain gain that promotes the advancement of science and technology because it integrates individual aspirations with collective goals. The term *brain drain*, however, is commonly used when such relocation involves the migration of professionals from one country to another. In such cases, brain drain can potentially undermine the investment of the source country in the education of the emigrant professional.

The Cuban government has been persistently hostile to scientists who emigrate. In my opinion, such attitude adds a self-inflicted wound to Cuban science. In a scenario in which higher education remains fully subsidized by government, it is reasonable to put into practice measures that discourage brain drain. Several strategies can be implemented that do not undercut self-determination. For instance, after a mandatory service, college graduates could be employed based on fixed-term (e.g., three-, six-, and twelve-year) binding contracts with financial incentives applied to longer contracts. Moreover, college graduates could be provided the opportunity to skip social service time by paying a reasonable fee. Importantly, these strategies place the decision on the individual, not the government.

Depletion of the professional workforce could be attenuated by increasing brain gain and/or diminishing brain drain. In poor countries, brain gain largely results from the higher education of domestic students. Increasing brain gain can be achieved by investing more in higher education and professional training programs. This effort could be expensive in the face of economic disparities that encourage continuous migration of professionals to wealthier nations. The economic burden, however, could be lessened by encouraging scientists to compete for externally funded training opportunities, including graduate education and postdoctoral fellowships abroad. It could appear paradoxical to stimulate studies abroad if the goal is to discourage professionals from abandoning the homeland. Certainly, encouraging college graduates to pursue the best graduate education overseas comes with the unavoidable risk that some will not return. In the United States, foreign graduate students who choose to stay base their decision on better job opportunities. Those who choose to return commonly base their decision on family and cultural factors. The question then becomes: Should those who decide to stay abroad be considered a total loss, or could they still contribute to research and development in their homeland? A practical approach would be to apply the Greek phrase "less bad is better." To this end, many countries have created programs to strengthen links between national and emigrated scientists, including the repatriation of scientists back to their countries of origin. A few examples are shown in table 1 (adapted from Han et al. 2015). It is possible that some countries cannot afford such ambitious programs. Even in such cases, promoting collaboration between scientists abroad and in their homeland is the rational approach. In the United States, most foreign scientists favor training students from their countries of origin and collaboration with research institutions in their homeland. Some of my scientific colleagues from China have secondary appointments in Chinese universities and train Chinese students, many of whom return home with new skills. There are many government and nongovernmental programs that sponsor

TABLE 1. Examples of programs to bring scientists back to their homeland

Country	Program	Comments
Argentina	R@ICES	Program to strengthen the link between Argentine researchers in the country and abroad.
Brazil	Science without Borders "Young Talent Program"	This program aims to place 100,000 Brazilian students and researchers in top universities worldwide to attract talented young researchers from outside the country, especially Brazilians, to Brazil.
Chile	Start-up Chile	Program started by the Chilean government in 2010 to attract early stage entrepreneurs to build start-up companies in Chile.
Mexico	Repatriation 2015	Program of Mexico CONACYT to support Mexican scientists abroad who wish to contribute to research teams in Mexico.
China	1000 Talents Program	Program launched by the Chinese Communist Party in 2008 to recruit 1,000 Chinese talents to return to China.
Russia	Mega Grant	Program to bring Russian scientists residing abroad as well as foreign scientists to Russian institutions.

international collaboration. These include the NIH Fogarty International Center, which supports research conducted by North American and international investigators, and the American Society for Microbiology's Global Engagement and Sustainable Development programs. In many cases these programs build on links between foreign scientists in the United States and collaborators in their countries of origin. In 2010, I had the opportunity to visit several scientific institutions in Kolkata sponsored by an NIH collaborative mission of North American and Indian scientists on cholera management. It came to my attention that the tissue culture facility at the University of Kolkata Biotechnology Center was a donation of Indian scientists from the University of Pennsylvania. This shows that, if progress is what matters, enhancing collaboration between scientists in their countries of origin and abroad is the rational course of action. This collaboration can return to the source country part the investment made in educating the emigrated scientist, allow the source country to profit from the investment a wealthy nation made in the research of the emigrated scientist, and promote the transfer of knowledge and technology back to the source country (Dodani and LaPorte 2005). For decades, the Cuban government has viewed brain drain as a deliberate attempt of a hostile power to sabotage Cuba's investment in biomedical research. A corollary to this view is to broadly label emigrated scientists as individuals who placed self-interest before duty to their country. This view, however, negates the reality that professionals can continue to serve their homeland regardless of their country of residence. I would also argue that, whatever the root causes of brain drain are, its management should ameliorate rather than exacerbate its negative effect on Cuban science.

Conclusions

Cuba's accomplishments in the biomedical sciences and biotechnology fields are undisputable. However, its biotechnology effort emerged tainted by politicization, secrecy, and the massive migration of professionals to other countries. The blame is not to be placed solely on the Cuban government. The hostility of the United States and policies like the Cuban Medical Professional Parole specifically targeting the biomedical workforce created a rationale for politicization and secrecy. As Joseph Heller said, "Just because you're paranoid doesn't mean they aren't after you." The reinstatement of US-Cuban diplomatic relations and the prospect of increased scientific exchange were received with enthusiasm by scientists in Cuba and abroad (Bausch et al. 2017). I regret that many of the policies of the Obama administration to improve US-Cuban relations have been nowadays rolled back. Currently, some lawmakers in the United States are proposing to reinstate the Cuban Medical Professional Parole. Although this policy may be regarded by some as a benefit, it is counterproductive in the long run and provides a basis for Cuban officials to interpret the global issue of brain drain as a targeted brain robbery. On the other side of the debate, Castro's political genius rapidly recognized in his editorial "Brother Obama" that the warm smile and olive branch extended by the president was a bigger threat to the status quo than fifty years of futile aggressive rhetoric (Castro, 2016). In sum, although there is a barely functional United States embassy in Havana, US-Cuban relations have sunk again to a low point.

Can Cuban science advance and go global in these circumstances? Although there are persistent obstacles to overcome, I would answer this question with an optimistic yes. First and foremost, negotiations in good faith should recommence to fully normalize US-Cuban relations, including the elimination of the archaic US economic embargo. Nothing positive has come out of this policy for the Cuban and American people. As a scientist, I find no sense in repeating a flawed experiment for half a century expecting that somehow and someday it will yield a meaningful result. In addition, the following guiding principles could still aid the Cuban investment in biotechnology:

1. Promoting the best professionals regardless of their ideological and political standpoints.
2. Balancing openness and secrecy in science. The public trust in Cuban biotechnology products would benefit from more openness, basic research,

international collaboration, independent evaluation and increased reliance on external advisers and reviewers.

3. Empowering the scientist. This includes increasing the decision-making capacity and worldwide visibility of individual investigators and research teams, and increasing their influence on programmatic decisions through peer review. I believe that policies that put limits on individual initiative are counterproductive in the long run.

4. Using rational strategies as well as financial and professional incentives to retain the scientific workforce rather than obsolete ideological and political arguments.

5. Promoting graduate education and postdoctoral training abroad regardless of the risk that some scientists will not return.

6. Depoliticizing the migration of professionals and implementing policies and mechanisms fostering collaboration with emigrated scientists, including incentives for their return to the homeland. The government's obstinate "all or nothing" attitude toward emigrated professionals does not work in the interest of advancing Cuban science.

BIBLIOGRAPHY

Bausch, D. G., V. Kouri, S. Resik, B. Acosta, G. Guillen, K. Goraleski, M. Espinal, and M. G. Guzman. 2017. "The Cuba-United States Thaw: Building Bridges through Science and Global Health." *American Journal of Tropical Medicine and Hygiene* 96 (6): 1267–1269. https://doi.org/10.4269/ajtmh.17-0136.

Benitez, J. A., L. Garcia, A. Silva, H. Garcia, R. Fando, B. Cedre, A. Perez, J. Campos, B. L. Rodriguez, J. L. Perez, T. Valmaseda, O. Perez, A. Perez, M. Ramirez, T. Ledon, M. D. Jidy, M. Lastre, L. Bravo, and G. Sierra. 1999. "Preliminary Assessment of the Safety and Immunogenicity of a New CTXΦ-Negative, Hemagglutinin/Protease-Defective El Tor Strain as a Cholera Vaccine Candidate." *Infection & Immunity* 67 (2): 539–545.

Berthold, H. K., S. Unverdorben, R. Degenhardt, M. Bulitta, and I. Gouni-Berthold. 2006. "Effect of Policosanol on Lipid Levels among Patients with Hypercholesterolemia or Combined Hyperlipidemia: A Randomized Controlled Trial." *JAMA* 295 (19): 2262–2269. https://doi.org/10.1001/jama.295.19.2262.

Cantell, K. 1998. *The Story of Interferon: The Ups and Downs in the Life of a Scientist.* Singapore: World Scientific.

Castano, G., L. Fernandez, R. Mas, J. Illnait, J. Fernandez, M. Mesa, E. Alvarez, and M. Lezcay. 2002. "Comparison of the Efficacy, Safety and Tolerability of Original Policosanol versus Other Mixtures of Higher Aliphatic Primary Alcohols in Patients with Type II Hypercholesterolemia." *International Journal of Clinical Pharmacology Research* 22 (2): 55–66.

Castano, G., R. Mas, L. Fernandez, J. Illnait, M. Mesa, E. Alvarez, and M. Lezcay. 2003. "Comparison of the Efficacy and Tolerability of Policosanol with Atorvastatin in Elderly Patients with Type II Hypercholesterolaemia." *Drugs Aging* 20 (2): 153–163.

Castro, F. 2016. El hermano Obama. *Granma: Órgano Oficial del Comité Central del Partido Comunista de Cuba*, 28 de marzo de 2016.

Dodani, S., and R. E. LaPorte. 2005. "Brain Drain from Developing Countries: How Can Brain Drain Be Converted into Wisdom Gain?" *Journal of the Royal Society of Medicine* 98 (11): 487–491. https://doi.org/10.1258/jrsm.98.11.487.

Francini-Pesenti, F., D. Beltramolli, S. Dall'acqua, and F. Brocadello. 2008. "Effect of Sugar Cane Policosanol on Lipid Profile in Primary Hypercholesterolemia." *Phytotherapy Research* 22 (3): 318–322. https://doi.org/10.1002/ptr.2315.

Garcia, L., M. D. Jidy, H. Garcia, B. L. Rodriguez, R. Fernandez, G. Ano, B. Cedre, T. Valmaseda, E. Suzarte, M. Ramirez, Y. Pino, J. Campos, J. Menendez, R. Valera, D. Gonzalez, I. Gonzalez, O. Perez, T. Serrano, M. Lastre, F. Miralles, J. Del Campo, J. L. Maestre, J. L. Perez, A. Talavera, A. Perez, K. Marrero, T. Ledon, and R. Fando. 2005. "The Vaccine Candidate *Vibrio cholerae* 638 Is Protective against Cholera in Healthy Volunteers." *Infection & Immunology* 73 (5): 3018–3024. https://doi.org/10.1128/IAI.73.5.3018-3024.2005.

Gonzalez, G., and A. Lage. 2007. "Cancer Vaccines for Hormone/Growth Factor Immune Deprivation: A Feasible Approach for Cancer Treatment." *Current Cancer Drug Targets* 7 (3): 229–241.

Greyling, A., C. De Witt, W. Oosthuizen, and J. C. Jerling. 2006. "Effects of a Policosanol Supplement on Serum Lipid Concentrations in Hypercholesterolaemic and Heterozygous Familial Hypercholesterolaemic Subjects." *British Journal of Nutrition* 95 (5): 968–975.

Han, X., G. Stocking, M. A. Gebbie, and R. P. Appelbaum. 2015. "Will They Stay or Will They Go? International Graduate Students and Their Decisions to Stay or Leave the U.S. upon Graduation." *PLOS One* 10 (3): e0118183. https://doi.org/10.1371/journal.pone.0118183.

Kassis, A. N., S. Kubow, and P. J. Jones. 2009. "Sugar Cane Policosanols Do Not Reduce LDL Oxidation in Hypercholesterolemic Individuals." *Lipids* 44 (5): 391–396. https://doi.org/10.1007/s11745-009-3295-5.

Marinangeli, C. P., P. J. Jones, A. N. Kassis, and M. N. Eskin. 2010. "Policosanols as Nutraceuticals: Fact or Fiction." *Critical Reviews in Food Science and Nutrition* 50 (3): 259–267. https://doi.org/10.1080/10408391003626249.

Reardon, S. 2016. "Can Cuban Science Go Global?" *Nature* 537 (7622): 600–603. https://doi.org/10.1038/537600a.

Resnik, D. B. 2006. "Openness versus Secrecy in Scientific Research Abstract." *Episteme (Edinburgh)* 2 (3): 135–147.

Rojo Pérez, N., Valenti Pérez, C., Martínez Trujillo, N., Morales Suarez, I., Martínez Torres, E., Fleitas Estévez, I., Portuondo Sao, M., Torres Rojo, Y., and Sierra González, V. G. 2018. *Ciencia e innovación tecnológica en la salud en Cuba. Revista panamericana de salud pública* 42: 1–11.

Sierra, G. V., H. C. Campa, N. M. Varcacel, I. L. Garcia, P. L. Izquierdo, P. F. Sotolongo, G. V. Casanueva, C. O. Rico, C. R. Rodriguez, and M. H. Terry. 1991. "Vaccine against Group B *Neisseria meningitidis:* Protection Trial and Mass Vaccination Results in Cuba." *NIPH Annals* 14 (2): 195–207.

Verez-Bencomo, V., V. Fernandez-Santana, E. Hardy, M. E. Toledo, M. C. Rodriguez, L. Heynngnezz, A. Rodriguez, A. Baly, L. Herrera, M. Izquierdo, A. Villar, Y. Valdes, K. Cosme, M. L. Deler, M. Montane, E. Garcia, A. Ramos, A. Aguilar, E. Medina, G. Torano, I. Sosa, I. Hernandez, R. Martinez, A. Muzachio, A. Carmenates, L. Costa, F. Cardoso, C. Campa, M. Diaz, and R. Roy. 2004. "A Synthetic Conjugate Polysaccharide Vaccine against *Haemophilus influenzae* Type B." *Science* 305 (5683): 522–525. https://doi.org/10.1126/science.1095209.

INGRID BRIOSO RIEUMONT

Viaje a La Habana, viaje en el tiempo

Para Ernesto Díaz Miranda

Somos ainda hoje uns desterrados em nossa terra.
—Sérgio Buarque de Holanda

RESUMEN

Antes del año 2013, fecha en que Raúl Castro implementa una reforma migratoria, salir de Cuba significaba hacer una salida definitiva y perder la ciudadanía cubana. El siguiente artículo narra la historia de dos viajes: un viaje de "salida definitiva" de Cuba para los Estados Unidos, y otro de "regreso." El artículo postula la pregunta de si el segundo viaje podría ser considerado un viaje o un regreso. La forma viaje-regreso que se esculpe a lo largo del texto, permite explorar una serie de problemáticas y vivencias personales relacionadas a los conceptos de salida, emigración, lejanía y pertenencia. El texto también propone un diálogo con dos figuras relevantes que vivieron fuera de Cuba, los escritores Reinaldo Arenas y Severo Sarduy.

ABSTRACT

Prior to 2013, the year in which Raúl Castro implemented a migratory reform, leaving Cuba meant making a definitive departure and losing Cuba's citizenship. The following article tells the story of two trips: one, a "definitive departure" from Cuba to the United States and another, a "return" trip to the island. The article poses the question of whether the second trip could be considered a visit or a return. The visit-return form that it is sculpted throughout the text allows the reader to explore a series of problems and personal experiences related to the concepts of departure, emigration, distance, and belonging. The text also proposes a dialogue with two relevant figures who lived outside Cuba, the writers Reinaldo Arenas and Severo Sarduy.

Entre vómito y vómito, escucho a un hombre que me enseña las luces de Miami y me indica cómo las que vemos son más brillantes que las de La Habana. Miro las luces y vuelvo a vomitar y siento, en un instante, que todo ha sido un error. Un error que no tengo forma de enmendar. Mi salida tenía ese carácter definitivo que todavía se le otorgaba al viaje. Irse era irse. No quedarse. "Irse" y "quedarse" son los dos verbos de carácter más antitético que he conocido. Salía de Cuba para conocer a mi padre y para estudiar en los Estados Unidos. Pero

350

sin saberlo me convertía en otra especie, una para la cual todavía no existe un lugar específico.

Lo más difícil era captar el sentido de realidad de las cosas. Podía tocarlas, olerlas, pero hiciera lo que hiciera nada me hacía sentir que eran reales. Recuerdo la sensación que tuve cuando salí afuera y vi la hierba por primera vez, cortada de manera perfecta, con un verde brillante. Hierba plantada, por supuesto, pero era la primera cosa "viva" que veía en el barrio de casas iguales. Mi concepto de lo real era más una sensación que una cualidad. Lo real era lo que se sintiera como tal y lo único que me causaba esa sensación era el mundo que había dejado. Yo venía, a diferencia de Reinaldo Arenas, del pasado y traía buenas noticias.[1] Para muchos en Miami, Cuba era solo el pasado y al menos a partir de cierto momento, 1959, no se podían traer buenas noticias de allí.

—¿El Fifo está muerto?
No paraban de preguntarme pero nadie quería saber nada.
—¿De qué parte de la Habana vienes?
—Del Vedado
—Bueno, todo el mundo dice que viene del Vedado
—Pero es que yo vengo del Vedado
—¿Sigue abierto el *Johnny?*

No sabía cómo decirles que preguntaban por lugares que ya no existían. O al menos que yo no había conocido. El más viejo del grupo había vivido en Cuba hasta los años 40 y no sabía lo que era el Coppelia. ¿Qué derecho tenía yo de destruir el último recuerdo que tenían ellos? Un recuerdo que era más valioso que ningún otro por ser el recuerdo de una ciudad que no existía más. Mi dilema, además, era otro. Hablaba, aprendía a manejar, estudiaba inglés, dormía, desayunaba, buscaba trabajo, estudiaba inglés, dormía, pero mi vida me seguía pareciendo extraña, prestada, temporal. Siempre me ha sido difícil definir cómo se vive una vida plenamente. ¿Qué significa vivir a plenitud? En aquellos años vivir plenamente significaba una cosa: vivir llena de sensaciones. Pero las sensaciones estaban embotadas en mi cuerpo, sin que pudiera sentirlas. Sabía lo que era la tristeza y el dolor, pero no podía definir si los sentía. Tampoco era capaz de medir del todo cuánto era el transcurso de una hora o de un día. Anotaba diariamente qué día era, qué hora era, y miraba constantemente el reloj, como para darme cuenta de que el tiempo sí pasaba. Era algo muy extraño: estaba convencida de que el tiempo pasaba en Cuba de manera normal, que todos ahí lo sentían, y que si regresaba conseguiría recuperar mis sensaciones y mirar al mundo directamente. Mientras menos tiempo pasara afuera, cuanto antes volviera, más rápido conseguiría volver a sentir. Preocupada llamé a una amiga psicóloga y ella me dijo que podía estar padeciendo de disociación. Hablaba de la disociación como forma de estrés postraumático. Yo pensaba en los cubanos que han vivido tantas tipos de guerras. Una "Guerra fría". Un "Período especial en tiempos de paz". Una "Batalla de ideas". Quizás todo esto había tenido un efecto. O quizás yo no fuera tan fuerte como para aceptar el vivir insertada en las "filas enemigas", del otro lado.

En Cuba habían inventado una máquina del tiempo llamada *Revolución*. El mayor invento del siglo XX. Se pasa por ella y se sale como hombre y mujer del futuro. Para los de afuera, somos la raza extraña, el Hombre y la Mujer Nuevos salidos de *Revolución*. Siempre he pensado que el turismo revolucionario no es más que otra forma de comprobar que la máquina funciona. El turismo sexual es una estrategia para acostarse con unas de las especies más exóticas del mundo. Para Ezequiel Martínez Estrada los cubanos no habíamos pasado por ninguna máquina sino que éramos el resultado de un proceso evolutivo muy coherente. En 1963 Martínez Estrada publica un artículo donde declara que el *Homo bonus* de Thomas Mann proviene del Caribe y que éste no es nada menos que el indio taíno[2]. Martínez Estrada no incluye datos científicos que respalden esto, pero basta su palabra. Los cubanos, descendientes de los taínos, tendrían trazos en su constitución genética que los haría seguir el único camino posible, el socialismo. Lo que nunca encajó del todo en mi cabeza fue dónde estarían esos descendientes de los taínos pues según los libros de historia las tribus taínas no existían desde el período colonial. El problema tampoco era que Cuba fuese una máquina para viajar al pasado o al futuro. Sino que en la ficción científica la máquina del tiempo ofrece siempre una posibilidad de regreso, y para los que nacieron y/o crecieron con *Revolución* no había a qué regresar. Hay un grupo de humanos que pasaron por esa máquina para los que después, para bien o para mal, la vida nunca fue la misma. En mi caso, el problema no era el viaje en el tiempo—siempre me ha interesado el tiempo como concepto y creo que estudio literatura por ser una de las formas en las que creemos que regimos sobre él. Mi problema era que luego de pasar por la máquina, luego de dejar Cuba, no conseguía sincronizarme con ningún otro tiempo, cualquiera que fuera éste, el del capitalismo, el del imperio, el del mundo *real*. Era capaz de funcionar. Podía trabajar, comer, dormir. Conseguía pensar. Pero en mi mente no lograba sentir que estaba viva en ese *otro* tiempo. La idea de que en Cuba el tiempo estaba detenido me parecía totalmente absurda. Era mi cuerpo el que se detenía cuando estaba afuera. Respiraba; podía ser feliz. Pero había una dimensión doble en cada experiencia. La sensación constante de estar viviendo otra vida, que fluía como un sueño. Algunos lo achacarán al lavado de cerebro, al amor a la Patria, o a las ideologías. Yo prefiero pensar que vivía una crisis ante la absoluta falta de conciliación entre dos mundos.

Años después, cuando estudiaba en Smith College, leí la novela *The Bell Jar* (1963) de Sylvia Plath. Por primera vez encontré un libro que me ayudaba a entender un poco lo que pasaba: "To the person in the bell jar, blank and *stopped* as a dead baby, the world itself is the bad dream" (223),[3] dice Plath. Un fanal a través del cual se ve el mundo después de haber pasado por un tratamiento de electrochoques. Afuera, los principios de una pequeña ciudad de Nueva Inglaterra y la vida de Nueva York. Adentro, Plath. Lo cierto es que no importa lo que pase afuera, ni las oportunidades que existan, pues no se consigue sentir nada. No se está muerto, sino que se está detenido—de una manera inexpresable. Solo una superficie divisoria, como la de un fanal, podría llegar a indicar la diferencia temporal insuperable que se puede llegar a sentir. El tiempo se había detenido desde mi salida y a pesar de que continuaba pasando, no conseguía sentirlo. Mi cuerpo seguía envejeciendo pero yo me había quedado atrás.

Mi regreso a La Habana aconteció un año y medio después. En ese entonces me había mudado al pequeño pueblo de Grifton, en Carolina del Norte. Un semáforo y 2.300 habitantes. El pueblo parecía salido de un cuento de Faulkner. Allí tuve dos amigos. Uno vivía en un garaje junto a su taller de mecánica y me reparaba gratis el carro, un 1991 Mazda Protege que se rompía con frecuencia. Tenía un ayudante cuya única labor era arrojar aire a los clientes barbudos que llegaban al taller en sus motocicletas. El otro había tenido un accidente en California y apenas conseguía caminar. Me seguía por el pueblo, a distancia, para cuidarme. Cuando me bañaba se quedaba sentado afuera custodiando la entrada, con una escopeta. Siempre me decía que quería construir una casa azul encima de una colina donde pudiéramos ver el sol y comer gansos. El primer amigo llegaba cada noche sucio y con las manos pestilentes pues era el mecánico del pueblo y así me ayudaba a cocinar. Yo trabajaba como vendedora de celulares en el pueblo más cercano. Nunca había tenido un celular pero allí había conseguido alcanzar el mayor récord de ventas de la zona. Tenía tres objetivos: pagar la renta, pagar la universidad, y pagar mi viaje a Cuba. Los clientes no entendían lo que yo decía, pero todos decían que sonaba convincente. Era sin dudas la primera extranjera que esos habitantes habían conocido en su vida. La primera que hablaba inglés, al menos, ya que extranjeros éramos muchos. A la zona llegaban inmigrantes indocumentados que trabajaban en los campos de soya y tabaco, pero con ellos los habitantes de Grifton, North Carolina, no hablaban. Conmigo sí, pues lucía exactamente como ellos pero que no sonara ni fuera como ellos era lo que atraía su curiosidad. El CEO de la compañía llegó a programar una visita a la tienda para conocer a quien hablaba con un acento extraño y provenía de un lugar sin dudas lejano. El primer hombre de pelo negro y ojos azules que no había escuchado hablar de Cuba. Se entretenía hablando conmigo de literatura, del sur del país, de caminatas nocturnas. Me invitó a comer con su familia varias veces como si se tratara de una especie de acto caritativo. En una de esas comidas en las que el CEO me exhibía conocería a Ed Bizet, piloto de uno de los aviones norteamericanos encargados de retratar desde el aire los misiles en La Habana. Con la caridad del CEO, Bizet se distraía al rememorar su vida de espionaje. Siempre me ha llamado la atención el concepto de caridad de la sociedad norteamericana: se ayuda a los otros para ser mejor ciudadano, no para ser más humano. Con esa caridad conseguí que luego de un año me dieran una semana de vacaciones para viajar a La Habana. Una semana de la que perdería casi tres días pues debía coger un avión pequeño para salir de Grifton, hacer escala en Charlotte, luego en la Florida, y salir finalmente en un vuelo de Miami. La noche antes de mi viaje varios vecinos vinieron a saludarme, a despedirse, a desearme buena suerte. Ninguno de ellos había montado en un avión; ni siquiera tenían un pasaporte y querían asegurarse de que yo estaba segura del riesgo que corría, al subirme a uno. Para ellos hacía un viaje desconocido a una tierra que no podían ubicar en el mapa, lo que lo hacía más lejano y peligroso. Yo me sentía como si viajara a la tierra que queda más allá de Finisterre, más allá del fin.

Una vez estuve en Finisterre, en el final. Recuerdo que a pesar de estar del otro lado del mundo, o de estar parada en el fin del mundo según lo pensaban los romanos, experimenté una sensación conocida a esa que sentí tantas veces cuando me sentaba en el Malecón. En Cuba me preguntaba si de verdad habría un mundo afuera. Tenía las evidencias en los libros, en la televisión, en las llamadas por teléfono del extranjero, en los turistas que se paseaban por la ciudad, en las importaciones, en los barcos y los aviones que llegaban, incluso en las historias de los que sí habían viajado, pero algo en mí dudaba de su existencia. Un amigo español me contó que durante el franquismo algunas escuelas solo tenían mapas de España y que su madre pasó parte de su infancia pensando que España era el único lugar que existía. En mi escuela había mapas del mundo pero el mundo era un lugar muy raro. Un lugar del que los adultos no regresaban y al que los niños no viajaban. Cuando niña llegué a pensar que "el mundo" no era más que "la muerte" y que por eso nadie quería decir nada. Ahora pienso si Cuba, como Finisterre, no sería un fin de mundo. Reinaldo Arenas llamaba al Malecón el mayor sofá del mundo. La frase siempre me ha parecido de una crueldad paralizante. El Malecón es el mayor sofá donde se mira pero no se ve nada. Sentado se tienen dos opciones: mirar La Habana o mirar el mar. El mar es una gran pantalla sobre la que se proyectan todas las imágenes que ya se han visto sobre el mundo y cuya realización se busca desde ese sofá que es el Malecón. Que ahora, además, es un punto de Wi-Fi. Sentados en el sofá-muro muchos miran las imágenes que aparecen en el iPad, en la computadora, en el celular. Otra pantalla. Otro espejismo. Creo que la obsesión que teníamos los cubanos que no habíamos viajado, la que persiste en muchos hoy, es la de encontrar pruebas de que el mundo esté realmente ahí. Para muchos Cuba es Finisterre, la tierra del fin. La única tierra que verán y la única que existe.

Luego de un año y medio de espera, de dos días de viaje y tres aviones, estaba de regreso. Las dos noches anteriores no había podido dormir. El centro de mis preocupaciones era una: ser la misma, no haber "cambiado", no ir de viaje sino de regreso. Al pasar por la aduana me preguntaron, "¿Por cuánto tiempo es su viaje?" "Una semana". "Puede permanecer un máximo de treinta días, prorrogable a tres meses". "¿Y luego de los tres meses?" "Tiene que irse". Yo sabía que había perdido mi ciudadanía, aunque conservaba la nacionalidad. Mantenía el pasaporte cubano, tenía la obligación de usarlo para entrar y salir de Cuba, pero no era considerada cubana. La escena parecía formar parte de un cuento de Kafka o de Piñera. La oficial me explicó que con la nacionalidad cubana estaba obligada a "servir con las armas a la Patria", "a cumplir con la Constitución y las Leyes de la República", pero que solo los ciudadanos tenían derecho a residir en la isla. Solo ellos podían votar y desempeñar funciones y cargos públicos. Si salir había sido difícil, ahora Cuba me parecía un lugar infranqueable, rodeado de barricadas invisibles, protegido de personas como yo, e imposible de penetrar. La funcionaria era una mujer mayor, pequeña, y me hablaba con un cierto aire de disfrute. Parecía saber que mis preguntas me eran muy importantes. Por un momento pensé que hablaba con tal firmeza que era una funcionaria de verdad. En otro momento pensé que tenía el aspecto de una actriz que estuviera representando el papel de una funcionaria. Lo cierto es que a los diez minutos de entrar en Cuba, ya me habían dejado claro que había pasado al bando de los que se habían ido.

Cuando salí a la calle, todos me esperaban. Llevaba un vestido amarillo, había hecho dieta por varios meses para no lucir más gorda. Los que regresaban siempre volvían gordos. Recuerdo que los abracé a todos, y me quedé parada ahí, frente a ellos. Me quedé esperando porque no conseguía sentir nada. Les dije: "No siento nada". Me abrazaron. Me quedé allí, esperando por más tiempo a que pasara algo. Pero no sentí nada. Me sentía como si fuera una loca recién salida del manicomio, o de una clínica psiquiátrica de lujo. O como si fuera la mujer más insensible del mundo. O como si todo lo que me hubiesen contado en la escuela del capitalismo fuese cierto, que acababa con las emociones de la gente, que uno nunca podía volver a sentir de la misma forma, que un chocolate nunca sabría como aquella vez en que mi mamá trajo un péter de chocolate de su trabajo y yo lo dividí en pedazos para que me durara lo más posible y luego, cuando regresé al refrigerador, mi hermana se había comido su parte y la mía. Me sentí engañada por los cubanos y por los americanos pues lo que me estaba sucediendo pasaba en el cine, en las series de televisión, en las novelas, pero no en la vida. O quizás pasaba en la vida y nadie había tenido el valor de contarlo. O quizás era yo que no había leído suficiente. Podía entrar en Cuba, verlos a todos, escuchar lo que decían, pero no estaba realmente ahí. Miraba el mundo a mi alrededor de la misma forma en que las ardillas miran una nuez. Tenía por primera vez el mundo enfrente, pero era yo quien no se sentía en él. Había querido siempre tener una gran vida, llena de grandes dolores y pasiones, pero en ese momento sentía que era mejor no vivirla personalmente.

Al llegar a mi casa, mi hermana abrió la maleta, y entre sorprendida y molesta me dijo, "Tus cosas huelen a extranjera". Las olí y efectivamente mis cosas olían a extranjera. Es un olor que no puedo describir pero que impregnaba todo lo que venía de afuera. El mismo olor siempre, concentrado dentro de la maleta, aunque fuera diferente el lugar. Ese olor lo habíamos sentido mi hermana y yo cuando en el medio del período especial mi familia alquilaba un cuarto a extranjeros. Mi hermana y yo nos metíamos escondidas en el cuarto a olerles la ropa. Hasta la ropa sucia olía bien, y eso no podíamos entenderlo. ¿Cómo era posible que el sudor de los extranjeros oliera bien? ¿Qué pasaba afuera que todo olía igual? Esa vez era yo quien llegaba con ese olor.

Los cinco días pasaron muy rápido. Yo me bañaba con los jabones de mi abuela, recorría el mismo barrio, andaba las mismas calles, veía a los amigos, iba al cine Chaplin. Intentaba tener una vida "normal". Pero había cogido muy poco sol en Carolina del Norte y andaba las calles con una blancura vergonzosa. Me ponía pantalones para que no se me vieran las piernas. En un parque me cité con un amigo que es escritor. Su opinión era importante porque es una de las personas más sinceras que he conocido. Cuando llegó me gritó un "No has cambiado nada", "pensé que llegarías con el pelo rubio platino". Luego de una conversación muy larga en el parque me dijo, "Si no cambias serás infeliz". Yo pensé que los cubanos vivimos el exilio de forma demasiado dramática. Pero lo cierto es que sentí miedo: en dos días tendría que irme y por primera vez me miraba al espejo y veía que había envejecido: me habían salido dos canas: me reconocía. No hay nada peor que no reconocerse. Mirarse al espejo y sentir que uno está ahí, que esa es su imagen, pero que es solo una imagen; que la persona real no existe o que la imagen se ha quedado, por alguna razón desconocida, sin su materia, sin su cuerpo. Es una sensación de desconexión aterradora. No nos volvemos locos porque a pesar de que percibimos todo en imágenes, sabemos que existe un vínculo entre lo que vemos y lo que las cosas son. Nuestro cuerpo es una imagen. Un ganso en Carolina del Norte es una imagen. Pero también sabemos que son más que eso. En cualquier lugar, en la Florida, en Carolina del Norte, por varios años, miré todo como si tuviera una especie de arenilla en los ojos, una arenilla casi imperceptible, que me hacía tener que hacer un esfuerzo por mirar las cosas realmente. Respiraba, pero tenía que concentrarme en sentirme viva. En Cuba yo siempre había vivido sin tener que hacer un esfuerzo por sentirlo. Parece algo muy elemental la vida, nuestro corazón late, estamos llenos de acciones automáticas que van más allá de nuestra voluntad, pero cuando vivimos nunca dudamos, con la excepción del sueño, si estamos o no vivos. Un día llegué a preguntarme incluso si no estaría muriendo en algún sofá o en alguna cama de hospital luego de un accidente en Cuba, y si todo no sería una larga alucinación. Después de esos dos últimos días de viaje, salí.

Los primeros años los pasé en una especie de semivida, bajo la idea de que estar en Cuba era vivir la vida real. Pero paradójicamente, sin llegar a vivir esa primera vida del todo, o solo viviéndola unas semanas al año, mi cuerpo seguía envejeciendo en la segunda. Me mudé a Massachusetts para hacer el pregrado en Smith College y, poco a poco, a medida que avanzó el tiempo, mi segunda vida se separó más de la primera. En mi quinto viaje a Cuba solicité la repatriación. Cuba es uno de los pocos lugares en los que los cuerpos se repatrian vivos. Raúl había cambiado las políticas migratorias y no solo todos podían regresar sino que además se podía salir sin irse. Obtuve la ciudadanía, el carné de identidad y pensé, por un momento, que todo estaba solucionado. Todavía guardaba mi carné de identidad anterior. Recuerdo que cuando recibí el nuevo lo puse al lado del otro y comparé las fotos. En la primera, la más antigua, salía yo retratada en mi primera vida. La segunda era la otra yo. Esa, creo, es quien escribe este texto. Las fotos eran diferentes por obvias razones, habían pasado más de cinco años, pero era doloroso mirarlas pues las reconocía pero no podía elegir quién era yo entre ambas fotografías.

En un reciente viaje a La Habana presento un trabajo sobre la correspondencia familiar de Severo Sarduy. Desde Venecia, el 23 de agosto de 1960, Sarduy escribe lo siguiente, "Ayer se me ocurrió una idea que por fin creo que voy a hacer: era la de empatar en la novela la descripción de Venecia y La Habana y armar una especie de 'ciudad superpuesta' en la que por ejemplo El Puente de la Academia saliera de San Lázaro y el Canal Grande de Infanta, pero creo que será un tanto confuso, ¿verdad?"[4] Sarduy nunca regresó pero en las aproximadamente 670 cartas que escribió a su familia no dejó de hablar sobre Cuba. Pienso que un puente articula una relación imposible. Un puente es una figura que conecta dos lugares pero que nunca llega a formar parte de ninguno. Recuerdo también lo que dice Martin Heidegger del puente, "El puente es un lugar. Como tal cosa otorga un espacio en el que están admitidos tierra y cielo, los divinos y los mortales. El espacio otorgado por el puente (al que el puente ha hecho sitio) contiene distintos parajes, más cercanos o más lejanos del puente. Pero estos parajes se dejan estimar ahora como meros sitios entre los cuales hay una distancia medible, una distancia —en griego *stadion*— es siempre algo a lo que se ha dispuesto (se ha hecho espacio), y esto por meros emplazamientos" (34).[5] El puente más que conectar diferentes lugares, crea un espacio, dice Heidegger. Un espacio en el que tiene cabida el cosmos y todas las relaciones espaciales: cercanía-lejanía, irse-quedarse, adentro-afuera, que existen en ese espacio que el puente abre.

Cuando acaba el congreso me piden que escriba un texto sobre mi viaje a la ciudad. Me percato de que mi problema es mayor que el de los otros participantes: ¿Cómo escribir un texto sobre un viaje a La Habana? ¿Mi viaje es un viaje o es un regreso? ¿Cómo se regresa a un lugar? Una noche, sentados en el Hotel Presidente, trato de contarles a algunos esta historia. Me dicen que la tengo que escribir. Yo no sé ya desde qué vida escribo. O desde qué lugar. Solo conozco los extremos de un puente.

Lugo, Galicia, junio de 2018

NOTES

1. "Vengo del futuro y traigo malas noticias," declaración del escritor Reinaldo Arenas tras su llegada a Miami. Sin referencia escrita.

2. Ezequiel Martínez Estrada, *El nuevo mundo, la isla de Utopía y la isla de Cuba* (Mexico City: Cuadernos Americanos, 1963).

3. La cursiva es mía. Sylvia Plath, en *The Bell Jar* (New York: Everyman's Library, 1998).

4. Severo Sarduy a su familia en Cuba, 23 de agosto de 1960, Severo Sarduy Family Correspondence, box 1, folder 2, Manuscripts Division, Department of Rare Books and Special Collections, Princeton University Library.

5. Martin Heidegger, "Construir, habitar y pensar," in *Conferencias y artículos* (Ed. del Serbal, 2001).

PREMIO NACIONAL DE ARTES PLÁSTICAS 2018

JOSÉ TOIRAC

From the series Esperando por
el momento oportuno
(Waiting for the Right Time), 2012

Absolute Toirac (Graphite and pencil on cardboard, 20.5 cm × 27 cm)

Benetton (Graphite and pencil on cardboard, 20.5 cm × 27 cm)

Canon (Graphite and pencil on cardboard, 20.5 cm × 27 cm)

Eternity (Graphite and pencil on cardboard, 20.5 cm × 27 cm)

Habanos (Graphite and pencil on cardboard, 20.5 cm × 27 cm)

Marlboro (Graphite and pencil on cardboard, 20.5 cm × 27 cm)

Obsession (Graphite and pencil on cardboard, 20.5 cm × 27 cm)

OPIUM

Opium (Graphite and pencil on cardboard, 20.5 cm × 27 cm)

Sony (Graphite and pencil on cardboard, 20.5 cm × 27 cm)

ORGANIZED BY THE CUBA STUDIES
PROGRAM AND THE ARTS@DRCLAS
PROGRAM AT THE DAVID ROCKEFELLER
CENTER FOR LATIN AMERICAN STUDIES,
HARVARD UNIVERSITY.

OPIUM: Exhibition of Cuban artist José Toirac, curated by Octavio Zaya

Since the early 1990s, José Toirac has been a well-known artist in Cuba, even if his unassuming and reserved personality did not propel him to instant fame and the recognition that granted to other artists of his generation. Despite the obvious political irony of his paintings and drawings, or perhaps because of it, José Toirac was awarded last year's National Prize of Fine Arts in Cuba while we were preparing his presentation at DRCLAS, a much-deserved acknowledgment of his independent career that is finally catching up with what we understand as his "political poiesis." He brings that irony mainly through juxtaposing and combining political and advertisement iconographies, but he is never explicit in his intentions, and his work is always full of nuance and successful pairings and encounters.

The exhibition is part of the DRCLAS Cuban Studies Program's activities related to the sixtieth anniversary of the Cuban Revolution. The exhibition presents ten drawings reproduced in this issue of *Cuban Studies*. They anticipate his rather successful and recognized series of paintings *Tiempos nuevos* (New times, 1996). Like his more famous and acclaimed paintings, these drawings bring the iconographic public figure of Fidel Castro together with well-known and globalized ads from famous brands, such as Opium perfume by Yves Saint Laurent, Marlboro, and Benetton. Perhaps Toirac is hinting at the commercial component of politics; perhaps he is equating commercial brands with the charismatic sales potential of celebrities such as Castro.

The exhibition also introduces a collection of new works—originally published in the book *Parables* (2017) along with religious poems by Robert Gluck—to highlight, once again, the juxtaposition of religion and politics, theocracy and cult of personality, through known public images of the late Cuban leader. All together, these represent the beginning of an overdue introduction of Toirac's work at Harvard.

Book Reviews

HISTORY

Dale Tomich, ed., *Slavery and Historical Capitalism during the Nineteenth Century*. Lanham, MD: Lexington Books, Rowman & Littlefield Publishing Group, 2017. 216 pp.

Dale Tomich's *Slavery and Historical Capitalism during the Nineteenth Century* builds on his expertise in the field of slavery, capitalism, and world economy, and more specifically on "second slavery." This concept maintains that the plantation slavery established in the nineteenth century—sugar in western Cuba, coffee in the Brazilian southeast, and cotton in the US South—is distinct from earlier American plantation societies and represents a discretely modern capitalist world system. Gathering prominent scholars of slavery, these essays do address the theme of historical capitalism and plantation slavery. However, all but one are explicitly framed around second slavery as a tool to better understand modern forms of American plantation slavery. Curiously, Tomich and Lexington Books opted to title the book solely in reference to slavery and economic capitalism, without mention of second slavery, because that theme more explicitly frames most chapters.

The first two of five essays, by Robin Blackburn and Dale Tomich, respectively, address broad thematic questions. Blackburn effectively situates the unofficial theme of the collection by asking in his title "Why the Second Slavery"? He identifies commonality among economic institutions across the three regions, such as modern banking and trade, links between profitability and increased levels of violent slave labor extraction, and each plantation region's ability to thrive following waves of antislavery embodied by abolitionist movements and slave revolts starting in the late eighteenth century. Blackburn also identifies shortcomings with the concept of second slavery, reminding us of important continuities between colonial and modern slavery. He also emphasizes differences— that the importance of sugar and coffee to industrial Europe was measurably different from the role of cotton to the development of European industrialization; beyond cotton, plantations were an effect of capitalism rather than a cause. Tomich's chapter looks to economic history to theorize the second slavery and is a primarily a critique of the neoclassical economics of new economic history (NEH) as symbolized by Fogel and Engerman's *Time on the Cross* (1979). Tomich effectively argues that NEH focused on the slave economy without significant analysis of social domination or slave resistance to quantifiably compare plantation societies with other societies. Tomich asserts that this undermines the NEH as a tool for historians. Without explicitly referring to "the second slavery" outside the title of his chapter, he offers a positive reading of scholars like Castro, Mintz, and Wallerstein to argue that second slavery allows for the recovery of economic history; he argues that rather than formulating "laws of the slave economy" (52), we should examine the broader history of slave economies in the context of temporal, geographic, theoretical, and social history.

The last three chapters are examples of national historiographies of modern plantation slavery; sugar in Cuba, coffee in Brazil, and cotton in the United States. José Antonio Piqueras's chapter on Cuba is the most conventional. The essay is framed around how Cuba's 1959 revolution shaped our understanding of the role of sugar plantations in Cuban history. It is framed by Manuel Moreno Fraginals's scholarship on slavery, all published after the Cuban Revolution but largely researched earlier. Piqueras critically engages Moreno's argument—contradicted in later publications—that slave ownership impeded Cuban planters from fully embracing capitalism, leaving them a "castrated, impotent semi-bourgeois" (75). Rather than developing internal Cuban trade and institutions, they invested in international markets. Additionally, he considers how the work of foreign scholars drawn to study Cuba after the revolution (e.g. Herbert Klein, Arthur Corwin, Franklin Knight) shaped the historiography of Cuban slavery. In short, he presents Cuban historiography as following two trends, one focused on fitting Cuban history into a capitalist or Marxist framework and a second social history focused on the human condition and cultural retention of Afro-Cubans; the first a study of slavery, the other the study of slaves. After positively identifying scholars such as Alejandro de la Fuente, Rebecca J. Scott, and Mercedes García whose work linked experiences of subordinate classes to broader frameworks like law, economy, or labor, he offered Tomich's second slavery as a model into which both narrow social and broad thematic questions can be better considered in a comparative way.

The essay on Brazil, by Rafael Marquese and Ricardo Salles, is organized differently but reaches similar conclusions. Examining a narrower "new historiography of Brazilian slavery" written mostly in the late 1970s and 1980s during Brazil's gradual *abertura*, or redemocratization as military rule ended, they introduce prominent scholarship on Brazilian slavery and abolition. They target two well-established works as symbolic of deep flaws in this "new historiography." The first, João Fragoso and Manolo Florentino's *O arcaísmo como projecto* (1993) represents a broad trend of agrarian history as Brazil shifts from a late eighteenth-century colonial economy to a nineteenth-century capitalist one. The second, Sidney Chalhoub's *Visões da liberdade* (1990) draws largely on freedom suits filed by slaves and concludes that slave agency and resistance drove the passage of the 1871 Law of the Free Womb. Marquese and Salles eviscerate these works, claiming that their arguments broadly overstate, and at times contradict, the archival evidence. They determine that the study of social actors involved in slave relations too often takes place without understanding the wider economic framework; further, they argue that the slave economy is analyzed with little regard for the role of enslaved subjects. They then present "overlooked" scholarship that avoided these pitfalls, identifying Emilia Viotti da Costa's *Da senzala à colônia* (1966) as laudable scholarship that "found little space in which to blossom" (141) in Brazilian historiography.

They conclude that her work can and should serve as a model for the reinterpretation of Brazilian slavery within the overall framework of world economy. The authors then present such a reinterpretation; the second part of their chapter is an artful interpretation of Brazilian slavery drawing on political, economic, demographic, and social history to weave together a rich narrative that owes much to Tomich's inclusive and comparative model of second slavery. In the collection, this essay is the only one that does not explicitly invoke the theme of second slavery in title or text, but it cogently manifests Tomich's model throughout. The overall argument is thoughtful and provocative, but the dismissal of groundbreaking scholarship feels superficial and overstated, and Emilia Viotti da Costa's immeasurable impact on the field as both scholar and educator—both at the graduate and the undergraduate level—diminishes their argument.

Anthony E. Kaye's essay "The Second Slavery: Modernity in the Nineteenth-Century South and the Atlantic World" was published posthumously, after Kaye's death in 2017, and the collection is dedicated to his memory. Given his participation in the 2013 conference and his importance in the field of second slavery, his inclusion in the collection makes sense, but republishing his 2009 *Journal of Southern History* article of the same name without revision or update weakens the overall project. This chapter on US cotton and the broader Atlantic cannot address essential works published in the past decade focused on the issues of capitalism and themes at the center of second slavery. To name just a few, Edward Baptist's *The Half Has Never Been Told* (2014), Sven Beckert's *Empire of Cotton* (2014), and Walter Johnson's *River of Dark Dreams* (2013) directly engage question of US plantations and capitalism, and works like Camillia Cowling's *Conceiving Freedom* (2013), Ada Ferrer's *Freedom's Mirror* (2014), and Aisha Finche's *Rethinking Slave Rebellion in Cuba* (2015) challenge our understanding of internal slave trade and the struggle for abolition in an Atlantic framework. By not offering a coauthored and updated chapter, an essential leg of a historiographical collection is out of date in its consideration of the US South and the Atlantic World.

Overall, the collection is compelling and well written. It is of great value to both students and teachers of slavery in the Americas. Be cautious of errors in its bibliographies, for example, the works cited for the introduction is alphabetized by first name except for certain works by the editor. It is necessary reading for scholars of slavery focused on any one of these individual nations as well as those considering slavery in the broader Atlantic. Tomich reminds us that economic history and capitalism remain a central aspect of understanding modern slavery, and that through an improved model, these themes can help produce better history. However, returning to the absence of second slavery from the title of this collection, one can argue that his model is more present throughout these essays than the "historical capitalism" the title promises. Throughout, capitalism appears as a central component of second slavery, but it is not the only one. Second slavery calls for recognizing commonalities across modern plantation societies such as responses to abolition, internal slave trades, and increasingly violent extraction of labor, but Blackburn reminds us not to overlook differences. For example, although Kaye addresses that the historiography of southern slavery in the United States has shifted its focus towards the sexual violence and systematic rape of enslaved women, acknowledging Edward Baptist calling slaves the "first modern commodity" in the United States, none of the authors of this collection sufficiently engages how important and unique slave reproduction in the upper south was for cotton expansion. Enslaved women's reproduction allows for a ten times increase in the enslaved population between the conclusion of the War of Independence and the start of the Civil War, with a minimal importation of African slaves from abroad, perfectly opposite conditions in Cuba and Brazil. Certainly second slavery is a helpful tool for examining and comparing modern slave history, but its dependence on historic commonality within a narrow timeframe limits its utility—not unlike Tomich's depiction of the New Economic History. One alternative model that has fallen out of fashion is thematic scholarship such as Philip Curtin's groundbreaking *The Rise and Fall of the Plantation Complex* (1990), which addressed many of the same questions without feeling as rigid.

ZACHARY R. MORGAN
Associate Professor
Department of History and African American Studies
Penn State University

Dalia Antonia Muller, *Cuban Émigrés and Independence in the Nineteenth-Century Gulf World.* Chapel Hill: University of North Carolina Press, 2017. 306 pp.

Narratives of Latin American struggles against Iberian colonialism have too often cast Cuba as a case apart. Histories of the birth of the Cuban nation, for their turn, have overlooked Latin America, noting its ultimate neglect of the Cuban cause in the 1890s. Thus, Dalia Antonia Muller performs nothing short of a feat of great historiography when bringing Cuban independence back into the distinct Latin American context in which it unfolded. Her book *Cuban Émigrés and Independence in the Nineteenth-Century Gulf World* is a capacious history of revolutionary politics taking place transnationally at the hands of Cuban migrants, refugees, and exiles who created diasporic communities linking Mexico to the Caribbean and the United States. Combining social and political history, Muller follows Cuban expatriates in places like Veracruz, Mérida, and Mexico City, and traces the political networks and diplomatic campaigns they developed in support of the anticolonial war against Spain. In this book, the Gulf world is not only a geopolitical space disputed by Spain and the United States but also primarily the terrain where a long-standing discourse of inter-American unity cements the bonds between Cubans and Mexicans. *Americanismo*, Muller convincingly argues, holds the key to rewriting hemispheric history, one in which Cuban independence matters to Latin America as the embodiment of liberal ideals that resonated with every version of nationalism across the continent.

Cuban Émigrés joins a growing body of scholarship invested in reimagining the Americas' entangled histories and political geographies. In Muller's case, a transnational framework emerges naturally from her archival sources, composed primarily of files from the Cuban Revolutionary Party (PRC) and the lesser-known National Association of Cuban Revolutionary Émigrés (Asociación Nacional de los Emigrados Revolucionarios Cubanos, or ANERC). The latter offers information on 298 Cubans living in Mexico during the 1890s; their trajectories of exile fill the first half of the book. Motivated either by war or by the ebb and flow of the economy, Cubans started leaving the island for Mexico in the 1860s. This first generation integrated into Mexican society and established the social networks that would absorb the larger immigrant wave that followed the 1895 war. Cuban migrants included insurgent men like the poet Pedro Santacilia and even José Martí, but in their midst were also middle-class women like Dominga Valdes Corvalles de Muniz, who became politically active only in exile. Arriving in Veracruz via Florida, Dominga joined one of the eighty political clubs founded between 1895 and 1898 for a Cuban community estimated at three thousand people. Along with voluntary associations and press houses, these clubs were the spaces where migrants shaped their versions of national citizenship, which they regularly performed through a series of public rituals, auctions, banquets, parades, and *veladas*.

Nevertheless, despite stories like Dominga's—one of only four female Cuban migrants represented in the ANERC files—the protagonists of *Cuban Émigrés* are primarily white-elite men who, like her, fashioned themselves as revolutionaries abroad. Dalia Muller is aware of the bias of her sources and tries to correct for it by tapping into Mexican and Cuban newspapers, memoirs, and association records that point to a more diverse migrant community. We learn, for example, that the community included free men of color deported in the aftermath of the 1844 La Escalera conspiracy as well as contract workers held in semislavery conditions in the henequen-rich interior of Yucatán. Cubans in Mexico were also Afro-Cubans who sought naturalization as a way to reinvent themselves away from the stigma of slavery while also spreading the *danzón*, an art form later claimed by Mexicans themselves. Instead of a one-sided narrative, the book documents how Cuban elites created multigenerational communities in the Gulf world along the same fractures of race, class, and gender that existed in Cuba.

The second part of *Cuban Émigrés* shifts the focus from the social history of migrant communities to the development of cross-national solidarities in Mexico over the 1890s. Positioning the Porfiriato at the center of Cuban insurgent diplomacy, Muller shows that Cuban revolutionaries combined official diplomacy with a more diffuse public campaign for popular support of independence through the press and grassroots organizations. Mexicans responded in diverse ways. Porfirio Díaz met with José Martí and Antonio Maceo but ended up endorsing a Spanish Cuba that could serve as a buffer zone against the United States. Mexican liberals, however, showed enduring solidarity to Cuba Libre, which translated into street clashes with Spaniards, club participation, fund-raising activities, and debates in newspapers like the *El Continente Americano*. Here is where Muller's analysis is at its best: she is able to take the reader beyond Mexico's official position to explore how Cuban independence galvanized the Mexican opposition around shared democratic ideals, sparking resistance to the growing conservatism of the Díaz regime. Ultimately, she argues, Mexico's neglect of Cuba after 1898 pushed émigrés to embrace a pro-US position, a move that obscured decades of Cuban-Mexican interactions happening on the level of daily life. When finally getting back to the island, Cuban émigrés then completed this process of self-fashioning by assigning themselves a leading role in a nation allegedly abandoned by Latin America.

Cuban Émigrés is well written, thoroughly researched, and convincingly argued. The expansive geopolitical imagination of Cuban migrants in the Gulf world invites us to consider an alternative way of framing Latin American history, based on the same transnational solidarities that insist on resurfacing in the anti-imperial struggles of the present. Cuba, after all, still embodies the diplomatic and political challenges facing the entire continent.

ISADORA MOTA
University of Miami

Elzbieta Sklodowska, *Invento, luego resisto: El Período Especial en Cuba como experiencia y metáfora (1990–2015)*. Santiago de Chile: Editorial Cuarto Propio, 2016. 522 pp.

El *arte de inventar* en la vida cotidiana y en la producción cultural en Cuba durante y después del Periodo Especial en Tiempos de Paz (1990–2015) constituye, según la autora, el vértice que permite metamorfosear el formato aleatorio de una "colección de ensayos" en una "monografía" coherente temáticamente. Dos objetivos centrales han llamado su atención: la extraordinaria creatividad de los cubanos para "resolver" las carencias cotidianas con humor e ingenio, y las novedosas y originales "invenciones" de carácter lingüístico, literario y artístico que usan la precariedad de recursos como un estímulo para la imaginación. A pesar de que el abordaje de la "inventiva" cubana durante el crítico Periodo Especial —acierta la autora—, implica un fracaso contundente del proyecto modernizador lanzado por la revolución cubana: Cuba como "museo viviente" del subdesarrollo o un gabinete de curiosidades "antimodernas," la contracara luminosa de la austeridad material y la desesperanza fue un auge de la creatividad en el arte, la literatura y el pensamiento insular. En palabras de Mateo Palmer, se dio "un intenso proceso de desautomatización, de superación de tabúes, de liquidación de dogmas y maneras unívocas de pensar que favorecieron el desarrollo de una fuerza creadora que nutrió con inusitado ímpetu y frescura el panorama artístico insular."

A lo largo de seis capítulos, Elzbieta Sklodowska, la latinoamericanista de origen polaco y actual profesora de Washington University, aborda con una exhaustividad sorprendente las diferentes aristas de esta efervescencia artística, especialmente con la literatura escrita por mujeres (capitulo 5) no frente a sino entre otras prácticas culturales. La heterodoxia del abordaje la lleva a dudar de ubicar su estudio bajo la rúbrica de estudios culturales, pues la dinámica transversal entre los objetos de estudio y los dispositivos analíticos está basado en un reconocimiento de la redefinición del objeto de estudio y como correlato, la ampliación sin precedentes del repertorio de herramientas críticas disponibles y aceptables por los estudios culturales recientes.

En sus propia escritura, el libro debe mucho a esa ampliación de horizontes ideoestéticos e interpretativos, procurando aprovechar las diversas aristas del pluralismo conceptual de las últimas décadas.[1] No obstante, su interés crítico está concentrado en la especificidad formal y estética de los textos, performances y artefactos analizados. El punto de partida y llegada de la autora serán los "pliegues estructurales, metafóricos y simbólicos de los discursos sometidos a un escrutinio textual," por lo que no le interesa lograr una "ilusión de consistencia metodológica," sino "explorar la forma y el contenido como ingredientes indisolubles del discurso." *Inventar* será entonces un engranaje entre la plétora de discursos, prácticas y artefactos aquí analizados y será una bisagra entre los capítulos macroscópicos panorámicos (1 a 3) y los microscópicos (4 a 6). El objetivo será analizar desde una variedad de perspectivas las maneras en que las distintas articulaciones de invención y creatividad se perfilan, tanto en la práctica de la vida cotidiana como en los diversos campos de producción cultural y sociopolítica, incluida la literatura, las artes, la retórica oficial y la cultura material.

Un acierto indiscutible de la autora es asumir el reto de no caer en la trampa de la folclorización, reconociendo que el repositorio de ideas, valores éticos

y estéticos latinoamericanos requiere un distanciamiento "desfamiliarizador."
Michel de Certeau le llamó "heterología" al necesario "traductor" externo que
brinda una interpretación adecuada en el marco disciplinario de la "ciencia
del otro," evitando la interpretación de la producción cultural latinoamericana
desde la perspectiva hegemónica de Occidente —patriarcal, europea, "moderna"—. Entonces, ahondar en los discursos analizados, estudiar el contexto
y mantenerse al tanto de la crítica literaria y cultural producida en la isla desde
una aproximación multidisciplinar y transversal es la especificidad del libro.

En el primer capítulo la autora intenta recuperar la construcción narrativa
del Periodo Especial en forma de memorias "memorables," en el sentido de
que estas se han ido formando a partir las vivencias de ruptura con lo habitual
y que "se refieren a acontecimientos cargados de emociones y afectos, o a
situaciones en las que hubo algo que transformó los marcos interpretativos de
la propia vida." Entre los hilos que entrelazan estos discursos, habría que mencionar el profundo desencanto con la pérdida de los valores que a lo largo de
más de tres décadas habían sostenido la utopía revolucionaria, y la sensación
de pérdida y desconfianza en torno a la idea de futuro reflejada en escritores
como Antonio José Ponte, Leonardo Padura, Ena Lucía Portela, Zaida Capote
Cruz, Odette Casamayor-Cisneros, Wendy Guerra, entre otros. La "opción
cero" dejó huellas de la gran ansiedad que provocaba su visión de "batalla de
Armagedón" y retroceso a comunidad primitiva en algunos textos literarios,
testimonios y canciones de la época, cuya ejemplo más obvio fue el relato de
Arturo Arango "Bola, bandera, gallardete" (1992, recogido en la colección *La
Habana elegante*, 1995), galardonada con el Premio Juan Rulfo. Para la autora,
el presente y el pasado, los orígenes de la nación cubana y la visión catastrófica
de su inexorable destrucción inscriben el relato de Arango dentro de un registro
apocalíptico que permite dar fe de las tribulaciones y angustias de una comunidad atormentada por toda clase de plagas y desastres, pero también hace
vislumbrar una resistencia que pueda llevar a la renovación.

La distorsión paródica de los ideales del pasado en un mundo ya no postu-
tópico sino postapocalíptico parece ser también la visión desierta de La Habana
en la canción de Carlos Varela "Enigma del árbol" (*Monedas al aire*, 1993). La
creciente brecha entre la realidad y la manipulación retórica del liderazgo político en estas difíciles condiciones, captada magistralmente por el documental
Cuba 111 (1995) de los realizadores belgas Jan Van Bilsen y Dirk Vandersy-
pen, será otro testimonio visual de la realidad cotidiana "de hacinamiento, del
agua con azúcar, de ventiladores rotos y refrigeradores vacíos," que ponen al
desnudo la retórica del aparato estatal.

Desde la sociología un original estudio de Maricela Perera (1994) recupera
interesantes registros de "trauma colectivo" en las experiencias cotidianas, obtenidas mediante la técnica de asociación libre de palabras y sistematización de
acuerdo a categorías, predominando las de connotación negativa que reflejan

una carga de frustración e incredulidad en los sujetos de cualquier edad, sexo y ocupación: rutina, monotonía, agobio, agitación, agotadora, tormentosa, horrorosa, desgracia, agonía, tragedia, sacrificio, difícil, insoportable. Otra de las fuentes analizada será el acervo fotodocumental en obras de fotógrafos como René Peña, Cristóbal Herrera-Ulashkevich, Ramón Pacheco Salazar y René de la Nuez. Una constante en todos los testimonios de la crisis es la yuxtaposición incongruente de espacios, donde lo absurdo tiene que ver particularmente con la coexistencia de diferentes sistemas y mecanismos económicos, provocando la emergencia en las ciencias sociales de un léxico de pobreza y desigualdad antes reservado a otros países de América Latina y el Caribe. Finalmente, el impacto de la crisis sobre la erosión de la hospitalidad tradicional y la disolución de una sociabilidad espontánea y desinteresada, la aparición de toda clase de tretas que rayan en lo inmoral, lo legal, o hasta lo criminal, acompañadas por la pérdida de la urbanidad y la decencia completan el inventario "ya dolorosamente extenso de pérdidas y secuelas de la crisis."

En el capitulo 2 la autora matiza los efectos del Periodo Especial sobre la dirección de la cultura y el arte en la isla al reconocer el surgimiento de iniciativas positivas que contribuyeron a descentralizar la gestión del campo cultural: los Centros Provinciales del Libro y la Literatura; la creación del Fondo para el Desarrollo de la Cultura (1993); la extensión de la Feria del Libro más allá de la capital brindó a los escritores del interior la oportunidad de ser más visibles y estar mejor conectados con las redes internas de divulgación crítica y literaria; el surgimiento de editoriales provinciales como Capiro, en 1990, y Sed de Belleza, en 1994, ambas en Santa Clara; Mecenas, en 1991, y Reina del Mar, en 1996, ambas de Cienfuegos; Mar y Montaña, en 2000, de Guantánamo, las cuales lograron desarrollar un perfil alternativo ante la hegemonía estatal.

El teatro exploró, según Esther Suárez Durán, "la memoria, la condición insular, las esencias de la cubanía, desacralizó temas tabúes, vindicó la diferencia, ignoró contradicciones antes tenidas por centrales y volvió central aquello que se hallaba en los márgenes. También se volvió hacia sí e interrogó sus orígenes, trayectoria, prácticas, lenguajes, carnavalizó la alta cultura y no vaciló en colocarse en una relación de conflictividad con el imaginario de sus receptores." Pero no todo fue "color de rosas". . . . La poderosa demanda mercantil del arte cubano implica también, según Abilio Estévez, una "literatura chapucera, desordenada y procaz." Para el crítico Jacobo Machover, los criterios editoriales seguían una fórmula predecible donde los "tropos" de lo primitivo y lo exótico son los más cotizados:

Para hacer una buena salsa, hacen falta distintos ingredientes: una pincelada de exotismo, una pizca de erotismo y una cucharada de oportunismo. Agréguele a eso cierta dosis de vulgaridad, una diatriba revolucionaria o contrarrevolucionaria (por los tiempos que corren da lo mismo), y tendrán un cóctel más o menos explosivo de la literatura cubana actual. En resumen, para figurar, para vender, todos los medios son buenos, por lo menos a nivel de maquinara editorial. (126)

Una de las huellas más interesantes de las penurias y carencias de los noventas en el imaginario cubano, dentro y fuera de la isla, ha sido la compulsión obsesiva por la comida (capítulo 3); la explicación de los estudios radica en la sensación de que la historia épica ha estado ofuscada por los avatares más elementales de la supervivencia cotidiana. Como reconoce el propio Padura, "La búsqueda de la comida, el sueño de la comida es una constante que nos persigue, y no nos abandona." A la perspicacia de la autora no escapa que "la política igualitaria de la Revolución, en vez de eliminar el hambre, acabó domesticándola" a través de un racionamiento de alimentos y productos de primera necesidad registrado en una Libreta de Control de Venta para los Productos Alimentarios administrada por la Oficina de Control y Distribución de Abastecimientos (OFICODA), pero dicho 'control' hacía visible la conexión biopolítica entre la comida y el poder al dejar a los cubanos totalmente a merced del Estado para satisfacer cualquier necesidad; lo que generó una dependencia absoluta y, por ende, facilitó el ejercicio del poder absoluto . "El Estado asumió un papel paternalista de proveedor/protector, mientras la población quedó sumida en una suerte de infantilismo económico y civil" (Armando Navarro Vega, 189). OFICODA ha funcionado como una extraordinaria fuente de información sobre la vida personal y doméstica de los ciudadanos, convirtiéndose en un equivalente del documento nacional de identidad y en un "insidioso vehículo de control de la población." La novela de Padura *Paisaje de otoño*; la de Miguel Mejides *Amor con cabeza extraña* (2005); el estudio sociológico de Mirta Muñiz y Arnaldo Vega, *El pan cierto de cada día* (2005); y *El tango de casillas* (1987) de Aldo Menéndez abordaron el tema del racionamiento crítica y satíricamente.

El secreto de la longevidad del programa de Nitza Villapol *Cocina al minuto* fue abordado por diversas expresiones artísticas, y su adaptabilidad fue adjudicada a los vaivenes en el abastecimiento. El documental *Con pura magia satisfechos* (1983), de Constante Diego, Adriano Morena e Iván Arocha bajo los auspicios del Instituto Cubano del Arte e Industria Cinematográficos (ICAIC), expone como al buscar soluciones provisionales para engañar el hambre y crear la ilusión de saciedad, Villapol reproducía en la pequeña pantalla el modus operandi cotidiano de sus compatriotas, potenciando asimismo el nexo afectivo con el público. En palabras de Villapol: "Sencillamente, invertí los términos. En lugar de preguntarme cuáles ingredientes hacían falta para hacer tal o cual receta, empecé por preguntarme cuáles eran las recetas realizables con los productos disponibles." Otro elemento interesante que capta la atención de la autora al repasar la literatura cubana de los últimos tres lustros, y en continuo diálogo con clásicos ingleses de la antropología cultural y social (Marvin Harris y Edmund Leach), es la cantidad de textos donde la obsesión "cárnica" se manifiesta a través de un motivo temático que es el epítome mismo de la abyección: la crianza de un cerdo en azoteas, bañeras, techos, patios o armarios de una casa urbana.

En el capítulo 5 la autora reconoce como numerosos estudios sociológicos y antropológicos, así como testimonios y obras literarias y artísticas dan fe de la iniciativa y la creatividad, pero también del enorme sacrificio de las mujeres cubanas quienes, más allá de la sobrecarga de labor doméstica "ordinaria" y de su desempeño profesional, participan en la "lucha," o sea, el porfiado esfuerzo por "resolver," "hacer el pan" y "conseguir" artículos de primera necesidad. Los diferentes modos de "ser mujer" se proyectan al unísono desde las tribunas oficiales y los espacios domésticos: en sus múltiples roles de mujer-trabajadora, mujer-rebelde, mujer-federada, mujer-miliciana, mujer-combatiente, mujer-militante, mujer-madre, madre-combatiente por la educación, mujer-heroína de trabajo, mujer compatriota, mujer-compañera, mujer-cederista (destacada) o mujer-proletaria, la mujer cubana se encuentra bajo una arremetida constante mientras sigue en la "lucha." Fenómenos sociales asociados a la mujer como el jineterismo y su construcción discursiva en las diversas manifestaciones artísticas, literarias y testimoniales (por ejemplo, *La película de Ana,* por Daniel Torres, 2012) sirvieron para catalizar un sinfín de debates que han puesto en disputa numerosos estereotipos y tabúes acerca de las intersecciones entre el género, la raza, el turismo y el mercado.

Invento, luego resisto constituye una aportación significativa al estudio de la memoria cultural cubana cimbrada por la necesidad de reinventarse ante una seria restricción de las condiciones materiales de vida; así, inventar para resistir, y sobrevivir la experiencia lacerante del Período Especial en los años 90, implicó redefiniciones sustanciales en la formas de representación artística, testimonial y literaria cubana. A pesar de su nula pretensión de sistematización teórica, la obra merece especial atención por la exhaustividad de las producciones revisadas, así como la originalidad y el uso transversal de diversos aparatos conceptuales y analíticos propios de una diversidad de disciplinas. La obra rebasa una crítica estética o un estudio cultural, y trasciende por su capacidad para imbricar el registro discursivo metafórico con las específicas condiciones contextuales de las experiencias cotidianas de los sujetos. Los estudiosos de la cultura latinoamericana, y especialmente, de la cubana, encontrarán en este texto un material imprescindible para comprender el significado traumático del Periodo Especial en la producción discursiva socio-política y artística cubana, y ciertas claves para entender lo que Slavoj Žižek ha llamado la habilidad de los cubanos para desafiar "heroicamente la lógica del desperdicio y la obsolescencia planificada."

CARLOS MANUEL RODRÍGUEZ ARECHAVALETA
Universidad Iberoamericana

NOTAS

1. La propia autora reconoce su predilección en materia de teoría por una suerte de poli-teísmo metodológico, procurando que "el método no eclipse el objeto de análisis," y persiguiendo además una "modalidad de exégesis" donde "el afán teorizante inherente al discurso académico de hoy no entorpezca un análisis textual riguroso y una valoración estética." En sus propias palabras, "es precisamente su interés por lo formal por lo que no está del todo segura de si el 'eclecticismo estratégico' o el 'pluralismo metodológico' que caracteriza su aproximación son suficientes para colocar sus pesquisas bajo el rubro de "estudios culturales" (Sklodowska, 25).

Matthew Casey, *Empire's Guestworkers: Haitian Migrants in Cuba during the Age of US Occupation*. Cambridge: Cambridge University Press, 2017. 326 pp.

Between 1913 and 1931, hundreds of thousands of Haitians, out of economic desperation or by active choice, traveled to Cuba as temporary workers under contract with mostly US-owned sugar companies. They were not the first Haitian migrants to travel to Cuba, but new Cuban legislation made them part of "the first global generation of guestworkers" (3). Cuba, like other modern states, sought to establish its sovereignty in part by claiming control over its borders.

Matthew Casey places these migrants at the center of a history that emphasizes their agency while being attentive to the forces, local and global, economic and political, that structured their experiences. Not only did Haitian migrants pursue their own goals and shape their own lives, Casey argues, their decisions and actions intersected with those of the emerging Cuban and Haitian states, powerful sugar companies, and a growing US empire in the complex formation of the twentieth century Caribbean. The workers and these powerful institutions collectively made history, but none fully chose their circumstances, and all did so in tension and interaction with one another.

Labor history is filled with the struggles of employers to obtain and control a workforce, and of workers to carve out viable lives. One arena of struggle is that of mobility. In the Americas private interests used enslavement and indenture to bring distant workers to the point of production, in sometimes-uneasy alliance with colonial and postcolonial states. In postemancipation societies, workers and employers struggled over the meanings of "free" labor, and states intervened to control its terms and its mobility. If freedom for Caribbean rural workers meant access to land and control over their own labor, by the late nineteenth century this frequently meant migration. The Haitians who traveled to Cuba partook of one of many streams during this period.

Nation-building and state-building projects in early twentieth-century Cuba faced the specific labor demands of the foreign-dominated sugar sector and a long history of ties between Haiti and eastern Cuba. Cuba's political leaders sought to manage the labor question in the context of the racial dynamics of postemancipation, mobilization for liberation, and the island's compromised independence. Racially restrictive immigration policies of 1902 and 1906 only revealed the new state's incapacity to enforce what had become a global trend of border establishment and control. "Rather than legalizing migration in 1913" with the new contract labor law, Casey argues, "the Cuban state made it fully legible to their own control" (33–34)—or at least, it sought to do so.

In Haiti, the US occupation's attempts at state building both pushed rural workers into the migrant stream and attempted to regulate the process. In Cuba, too, "regulating the migratory movement became a significant part of the state-building project itself" (63). Regulation took different forms over time: economic depression and new forms of nationalism led to the end of the contract system in 1931 and waves of deportations in the following decade. The nationalist revolution in 1933 enacted the Nationalization of Labor, or 50 percent, law, even as Haiti finally achieved independence from the United States in 1934. As Lara Putnam showed for the British Caribbean, the return of migrants and the closing of the migrant option brought changes at home as well, as returnees demanded rights using resources gained and ideas honed in their larger engagement with empire.

Casey makes extraordinary use of fragmentary sources to delve into the lives, motivations, and activities of Haitian migrants outside of the gaze and bureaucracy of the state. Although the majority were illiterate, and thus left no records of their own, their voices come down to us through court records and testimonies, through the filters of news articles, consular records, literature, censuses, and government agency reports. Casey has mined these sources and others in Cuba, Haiti, and the United States, making particularly fruitful use of provincial archives from eastern Cuba. He shows the dense community networks that Haitians formed in the sugar region, belying the notion that racial/national segregation kept them isolated. He illustrates the strong presence of Haitians as workers, some of whom were even able to obtain their own land, in the coffee regions of eastern Cuba. Along with Cubans of all races, and invisibly, at the national level, they created "heterogeneous spiritual practices, religious communities, and forms of collective memory" that "relied on the overarching structural similarities among different African traditions and the religious flexibility characteristic of these beliefs" (182). Literate Haitians, in their own country, denounced Cuban racism "with a frankness that would have been difficult in the Cuban political climate." Meanwhile in Cuba, the Haitian antioccupation leader Rosalvo Bobo emphasized commonalities of anti-imperialism and a shared desire for reforms that would keep Haitian workers at home (211, 224).

Empire's Guestworkers delves deeply and casts broadly, connecting the fine-grained details of individual lives to local, regional, and global developments. Caribbean state builders were shaped and limited by empire from above, but just as much by the aspirations and mobility of people from below. It is a rare book that allows us to glimpse the intricate relationships among these different levels. Like its migrant subjects, *Empire's Guestworkers* crosses national, disciplinary, and imperial boundaries, and offers readers a rich account that reveals the multiple ways histories from above and below can inform each other.

AVIVA CHOMSKY
Salem State University

CULTURE AND SOCIETY

La represión documentada

La artista y académica cubano-americana Coco Fusco ha ido acumulando, en los últimos años, una obra multidisciplinaria que apunta a la documentación del conflicto entre arte y poder en Cuba. Su libro *Dangerous Moves: Performance and Politics in Cuba* (2015), es una reconstrucción muy completa de las acciones plásticas ubicadas en la intersección entre lo visual y lo performático en las últimas décadas en Cuba. Su reinterpretación del arte de los años 80, a través del énfasis en el performance, desafía lugares comunes de los estudios culturales cubanos, al descentrar la plástica de la pintura y reintegrar lo político a lo estético.[1]

Las investigaciones de Fusco advirtieron que en la narrativa hegemónica sobre el arte cubano de los años 80, dentro y fuera de la isla, algunos proyectos radicales como las intervenciones de Ángel Delgado, Juan Si González o del colectivo Arte y Derecho habían quedado desdibujados. La crítica debía, por tanto, realizar un trabajo de arqueología que enfrentara, a la vez, los estereotipos de la memoria oficial y de los saberes especializados. El trabajo crítico no era más que una constante documentación de los actos del poder, de las represiones difuminadas por una maquinaria institucional que rebasa las funciones del Estado.

En los años del deshielo obamista, Fusco realizó algunos viajes a la isla, de los que salieron un par de videos en los que continúa, por otros medios, la misma estrategia. A contracorriente del discurso eufórico del turismo o de la diplomacia, la artista propuso pensar la normalización del vínculo con Cuba como una oportunidad para visibilizar algunas de aquellas represiones. Ambos videos describen una poética personal, cuyas conexiones con el arte del "documental reflexivo" en Cuba, estudiado por Dean Luis Reyes, son evidentes.[2]

El primero de los videos, *La confesión* (2015), es una vuelta al caso Padilla desde un cuestionamiento de la permanencia de mecanismos de vigilancia y persecución de la literatura y el arte en Cuba, en el último medio siglo. Fusco recorre las habitaciones del hotel Riviera, donde estuvo alojado el poeta, y se pregunta cuántos habrán sido captados por las cámaras y los micrófonos instalados en aquel hotel. ¿Qué uso dieron los aparatos de seguridad del Estado a toda la información privada, sobre escritores cubanos o sobre personalidades de la izquierda occidental, allí hospedados?

También reconstruye la documentación básica del caso: los poemarios *El justo tiempo humano* (1964) y *Fuera del juego* (1968), la declaración de la Unión Nacional de Escritores y Artistas de Cuba (UNEAC) desautorizando los premios al segundo y a *Los siete contra Tebas* (1968) de Antón Arrufat, los editoriales que estigmatizaban a Padilla en la prensa oficial, los libelos de Leopoldo Ávila, la carta de los intelectuales occidentales que pidieron a Fidel Castro la liberación del poeta, el discurso de clausura del propio Castro en el Congreso Nacional de Educación y Cultura de 1971 y, finalmente, un breve pasaje de la filmación oficial de la autocrítica de Padilla en el salón de la UNEAC.[3]

El fragmento capta a Padilla en uno de esos pasajes reiterados, en los que decía representar el personaje de un "disidente." Un personaje, es decir, no una persona real, muy común en los países socialistas —Boris Pasternak y Alexandr Solzhenitsyn en la Unión Soviética, Bohumil Hrabal en Checoslovaquia, Danilo Kiš en Yugoslavia, Jerzy Andrzejewski en Polonia— que actuaba un libreto escrito por el imperialismo yanqui y los grandes medios occidentales.[4] Cuando repetía una y otra vez ser ese personaje, y no él mismo, Padilla, en realidad, mimetizaba los argumentos en su contra de Leopoldo Ávila y la declaración de la UNEAC.

La autocrítica de Padilla puede ser leída como una parodia del lenguaje del poder en Cuba. Un lenguaje que parte de la premisa de que ningún opositor es un sujeto real sino un ventrílocuo del enemigo. Si en *La confesión* (2015), Fusco recupera un fragmento filmado del rostro y la voz de Padilla, en el siguiente video, *La botella al mar de María Elena Cruz Varela* (2016), la artista logra colocarse frente a frente al sujeto. Otra vez, un sujeto que es una voz anulada y recluida por el poder, pero que, a diferencia de Padilla, es un testigo de la represión que reaparece íntegro para contar su historia.

Fusco cuenta la historia de la creación de Criterio Alternativo, la organización fundada por la poeta María Cruz Varela en 1989 y su participación en el lanzamiento de la Carta de los Diez (1991), en la que un grupo de periodistas y escritores intentaron promover, con "actitud razonable y moderada," la apertura de un amplio "debate nacional" para evitar la "catástrofe económica, política y social" luego de la caída del Muro de Berlín. El video se extiende hasta la incorporación de Criterio Alternativo a una alianza de entidades de la sociedad civil cubana llamada Concertación Democrática, a principios de los años 90, y el posterior encarcelamiento de Cruz Varela.

Cuando los cinco puntos de la Carta de los Diez aparecen en pantalla, Fusco observa que se trata de medidas que compartían y comparten los sectores reformistas del propio gobierno y que, en algunos casos, se llevaron a la práctica en los años siguientes: elecciones directas a la Asamblea Nacional, eliminación de restricciones migratorias, reapertura de los mercados libres campesinos, asistencia de Naciones Unidas para la desnutrición y la falta de medicinas, amnistía de presos políticos. La carta fue firmada por importantes escritores y periodistas como Raúl Rivero, Manuel Díaz Martínez y José Lorenzo Fuentes, a los que respondió una Declaración de la UNEAC que les imputaba un "ejercicio de traición" y una "maquinación" para destruir "la nacionalidad y la cultura."

Como en el video sobre Padilla, la memoria de Cruz Varela es anotada por una serie fotos, imágenes y recortes de prensa que vuelven a retratar la movilización del lenguaje del poder. Los medios oficiales cubanos organizaron una campaña de estigmatización contra Cruz Varela y los firmantes de la Carta de los Diez, a quienes acusaron de agentes de la Central Intelligence Agency. La campaña culminó en un acto de repudio de tres días en el apartamento de la poeta en Alamar. Tres días sin que nadie pudiera entrar o salir de aquella casa, sin electricidad, agua y gas, en la que la poeta se refugió con sus hijos, hasta que la policía política decidió trasladarla a Villa Marista y condenarla a dos años de prisión.

La prensa cubana narró con lujo de detalles aquel episodio de represión. Una agente de la Seguridad del Estado contó, orgullosa, a *Cubavisión*, que le hizo tragar sus escritos a Cruz Varela hasta que le sangró la boca. Fusco no oculta la voz de esos represores, como se plasma en las intervenciones de Nancy Maestique, la militante del Partido Comunista y funcionaria cultural de Alamar, que, todavía hoy, justifica la represión de Cruz Varela porque, a su juicio, en vez de dedicarse a la poesía "desvío su atención" y "empezó a querer hacer política." Cuando Fusco interpela a Maestique con el ejemplo de Václav Havel, la funcionaria responde que para "hacer política hay que saber hacer política."

La brutalidad de la represión intelectual en Cuba está encapsulada en el argumento de la funcionaria. Los artistas y los intelectuales "no saben hacer política" y, por tanto, merecen ser excluidos de un territorio regido por una racionalidad propia. De ahí la explosiva contradicción, especialmente desde los años 80 para acá, entre una comunidad artística politizada por la propia Revolución y el socialismo que se derivó de la misma, y las trabas que el poder impone a las incursiones de los intelectuales en la esfera pública. La obra de Coco Fusco ofrece un punto de vista privilegiado para la interpretación de ese conflicto.

RAFAEL ROJAS
Centro de Investigación y Docencia Económicas, México

NOTES

1. Coco Fusco, *Dangerous Moves: Performance and Politics in Cuba,* Tate Publishing, 2015, 4–6.
2. Dean Luis Reyes, *La mirada bajo asedio: El documental reflexivo cubano*, Santiago de Cuba, Editorial Oriente, 2010, 107–149.
3. Buena parte de esa documentación se encuentra en el célebre dossier que dedicó a Padilla la revista *Libre,* en París, luego reproducida por Lourdes Casal en *El caso Padilla: Literatura y revolución. Documentos,* Miami, Ediciones Universal, 1971.
4. Sobre la disidencia intelectual en Europa del Este, ver Stanislaw Baranczac, *Breathing*

under *Water and Other East European Essays,* Cambridge, MA, Harvard University Press, 1990, 9–15, and Andrew Baruch Vachtel, *Remaining Relevant after Communism: The Role of the Writer in Eastern Europe,* Chicago, University of Chicago Press, 2006, 29–36.

Jesús J. Barquet y Virgilio López Lemus, eds. *Todo parecía: Poesía cubana contemporánea de temas gays y lésbicos.* **Las Cruces, NM: Ediciones La Mirada, 2015.**

Todo parecía es la primera reunión de poesía cubana de temática gay y lésbica. Al abordarla, nos encontramos con un conjunto de poemas que recogen, como si de un caleidoscopio se tratara, diferentes aspectos y visiones arrojadas sobre la experiencia del deseo, atracción o amor entre personas del mismo sexo. Estos aspectos de las relaciones interpersonales son considerados desde un punto de vista amplio, de manera que se poetiza la atracción entre corporalidades o la vivencia del homoerotismo en relación con el espacio público y privado, la geografía, y aspectos simbólicos como el laberinto urbano o el espejo cotidiano.

La mayoría de poemas fueron compuestos en español pero también se incluyen algunos en inglés con su correspondiente traducción. Cabe señalar además que la edición es simple pero correcta, y no cuenta con anotaciones, ni con biografía de los autores. Se cumple así la intención expuesta en el prólogo: la de crear un mosaico, más que una panorámica o antología (5).

Así, esta obra representa un buen punto de partida para el reconocimiento compilado de una creación poética todavía denostada en las sociedades obnubiladas por el binario sexual. Supone una reivindicación, una toma de posición, una llamada de atención legítima y necesaria de la mirada homoerótica en poesía.

La recopilación se inicia con un breve prólogo firmado por los antologadores, en el que declaran los parámetros en los que se concibe la obra, su razón de ser y sus aspiraciones. A continuación, se rinde un homenaje al poeta Alberto Acosta-Pérez, uno de los precursores del lirismo homoerótico cubano contemporáneo, a partir de una selección de su obra. Estos poemas escogidos marcan una serie de temáticas o líneas creativas que se observan en poemas de otros de los autores reunidos. Una de ellas es el motivo de Ítaca, esto es, un símbolo de la isla y la nostalgia que, a su vez, con claras reminiscencias al poeta greco-egipcio reivindicado como icono de la poesía homosexual, Constantin Cavafis (Barquet 68, 69; Fournier Kindelán 145).

La geografía que aparece a lo largo de los poemas o fragmentos de poemas de *Todo parecía* discurre en una isla o islas tildadas de desmemoria o de nostalgia (Pintado 40, Bejel 52, Alonso 126), pero también se describen en geografías distantes, como México, España, Italia, Nueva York o Ítaca. De esta manera se define un marco espacial en los poemas aunque, la indefinición de la espacialidad urbana o de la materialidad del ámbito doméstico también asoman en buena parte de las poesías.

De manera que nos encontramos ante un escenario amplio, con múltiples actores y voces que tratan aspectos diversos que, resultarían de dispersión aparente si no fuera porque se encuentran reunidos con una vocación delimitada por los prologuistas. Así, el subtítulo de la obra resulta acertado por cuanto el objetivo no es exclusivamente dialogar en torno al homoerotismo u homosociabilidad, sino incluir todas aquellas relaciones o abordajes a la cotidianeidad, desde una mirada antihomofóbica. Lxs poetas declaran, definen sus anclajes y valoran a sus inspiradores. De hecho, aparecen relecturas u homenajes a Piñera, Cernuda, Durham, Juan Ramón Jiménez, García Lorca, Pina Bausch o Catulo, entre otros.

De manera que nos encontramos antes un mosaico de poetas con diferentes estilos, variados focos de atención, métricas y ritmos. Se da cabida a propuestas tanto explícitas como figurativas, en la que lo homoerótico se palpa y en otras ocasiones se sugiere. Sin embargo, el aspecto *parece todo* menos difuso. Es fácil trazar líneas y conexiones, sin necesitar para ello de información extratextual. Una de estas líneas de conexión es la consideración del cuerpo. Esto es, el cuerpo experienciado, el cuerpo observado, el cuerpo en el encuentro con otros cuerpos. Es el caso de Alina Galliano, que se centra en la corporalidad, en cómo se recorre, configura y transforma el cuerpo de la otra (26–30); o Damaris Calderón que despliega una errancia por el cuerpo de la destinataria amorosa, al que concibe como "mi país" (42–44).

Otra de las líneas es la oposición entre la expresión y libertad manifiesta frente a silencio y ocultamiento. Mientras que unos poemas exaltan el homoerotismo sin tapujos (García de la Fe 72–73), en otros se subraya la dificultad de la libertad sexual, en el marco de una sociedad heteronormativa (Vilar Madruga 49). En este sentido, algunos de las nociones detectadas y definidas como problemáticas por la teoría queer, como el *closet* y la presencia de una tercera persona del sexo opuesto que funciona como tapadera de la relación homosexual, se hacen verso (Frank Padrón 57).

El amor se convierte en este contexto como una forma de resistencia (Richard Blanco 141). Así, tanto en el amor declarado como enmascarado, el deseo constituye una pieza fundamental. La mirada y el tacto vehiculan esta atracción inconsciente. De ahí que el espejo y el voyerismo aparezcan recurrentemente entre lxs poetas. El título de esta colección, no resulta pues anodino. Con el *Todo parecía* se encierra el disfraz necesario en un contexto homofóbico, y también alude a la mirada vertida sobre la superficie de algo que esconde mucho más. Y esto implica, el motivo de sorpresa o de destape.

Esto es lo que pretende este mosaico, mostrar una actividad poética en conjunto y embestir contra su apariencia dispersa. Con *Todo parecía* la poesía cubana de temática gay y lesbiana encuentra un espacio en el que reunirse, comenzar a conversar en conjunto y seguir avanzando hacia obras especializadas, críticas y antologías.

PAULA FERNÁNDEZ-HERNÁNDEZ
University of Florida

A Mirror for Havana's Wanderers

JULIA COOKE, *THE OTHER SIDE OF PARADISE: LIFE IN THE NEW CUBA.* BERKELEY: SEAL PRESS, 2014. 248 PP.

Brin Jonathan Butler, *The Domino Diaries: My Decade Boxing with Olympic Champions and Chasing Hemingway's Ghost in the Last Days of Castro's Cuba.* New York: Picador Press, 2015. 304 pp.

Brin Jonathan Butler begins his *Domino Diaries* (2015) with an epigraph from Italo Calvino: "Cities, like dreams," he writes, "are made of desires and fears, even if the thread of their discourse is secret, their rules are absurd, their perspectives deceitful, and everything conceals something else." Though not written about Havana, the passage feels relevant here, where paranoia and utopia intertwine so easily. As the uncertainties (if not the difficulties) of Cuba's "Special Period" fade into twilight, paranoia and utopia are central concerns of Butler's *Diaries* and Julia Cooke's *The Other Side of Paradise* (2014), books whose narrators wrestle with their own desires and fears as foreigners on a seemingly forbidden island.

Cooke and Butler address similar questions, examining the sometimes-irreconcilable gaps between personal ambition and patriotism for Cubans. Butler focuses on world-class boxers, some of whom opted to stay in conditions of relative poverty, despite multimillion-dollar offers abroad. Cooke takes a broader approach, tackling young people—"the last generation raised under Fidel"—as they contemplate their futures on and off the island (8). Both find the socialist project in its current form lacking. Yet both are driven by deeper explorations of their own paranoia as they look beneath Havana's surface. In peeling back its "layers," they take different paths, Cooke by charting new social territories, Butler by foregrounding the psychology of his own journey.

At first glance, Butler's central concern is to examine the price of loyalty for boxers who faced the lure of exile, but on this account, his narrative offers only modest reflections. His boxers hustle in Cuba's black market like everyone else he meets, and on their reasons for staying they offer little beyond platitudes about family and pride. To thicken the plot, he weaves his time with athletes into a riff on tropical desire. "I liked the poetry of prostitutes withholding a kiss and giving up all that other stuff," he writes to frame his efforts (140). In this way, the irony of boxers whose honor compelled them to turn down millions even as they now accept petty cash for interviews becomes a larger exploration of Butler's romantic turmoil amidst the sexual norms of post-Soviet socialism and tourism in *el Caribe.*

Indeed, if cities are like dreams, the terms of the *Diaries'* urban dreamscape are clear: "Cuba is a wet dream," Butler learns from a seasoned tourist (50). True to promise, his narrative marches with overwhelming masculinity through classic tropes of imperialist Caribbean encounters. He describes taking a first punch as comparable to the mystery of "the first time you put your dick inside a girl" (20). "Meeting a city for the first time at night is like making love to a woman before you've even spoken with her," we learn (53). The narrative is speckled with mixed-race women as objects, either hideous, "hopelessly beautiful," or even "peeled off a cigar box" (151, 270). This overpowering id is tempered by self-analysis, but rarely sensitivity. "Femininity here in *any* permutation," he elaborates, "overwhelms and intimidates me" (121). As the plot's central tension of sexual conquest climaxes in an alleged foray with none other than Fidel Castro's granddaughter, Butler's misogynist objectification of Cuba is complete.

By contrast, Cooke eschews questions of her own desire, as she populates her account with a range of characters drawn from the bohemian circuits of Havana's wealthier neighborhoods. Where Butler's grasp of Cuban slang (and indeed, Spanish) is limited, Cooke's is encyclopedic. Her keen observations reveal often excruciating calculations as her informants prepare for success by the standards of a world that remains stubbornly across the sea. Carlos, an alienated gay student struggling for motivation; Adrián, a musician who lives on and off the island with "a looseness that could only really survive in Cuba" (131); Adela a dedicated communist militant, too smart to live in stagnation: their stories are told with care, offering a complicated portrayal of ambition, ambivalence, and frustration. Cooke's balance is often precise: As a party dissolves into night, friends retreat to the *malecón* (sea wall) to drink rum, where they imagine that if the Malecón were a relaxing beach, there would have been no need for the 1959 Revolution. After a reflective pause, one of the friends calls out, "And the point is, obviously, *caballero,* obviously, that it's thanks to the *malecón* that we have the triumph of the Revolution" (19)!

Missing, however, is the coterie of hustlers so prominent in Butler's account. Mere kilometers apart, the authors inhabit different universes, revealing much about each other's blind spots. Cooke's writing reflects a view from the well-connected neighborhood she chose as home, while the *machista* world of Havana's blacker, more popular neighborhoods, represented in Butler's sweaty gyms, remains mysterious. Accounts of a prostitute from eastern Havana and Santería rituals in an inland barrio lack the organic connections and sense of belonging that make her other chapters strong. Cooke's punk-rocker acquaintances "hate the *repa(rteros)*," she writes, referring to Havana's darker-skinned, *timba*-listening subculture (63). Here, she reports honestly—but cannot avoid locating herself within the city's semifractured, prejudiced social geography.

From these different angles, the books illuminate the experience of visiting Havana in the 2000s, a time of increased access for foreign tourism, limited space for legitimate private enterprise, and tightened Bush-era restrictions on American travel. For most, the internet was a distant fantasy. Even as the cloistered atmosphere that hovered over internationalists like Margaret Randall in the 1970s and 1980s was gone, its cultural sediment lingered, mixing with intense nationalism and ongoing Special Period dislocations. The effect was that a "real" Cuba still seemed restricted but also tantalizingly within reach.

One suspects it is no accident, then, that Butler's same Calvino epigraph appeared earlier in Pedro Juan Gutiérrez's novel, *Dirty Havana Trilogy* (1998), which gave the impression of "revealing" Havana amidst the shock of the 1990s crisis. "Cities, like dreams, are made of desires and fears," Gutiérrez quotes, in a hypersexualized account of Havana's most marginalized corners. This claim to reveal haunts Butler and Cooke's accounts. (Cooke, too, borrows a Gutiérrez epigraph, hers from Graham Greene).

Like Cooke and Butler, Gutiérrez tells the story of Havana through a sole protagonist. With economic collapse and ideological rigidity as a backdrop, *Trilogy* humorously glides from the pornographic escapades of narrator Pedro Juan to the most perverse fetishes of the city's nameless populace. As Pedro Juan occasionally fades from the text, replaced by bedraggled *habaneros,* he is diffused into Cuban society. His own internal crisis spreads, evolves into a noncrisis—"you get used to everything," he says—and renders a new Havana, cannibalistic and fallen, where love and barbarism are the same (129). In Gutiérrez's hands, the protagonist disappears, and moral vertigo washes over the city like a high tide.

Writing of the city over a decade later, Butler and Cooke follow Gutiérrez in seeking to capture its hidden underpinnings, and they sometimes succeed. Yet the juxtaposition of crisis and revolution has ceased to shock. Rather, the drama comes as the authors point their observations in the opposite direction, toward themselves. Where Pedro Juan's surrender to vice aims to illuminate Havana, for Butler and Cooke, the city's ambivalence instead illuminates desires and fears of their own.

For Butler, the result is a book that smacks of an awkward one-night stand—confused intimacy that leaves a bitter taste the next day. Seeking interviews that put collaborators at risk, he negotiates payments to poor informants without discretion. As he traverses the city's underworld, he fails to respect its codes. Leaving a famous boxer discredited, and apparently denied his right to return (although the details are murky), Butler departs with only his wistful longing. Still, facing the paranoia of conducting un-sanctioned interviews, he can be credited for acknowledging the primacy of his own confusion in his writing. For him, Havana is a place that leaves "many lives worn out searching for things they can't find" (57).

Cooke builds toward her conclusions more gracefully, but she leaves her relationship to this deeper point partially submerged. Cuba is permeated by competing utopias and clashing temporalities, she explains: "What the island could be *if only*; what it once was" (127). The result is disaffection. "Even if this generation has not physically left the island in its entirety," she argues, "this generation has detached from its country's fate in some deep and meaningful way" (224). Yet as she battles with paranoia similar to Butler's, her own self-analysis fights to surface: Who is she? What does she really want from the city she seeks to capture? "You should be here, really be here," a Santería priest tells her, in a self-conscious passage (109).

As the task of defining a unifying narrative for *habaneros* becomes increasingly futile in an almost-post-Castro Cuba, such questions merit consideration. Those of us who reside in Havana as foreigners face a constant battle between cosmopolitanism and insularity, a battle that forces us to confront ourselves. Depending on our baggage, Havana complicates our dreams of simple justice, of clean binaries, of international solidarity. Here we face the prospect—but also perhaps the impossibility—of crossing to the other side—of fleeing a world of materialism, of Facebook, of whiteness and blackness as we know them, and of the lonely alienation they accompany. Here we feel familiar hierarchies of class and gender ease and constrict, all at once. Here we cannot avoid the raw complexities of love—the entanglement of companionship and upward mobility that is often shadowed in other places where the sun is not so bright. Havana is a place of paradox and contradiction—neither heaven or hell as some have said, but still a place where ideas of heaven and hell are tossed about with reckless abandon. For us, the city is a mirror, one that reflects our own desires and fears back at us, pushing us to grapple with them.

"There is no other side of paradise," writes Cooke, "no way to live in the nostalgic gloss of the past or to start construction of a life on the other side of the limitations of today" (227). This is true for many Cubans, and also for us, the wandering foreign observers. And somewhere beyond the mirror, beyond the paradox, are the dreams and fears of people for whom the world of heaven and hell is ordinary, all they've known, a cliché. As crossing Cuban borders becomes more normal for select Cubans and foreigners, perhaps we will soon be able to see their city in ways less propelled by twisted utopias and faded dreams.

REFERENCE

Gutiérrez, Pedro Juan. 1998. *Trilogía sucia de la Habana.* Barcelona: Editorial Anagrama.

JESSE HORST
Sarah Lawrence College

Elías Miguel Muñoz, *Diary of Fire*. Maple Shade, NJ: Tincture, 2016. 350 pp.

As the Cuban American writer Elías Miguel Muñoz's sixth work of fiction, *Diary of Fire*, approaches its conclusion, the novel's writer-protagonist Camilo Macías leafs through his private journals and unpublished manuscripts contemplating his next project. The metafictional moment restages the origin of Muñoz's roman à clef and provides a comically self-deprecating yet accurate summary of the novel's plot: *"Professor-turned-writer explores his bisexual nature, confronts a painful truth about his past, and finds happiness in parenthood"* (emphasis in original, 327).

While undoubtedly part of the fun of this novel is attempting to decode the real figures and events that inspired their fictional counterparts, the formal playfulness of the passage exemplifies what makes Muñoz's latest novel a pleasure for "Cubiche" gossips and literary critics alike. Through ludic experimentation with narration and genre, frank exploration of sexuality, academia, and publishing, and an inexorable drive toward liberation from the strictures of labels, identitarian and literary alike, *Diary of Fire* provides a refreshing example of Latinx autofiction. More important, Muñoz insists on carving out a sustainable ethos of literary production through redefining a masculine creativity that is feminist and queer—a vital contribution to Latinx literature in the #MeToo era.

At first glance, the formal structure and narrative technique of *Diary of Fire* appear straightforward. The book's thirty-two chapters are split into five, roughly equal sections that recount the maturation of Camilo as he finishes a doctorate in Latin American literature, takes a job as a professor in the Midwest, abandons academia to become a writer, and finally settles into marriage and fatherhood.

Yet within its largely realist, linear, first-person framework, the novel's subtle experimentation with genre, temporality, and narration parallel its nuanced themes. For example, although the novel's plot charting the development of an artist loosely matches the arc of a *Künstlerroman*, this subgenre of the bildungsroman often focuses on rebellious adolescence. In contrast, *Diary of Fire* tells a more mature narrative following Camilo from young adulthood to destinations less obvious. Camilo comes to terms with his identity as a bisexual Cuban American writer not through destructive behavior and violent ruptures but rather despite them. He embraces ambiguity and complexity, finding happiness in a "queer marriage" with a female partner, and staking out a progressive politics that rejects both Castro's Cuba and conservative Cuban America. Muñoz's depiction of Camilo offers much needed alternatives to tired, hegemonic scripts of Cuban American masculinity.

Muñoz's use of temporality is similarly subdued but significant. Interspersed throughout *Diary of Fire*'s first four sections, four chapters from Camilo's autobiographical novel *Cuba in Silence* describe his childhood in Cuba and his experience as a survivor of sexual abuse. Yet these analeptic chapters describe the past through the lens of metafiction, and thus draw the reader's attention to complex tensions between representation and reality in autobiographical fiction such as *Diary of Fire*.

Changes in narrative perspective also complicate the novel. At key moments—when a close friend contemplates her intimate relationships, as Camilo reflects on the history of his own love life, and when Camilo and his life partner finally commit to one another—the narration shifts to third-person, decentering the protagonist and offering glimpses into the inner worlds of those who love him. The most striking example of the novel's four narrative shifts is perhaps the final chapter of Camilo's novel-within-a-novel, *Cuba in Silence*. The chapter switches from first to third person and from realism to oneirism. Intertextual references to José Martí's poem "Dos patrias" further reinforce the chapter's dreamlike quality and inscribe Camilo's narrative in the long tradition of Cuban American literature that thematizes exile.

These are but a few of the moments in which Muñoz effectively alloys formal and thematic elements. The novel offers additional examples—a fact that emphasizes that *Diary of Fire* is much more than just a fictionalized autobiography of a great Cuban American writer. It is also a manifesto on the intersection of aesthetics and ethics. Nowhere does this become more apparent than near the end of the novel when Camilo reflects on the relationship between his art and his life:

Still I struggled not to become a stereotype: that of certain men I knew, the famous ones who had been ruthless, abusive as they set about producing whatever they thought they were meant to give us—paintings, novels, poems, films. Men who lived for their visions, to nourish their egos and fulfill their artistic or intellectual needs, convinced their work was more important than friendship, love, parenthood. Why should one have to embrace this self-serving credo, this romantic definition of the writing life as all consuming? Why should a great novel or a visionary work of art be the justification for neglecting your humanity, for abandoning the people who love you and exploiting a long array of lovers? Forget your novel or your painting! We don't need it. Not if you think it grants you the right to be a monster. No, I didn't want to be one of those men, though I knew I was never too far from becoming like them. (320)

Although these reflections seem especially poignant in light of current conversations around sexual harassment and abuse in the film industry, literary world, academia, and beyond, Camilo's earlier allusions to Martí also intimate a more historically sweeping critique of "great" men and their "great" works. Moreover, the fact that Camilo, a survivor of sexual abuse, also struggles to avoid replicating these toxic behaviors only underlines that everyone, even the most open minded and artistically inspired, is implicated in the systemic inequalities that undergird contemporary social hierarchies and influence the creation and celebration of art, literature, and culture. While *Diary of Fire* is certainly a fun, playful, jewel of a novel, incisive insights such as these make it a vital book and an essential commentary, not only on the life of the artist, but on some of the most pressing moral dilemmas of our day.

JOHN D. RIBÓ
Florida State University

Contributors

Frank Argote-Freyre is a Latin American history professor at Kean University. He received his PhD from Rutgers University in 2004. His first book, *Fulgencio Batista: From Revolutionary to Strongman*, was published in 2006. His second book, *A Brief History of the Caribbean*, coauthored with Danilo Figueredo, was published in 2008. He is the author of dozens of scholarly or journalistic articles and public policy papers on a wide variety of topics, including mental health, housing, and public education.

Jorge Antonio Benítez was born in New York City and traveled to Cuba with his parents after the triumph of the Cuban Revolution. He graduated from the University of Havana School of Biochemistry and obtained his PhD from the Cuban Centro Nacional de Investigaciones Científicas (CNIC). He received postdoctoral training at the Institute of Biochemistry and Biophysics (Warsaw) and the Heinrich Heine University Institute for Microbiology in Düsseldorf (Germany). He was chair of the Genetics Department at CNIC and retired from the Morehouse School of Medicine Faculty in Atlanta. He is recognized for his research on cholera, which he initiated in Cuba and continued in the United States supported by the National Institutes of Health. He served as permanent and ad hoc member of review panels convened by the NIH Center for Scientific Review and on the editorial board of scientific journals published by the American Society for Microbiology.

Ingrid Brioso Rieumont (BA cum laude, Smith College, 2015) is a PhD candidate in the Department of Spanish and Portuguese and a Lassen Fellow in the Program in Latin American Studies at Princeton University. Her dissertation, "The Time of the After," studies scenarios in literature and photography that transcend the idea of the endings of political processes and of life, and force the endings to face something unknown or unpredicted. She is a recipient of a 2018 Hyde Summer Fellowship from Princeton University and a 2018–2019 Goizueta Graduate Fellowship from the Cuban Heritage Collection. Recently, she served as a research collaborator and editor for the exhibition *Liquid La Habana: Ice Cream, Rum, Waves, Sweat and Spouts* and as an invited writer in *Una pequeña ciudad mexicana en La Habana* (2019).

Yoel Cordoví Núñez (La Habana, 1971) es vicepresidente del Instituto de Historia de Cuba, doctor en ciencias históricas e investigador y profesor titular. Entre sus libros individuales se encuentran *Máximo Gómez, utopía y realidad de una república*, *Liberalismo, crisis e independencia en Cuba, 1880–1904*, *La emigración cubana en Estados Unidos, 1895–1898*, y *En diagonal con Clío: Debates por la historia, magisterio y nacionalismo en las escuelas públicas de Cuba, 1899–1920*. Se desempeña como académico titular de la Academia de Ciencias de Cuba, miembro de número de la

Academia Nacional de la Historia y miembro correspondiente extranjero de la Academia de la Historia Dominicana.

Elizabeth Dore is professor emeritus of Latin American studies at the University of Southampton. She is author of *Cuban Lives* (forthcoming from Verso Books) and presenter of the BBC World Service radio documentary *Cuban Voices.*

Elena Fernández Torres es máster en sociología por la Facultad Latinoamericana de Ciencias Sociales, Ecuador, y licenciada en derecho por la Universidad de La Habana, 2007. Fue Fiscal de Protección de los Derechos de los Ciudadanos (2007–2010) y abogada especializada en asuntos de derecho de autor, administrativo, civil y de familia (2010–2014), en La Habana. Sus temas de investigación se circunscriben al campo de la sociología jurídica y los estudios de género.

Yvon Grenier is professor of political science at St. Francis Xavier University in Nova Scotia. He is the author of *Culture and the Cuban State: Participation, Recognition, and Dissonance under Communism* (2017), *Gunshots at the Fiesta: Literature and Politics in Latin America* (with Maarten Van Delden, 2009), *From Art and Politics: Octavio Paz and the Pursuit of Freedom* (2001, Spanish trans. 2004), *The Emergence of Insurgency in El Salvador* (1999), and *Guerre et pouvoir au Salvador* (1994). He edited *Sueño en libertad, escritos políticos* (2001), a book of political essays by the Mexican Nobel laureate Octavio Paz. Grenier is a former editor of *Canadian Journal of Latin American and Caribbean Studies,* contributing editor of the magazine *Literal, Latin American Voices*, and a member of the *Cuban Studies* editorial board.

Ernesto Hernández-Catá received a *license* from the Graduate Institute of International Studies and a PhD in Economics from Yale University. He worked at the International Monetary Fund as associate director of the African and Western Hemisphere departments. He was chief negotiator with Russia, manager of the World Economic Outlook, and chair of the Investment Committee of the Retirement Plan. Earlier he was an economist in the Division of International Finance of the Federal Reserve Board. He taught macroeconomics at American University and economic development at John Hopkins School of Advanced International Studies. He was director of the Foundry, a long-short hedge fund.

Yoana Hernández Suárez es doctora en ciencias históricas. Actualmente se desempeña como investigadora titular del Instituto de Historia de Cuba y profesora adjunta de la Universidad de La Habana. Ha publicado diversos libros sobre temas de religión, cultura y educación en Cuba. También ha colaborado como coautora en disímiles obras y es colaboradora de revistas nacionales y extranjeras. Ha impartido cursos de religión en Cuba y el extranjero. Entre sus principales libros se encuentran *Protestantes en Cuba: Desarrollo y organización. 1900–1925* (2006), *Iglesias cristianas en Cuba entre la independencia y la intervención* (2011), *Nuevas voces, viejos asuntos: Panorama de la más reciente historiografía cubana* (2005), *A la sombra del espíritu* (2000), *La sociedad cubana en los albores de la república* (2002), *Máximo Gómez en perspectivas*

(2007), *Las paradojas culturales de la República* (2015) y *Colegios protestantes en Cuba* (2018). Es miembro de la Unión Nacional de Historiadores de Cuba, de la Unión de Escritores y Artistas de Cuba, de la Asociación de Pedagogos de Cuba y del Instituto de Pensamiento y Cultura de América Latina.

Emily J. Kirk is a Social Science and Humanities Research Council Postdoctoral Research Fellow in the Department of International Development Studies at Dalhousie University, Canada. Her research focuses on development approaches in post-1959 Cuba.

Bonnie A. Lucero is a historian of Latin America and the Caribbean. Her research centers on the intersections of race and gender in colonial and postcolonial contexts, especially in Cuba. She is coeditor of *Voices of Crime: Constructing and Contesting Social Control in Modern Latin America* (University of Arizona Press, 2016) and author of *Revolutionary Masculinity and Racial Inequality: Gendering War and Politics in Cuba, 1895–1902* (University of New Mexico Press, 2018). Her second monograph, *A Cuban City, Segregated: Race and Urbanization in the Nineteenth Century* (University of Alabama Press, March 2019), examines the experiences of men and women of African descent in Cienfuegos, a city founded as a white colony, during the long nineteenth century. With the generous support of the Law and Society Post-Doctoral Fellowship and Newcomb College Institute, Lucero has advanced her new book project, tentatively titled *Malthusian Practices: A History of Pregnancy, Abortion, and Infanticide in Cuba since Colonial Times.* That research interrogates how laws regulating women's reproduction historically perpetuated gender-specific forms of racial inequality since the early colonial period. Lucero currently serves as associate professor of history and the director of the Center for Latino Studies at the University of Houston–Downtown. She is a native of Richmond, California.

Anamary Maqueira Linares es doctora por la Universidad de Massachusetts, Amherst; máster en economía del desarrollo por la Facultad Latinoamericana de Ciencias Sociales, Ecuador; y licenciada en economía, perfil global, por la Universidad de La Habana en 2009. Fue profesora del Departamento de Planificación de la Facultad de Economía de la Universidad de la Habana por cinco años, donde impartió asignaturas de planificación y econometría. Ha participado en congresos internacionales en Ecuador, Cuba, Estados Unidos y España. Actualmente sus áreas de interés se concentran principalmente en temas relacionados con feminismo, género, economía política y distribución.

Carmelo Mesa-Lago is Distinguished Service Professor Emeritus of Economics and Latin American Studies at the University of Pittsburgh and has been a visiting professor or researcher in eight countries and lecturer in thirty-nine. The founder-editor for eighteen years of *Cuban Studies*, he is the author of 95 books or pamphlets and 318 articles or chapters published in seven languages in thirty-four countries, about half of them on Cuba's economy and social welfare. His most recent books are *Cuba under Raul Castro: Assessing the Reforms* (with J. Pérez-López, 2013) and *Voices of Change in Cuba* (2018). He was president of the Latin American Studies Association, is a member of the National Academy of Social Insurance, and has received the ILO International Prize on Decent Work (shared with Nelson Mandela), the Alexander von Humboldt Stiftung Senior Prize, two Fulbright Senior Scholar prizes, and several homages for his life's work on the Cuban economy. In 2014 he was selected among the fifty most influential Hispanic intellectuals in the world.

Diosnara Ortega González es doctora en sociología por la Universidad Alberto Hurtado, Chile; máster en psicología social y comunitaria, por la Universidad de la Habana (2010); y licenciada en sociología por la Universidad de La Habana (2006). Es académica de la Escuela de Sociología de la Universidad Católica Silva Henríquez. Cuenta publicaciones en revistas y compilaciones en México, Argentina, Chile y Cuba. Obtuvo el Premio internacional de ensayo Haydée Santamaría (2014), otorgado por CLACSO y la Casa de las Américas, con el ensayo "El futuro de Cuba." Sus líneas de investigación son: estudios de las transiciones sociopolíticas, culturas políticas, sociología del tiempo, trabajo de memoria y género.

Raquel Alicia Otheguy is assistant professor of history at Bronx Community College, CUNY, where she specializes in the history of Latin America, the Caribbean, and the African Diaspora. She received her PhD in history from Stony Brook University in 2016 and her BA from Columbia University in 2006. Otheguy was a Spencer Foundation Dissertation Fellow at the National Academy of Education in 2013–2014. She is a US-born Latina and a native speaker of Spanish.

Louis A. Pérez Jr. is the J. Carlyle Sitterson Professor of History at the University of North Carolina at Chapel Hill.

Jorge F. Pérez-López is a former official of the US Department of Labor and of the Fair Labor Association. He is a long-term student of the Cuban economy. He has conducted research and written on various aspects of the Cuban economy, including international trade, energy balance, the sugar industry, environmental issues, and economic growth patterns.

Rainer Schultz is the founding director of the Consortium for Advanced Studies Abroad Cuba Divisional Center in Havana, administered by Brown University. In this capacity he has inspired and taught more than two hundred international students in Havana. Rainer obtained his PhD in Latin American history from Harvard University in 2016 and in Iberian-American history from the University of Cologne in 2017. His dissertation looks at the transformation of Cuba's education system during the first three years of the revolution and is part of his broader research interest in Soviet and US influence in Cuba history. His doctoral research in Cuba and the United States was sponsored by grants from the Mellon Foundation and the German DAAD, among others. He has published on historic and contemporary Cuba issues in American, Cuban, and German journals and periodicals.

Ailynn Torres Santana es doctora en ciencias sociales con mención en historia (2017, FLACSO Ecuador), máster en ciencias de la comunicación (2010, Universidad de La Habana) y licenciada en psicología (2010, Universidad de La Habana). Desde el 2006, es investigadora del Instituto Cubano de Investigación Cultural Juan Marinello. Entre 2006 al 2012, fue profesora de la Facultad de Ciencias de la Comunicación de la Universidad de La Habana. Ha sido profesora invitada de FLACSO Ecuador (2016–2018), de la Universidad de Barcelona (2015) y de UMASS (2018). Sus temas actuals de investigación, sobre Cuba, estan situados en los estudios de género y las culturas políticas. En el ámbito regional, ha investigado sobre la relación entre Estado, ciudadanía y propiedad en América Latina. Tiene publicaciones en revistas como *Crítica y emancipación*, *OSAL*, *Sin permiso*, *Temas*, entre otras; y en libros editados en Cuba y América Latina. Ha obtenido premios y becas de investigación en CLACSO-CROP, FLACSO, Casa de las Américas, *Revista Temas*, y otras. Es miembro del consejo editorial de la revista *Sin permiso* (Barcelona), de la Red de Investigadores del DEI, de grupos de trabajo de CLACSO y FLACSO.

Pavel Vidal Alejandro is a professor at the Pontificia Universidad Javeriana in Colombia. Previously he worked for the Center for the Study of the Cuban Economy at the University of Havana and worked as an analyst in the Monetary Policy Division of the Central Bank of Cuba. He served as a visiting researcher at Harvard University, Columbia University, Universidad Complutense de Madrid, University of Oslo, and the Institute of Developing Economies (Japan External Trade Organization). He has been a consultant to the Inter-American Development Bank, World Bank, Brookings Institution, Atlantic Council, UN Development Program, and Banco de la República de Colombia.

Octavio Zaya is an art critic and curator, born in Las Palmas (Canary Islands). He has been director of Atlántica, curator at large and adviser of MUSAC, the Museo de Arte Contemporáneo de Castilla y León, and a member of the Advisory Board of Performa [2] (New York). He was also a curator of the first and second Johannesburg Biennials (1995, 1997). The large list of exhibitions he has curated include *In/Sight, African Photographers 1940 to the Present* (Guggenheim Museum, 1997), and *Versiones del Sur: Latinoamérica* at Centro de Arte Reina Sofia (2000). He was one of the curators of *Fresh Cream* (Phaidon Press, 2000), has authored more than a dozen books on artists, and has contributed to numerous other books and catalogs.

On the Cover

José Angel Toirac (b. 1966) is one of the leading artists of the generation of the 1990s, a group of artists who came to the Cuban public art scene precisely as the socialist system under which they had grown up was beginning to crumble. Toirac graduated from the Instituto Superior de Arte in 1990, just as the so-called Special Period—the economic and social crisis experienced by the island after the fall of the Soviet Union—began to unfold. It was a tough decade for Cubans, young and old, a decade in which the very fabric of time unraveled, as the past appeared to be no longer. Social and economic ills that had been supposedly vanquished and that had supposedly vanished—racism, prostitution, foreign tourists and investors—suddenly started to operate in the present, charting new and improbable paths to personal prosperity and well-being. The mighty dollar made quite a comeback, as if 1959 had been just a glitch, a temporal detour from a fatal path to dependent capitalism. Global brands such as United Colors of Benetton and Meliá Hotels returned to an island that for thirty years had witnessed only publicity celebrating victory . . . over capitalism.

Like many of his peers, Toirac responded to these changing and challenging conditions through personal engagement with history, especially a history that no longer made any sense. Fidel, the great icon of anti-imperialism, was dining with foreign investors and inviting them to purchase a piece of Cuban paradise, at prices and under conditions (particularly on the labor front) that would have put Batista to shame. Toirac processed these tensions through the iconic (and long-censored) series *Tiempos nuevos* (New Times, 1996), a rather ironic title, as in a very real sense times were not "new" at all. But his inquiries did not stop at irony or irreverence: he pushed on to probe the very process of history making, the mechanics of creating a visual archive of sacred and sanctified revolutionary images that, under further scrutiny, turned out to be quite dull. To be an artist of his time, Toirac had no choice but to put time itself to the test.

His work has received national and international acclaim, as illustrated by his richly deserved Premio Nacional de Artes Plásticas (2018). Prize winners always get a solo exhibit at the National Museum of Fine Arts: it will be interesting to see what goes into Toirac's exhibit, given that some of his best-known pieces have been censored by Cuban cultural commissars in the past. In the meantime, his work is treasured by some of the best private and public

411

collections of Cuban (and contemporary) art in the world. And it just happens that, as we write this note, we are preparing to host the exhibition *OPIUM*, curated by the internationally known Octavio Zaya, which will be presented at the David Rockefeller Center for Latin American Studies at Harvard University in the spring 2019. It is a happy coincidence—the prize, the exhibit—as we began to plan this "overdue introduction of Toirac to Harvard" (Octavio's words) before the Premio Nacional was announced. But by including works from *OPIUM* in this issue, including drawings never exhibited before from the evolving series *Esperando por el momento oportuno* (Waiting for the Right Time)—a series that includes the censored paintings of *Tiempos nuevos*—we also take care of Toirac's overdue introduction to *Cuban Studies*.

José A. Toirac, *Zero*, 2012, from the series *Esperando por el momento oportuno*, graphite and pencil on cardboard, 20.5 cm × 27 cm.